제7판

GLOBAL MANAGEMENT
글로벌경영

임 달 호

法 文 社

2015년 8월 개정 6판을 출간하고 6년 만에 내용을 업그레이드 하여 글로벌경영 제7판을 내어놓는다. 그 사이 개인적으로도 글로벌기업의 경영 환경에도 많은 변화가 있었다. 소속 대학의 입학본부장과 경영대 학장으로 헌신할 기회를 얻었고 학령인구 격감과 경영학의 쇠퇴를 현장에서 경험한 시간이었다. 더불어 대학과 기업이 어떻게 생존하고 번영해야 하는지를 고민하는 시간이기도 하였다.

베이비부머의 퇴장과 함께 고도 성장기의 좋은 시절이 지나고 백만 학도 시대에서 고등학교 졸업생이 30만 명대로 줄어드는 시련에 직면하고 있다. 학령인구의 격감은 사회, 경제, 정치 전반적으로 다양한 문제를 만들고 그 대책마련과 해결에 우리 모두는 힘들어 하고 있다. 대학에는 생존의 문제이다.

기업도 4차 산업혁명, 코로나19가 초래한 뉴노멀 시대 도래와 세계화에 반대하는 많은 저항 등에 직면하여 새로운 전략 마련에 부심하고 있다. 또한 논란은 있었지만 세계화가 당연한 역사의 흐름이고 인류의 발전에 기여하는 선택이라고 생각했던 많은 이들에게 이게 과연 최선일까라는 고민과 회의감을 갖게 하였다.

사람, 돈, 상품이 국경 없이 자유롭게 넘나드는 것을 세계화라고 한다. 그러나 전 세계를 팬데믹 상태로 몰아넣고 정치, 경제, 사회 모두를 혼란에 빠트린 보건위기는 인류의 이동을 극히 제한하며 세계화에 역행하는 커다란 혼란을 초래하였다. 2020년 9월 기준, 여행수지를 포함한 서비스 수지는 −79%인 멕시코를 필두로 OECD 가맹국 중 5개국이 ‐60% 이상을 기록하였다. OECD 평균으로 보면 ‐26.4%로 2,899억 달러 적자를 기록하였다. 그러나 상품의 교역과 화폐의 흐름은 일정기간이 경과하자 정상적인 상태로 복귀하였다. 2020년 9월 기준 세계의 무역량은 전년대비 14.3% 줄었다고 WTO가 발표하였지만 2021년 9월 현재 상품의 교역은 활발하다. 또한 전 세계는 경제회생 목적의 저금리 통화정책으로 천문학적 자금이 투자라는 명목으로 활발하게 이동하고 있다. 즉 돈과 상품은 여전히 자유롭게 활동하고 있다는 의미이다. 보건위기가 해결의 방향을 찾고 우리 사회가 일상으로 복귀하면 막혔던 봇물이 터지듯 인류는 이동의 자유를 만끽할 것이다. 여행업, 항공업, 숙박업등과 관련한 여행수지는 커다란 흑자로 전환될 것이다. 세계화는 결코 막을 수도 없고 퇴보하지도 않을 것이다. 이제는 바이러스와 공존하듯 글로벌화도 피할 수 없이 공존하여야 하는 대상이 되었다.

코로나19와 같은 보건위기, 탄소배출과 이상기온 등의 문제를 포함한 환경문제, 인종 갈등과 종교 갈등, 에너지 문제 등 다양한 현실적인 위기에 직면하겠지만 인류는 글로벌화 속에서 그 문제를 해결하고 대응할 것이라고 생각한다. 전 세계의 인류는 계속적으로 자유롭게 이동할 것이고 상품과 화폐도 관성적으로 그렇게 할 것이다. 기업경영은 글로벌화라는 커다란 흐름에 맞추어 상호 협력하고 공존 공영하는 현명한 방법과 그 안에서 핵심역량과 경쟁우위를 추구할 것이다.

대학도 플랫폼 유니버시티를 만들어 지역사회와 공존, 공영하는 방법을 모색해야 한다. 기업, 관, 대학이 경계를 허물고 지역사회와의 소통과 협력을 통하여 고령화와 학령인구 격감의 문제를 해결하고 발전을 모색하는 오픈이노베이션을 추구해야 한다. 해당 지역의 학생이 지역인재로 해당 지역의 대학에 진학하도록 유도해야 할 것이다. 이를 정부와 지자체는 적극 지원하고 인적, 물적인 지원을 아끼지 말아야 한다. 글로벌 일류 학생을 배출하지 못하는 지역과 대학은 모두가 3류로 전략 할 것이며 생존할 수 없을 것이다. 이들 지역에 투자를 하는 기업은 없을 것이고, 마땅한 일자리가 없는 지역은 누구도 사용하지 않는 폐정(廢井)이 되어 퇴락하고 사멸할 것이다.

대학의 오픈 이노베이션과 기업의 세계화는 생존과 번영을 약속 할 것이다. 우리는 이를 부정할 수 없다. 하지만 핀셋교정을 통한 경쟁력의 확보는 우리 모두가 통찰해야 할 고민이고 과제이다.

이 책은 국제경영과 무역경영을 아우르는 학습서이다. 무역인력을 양성하고 더불어 글로벌 비즈니스를 수행하는 인력을 키우는데 도움이 된다. 이 모두가 동일한 인재라는데 중점을 두었다. 이제는 오프라인 상거래와 비즈니스뿐만 아니라 온라인이라는 시장과 환경을 인정하고 이 환경에서 살아남을 수 있는 경쟁력과 혁신의 방법을 찾고자 했다. "생존과 번영"을 생각하며 개정판을 정리하였다. 같이 공부하는 우리 학생들에게도 하나의 화두가 되었으면 한다.

글로벌경영 개정작업에 도움을 준 신영애 박사, 정해식 박사, 김성미 박사에게 진심으로 감사드린다. 오랜 기간 참고 기다려준 법문사 관계자 여러분들께도 고마움을 전한다. 50대 후반에 새로운 도전을 하고 있는 나를 신뢰하고 함께 해주시는 모든 동료 교수님, 직장의 선생님들, 지인분들에게도 고맙고 감사하다.

마지막으로 나의 시작이고 끝인 사랑하는 가족 아내 이미진, 어머님 그리고 아들 승곤, 택수에게 고마움을 전한다.

모든 일은 하느님의 뜻대로 될 것이다.

2021년 8월
매일 새로운 성장을 꿈꾸며
林達鎬 씀

저에게 단 한번도 선생님이시기를 마다하지 않으셨습니다. 恩師김영래 교수님의 저작인 글로벌경영의 개정판을 신학기를 맞이하여 출간하게 되었습니다. 교수님께서는 작년 11월 14일 69세의 연세로 소천 하셨습니다. 후학들이 오를 수 없는 높은 경지에서 사고하고 연구하셨습니다. 학자로, 교육자로 치열하고 역동적인 삶을 사셨습니다.

많은 시간 생각하고 논의를 거쳤습니다. 은사님의 뜻을 기리고 감사와 존경을 담아 이 책의 제목을 「김영래의 글로벌경영」으로 하였습니다. 충북대학교 인문사회관에 마련된 「김영래교수 홀」과 함께 은사님께서 생전처럼 환하게 미소 짓고 기뻐하실 일이 되었으면 합니다.

이 책은 김영래 교수님과 제가 공동 저술한 글로벌경영 5판을 기초하여 새롭게 편집하고 최신 자료를 이용하여 수정하였습니다. 우리나라 기업의 글로벌비즈니스에서 전개되는 무역경영과 국제경영을 함께 학습할 수 있는 독보적인 전문서적이라고 자부합니다. 기존 다수를 차지하는 서구 다국적기업을 중심으로 한 국제경영학 중심의 저작물에 대비되는 한국적인 글로벌경영의 정수를 이해할 수 있는 경쟁력 있는 학습서가 되길 희망합니다.

김영래 교수님은 늘 시대를 앞서가셨습니다. 무역은 기업을 중심으로 이루어지므로 연구도 이 방향에 맞추어 수행되어야 한다. 국제경영학을 연구하는 학자도 무역을 중시하고 충분한 학습을 해야 한다고 강조하셨습니다. 한국기업의 성장패턴을 국내기업이 수출기업(무역경영)으로, 수출기업이 해외직접투자를 수행하는 다국적기업(국제경영)으로, 국경이 존재하지 않고 이 모두를 망라하는 비즈니스 전개하는 글로벌기업으로 그리고 이들 기업의 경영을 글로벌경영으로 규정하였습니다. 무역학을 폄하한다는 오해를 받으셨지만 늘 무역을 기반으로 성장하는 우리나라 기업의 글로벌화에 관한 문제를 연구하셨습니다. 누구보다 무역학을 사랑하고 설명력 있는 도구로 활용하였습니다. 무역학과 국제경영학을 섭렵하신 합리적이고 균형 있는 견지에서 융합적인 기업 연구를 수행하셨습니다.

은사님은 이제 역사가 되셨습니다. 돌아가시는 날까지 의연하고 꿋꿋하셨습니다. 죽음이라는 커다란 불안에도 참 담담하셨습니다. 범인이 흉내 낼 수 없는 모습을 보여주셨습니다. 이제 은사님께서 늘 보고 싶어 하셨던 어머님도 다시 만나셨으리라 생각합니다.

매일 은사님이 그립고 생각이 납니다. 그러나 이제 보내드리려 합니다. 하지만 남기신 뜻과 가르침은 들불처럼 번져 갈 것입니다.

이 책을 발간하는 데 큰 결심과 도움을 주신 법문사 관계자분들께 감사드립니다. 개정작업에 참여해준 정해식, 신영애, 권명구, 이영복에게도 고마움을 전합니다. 미망인이신 문강희 선생님, 따님이신 건국대 영문과 김은형 교수, 김현아, 김소연님께 이 책이 조그마한 위로되었으면 합니다. 어머님, 아내 이미진, 아들 승곤, 택수에게 감사의 마음을 전합니다.

2015년 8월
선생님의 영면을 빌면서
林達鎬

오늘날 기업의 발전 속도가 너무도 빨라 경영학 관련 텍스트의 수명주기는 길어야 3년 아니면 2년이다. 본 책자도 첫 판 발간 만 10년만에 개정 5판을 내면서 짧아지는 수명에 대응하려고 절치부심하였다.

또한 세상이 무섭게 변해 요즘은 '국제화'라는 말은 거의 사라지고, 소위 '글로벌화'가 대세인 것 같다. 1990년대 하버드의 입(George E.Yip) 교수가 글로벌전략(Global Strategy)이란 책을 내면서 미국에서 'International'이란 말은 왠지 촌스럽게 생각되어져 'Global'이라는 말이 쓰여 지고 있다고 한 지 20여년이 채 안 된 지금 한국도 이젠 '글로벌'이라는 말이 일상적으로 통용되고 있다.

한 예로 서점에 10년 전에 '국제경영' 관련 책자가 서가의 가장 좋은 위치에 즐비하게 꽂혀있고, 글로벌 경영은 맨 밑에 꽂혀오던 것이 이제는 자리가 뒤바뀌었다. 그 까닭은 우선 인터넷 확산으로 지구상에서 일어나는 모든 일들이 실시간으로 모든 이에게 전해져 알 수 있게 되었고, 지구라는 단일시장에서 수요자와 공유자는 동시에 서로 정보를 주고받고 있기 때문이다. 그리고 우리나라를 대표하는 기업들, 예컨대 SAMSUNG, HYUNDAI, LG, POSCO, SK 등이 비좁은 국내시장을 상대로는 살아남을 수가 없어 생존전략으로 Global화를 추진할 수밖에 없었기 때문이다.

최근, 한국을 대표하는 세계적 기업 'SAMSUNG'과 미국을 대표하고 세계를 대표하는 기업 'APPLE'이 우리 눈앞에서 세계시장을 놓고 피튀기는 혈전을 벌이고 있다. 이 현장을 목격하고 있는 우리는 대학의 커리큘럼에 필수 과목으로 '글로벌 경영'을 넣고 교육하지 않으면 안 되는 당위성을 다시금 확인하고 있다.

이 책자가 만 10년 전에 세상에 나올 때만 해도 글로벌 경영이란 책명이 붙은 책자는 일본과 한국에서 두 세권 있었다. 그때는 책 내용과 한국기업 현실이 다소 괴리가 있었다. 그러나 이제 이 책자에 인용한 사례의 대부분을 한국기업들이 차지하고 있는 현실에서 이 책자가 우리 기업의 발전과 그 궤를 같이 하며 우리 기업의 글로벌화에 일조하였다는 자부심을 가지고 있다.

미국과 유럽의 '글로벌 경영' 책자는 우리 입장과 다르기 때문에, 본 책자는 한국기업과 실무자의 입장에 초점을 맞추고 현장을 염두에 두어 책의 구성도 '환경'과 '전략' 그리고 '운영(관리)'로 나누어 집필하였다. 또한 한국 기업의 일반적인 글로벌 경영의 전개 패턴인 무역 → 라이선싱 → 해외직접투자에 중점을 두어 설명코자 하였다. 특히 개정 5판에서는 지금까지 매끄럽지 못한 문장과 부족한 자료의 수정과 보완, 그리고 뉴스리뷰를 최근 사례를 중심으로 바꾸었다.

원래는 출판물의 내용을 한국기업의 미래지향 목표로 대폭 바꾸려고 시도하였으나 당분간 우리 기업의 수준에 맞추기 위하여 그 계획도 제6개정판으로 미루기로 하였다.

이 책의 집필 저자의 입장은 히토쯔바시(一橋) 대학 유학시절 스승인 고지마 기요시(小島淸) 교수의 가르침을 따르기로 했다. 그는 그의 유학시절 먼저 섬나라로서 해가 지고 있던 영국의 캠브리지(Cambridge) 대학에서 어려운 내핍생활과 정치경제학의 진가를 맛 본 뒤 해가 뜨고 있던 풍요로운 미국의 프린스턴(Princeton) 대학에서 유학을 한 것이 훗날 1960년대 일본무역 정책 성공의 이론적 토대를 이루었고 1970년대 해외직접 투자이론 중 합의적 분업이론을 제시하여 미·일 간의 격렬한 학술논쟁을 가져왔고, 환태평양 경제권을 주창, APEC 설립의 뒷받침을 하였다.

당시 OECD의 슈퍼바이저로 재직하고 있던 그는 저자에게 이렇게 말했다. "자네는 코리아에 돌아가거든 코리아의 입장을 고려하여 학문의 방향을 잡고 가장 코리아의 고귀한 가치가 세계적으로 보편타당성을 인정받을 수 있게 하게나. 그것이 자네가 학자로서 성공할 수 있는 길일세."

이 같은 말씀은 '가장 한국적인 보편적인 가치를 글로벌 보편적 가치로 승화시키는 것이 글로벌 경영의 성공요체'라는 이 책 집필의 정신적인 지주가 되었다.

이 책이 나오기까지 정성어린 도움을 주신 모든 분들께 고마움을 전하고 싶다. 요즈음 같이 어려운 불황에 책을 내어준 법문사 사장님과 말끔히 다듬어 준 예상현 과장과 권혁기 선생께 감사드리며, 우리 두 저자들을 돌보아준 아내 문강희 명예교수와 이미진 팀장, 그리고 가족들 모두에 하느님의 보살핌과 평화가 함께 하길 빈다.

2012년 광복절날
늘 감사와 겸손의 마음으로
김영래, 임달호 씀

경영학이 실천학문이라며 강단에 선 교수가 강의 내용 중 계속 남의 나라 기업들의 사례만을 이야기해야만 했던 시절이 있었다. 먼 나라 남의 이야기를 실감나게 한다는 것은 쉽지 않은 일이었고 듣는 학생들은 얼마나 지루했을까.

그러나 최근 영국의 Financial Times지의 칼럼에서 "삼성은 과거 가난한 이의 소니제품 대용 역할을 했지만 이제는 휴렛패커드(HP)를 제치고 전자기업 중 세계 1위 매출액을 올리는 기업으로 성장 했다. 그리고 2010년 삼성은 일본 전자기업 상위 15개 기업을 모두 합친 것보다 더 많은 순이익을 올릴 것으로 예상되는 명실상부한 일류기업으로 도약했다"고 했다. 그런가 하면 미국의 Forbes지는 "삼성의 갤럭시 S는 글로벌 히트상품 반열에 올랐다 삼성 특유의 공격적이고 진취적인 시장 전략의 승리다. 올해 애플의 신제품 '혁명'에 대응할 경쟁자는 오직 삼성뿐이다."라고 했다.

미국 경제일간지 The Wall Street Journal은 삼성의 세계 TV 시장점유율은 20%, 역사상 그 어떤 개별기업도 이룬 적이 없는 초유의 시장점유율이다. 등의 삼성에 대한 찬사가 이어지고 있다.

이런 결과는 미국 GE사의 고위임원 45명이 한국기업에서 현장교육을 받기위해 내한하였다. 그들은 삼성, 현대자동차, LG 등의 한국기업이 어떻게 글로벌 성장할 수 있었는지를 확인하러 왔으며 면밀히 현장 조사를 하고 돌아갔다.

이 책의 초판을 발간할 때만 해도 이런 상황은 정녕 꿈에라도 상상할 수 없었던 장면이었다. 이제 글로벌 경영을 강의하는 사람이나 수강하는 사람들 모두에게도 바로 우리 주변의, 우리가 속해 있는 기업들의 피부에 닿는 사례로 신바람 나는 그리고 흥미진진한 수업전경을 펼칠 수 있게 되었다. 이런 시대에 살고 있다는 것에 대해 무한 한 감사를 해야 할 것 같다.

그렇지만 오늘날은 아차! 하는 순간에 벼랑의 나락에 떨어지고 말 수도 있다. 예컨대 10년 전 Sony가 삼성에 따라 잡힐 것이라곤 Sony는 물론 삼성 자신도 몰랐을 것이다.

이런 현상은 오히려 글로벌경영을 향후 어떻게 접근해야 하루가 다르게 변하는 글로벌 환경에 대응할 수 있는가라는 새로운 과제를 우리에게 안겨주고 있다. 그리고 이제까지의 catch up 전략은 더 이상 무용지물일 것이며 망망대해를 항해하는 배의 나침판의 역할을 수행할 수 있는 그 무엇을 찾아야만 할 것이다.

이 시점에서 무엇 보다 중요한 기업의 키워드는, 첫째 도전(challenge)과 창의적 혁신(creative innovation)이다. 최소한 10년 후를 바라보며 불확실성하에서도 도전하여 기회(chance)를 맞고 그런 기회를 갖게 되면 끊임없이 창조적 혁신으로 변화(change)해야만 살아남을 수 있을 것이다. 둘째 다문화(多文化)에 대한 적응(cross culture intercept)이다. 이제는 얼굴색갈이나 민족이 다르다는 것은 결코 흠결이 될 수 없고 오히려 그 다양성은 새로운 창조의 단초가 되기 때문이다.

셋째, 오늘날은 글로벌화하면서 다른 한편 로컬화하고, 표준화 하면서 혁신적이며, 보편성(통일성)을 띠면서도 다양성을 중시해야 한다. 뿐만 아니라 수익·창출과 사회공헌을 함께 실현하고 사람이나 문화·책임감 같은 소프트(soft) 자산과 함께 제품혁신 같은 하드(hard) 자산도 함께 가꾸어야 한다.

이같이 상반된 목표를 절묘하게 조화하기 위해서 기업들은 보다 큰'가치와 비전'을'공유(shared value and visian)'해야 한다.

최소한 이상의 3가지가 글로벌경영의 화두의 핵심이 되지 않고는 21세기 기업 환경의 파고를 헤쳐 나갈 수가 없다고 생각한다. 이 책자의 한 페이지 한 페이지를 넘기며 저자의 메시지를 독자들이 염두에 두었으면 하는 것이 마지막 바람이다.

한 출판사와 30년 가까이 일을 할 수 있다는 것도 저자로선 큰 복이라고 생각 한다. 건재하신 배효선 사장님, 이 책을 새롭게 꾸며준 예상현 과장님, 권혁기 선생님을 비롯한 관계자들에게 두루 고마운 마음을 전한다.

교수 생활 33년을 회고하면 책을 내며 머리말 쓸 때가 제일 행복한 순간이었다. 이는 성취감과 평소 고마운 이들에게 마음속의 말들을 털어 놓을 수 있기 때문이다.

세익스피어와 함께 살아오며 늘 나에게 평안을 주었던 아내의 문강희 교수의 아름다운 교수정년을 맞게 해 주셨고, 큰 딸 현아와 수환이 그리고 손자 민호, 민용이, 미국에서 학위를 하고 모교 서울대 강단에 선 둘째 딸 은형이, 파리서 새 집을 사고 예쁘게 꾸미며 디자이너로 사는 막내 딸 소연이와 토마, 손녀 가야 이들 모두 나름대로의 길들을 정진하는 모습과 특히 3명의 손자 손녀의 재롱을 지켜 볼 수 있게 해주신 하느님께 감사드린다.

또한 나의 영혼과 육신의 삶을 풍요롭고 강건하게 지킬 수 있게 해 주신 고난회수도원 조 그레이스 원장님과 여러 수녀님들, 국립 암센터 원장 이진수박사님, 이 분들의 기도와 정성어린 보살핌에 이 글을 쓸 수 있는 행운을 얻었다. 이 분들에게도 늘 하느님의 은총이 함께 하시길 빈다.

2011년 立春
九龍山기슭에서 감사와 겸손한 마음을 간직하며
김 영 래 씀

기업경영에 대한 연구가 거듭 될수록 한 가지 확실해지는 것은 한국인이 기업을 경영함에 있어 성공하려면 꼭 기억해둘 말이, 다름 아닌 일본의 메이지 유신 때 파워 그룹들이 가슴에 새겼던 "和魂洋才"우리 표현으로"東道西器"이다.

이는 동양의 정신을 서양의 그릇에 담아 사용한다는 뜻으로 정신적 가치는 동양의 가치를 바탕으로 서양의 기술을 가지고 나라를 선진국으로 만들겠다는 의미로 그들은 이것으로 성공하였다. 오늘날 일본이나 한국에서 글로벌화에 성공한 기업들도 깊숙이 파고들면 일맥상통하는 점이 바로 이것이다.

요즈음 세계 모든 기업이 지향하고 있는 기업의 사회적 책임(CSR)도 이미 公子의 論語, 憲問편에서 찾을 수 있다. "이익을 취할 때는 옳은지를 생각하고 행하라"즉, 見利思義이다. 이 말은 오래전부터 동양의 商道이다. 새삼스럽게 서양 이론을 들먹일 필요도 없는 것이다.

미국의 경제대통령이라던 그린스 펀이 100년에 한번 있을까 말까 하다고 한 세계금융위기가 미국발로 몰아 닥쳐 외환위기를 가까스로 벗어 낫나 싶었던 우리 경제는 또다시 패닉 상태가 되고 말았다. 그래도 외환위기 때는 우리와 아시아 몇몇 나라가 어려움을 겪었지만, 미국을 비롯 해외 우리 시장들은 활력에 넘쳐 있었다. 그러나 이번은 세계경제를 주도하고 있는 미국으로부터의 금융위기였기에 이 쓰나미로부터 쉽게 벗어나기는 어려울 것 같다.

특히 강단에서 지금까지 실물경제의 흐름을 중심으로 가르쳐왔고 외환 위기이후 금융 경제의 흐름, 그 중에서도 아직 파생 금융상품에 대해서는 자세히 가르칠 기회도 없었다. 더욱이 Wall가를 중심으로 소위 금융공학이란 수단으로 인간의 탐욕이 가져 온 금융 위기는 그 내부를 아직 제대로 파악조차 못하고, 마침내 전 세계의 실물위기로 빠져들게 하고 있으며, 그 실물 위기는 대외경제 의존도가 높은 우리 경제는 직격탄을 맞고 있는 것이나 다름없다.

그러나 경영은 사람이 하는 것인 만큼 이러한 때야말로 글로벌 기업은 위기 가 기회이기도 하다. 예컨대, 지금까지 진입하기 어렵던 시장의 진입이 쉬워질 수 있고, 어렵던 R&D의 기회와 자원도 손쉽게 구할 수 있으며 글로벌 인적 자원도 오히려 획득하기 쉬운 기회가 되기도 한다. 이처럼 위기라는 것은 생각하 기에 따라 더없는 기회가 될 수 있기 때문에 오히려 지혜롭게 대응하여, 즉 세계의 자원을 최적화해서 최적 생산으로 고객의 가치를 창출할 수 있는 절호의 찬스이기도 하다.

이 책자는 우리 경제의 발전 단계에 맞추어, 1970년에서부터 1980년대 초 무역만이 살 길이었던 시절에는 "무역경영"으로 개정 7판까지, 1980년대 해외 현지 생산을 적극 시도하던 때부터는 "국제경영"으로 내용을 전면 쇄신 개정 3판까지 간행하여 세상에 내놓았다. 그러나 1990년대 중반부터 2000년대에 들어 우리기업들이 전 세계 시장을 상대로 본격적으로 글로벌경영을 실행함에 따라 2003년 "글로벌경영"으로 새롭게 태어나, 2006년에 이어 2009년에 개정 3판을 내게되었다.

따라서 이 책자는 한국기업 활동의 전개와 궤를 같이 하면서 시의 적절하게 출간되었다고 할 수 있다.

책자를 펴냄에 있어 저자의 신념은 실천학문인 경영학에 있어서는 항시 기업이 활동 하고있는 상황과 환경에 꼭 도움이 되는 적합한 책자이어야만 한다는 것이다. 이 점에서 저자는 최선을 다하고자 했다.

기업의 경영지향을 살펴보면, 미국의 GM과 같은 다국적기업은 현지국의 현지 지향인데 대하여, 일본의 Toyota와 같은 글로벌기업은 본국지향 및 지역 지향이다 이점에서 한국의 Samsung이나 LG 같은 기업들의 경영지향은 미국의 다국적기업보다는 일본의 글로벌기업에 가깝다. 아직 혼돈의 시대이긴 하지만 엄밀한 의미에서 양자는 구별되어야하고 이 점에서 이 책자는 "글로벌경영"이라 했다. 그리고 이것은 우린 미국과 달리 정치력이나, 군사력으로 기업의 활동을 뒷받침 할 수 없기 때문에 본국 지향과 지역지향을 동시에 하지 않을 수 없는 이유이기도 하다. 따라서 본 책자의 집필 의도는 어디까지나 한국인을 위한 것이라는 점을 밝히고자 한다.

개정3판을 펴낼 수 있었던 것은 필자가 외국에 머무는 동안 필자를 대신해서 지난 2년간 강의를 하면서 부족한 부분을 수정 보완하여 준 이형택 교수와, 지난 5년 동안 외부 강의를 하면서 느꼈던 부분을 윤기창 박사가 보완해주었다, 진심으로 두 사람에게 고마운 마음을 전하고자 한다.

아울러 법문사 고영훈 과장과 예상현 과장은 개정3판을 세상에 새롭게 태어나게 해준 장본인이다. 아무쪼록 늘 건승하시기 바란다.

마지막으로, 지난 37년간을 하루 같이 가족을 알뜰히 보살펴준 아내 문강희 교수, 뒤늦게 튼실한 외손자를 안겨준 큰딸 현아와 수환, 미국서 학위를 하고 모교인 서울대학에 돌아와 강단에선 둘째 은형, 그리고 무척 예쁜 손녀을 낳아 파리에 살고 있는 셋째 소연과 토마, 이들 모두는 내게 끊임없이 기쁨을 주고 있음에, 늘 하느님께 감사드리고 있다.

2009년 立春
구룡산 기슭에서 감사하는 마음을 새기며
김 영 래 씀

하나, 성공한 글로벌경영의 모델: Toyota or Sony?

최근 글로벌경영에 대한 새로운 의미를 터득하게 되었다. 한 기업이 글로벌경영을 한다는 것은 보편타당성이 있는 글로벌 스탠더드에 맞게 경영활동을 해야 한다고 지금까지 강단에서 가르쳐 왔다. 그런데 기업 스스로 개발하고 터득한 가치가 전 세계에 통용될 수 있는 보편타당성을 가지고 있다면 그것이야 말로 글로벌 경쟁에서 살아남을 수 있는 글로벌 스탠더드이자 글로벌전략이 된다는 점이다.

즉, JIT(Just-in-time)처럼 Toyota가 창안해 낸 생산시스템이 세계적으로 인정받았을 때 Toyota는 글로벌 경쟁력을 갖춘 기업으로 Ford뿐만 아니라 GM도 따라잡을 수 있었던 것이다.

예컨대, Sony와 Toyota의 글로벌 전략을 비교해 보면 Toyota의 경우에는 일본적인 가치를 Globalization에 성공시켰지만, Sony의 경우는 일본적 가치라기보다는 미국적 가치에 입각한 글로벌 전략(Americanization)을 전개했다고 할 수 있을 것이다.

Toyota는 그들의 가치가 세계화하였기 때문에 그 가치를 중심으로 구성원간의 협조와 시너지효과를 최대로 발휘할 수 있었다. 이에 비하여 Sony의 경우는 그들의 고유가치가 아닌 미국적(서구적) 가치를 받아들여 글로벌화 함으로써 구성원 간에 협력하여 한 방향으로 나아갈 수 있는 핵심적 가치를 갖지 못하여 결국은 경영성과를 올리고 있지 못하다고 일본 학자들은 지적하고 있다.

다시 말해, 마이크로소프트(MS), GE는 그들이 창안한 고유가치를 글로벌 스탠더드화하였기 때문에 세계시장에서 경쟁력을 갖고 시장을 제패하고 있는 것이다.

따라서 한국 기업도 성공적인 글로벌경영을 하기 위해서는 세계에서 통할 수 있는 글로벌 스탠더드를 창출하여 글로벌 전략으로 실행함으로써, 성공적인 글로벌 경영이 될 것이다.

둘, 성공한 글로벌리더의 모형: 칭키즈칸(Genghiskhan)

세계를 누비며 문명의 발상지와 한국 기업의 전략 진출 지역을 탐사하다 보니 이제 55개국에 달하는 나라를 다녀온 셈이다. 아직도 미처 가보지 못한 곳도 있겠지만 한국 기업의 전략 요지는 두루 다녀보았다. 지금까지의 학술 탐사에서 얻어진 것은 한국 기업이 글로벌 경영을 전개할 때 가장 바람직한 벤치마킹은 칭키즈칸이 아닌가 생각된다. 우리와 같이 몽골 반점을 지닌 종족으로서 서쪽으로는 터키·헝가리, 서북쪽으로 러시아, 서남쪽의 인도, 남쪽의 베트남에 이르는 광대한 영토 확장은 우리 기업인들에게 가능성을 열어주고 있다. 특히 중국이 쌓은 만리장성의 위치를 보면 그 당시 칭키즈칸이 위력을 감지할 수 있다.

칭키즈칸의 "침략"이라는 말을 "글로벌 경영 전략"으로 바꾼다면 그보다 우리 피부에 닿는 글로벌 전략은 없을 것이다. 모든 종교를 받아들이고 현지에서 좋은 점이나 훌륭한 석학의 지식을 융화하여 오늘 날의 표현으로 하이브리드화 하는 칭기스칸의 전략은 두고 두고 한국 기업이 글로벌 전략의 교범이 될 것이다. Silk Road와 Spice Road를 돌아보며 여기 저기에서 칭기스칸의 발자취를 확인할 때마다 수백 년 전의 그들의 기상이야말로 한국 기업의 글로벌 경영에 나아갈 길을 예시하고 있는 것 같았다.

셋, On−Line시대, 국제기업이라는 말은 사라지고 글로벌기업의 시대가 열렸다.

글로벌경영 책자가 나온 지 벌써 3년이 지나 새롭게 제2판을 내게 되니 감개무량하다.

무역경영으로 시작하여 국제경영, 글로벌경영으로 이어지기까지 근 30년이 다 되었다. 이는 세계 기업경영의 흐름이자 한국 기업의 흐름이기도 하였다. 무역경영 책자를 국내에서 처음으로 내었을 때만 하더라도 새로운 방향의 저서라는 호평을 받아 용기를 가지고 계속 연구에 정진할 수 있었다. 80년대 초 국제경영 책자를 낼 때는 한국에서 무슨 국제경영이냐고 비아냥대는 소리를 듣기도 하였다.

3년 전 글로벌경영 책을 내 놓을 때도 국제경영이면 몰라도 글로벌경영이라니 하는 소리를 듣기도 하였으나, Samsung이 지난 해 반도체, 휴대전화, LCD를 전 세계에 판매하여 거둔 수익이 6개 일본 전자전기회사 총 수익보다 더 많은 1조원에 달함으로써 이제 한국에서도 글로벌경영이 남의 얘기만은 아니게 되었다. 오히려 국제경영보다는 수출과 라이선싱, 해외직접투자를 통하여 세계를 하나의 시장으로 보고 기업경영을 하는 글로벌경영이 IT가 발달되어 인터넷 세상이 된 오늘날에는 보편적인 말이 되었다. 그리고 과거 국제경영은 대기업 중심의 설명이었지만, 오늘날 글로벌 기업경영은 대기업뿐만 아니라, 중소기업도 인터넷을 통하여 대기업과 같은 방식으로 기업활동을 전개하고 있다는 점에서, 현장에서는 국제라는 말은 사라지고 대신 글로벌이란 말이 상용되고 있다.

개정판에서는 새로운 사례를 집중적으로 소개하였고, 초판에서 미진했던 내용들을 대폭 수정, 보완하였다. 이로써 초판에 부끄러웠던 모습을 감출 수 있게 되었다. 그리고 이같은 작업은 윤기창 교수의 헌신적인 노력으로 이루어졌다.

개정판을 발행함에 있어 선뜻 수락해 준 법문사 배효선 사장님과 최복현 전무님께 감사드리며, 편집을 맡아 새롭게 꾸며준 송병량 차장과 고영훈 과장에게 고마움을 전하고 싶다.

끝으로 耳順의 나이에도 변함없이 세익스피어에 파묻혀 따뜻하게 남편을 도와주고 있는 아내와 일본과 미국과 프랑스에서 공부를 끝내고 나름대로 제 갈 길을 가고 있는 세 딸들에게 늘 하느님의 평화가 있기를 빈다.

2006년 입춘
인생을 되돌아보게 한 인도의 Varanashi에서
김 영 래 씀

오늘날 글로벌화가 추진된 배경은 먼저 교통과 통신의 발달이다. 영국의 산업혁명 이후 19세기 철도망의 확산, 증기선의 발명과 20세기 들어 비행기의 발명은 세계를 더욱 좁혀 놓았고 통신의 발달은 거래비용의 지속적인 감소를 가져와 정보혁명으로 이어져 글로벌화를 촉진하게 하는 계기가 되었다. 또한 WTO출범은 다자간 무역협상을 통해 세계적 자유무역 확대의 일대 전기가 되어 글로벌화를 가속시키는 역할을 하였다. 그리고 1960년 이후 대외 지향형 성장전략을 택했던 동아시아 국가들의 고도성장은 전후 신생국들에게 시장경제제도 도입을 통한 경제의 글로벌화를 촉진하는 결과가 되었다.

이 같은 글로벌화를 배경으로 직접투자의 증가율은 무역신장률과 경제성장률을 상회, 기업내 국제분업, 기업간 국제분업 등의 확대를 가져왔다.

또한 글로벌화에 대응한 지역주의 대두는 다국적기업의 기업내 국제분업으로 세계경제의 통합의 지속과 더불어 역내 무역창출, 외국인 직접투자 등이 활발히 진행되었다.

이상과 같은 세계환경변화는 한국기업들이 1960년대부터 시작한 수출 드라이브정책에 의한 기업성장이 어렵게 되자 1990년대부터 해외 진출 기업이 급속히 늘어나고 2000년대 들어서는 글로벌 전략을 표방하는 글로벌 경영이 본격적으로 대두되게 되었다. 무역의존도가 70%에 가까운 한국으로서는 세계를 하나의 시장으로 기업경영전략을 수행하려는 시도는 너무나도 당연한 일일지도 모른다.

또한 우리에게 국제화라는 말이 피부에 와 닿기 시작한 것은 서울 올림픽이 개최된 1988년부터라고 할 수 있다. 그리고 글로벌화라는 말의 시작은 한국이 OECD에 가입한 1995년부터이며 그 해 마침 GATT가 WTO로 새롭게 출범함으로써 무한경쟁시대를 맞은 우리로서는 글로벌화라는 말이 사회 전반에 널리 퍼져 글로벌화만이 살 길이라는 사고가 생겨나게 되었다. 그로부터 7년 후인 2002년 월드컵의 개최는 글로벌이란 말을 누구나 실감케 하였다. 미국의 저명 외교저널인 포린 폴리스(Foreign Policy)가 올해 발표한 바에 따르면 전세계 62개국(세계인구 85%)을 대상으로 글로벌화 지수(Globalization Index)를 조사한 결과 한국은 28위라고 한다.

이같은 정황은 본 책자가 우리기업경영의 흐름으로 보아 결코 빠르지도 늦지도 않은 적절한 시기에 출간된다고 하겠다. 또한 한국기업의 특성상 글로벌 경영전략은 우리 기업의 생리와 맞아 떨어지는 것 같다. 언제 어디서든 고객이 요구한다면 찾아갈 준비를 갖추고 있는 기업을 높이 평가하고 고객의 가치 창출을 기업의 최대 목표로 삼고 있는 현상은 그 같은 사실을 증명하고 있다.

다만 본 책자에서 역부족인 것은 세계 선진국산업의 비중이 제조업에서 서비스업으로 옮아가고 있는 현실에 주로 제조업을 중심으로 한 글로벌경영을 다루었다는 점이다. 그리고 기업경영의 e−business화로 경영의 패러다임이 바뀌고 있는 현실을 제대로 반영치 못했다는 점은 아쉬움으로 남는다. 차후 그와 같은 부분은 보완·개정할 것을 약속드린다.

이 책은 기존에 출간된 관련문헌을 충분히 참조하려 했고 잘되었다고 생각되는 부분을 대폭섭렵하여 꾸몄다. 그 점에서 이 책의 좋은 점이 있다면 모두 선학제현들의 덕택이다. 반대로 이책에 잘못이 있다면 전적으로 저자의 책임이다.

그리고 오늘 본인이 있기까지 네 분의 은사님들, 먼저 WASEDA(早稻田)대학 시절의 Toba, kinichiro(鳥羽欽一郞) 교수님은 기업경영이 무엇인가를 그리고 학문을 대하는가의 자세를 가르쳐주셨으며 필자로서는 낳아주신 부모님보다도 삶에 더 많은 영향을 주신 분이다. 그리고 Asaoka, ryohei(朝岡良平) 교수님은 우리나라와 같이 무역입국을 주장하는 나라에서 무역경영에 눈을 뜨게 해주셨으며, HITOTSUBASHI(一橋)대학 시절의 Kojima, kiyoshi(小島淸) 교수님은 국제경제의 실물적 흐름을, Yoshino, masatoshi(吉野昌甫) 교수님은 국제경제의 화폐적 흐름을 깨닫게 해주셨다. 아마도 이 네 분의 교수님이 아니셨다면 오늘날 우리학계에 말석의 자리라도 차지할 수가 없었을 것이다. 늘 이 네 분에게 경외와 감사를 드리고 싶다.

또한 이 책을 세상에 내놓기 까지는 어려운 출판사정에도 기꺼이 출간을 허락해주신 법문사의 배효선 사장님과, 이제는 20여년이 넘게 본인의 책자를 출간함에 뒤를 봐주셔 필자의 눈빛만 보아도 모든 걸 알아차리시는 최복현 상무님, 그리고 강의와 조교일에 바쁜 중에도 원고정리와 자료수집을 도와 준 윤기창군과 정현희군에게도 고마운 마음을 전하고 싶다.

끝으로 지난 30여년간 늘 곁에서 돌보아주고 세익스피어의 명귀로 마음을 어루만져준 동료인 아내와 지금은 일본에서 유학을 마치고 돌아와 전문대 교수가 된 큰딸, 미국 뉴욕대학 박사과정에서 엄마와 전공을 같이하고 있는 둘째, 프랑스 파리 제1대학에서 석사과정에 정진하고 있는 막내딸에게 늘 하느님의 가호와 평화가 있기를 빈다.

2003년 입춘
봄이 오는 소리를 들으며 감사와 겸손한 마음으로
김 영 래 씀

이 책은 우선 우리나라 책자의 부족함인 컴팩트함을 살리고자 했다. 그리고 한 사람이 글로벌기업 경영을 시도하려고 할 때 길라잡이가 되고자 하는 마음으로 시작했다.

여는 장에서 우린 글로벌경영을 이해하기 위하여 최소한도 글로벌 경영에 필요한 개념과 마인드(心), 그리고 기준인 글로벌스탠더드를 알아야만 이 책의 첫 장을 열 수 있기 때문에 먼저 "글로벌경영을 성공적으로 터득하기 위하여"부터 시작한다.

다음으로 제1부에서는, 글로벌 경영이란 기본적으로 국내 경영과 같이 국내라는 시장의 장(場)이나 환경 속에서의 기업경영이 아니라 세계 시장과 그 시장 환경에 적응 내지 자기의 경영·관행을 적용시키면서 기업경영을 해야 하므로 먼저 목적시장의 환경을 이해해야 한다. 그점에서 제1부에 제1장 정치·문화적 환경, 제2장 경제적 환경, 제3장 금융환경을 파악할 수 있도록 했다.

둘째 그 환경에서 기업의 각자 독자적인 경영이념 아래 목표를 세우고 그 목표를 달성하기 위한 전략을 제2부에서 세워보도록 한다. 글로벌경영의 전개를 이용한 전략으로서는 제4장 글로벌전략 수립, 제5장 수출과 라이선싱전략, 제6장 해외직접투자전략, 제7장 조인트벤처, 인수·합병 및 전략적 제휴, 제8장 글로벌소싱과 네트워크전략, 제9장 글로벌법무 및 지적재산권전략, 제10장 글로벌협상전략 등에서 기업이 나아갈 경영계획을 수립하는 전략을 제시코자 하였다.

마지막으로 제3부에서 이상의 전략을 실시하기 위해 어떠한 경영조직을 세우는 것이 타당할 것인가로 제11장에서 조직과 통제 그리고 그 같은 조직을 통하여 전략을 실행하기 위한 운영방법으로 제12장 글로벌기업의 인적자원, 제13장 글로벌기업의 마케팅, 제14장 글로벌기업의 재무, 제15장 글로벌기업의 생산과 로지스틱스를 터득케 하여 글로벌 경영을 운영토록 한다.

닫는 장에서는 앞으로 다가올 글로벌 환경변화에 어떻게 대처하여야 할까를 우리 모두 함께 고민해 보기로 한다.

여는장

글로벌경영을 성공적으로
터득하기 위하여...

제1부
환경

정치 · 문화
경제 · 금융
디지털

제2부
전략

수출 · 라이선싱
해외직접투자
합작투자
인수 · 합병
전략적제휴
법무 · 지적재산권
협상

제3부
조직＋운영

조직

인적자원
마케팅
재무
생산
로지스틱스

닫는장

글로벌경영에
남겨진문제들

^제1_부 글로벌기업의 환경

제 1 장 정치 · 문화 · 경제적 환경

제2부 글로벌기업의 전략

제 **3** 부   **글로벌기업의 운영**

제 9 장   글로벌기업의 조직과 인적자원 관리

여는장

성공적인 글로벌경영을 위하여

1 글로벌환경 변화와 글로벌경영의 개념

1.1 글로벌환경 변화의 이해

세계는 지금까지 소위 3Bs(국경; border, 경계; boundary, 장벽; barrier)로 인하여 경영자원(사람, 물자, 정보, 자금 등)의 국제간 이동이 자유롭지 못하여 기업의 경영활동에 많은 제한을 받아왔다.

그러나 최근 수년간 글로벌경영환경은 3Bs가 '저하' 또는 '완화'의 시대를 맞이하고 있다. 즉 Less 3Bs시대를 맞이하고 있다. 이러한 변화는 좁은 국내시장을 지향하는 국내기업으로서는 치열한 경쟁에서 생존하기 위한 전략을 마련해야 하는 반면, 넓은 글로벌시장을 지향하는 글로벌기업에게는 새로운 시장에 도전할 수 있는 기회를 제공하고 있다. 글로벌기업은 이러한 환경의 변화로 기회와 위협에 동시 노출되어 있다. 여기서 주목해야 하는 것은 기업이 글로벌하게 배치한 산업단위를 어떻게 네트워크화하고 그들을 위한 하드 인프라스트럭처(hard infrastructure)를 어떻게 정비할 것인가, 그리고 유효한 네트워크를 만들어 경쟁력 우위를 구축할 것인가, 또한 경쟁력 우위를 갖춘 네트워크를 어떻게 효율적으로 관리할 것인가 등이 커다란 과 제이다.

국가경제의 경계로서의 국경은 점차 허물어지고 있지만, 여전히 다양한 문화나 제도 때문에 정치적 국경은 국가마다 상이하게 존재하고 있다. 그러나 정치, 경제, 사회, 문화 등 글로벌화(globalization)의 진전은 국가마다 내재된 이질성과 다양성 이 점차 표준화 또는 균질화 되어 가고 있어 글로벌 스탠더드(global standard)가 더 욱 절실하게 요구되고 있다. 이 때문에 글로벌화가 진전될수록 이질성과 다양성을 확인하고 존중하는 글로벌경영의 전개가 그 전략적 가치를 더해 가고 있다. 다시 말 해서 세계경제의 글로벌화로 인하여 많은 국가들의 생활양식이 비슷해지고 있지만 국가마다 다른 가치관과 문화가 존재하고 있다는 사실을 인식하지 못하면 어떤 기 업이든지 글로벌시장에서 생존은 어려울 것이다.

그렇다면 구체적으로 글로벌환경은 어떻게 달라졌는가? 이를 이해하기 위해서 우리는 '기술', '경제통합', '정치변화', '시장변화', '산업변화' 등을 살펴보아야 한다.[1]

(1) 기술변화

기술이란 인간의 활동에 대한 지적인 응용을 말한다. 과거에는 글로벌시장에서 기계나 토지와 같은 유형적 자원(tangible resources)을 상대적으로 더 많이 소유한 기업이나 국가가 강자로 군림하여 세계경제를 견인하였다. 오늘날은 아이디어나 기 술과 같은 무형적 자원(intangible resources)을 더 많이 보유하고 이를 경쟁우위로 활용하는 기업이나 국가가 글로벌시장을 리드하고 있고 발전사례로 주목을 받고 있 다. 그 이유는 기술혁신이 글로벌시장 혁신을 주도하고 있기 때문이다. 레빗(T. Levitt) 교수는 이를 다음과 같이 설명하고 있다.

"강력한 힘이 세계시장을 하나의 공동시장으로 묶어가고 있으며, 이 힘은 바로 기술 이다. 통신과 운송, 그리고 여행 등의 보편화로 기술은 확산되어가고 있다. 이러한 기술 이야말로 문명이 닿지 않던 격리된 지역이나 가난한 국민들에게도 현대화로의 유혹을 갖도록 만들었다. 어느 나라, 누구나 새로운 기술을 통하여 듣고, 보고, 경험하는 것마다 갖고 싶어하는 욕망을 뿌리칠 수 없게 된다."[2]

최근의 기술 발전은 고객이나 기업들에게 엄청난 영향을 끼치는 전자정보 분야 와 생명공학 분야를 필두로 하여 그 속도가 너무나 빨라 놀라움을 금할 수 없다. 물론, 기술혁신의 효과는 보는 시각에 따라 긍정적인 면과 부정적인 면을 가지고 있다. 기술의 변화는 일부 기업에게 새로운 기회를 창출하지만, 다른 기업들에게는 위협으로 등장하기 때문이다. MIT대학 미디어 분야의 브랜드(S. Brand) 박사는 "일단 새로운 기술이 당신에게 도달하는 순간 당신이 그 길을 만들어 가는 역할에서 주역이 되지 못하면, 그 길의 기초에 깔려 잊혀 지게 될 것이다"라고 말했다.

기술의 변화속도는 예상을 뛰어 넘는다. 컴퓨터관련 기기의 일반비용은 해마다 25%씩 절감되고, 그 중에서도 메모리관련 비용은 40%씩 인하되고 있다. 컴퓨터의 처리속도는 25년간 200배로 증가하였지만 동(同)기간에 비용과 에너지 소비량이나 컴퓨터의 크기는 10,000배로 감소되었다는 것은 놀랄만한 사실이다. 만일 항공산업이 컴퓨터산업과 유사한 발전을 지속해왔다면 보잉 767기의 현재 가격은 500달러로 낮아졌을 것이며, 5갤론(약 18.9ℓ)의 연료로 전세계를 20분 안에 한 바퀴 돌 수 있을 것이다.[3]

미래는 컴퓨터산업의 눈부신 발전과 더불어 다양한 기술들의 연계와 통합에 의해서 엄청난 기회를 창출하면서 새롭게 열리고 있다. 캘리포니아의 Cetus(생명공학기업)의 필데스(R. Fildes) 대표이사는 "생명공학과 화학, 그리고 컴퓨터 등이 상호연계된 발전에 의해 생활방식의 기본요소들은 전세계가 공유하게 될 것이다"라고 전망하고 있다. MIT대학의 미디어연구센터에서도 앞서 말한 세 가지의 산업분야(생명공학, 화학, 컴퓨터)가 융합하면서 방송과 멀티미디어 콘텐츠 산업, 인쇄와 출판, 그리고 컴퓨터산업 등의 발전이 더욱 촉진될 것으로 예측했다.

전문가들의 예견은 적중하였고 현재 산업현장에서 실생활에서 자연스럽게 사용되어지고 있다. 따라서 인공지능, 빅 데이터, 사물인터넷, 크라우딩 서비스와 같은 ICT사업과 관련한 분야 BT분야에 관련 새로운 기술을 확보한 기업들은 국내시장에 머물지 않고 세계적인 경쟁력을 획득하고 성공적인 경영전개를 보이고 있다. 미래의 기업과 국가의 경쟁력확보 기술에 달려 있으며, 기술혁신에 성공한 기업들이 세계를 주도하게 된다.

(2) 경제통합

세계적인 경제통합은 인간이 경험한 가장 중요하고도 심오한 변화 중의 하나다. 19C 초까지만 하더라도 경제활동은 국지적인 것이었다. 세계인구의 대부분은 생산 및 소비의 모든 활동을 50마일 이내에서 자급자족하였다. 그러나 기술이 발전함에 따라 생산과 운송, 통신관련 기업들은 그 활동범위를 확장하였고, 나아가 전국적인 규모로 성장하게 되었다.

20세기로 접어들어 Deer(농업기기 생산기업)는 전국적인 규모로 성장하였으며, Singer(재봉기 생산기업)나 Unilever(소비재 생산기업)는 국경을 넘어 비즈니스를 확장하였다. 이러한 팽창과 확장은 20세기에 더욱 적극적으로 전개되었고, IBM이나 Ford를 필두로 Fujitsu나 Toyota가 이에 합류하여 다국적기업이 출연했다.

이러한 기업들의 출현으로 국가 간의 경제통합은 급증하였다. 미국·캐나다·멕시코 간의 자유무역협정(NAFTA)은 국가간 무역장벽을 무너트리고 하나의 단일 북미시장을 창출하게 했다. 유럽(EU)은 모든 회원국 간에 재화와 서비스, 인적, 물적 이동의 모든 장애를 없애려 했고, 공산국가인 동유럽까지로 페레스토로이카(개혁)라는 자유화 물결이 거세게 몰아쳤다. 러시아 남부의 여러 국가에서도 재화 및 서비스의 자유로운 시장개방을 요구하는 목소리가 높았으며, 태평양 연안국들까지도 세계화 대열에 동참하게 되었다. 중국이나 인도와 같이 저임금 고성장으로 경제 재편에 나서고 있는 개발도상국가들은 고성장·초고속 산업화에 성공하고 정보화 사회에 접어들고 있는 한 한국과 같이 되기를 열망하고 있다.

(3) 정치변화

경제적인 변화는 정치적인 전망이나 산업에 대한 조직들의 태도변화를 야기하고 있다. 경제개방에 앞선 국가들은 규제완화와 감세조치 등의 형태로 새로운 인센티브와 보상체계를 부여하고 있다. 모든 국가들은 산업에 대한 지원을 줄이는가 하면 기업규제를 철폐하면서 국가에서 운영하거나 관리하던 공기업을 민영화하고 있다. 많은 국가들에 있어 정보통신과 운송, 금융업은 규제완화와 민영화가 추진된 대표적인 사례이다. 전세계적으로 규제완화와 민영화로 인하여 이들 기업들은 새로운 경쟁과 시장환경에 직면하고 있다. 이러한 신흥기업들은 세계적인 산업을 주도하는 경쟁적인 위치를 확보하기 위해 노력하고 있다.

(4) 시장변화

재화와 서비스의 시장 역시 글로벌화하고 있다. 모든 고객은 최고의 제품, 최신 제품을 원하고 있고, 이러한 소비의 기호는 전 세계적으로 동질화하고 있다. 그것은 단순히 국가나 지역적인 선호도의 차이를 강조할 수 없다는 것을 말하며, 최고의 제품이란 세계적인 품질수준을 의미한다. 최근 일본의 자동차 산업이 혁신적인 품질개선을 바탕으로 세계적인 표준을 주도하고 있고, 점차 세계시장에서 자동차 산업은 전기자, 수소차등 친환경 자동차가 대세를 이루고 있다. 화석연료를 기반으로 하여 경쟁력을 보이던 일본 자동차 및 유럽의 자동차 메이커는 새로운 시장 환경의 변화에 대응하여야 한다.

전자산업 관련 기업들 중 아나로그 시대에 경쟁력이 있던 기업들 중 디지털혁명으로 인하여 글로벌 경쟁력의 순위 바뀜이 대대적으로 있었다. 우리나라를 대표하는 삼성전자 역시 그 혜택을 입은 기업중 하나다. 자동차 산업도 최근 친환경자동차라는 새로운 기준의 도래에 따라 기업들의 부침이 나타나고 있다. 신흥 강자인 테슬러를 비롯한 전기자동차의 시장 점유는 가파르게 증가하고 있다. 오늘날, 세계수준의 기업들이 새로운 환경변화에 적응하는 경쟁력 있는 기술을 바탕으로 시장점유율을 확대하고 있다. 이러한 수준에 미달하는 기업들은 그들의 시장을 계속 잃어 갈 것이다.

(5) 산업변화

산업의 주도적인 업체들은 일찍부터 지정학적으로 경쟁적 우위를 확장해왔으며, 이러한 시장 다변화활동을 통합적으로 전개함으로써 글로벌화를 추진해 왔다. 산업의 글로벌화과정은 국가 간의 전략이나 자원의 공유 및 통합에서부터 비롯된다. 글로벌화를 추진하지 않는 기업들은 향후 시장에서 도태될 수 있다는 인식이 기업 글로벌화의 커다란 이유가 되고 있다.

산업의 글로벌화는 그 산업에 속한 모든 기업들에게 글로벌화를 선택이 아닌 필수로 인식하게 만든다. 예컨대, 제약업계는 신약개발을 위해 막대한 연구개발비를 투입하게 되는데, 이는 단순히 국내시장에서 경쟁우위 상품을 개발하기 위한 목적 (국내시장 방어적 목적)보다는 글로벌 시장에서 우월한 상품을 개발하여 산업 내에서 경쟁적 지위를 높여 지속적인 가치를 추구하려는 목적이 더 강하게 작용한다. 따라서 기업경영의 범위를 협소한 국내시장에 국한하기보다는 기회와 가치 실현의 가능성이 높은 글로벌시장으로 확대하고, 이러한 시각을 가진 제약기업들이 많아질수록 제약업계의 글로벌화는 가속화된다.

1.2 글로벌경영이란?

(1) 글로벌 비즈니스시대의 도래

역사적으로 보면 다국적기업에 의해 본격적으로 글로벌 비즈니스시대가 시작한 것은 제2차 세계대전 이후라 할 수 있다. 글로벌비즈니스의 발전단계를 시대적으로 3단계로 구분할 수 있다.

제1기는 국제 비즈니스 시대의 도래기로 1950년에서 1960년대 전반까지 미국기업 주도로 전개된 시기이며, 이때 MNC(Multinational Corporation, 다국적기업)란 용어가 사용되었다. 제2기는 국제 비즈니스의 실현기라 할 수 있으며 1970년대를 중심으로 다국적기업과 국가가 대립하며 종속이론이 풍미하던 시대였다. 제3기는 글로벌 비즈니스 시대로서 1980년대 이후로 다국적기업과 국가가 협조하는 시대이다.

각국에서 다국적기업이 등장하는 시기를 살펴보면 미국은 1950년대 초반, 유럽은 1960년대 중반, 일본은 1970년대 초반, 한국을 비롯한 신흥산업국들(NIEs)은 1980년대 중반부터이다.

(2) 글로벌기업의 발전단계

오늘날, 국적을 막론하고 대부분 기업에 있어 급격히 추진되는 글로벌화의 도전은 피할 수 없는 과제이다. 기업들의 글로벌화는 1990년대부터 핵심적인 전략과제로 대두되고 있다. 글로벌화를 추진하는 기업은 무엇보다 세계 도처에서 사업을 전개 중인 다양한 기업들을 지칭하는 명칭들에 일련의 개념적 혼란을 느끼게 된다. 즉, 국제화, 다국적기업, 세계화 그리고 초국적기업 등이 실무에서나 학계에서 종종 혼용되고 있는 것이 대표적인 예이다.

구체적으로 말해 국내기업이 국제적으로 활동하고, 나아가 여러 나라에 걸쳐 각국의 고객들을 지향하기 위해 다양한 자원을 공유하는 글로벌기업으로의 발전은 크게 4단계로 나누어 설명할 수 있다. 이들 기업들은 그 경영방식이 국내기업들과는 크게 다르며, 이러한 차이는 주로 기업의 경쟁력을 확보하고 유지하려는 요소들을 결정함에 있어 중요한 의미를 갖는다.

글로벌기업으로 발전하는 단계 중 가장 첫 번째는 국내기업으로부터 시작한다.[4] 대부분의 기업들이 그렇듯이 초기에는 국내시장을 지향하는 국내기업에서 출발하는 것이 일반적이다. 그렇지만 반드시 모든 기업이 이러한 단계를 거치는 것이 아니고 기업 내지 상품의 전략에 따라 순서가 바뀌는 경우도 흔하다.

1) 국내기업

국내기업(Domestic Corporation)은 자국의 고객에 중점을 둔다. 이들은 자국 중심주의적이고 자국 지향적이다. 그러므로 국내기업의 전략은 국내적이다. 국내기업들은 자국시장을 목표로 하고 자국고객의 가치를 창출하기 위해 자국의 경영자원을 주로 사용한다. 대부분 기업들은 자국의 고객을 지향하면서 탄생된다. 그리고 상대적으로 거래하는 시장이 커지면서 자국의 특정한 지역을 중심으로 성장한다.

예를 들면, 세계시장에서 막강한 시장점유율을 나타내는 Coca-Cola나 Deer는 미국 국내기업이 글로벌기업으로 발전한 전형적인 예다. Coca-Cola의 경우 미국의 Atlanta(Coca-Cola 박물관이 있음)와 동남부지역의 고객을 상대하여 성공하였고, Deer는 미국의 Illinois주와 중서부지역이 중심적인 사업지역이었다. Coca-Cola와 Deer는 20세기 초 미국시장에서 그들의 프랜차이즈(franchise)를 확장해나갔다.

2) 무역기업 : 1960년대 등장[5]

무역기업(International Trade Corporation)이란 기업이 재화나 서비스를 국내 고객을 위해 수입하거나 해외 고객들을 위해 수출하는 기업의 형태를 말한다. 한 기업이 무역경영을 하려고 할 때 처음에는 비즈니스와 제품, 가격, 촉진 및 유통경로 등 마케팅믹스(Marketing Mix)를 가능한 한 많이 자국에서 시도하려 한다. 이러한 과정을 통하여 이들 기업은 해외시장에서 기업경영을 전개하는 방법을 학습하는 것이다. 시간과 자원에 제한이 없으므로 이러한 기업들은 그들이 가장 잘 하는 것에 중

그림 1 **해외직접투자 의사결정시 정치적 위험의 평가**

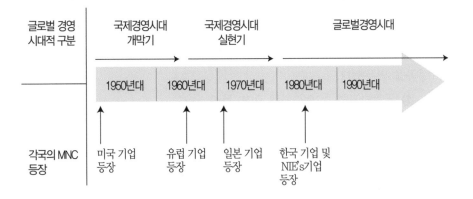

점을 둔다.

무역기업은 시간이 흐를수록 기업이 성공하기 위해서 마케팅믹스를 각국 시장의 차이에 맞게 시행해야 한다는 사실을 인식하게 된다. 예를 들어, Toyota는 1957년에 Toyopet을 미국시장에 출시하였지만, 미국의 비평가들은 Toyopet에 대해 "가격은 비싸고, 파워는 기준 이하이며, 디자인은 탱크와 같다"고 비판하였다. Toyota는 이러한 미국시장에서의 실패경험을 중요한 지식으로 삼아 신제품에 이를 반영하여 오늘날의 성공을 이루었다. 이러한 Toyota의 실패와 성공은 신생기업에게 학습경험과 지속적인 경영전략 수립의 중요성을 알려주고 있다.

3) 다국적기업 : 1950~60년대 등장

한 기업이 시장의 차이에 적응하기로 결정할 때, 그 기업은 다국적-현지화 (multi-domestic)전략을 추구하는 다국적기업(MNCs: Multinational Corporations)으로 이행한다. 다국적기업은 각 국가마다 차별적인 전략을 수립하여 현지지향적인 경영전략을 추구한다. 따라서 다국적기업은 그들이 각국 시장의 차이를 파악하는 것이 최대의 장점이 되고, 반면에 각국 시장의 공통점을 인식하지 못한다는 것이 최대의 약점이 된다.

다국적기업은 전세계의 지역별로 지역본부를 두고, 지역본부는 그 지역 내에 속한 각국의 자회사를 지휘하는 형태로 조직을 구축함으로써 본사의 개입을 핵심적인 부분에 국한시키고, 지역별로 차별화 전략을 전개한다.

1960년대 네덜란드의 Philips는 다국적-현지전략을 추구하는 다국적기업의 전형적인 예를 보 여주었다. 그 당시 Philips는 각 나라의 현지시장에 맞춘 '노(NO)'라는 조직을 운영하여 현지화전략을 전개하였다. 이러한 Philips의 현지화전략은 일본의 Matsushita를 비롯하여 새로운 다국적기업이 등장하기 전까지는 유효하였지만, 점차 경쟁이 심화되면서 현지화전략의 유효성이 약화되었다. 반면에 Matsushita는 표준화된 가정용 오락기를 보다 저렴한 비용으로 생산하는 한편, 동일한 품질의 제품을 전세계의 고객들에게 제공하는 표준화전략 내지 글로벌화전략을 통해 글로벌시장에서 성공을 거두었다.

4) 글로벌기업 : 1980년대 이후 등장

글로벌기업(Global Corporation)은 집중화된 세계적 규모의 운영을 통해 원가우위를 달성함으로써 전략적 우위를 확보하고자 한다. 글로벌기업에 있어서 전략적 자산, 자원, 책임 및 의사결정은 본사에 집중되어 있으며, 세계시장을 하나의 시장으로 인식하여 경영전략을 전개한다. 이러한 글로벌기업은 제2차 세계대전이 끝나고 수출을 주도했던 독일과 일본의 기업들에서 주로 나타났다. 글로벌기업의 장점은 세계시장에서 차이점과 공통점을 동시에 인식한다는 것이다. 이들 기업은 글로벌고객에 적합한 제품을 개발하여 전세계로 확장하는 제품의 글로벌화전략을 추구한다. 동시에 현지시장의 니즈에 맞춘 디자인을 출시함으로써 마케팅의 현지화전략을 추구한다. 즉, 제품의 글로벌화와 마케팅의 현지화를 동시에 추구하는 글로컬(glocal)전략을 추구하여 경쟁우위를 구축하게 된다.

이상 4단계로 구분한 기업의 글로벌화 단계는 전술한 바와 같이 반드시 선행단계와 후행단계로 구분하는 것은 아니라는 점에 주의해야 할 것이다. 즉, **국내기업→무역기업 → 국제기업 → 글로벌기업**으로 순차적 이행을 의미하는 것이 아니라는 것이다. 어떤 기업은 국제기업에서 국내기업으로 이행되기도 하고, 무역기업에서 국내기업으로 이행하기도 한다.

이러한 글로벌기업의 발전 형태를 구분하는 것은 두 가지 목적이 있다. 하나는 서로 비슷하면서 이질적인 기업의 형태를 정확하게 구분하는 기준을 제공해줄 수 있고, 다른 하나는 향후 등장하게 되는 새로운 기업의 형태 또는 발전적인 기업의 형태는 과연 무엇인지를 생각해 보는 데 유용한 시사점을 제시한다. 글로벌기업보다 발전적인 기업형태는 아마도 초국적기업의 등장이 될 것이다. 초국적기업은 전세계의 고객을 만족시키기 위하여 글로벌 경영자원을 활용하는 하나의 통합된 비즈니스 시스템이다.[6]

(3) 글로벌경영의 개념

기업의 글로벌화단계에서 살펴보았듯이 우선 국제경영의 개념을 파악해보기로 하자. 로벅(S. Robock), 시몬즈(K. Simmonds), 즈비크(J. Zwick)의 정의에 따르면, 국제경영이란, "국경을 넘어 사업활동을 전개하는 기업의 연구 및 그 기업을 교육대상으로 하는 경영학의 한 분야이다. 여기서 국경을 넘는 사업활동의 대상은 상품, 서비스, 자본, 인력, 기술이전 및 인력관리 등이 포함된다"고 하였다.[7]

국제경영이 독립된 분야로서 연구의 대상이 된 것은 제2차 세계대전 이후의 일이다. 국제경영이 연구대상으로 결정적인 역할을 한 것은 '다국적기업'에 대한 이해로부터 비롯된다. 따라서 국제경영의 개념을 이해하기 위해서 먼저 다국적기업의 개념을 파악하는 것이 필요하다. 왜냐하면 다국적기업은 국제경영의 주체이며, 연구대상이기 때문이다. UN의 정의에 따르면 다국적기업이란 본사가 있는 나라 이외에서 생산 또는 서비스 설비를 소유하거나 지배하는 기업이라고 한다.[8] 그러나 현재 UN에서는 많은 토의를 거쳐 "초국가(transnational)라고 하는 용어가 이들 기업이 본국의 본사에서 경제국경을 넘어 조업하고 있다는 의미를 잘 포함하고 있다"라는 점에서 다국적기업 대신에 '초국적기업(transnational corporation)'이라는 용어를 사용하고 있다.[9] 그러나 초국적기업이라는 용어 대신 다국적기업이라는 용어가 보편적으로 사용되고 있다. UN은 다국적기업의 개념을 다음과 같이 규정하고 있다. ① 2개국 이상의 나라에서 유형자산을 보유하고 사업을 소유·관리하는 기업을 가리키며, 국내기업이 배당이익이나 주가차익을 얻기 위하여 외국기업의 주식을 취득하는 것(간접투자)과는 다르다. ② 외국에서의 사업활동이 본국 본사의 공통전략 하에서 이루어지고 있다. 즉, 외국에서 단순히 직접적인 사업활동을 수행하는 것이라면 국내기업이 수행하는 해외사업에서도 얼마든지 볼 수 있으나, 각국 시장에서 활동을 면밀하게 계획하고 관리하는 단일기업체로서 사업활동을 하는 것이 특징이다. ③ 이러한 전략전개가 그에 맞는 조직형태를 만들어내고 있다는 것이다. 사업 활동 중에서 해외사업이 차지하고 있는 비중이 증가되고, 이러한 활동이 장기적·전략적으로 진행됨으로써 국내사업과 해외사업간 혹은 각국의 해외사업간의 조정·통일의 필요성 등에서 특정의 조직형태가 만들어 진다.

넓은 의미에서 국제경영의 중요 관심대상은 기술, 지식이전, 직접투자, 간접투자 등이다. 국제경영은 국내경영과 달리 독특한 기업환경을 지니고 있다. 예를 들면, 문화적·정치적·경제적인 전통과 제도, 경제국경을 넘어 상대국 정부와의 관계 및 화폐제도 등이 본국과 다름으로 인하여 발생하는 다양한 위험은 국내경영에서는 발생하지 않는 문제들이다. 따라서 국제경영은 다양한 환경을 고려한 기업경영이어야 하고, 이는 글로벌경영에 있어서도 마찬가지이다.

여기에서 글로벌경영을 국제경영과 구별할 필요가 있다. 글로벌화란 일반적으로 기업이 개별국가의 시장에 대해 각각 다른 전략을 취하기보다 세계의 시장을 단일시장으로 보고 독립된 전략을 수립하는 것이다.[10] 국제화는 시장 단위를 구분할 때 각각의 국가를 그 기본단위로 하고 있어 기업이 경제국경을 넘어 다른 국가로 진출하는 것을 의미하는 반면에, 글로벌화는 경제국경에 따른 시장구분을 하지 않는다. 다만, 글로벌기업들이 지향하는 목표는 'Think Global, Act Local'로서 국경을 구분하지 않지만 해당 지역(시장)의 환경을 고려한다. 따라서 글로벌경영은 글로벌전략(수출·라이선싱·해외직접투자 등)을 통하여 세계시장에서 상품, 서비스, 자본, 인력, 기술이전 및 인력관리를 국경에 구애받지 않고 자유롭게 수행하는 경영활동이다. 이

와 같이 경제국경으로 구별되었던 시장들이 하나의 시장으로 통합되어가는 상황은
사이버상의 마켓플레이스(marketplace)에서 쉽게 연상할 수 있다.

국제경영과 글로벌경영의 차이에 입각하여 본서에서는 기업의 목적을 달성하기
위해 활동의 場(시장·환경)이 국내시장 중심으로 기업경영을 수행하는 것을 '국내경
영'이라 하고, 좀더 나아가 국내시장뿐만 아니라 시장의 영역을 해외까지 무역을 통
해 확대하면서 기업의 목표를 달성하고자 하는 경영을 '무역경영'이라 한다. 또한 기
업이 공급하는 재화나 서비스를 국내에서 뿐만 아니라 2개 이상의 국가에 진출하여

표 1   **글로벌화 단계에 따른 기업의 형태 구분**

	환경	국경(경제국경)	국가(시장)
국내경영(국내기업)	×	×	1국
무역경영(무역기업)	○	○	2국
국제경영(다국적기업)	○	○	2국 이상
글로벌경영(글로벌기업)	○	△	세계(단일시장)

그림 2   **해외직접투자 의사결정시 정치적 위험의 평가**

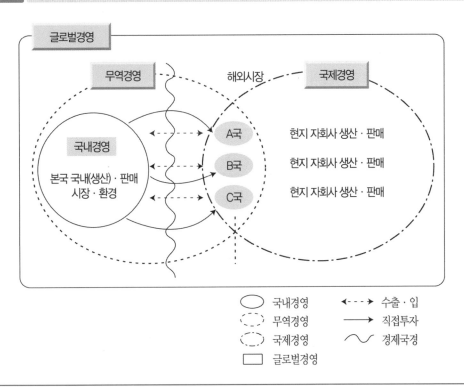

제조·생산·마케팅 등의 일체의 경영활동으로 목표를 달성하고자 하는 것을 '국제경영'이라 한다.

　마지막으로 '글로벌경영'은 시장, 제품, 고객, 생산측면에서 설명할 수 있으며, 국내경영＋무역경영＋국제경영을 포괄하여 전세계를 단일 시장으로 보고 글로벌전략에 따라 기업경영을 수행하는 것이다. 즉 글로벌경영은 "세계(단일)시장에서 글로벌전략(수출·라이선싱·해외직접투자 등)을 통해 기업 활동(자본·인력·기술 등의 경영자원의 결합으로 상품·서비스를 생산)을 전개하여 세계 고객의 가치창출을 도모하고 그 결과로서 기업의 목표를 달성하려는 경영"이라 정의한다. 여기서 글로벌전략은 Coca-cola와 같이 전세계에 동일한 전략을 수행하는 경우나, Nestle와 같이 글로벌전략을 추구함에 있어서 각기 다른 시장의 특성에 맞춘(multi-domestic) 전략 모두를 포함한다. 다시 말해 글로벌경영(Global Management)이라 함은 글로벌기업이 최적생산 및 최적조달을 위해 정치, 경제, 사회, 문화 등의 제반 환경을 고려하면서 전세계시장을 대상으로 수출, 라이선싱(프랜차이징), 해외직접투자 등의 방식을 통하여, 기업경영을 계획(Plan)하고, 실행(Do)하고, 통제(See)함으로써 고객의 가치를 창출하는 경영이다. 그리고 글로벌기업(Global Enterpries)은 세계시장(Ground)을 상대로, 글로벌 스탠더드(Global standard)가 되는 상품 및 서비스를 취급하는 기업을 의미한다.

(4) 글로벌기업의 성공조건

　글로벌기업은 단계별 발전의 마지막 단계로서 특히 중요한 의미를 지닌다. 글로벌기업이 된다는 것이 세계일류의 기업이 된다거나 업계 최고라는 의미는 결코 아니다. 그렇다면 글로벌기업으로서 세계일류의 기업이 되기 위한 조건들은 어떤 것이 있을까? 세계적으로 산업을 주도하고 있는 기업들의 특성을 살펴보면 다음과 같은 8가지의 속성을 지니고 있다.[11]

　1) 국내기업과 글로벌기업의 공통점
　① 고객밀착형 기업이다.
　② 국가적인 시장의 수요와 요구에 탄력적으로 대응한다.
　③ 인력은 모든 조직 단계별 및 지역별로 고르게 고용·배치되어 있다.
　④ 지속적으로 개선노력을 기울이며 품질향상에 노력한다.
　⑤ 재화나 서비스의 생산비가 저렴하다.

2) 글로벌기업의 고유 특성

⑥ 세계적인 야망과 비전, 전략적 의지와 이에 부합하는 전략을 체계적으로 수립하고 있다. 또한, 이를 위해 전세계적으로 정보를 수집한다.

⑦ 세계의 주요 거점을 중심으로 활동한다.

⑧ 글로벌 차원에서 자원과 경험을 통합함으로써 전세계 고객의 니즈에 부응한다.

이들 글로벌기업들은 본국이나 진출국가의 수요를 충족하는 재화나 서비스를 개발하는 수준에서 벗어나, 본국과 현지국은 물론 다른 나라에서 새롭게 등장하는 신규시장의 수요에도 민감하게 반응한다. 이들 기업은 국적과 상관없이 각 업무에 따라 최상의 적임자를 임명한다. 단순히 현지 자회사들의 연합이나 권위적인 국내본사의 해외거점으로 여기는 활동보다는 전세계가 팀으로서의 조화를 강조하는 경영에 앞장선다.

이러한 글로벌경영기법은 대표적인 글로벌 일류기업인 Samsung, LG, Toyota, Coca-cola, Honda, Unilever 등과 같은 거대기업뿐만 아니라, 광고대행사나 잘 알려지지 않은 중소기업들과 첨단기술기업, 마케팅에 특화된 기술표준화 기업, 금융기관이나 세계적 자원의 활용에서 글로벌시장의 경영과 관련된 컨설팅기업과 같은 서비스분야 등에서 나타나고 있다. 또한 최근 닷컴(.COM)기업인 Amazon과 같은 e-Business기업에서도 많이 발견된다.

2 글로벌경영의 스탠더드 확립

기업경영을 글로벌화하기 위한 첫 단계는 의식변화이며, 그것에 따라 CEO들은 산업이 세계화하고 있음을 인식하고, 이를 인식하기 위해서는 기업경영의 활동기준이 필요하다. 세계시장·환경에 대응할 수 있는 마인드(mind)를 먼저 갖추고 세계적 규범에 맞는 경영활동만이 세계시장에서 통용될 것이다.

왜 글로벌화가 대세이고 중요한가? 그것은 세계 정치, 경제, 사회의 대전환에 따라 글로벌화의 용도도 크게 달라지고 있기 때문이다. 즉, 인터내셔널(international)로부터 글로벌(global)로의 전환이라 할 수 있다. 양자 모두 번역하면 '국제화'와 '세계화'라고 할 수 있겠지만, 실제로는 뉘앙스나 그 안에 함축된 의미가 전혀 다르다.

인터내셔널의 기본이 되는 것은 내셔널(national), 즉 국가이다. 국가와 국가 간의 관계가 인터내셔널인 것이다. 우리나라와 세계 각국은 모든 분야에 있어서 다양한 교류를 하고 있다. 지금부터 50년 전까지는 국제경제에서 고도의 성장을 거듭하여 선진국을 따라잡는 일에 급급했지만, 앞으로는 국제화의 틀에서 벗어나 글로벌화로 진전되어야 할 것이다. 글로벌화는 세계규모, 지구규모에서의 세계화이다. 즉, 전 지구적인 테두리에서 관계를 쌓는 것이다.

냉전이 끝난 후, 동서의 벽을 넘는 무역이나 경제활동의 범위가 넓어져 가고 있고, 정보통신의 발달로 24시간 거래가 가능하게 되었다. 한편 환경문제, 인구·식량 등 국가 단위로는 해결할 수 없고 전세계가 같이 고민해야 하는 문제들이 다양하게 나타나고 있다.

이같이 국가와 국가 간이나 지역 블록을 넘어선 세계적 규모의 과제는 점점 많아지고 있고 이에 대처해 나가기 위하여 국경을 초월하여 공통적으로 통용될 수 있는 보편타당한 '기준'이 필요하게 되었다. 이러한 전세계적 보편타당성은 규범화되고 있으며, 이것이 바로 '글로벌 스탠더드(Global Standards)'이다.

2.1 기업경영의 글로벌 스탠더드화

어느 나라든 각각의 고유한 역사와 풍토를 갖고 있고, 오랜 시간 동안 관습화된 법과 질서가 존재한다. '글로벌스탠더드'는 이들 국가별 독창성(originality)을 부정하는 것이 결코 아니다. 만약 특정한 국가가 지니고 있는 독창성이 전세계적으로 유용한 것이라면 그것은 글로벌 스탠더드로 채택될 것이다.

그러나 독창성이라는 명목하에 기득권을 고수하거나 불공평하게 활용된다면 이는 결코 글로벌 스탠더드라고 할 수 없다. 한국의 정치, 경제시스템 속에서 한국적인 것이기에 세계에서 통용될 수 없는 규범이나 풍습이 있다. 1960년 이후 잿더미 속에서 1인당 국민소득을 3만 달러로 올리는 과정에서 그러한 것들이 유효하게 한국 내에서 통용되었다. 그러나 OECD 가입, WTO체제와 같은 신조류가 한국에 들어오면서 한국의 고유한 경영환경이 이들과 충돌하여 때로는 발전을 저해하기도 하였다.

특히 우리나라의 경제가 IMF관리체제 하에 있을 때 IMF로부터 지적된 사항 중 한국기업의 도덕적 해이(moral hazard)는 그 대표적인 예라 할 수 있다. 이러한 종래 한국기업의 제도나 관행은 세계적으로 보편타당성이 있고 독창성이 있어야 할 것이다. 즉, 보편타당성을 확보하고 글로벌 스탠더드를 확립해야 진정한 글로벌 리더(global leader)가 될 수 있을 것이다.

글로벌 스탠더드는 미국식의 경영시스템으로 변경을 강요하는 것이라는 비판이 많다. 즉, 미국이나 영국 등 선진국들이 쌓아온 20세기 경제사회가 오늘날의 모습을 만들었고, 세계 속에서 미국의 영향력이 매우 크기 때문에 미국식 경영시스템으로의 전환을 강요한다는 것이다. 미국식 경영시스템은 어디까지나 미국기업에게는 매우 유리하지만 다른 나라들에게는 익숙하지 않기 때문에 경쟁에서 매우 불리할 수밖에 없다. 한국식 경영은 한국 내에서만 통용될 뿐 글로벌시장에서 통용되기는 매우 어려운 것이다. 따라서 한국기업들이 글로벌 기업으로 성장하기 위해서는 보편타당성을 지니고 있는 글로벌 스탠더드를 추구하여 경쟁을 해야 하는 과제를 안고 있다.

기업이 글로벌 스탠더드가 되기 위해서는 모든 국가나 시장으로부터 '신뢰'를 받지 않으면 안 된다. 비록 미국이 주장하는 스탠더드라 하더라도 세계적으로 '보편타당성'을 인정받고 '투명성', '공평성', '효율성'의 기준을 만족시키지 못한다면 글로벌 스탠더드화되었다고 할 수 없다.

방탄소년단은 K-POP이라는 한국적인 음악으로 글로벌시장에서 성공함으로써 우리의 기준을 글로벌스탠더드로 끌어올린 사례이다. 2013년 6월 13일 싱글 앨범 〈2 COOL 4 SKOOL〉으로 데뷔하여서 그 해 가장 주목 받는 신인으로 급부상하여 신인상을 휩쓸었다. 2020년 11월 〈BE〉와 'Life Goes On'으로 빌보드 메인 차트인 Hot 100(싱글)과 앨범차트 1위를 동시에 석권하면서 빌보드 62년 역사상 최초로 한국어 곡으로 빌보드 핫100 차트 1위를 하는 등 수많은 업적을 달성하고 있다.

흔히 말하는 "중소 기획사의 기적"의 대표주자로 해외를 염두에 두고 기획된 아이돌이 아닌데도 불구하고 2017년부터 유튜브나 빌보드, 아이튠즈, UK 차트, 오리콘 등 해외 인기 관련 기록들에서 K-POP 최대, 최고의 아웃풋을 내고 있다. 2020년 기준 국내, 해외를 통틀어 K-POP 관련 기록 경신에 선두를 달리고 있으며 세대가 지나면 비틀즈처럼 클래식의 반열로 올라갈 것이고 인생의 희망 아이콘이 되었다는 기사도 있다.

2019년 10월 포브스에서 GDP 5.5조 원 규모를 창출하는 방탄소년단의 경제효과에 대해 주목하는 기사가 보도되었다. 또한 'Dynamite'로 빌보드 핫100 차트 1위를 함으로써 대한민국에 가져다주는 경제 효과는 최소 1조 7천억 원이라고 밝혀졌다. 소위 걸어 다니는 대기업이라고 봐도 무방할 정도이고, 실제로 많은 한국 언론들도 그들을 '걸어 다니는 대기업'이라고 표현한다. 2017년 11월 21일 미국 뉴스 전문 채널 CNN 인터내셔널 'CNN Today'에서는 방탄소년단의 인기 요인과 영향력을 분석하며 방탄소년단의 거대 팬덤(아미)와 춤과 노래, 뮤직비디오 덕에 한국을 넘어 미국 10대까지 사로잡았다고 평했다. 방탄소년단 7명 멤버들의 진정성 있는 이미지와 지혜로운 소셜미디어 사용, 그리고 글로벌한 팬층 덕분에 미국 내 인기가 극치에 달했다"며 특히 중소기획사 출신이라는 현실적인 단점을, 슬기로운 소셜미디어 활용이라는 방법을 통해 극복하고 기네스북 세계기록에 오를 정도로 막강한 트위터 팔로워를 가지게 되었다고 언급했다.

글로벌 스탠더드를 염두에 두고 개성 있고 독특한 새로운 컨텐츠를 바탕으로 합리적이고 효율적인 대응 할 경우 시장에 새로운 글로벌 기준을 만들 수 있고 성공의 기반을 제공 할 수 있다는 사례를 방탄소년단이 보여주고 있다.

2.2 자기책임 원칙의 위험관리

글로벌 스탠더드에는 규제완화 하에서 자유경쟁이 전개되고 경제원칙, 시장원리에 입각한 기업활동을 하지만 이것도 중요한 조건이 있다. '효율성의 원칙', '자기책임의 원칙' 및 '정보공개의 원칙'이다.

이러한 원칙 하에서 또 하나 중요한 것은 경영 행위에 대한 책임은 행위자 스스로 져야 한다는 것이다. 예를 들어 과당경쟁이나 투자에 따른 실패, 거래에 따른 손실이 발생해도 모두 행위자 스스로 책임을 져야 한다는 것이다. 국가 경제가 발전하고 글로벌경영 환경에서는 더 이상 정부가 기업의 경영행위에 대하여 관여하거나 책임을 질 수 없다. 즉, 철저하게 시장경제의 원칙이 세계적으로 통용되는 글로벌 스탠더드인 것이다.

자유경쟁의 원리란 매우 냉정하기 때문에 '효율성의 중시'와 '정보공개'가 대단히 중요하다. 위험과 수익은 서로 상충(trade-off)관계에 있다. 즉 위험이 크면 수익도 크지만, 위험이 작으면 그만큼 수익도 작다. 문제는 위험의 크기와 관계없이 당사자가 충분히 알고 판단할 수 있도록 정보는 반드시 공개되어야 한다.

자기판단이란 '위험관리' 그 자체이다. 신규사업을 시작하거나 큰 투자를 하려 할 때는 최대한의 정보를 수집하고 분석하여 위험과 그 위험을 회피할 수 있는 전략을 마련해야 한다. 이렇게 의사 결정하는 것은 자기책임 하에 자기가 판단하는 것이다.

시간이 흐를수록 위험은 커지고 복잡해지고 있다. 몇 가지의 위험을 하나씩 분석하고 회피하려고 해도 위험 상호간에 영향을 주는 경우가 있기 때문에 위험을 회피하는 것은 매우 어렵다. 즉 어떠한 의사결정을 하든 크고 작은 위험은 항상 존재하는 것이다. 따라서 현대의 기업경영은 위험관리 그 자체라고 일컬어지고 있는 것도 바로 이런 이유에서이다.

2.3 문서화된 스탠더드와 사실상의 스탠더드

국가마다 역사적으로 제각기 기준이나 규격이 제정되고, 이들은 일정한 구속력을 가지면서 정치나 경제발전에 기여해 왔다. 그 기준에는 두 가지의 흐름이 있었으며 최근에는 더욱 뚜렷해졌다. 하나는 공적기관이 제정한 문서화된 기준(de jure standards)이며, 다른 하나는 사실상의 기준(de fecto standards)이다.

(1) 문서화된 스탠더드

문서화된 스탠더드란 KS나 ISO와 같은 일정하게 문서로 규정된 표준적인 기준을 말한다. ISO는 공업품을 중심으로 세부적으로 규정된 국제간의 상품이나 서비스의 유통을 원활히 하기 위해 규정된 국제기준이지만, 1987년 규정된 품질관리규격 ISO 9000 이후 기업의 관리규격 요구가 강해졌고, 계속해서 ISO 14001인 환경관리규격이 제정되었다. 한편, 2010년 8월부터 정식 발효된 ISO 26000은 기업의 사회적 책임을 강조하고 실천하도록 하는 데 목적이 있다. ISO 26000은 환경, 인권, 노동관행, 지배구조, 공정한 운영관행, 소비자 이슈, 지역사회 참여/사회개발 등과 같은 분야에 기업이 지속적으로 관심을 기울이고 유무형의 기여를 함으로써 지속가능한 발전을 실현해야 한다는 사회적 요구를 수용한 조치이다. 이것은 강제사항은 아니지만 이에 어긋난 행동을 했을 경우 무역 마찰이나 불이익을 받을 수 있다.

해외 입찰에서 다국적기업과 경쟁해야 하는 우리 기업들로서는 반드시 인증을 받아야 한다. 특히 ISO 규격은 유럽지역에서 강력하게 요구하고 있어 유럽지역과의 무역이나 직접투자 등에 있어서 매우 중요한 규격이다. 즉 ISO의 인증은 강제적이지 않지만 유럽지역에 제품을 수출하는 데 있어서 하나의 장벽이 되고 있다.

(2) 사실상의 스탠더드

사실상의 스탠더드란 시장 경쟁에서 생존하는 기업의 제품이나 서비스가 표준으로 되는 것을 말한다. 즉 시장의 판매경쟁에서 싸워 이긴 자가 표준이 된다는 것이다. 더구나 시장경쟁에서 승리한 기업은 이를 바탕으로 계속 우위를 지키게 되는 것이다.

전기·전자, 정보·통신 등의 하이테크 분야에서는 사실상의 기준과 같이 시간의 경과를 기다릴 수 없는 시장경쟁 속에서 '강한 것은 기준이 된다'라는 말이 생겨났다. 이제까지는 GE나 Ford 등의 대기업들이 채택한 방식이 전기기계, 자동차 산업분야에서 사실상의 기준이 되었다. 그렇지만 언제까지나 이들 기업에서 개발한 방식이 표준이 될 수 없을 것이다. 경쟁기업이 경쟁시장에서 우위를 점하게 되면 표준은 다시 바뀌는 것이다.

오늘날 최대·최강의 '사실상의 기준'은 스마트폰 운영체계 시장에서 애플을 중심으로 한 I-OS와 구글을 중심으로 한 안드로이드 간 경쟁으로 양분되어 있으며 이들 두 기업이 세계 스마트폰 시장의 주도적인 글로벌 리더가 되었고, 이 두 기업에서 제공하는 OS와 조화를 이루지 못할 경우 시장에서 생존할 수 없는 것이 현실이다.

(3) 글로벌 스탠더드와 가치시스템

글로벌 스탠더드라 하더라도 도요타(Toyota)와 소니(Sony)의 경우를 예로 들면, 도요타의 경우는 자사의 가치체계 속에서 만들어진 생산시스템인 JIT(Just in Time)가 세계적으로 그 보편타당성이 인정받아 글로벌 스탠더드가 되었으므로 글로벌 경쟁력 우위를 보유하고 있다고 생각할 수 있으나 소니의 경우는 서구적 특히 미국적 가치체계에서 생성된 글로벌 스탠더드를 받아들이는 단계에서 그 적응이나 적용에 많은 어려움에 직면하고 있다. 그 점에서 MS나 GE는 도요타의 경우와 같다. 삼성의 가치시스템은 소니보다는 도요타에 가깝다고 할 수 있을 것이다.

3 글로벌경영의 기본과 태도

3.1 글로벌경영의 기본

(1) 기업경영은 부가가치의 연쇄이다

기업경영을 단순하게 말하자면 각종 경영자원을 동원(input)하여 부가가치를 창출(output)하는 부가가치 활동의 연쇄(chain)이다.

다음 [그림 3]은 부가가치 활동의 연쇄를 설명하고 있다. 그것은 크게 6가지 아이템으로 나눌 수 있다.

① 정보의 수집과 정리·분석: 아이디어나 프로젝트를 발견하고 기술·재무·마케팅 등의 측면에서 실행 가능성을 분석·평가한다.
② 연구개발: 제품을 디자인하고 공정을 설계한다.
③ 시험 생산: 생산을 위한 브랜드의 디자인, 구매, 생산, 감독 등과 더불어 관리자를 고용·훈련한다.
④ 시장 테스트: 시장의 식별, 테스트 디자인 및 분석을 한다.
⑤ 제품도입−제품생산: 관리자의 고용·훈련, 구매, 품질관리, 재무관리를 한다.
⑥ 시장개발: 수요의 창출, 유통채널의 형성, 물류의 통제 등을 한다.

(2) 글로벌시대의 가치부여 활동

글로벌시대에는 이들 6가지의 주요한 부가가치 활동을 언제, 어디서, 누가하는 것이 가장 유리한가를 파악하여 위험을 분산시켜야 한다. 이들의 활동 입지와 담당자의 선정, 시작 시기의 결정에 있어서 ① 본국에서 할 것인가 혹은 해외에서 할 것인가? ② 자사 내에서 할 것인가 혹은 아웃소싱을 할 것인가? ③ 지금 바로 할 것인가 혹은 다른 시기에 할 것인가? 등을 결정해야 한다.

1) 자사의 '강점'과 '약점' 판단

여기에서 주로 해야 할 것은 상기의 부가가치 활동의 연쇄는 (1)부터 (6)까지 순차적으로(down stream) 진행되고 이들의 연쇄 속에서 자사의 강점과 약점을 정확히 판단하는 것이다. 즉, 자사의 기업 특수적인 '우위'와 '열위'를 파악하고, 그 바탕 위에서 '우위'를 최대한 활용하고 '열위'가 최소화 하도록 전략체계를 구축해야 한다.

2) 내부화와 외부화의 선택

'우위'를 최대한 활용하기 위해서는 소위 경영자원의 '내부화(internalization)' 전략이 최적의 선택일 수도 있다(제6장 참조). 또 '열위'를 극복하기 위해서는 외부화 (outsourcing)하는 것이 좋은 방안이 될 수 있다(제8장 참조). 그 결과 기업은 일괄생산·일괄판매 방식에서 탈피하여 부분적인 외주나 위탁(수출) 판매하여 각종 포트폴리오전략의 전개를 고려할 수 있다. 기업이 가지고 있는 경쟁우위(강점)는 시간의 흐름에 따라, 경쟁회사와의 상대적인 역학관계의 추이에 따라 변한다. 따라서 기업은 그와 같은 변화에 탄력적으로 대응할 수 있는 기업문화·조직체계를 갖추고 있어야 한다.

3) 국가특수적 우위 = 비교우위

글로벌시대를 맞았다 하더라도 전세계 경제가 동일한 수준으로 발전하지는 않는다. 또한 세계의 고객이 질적으로 완전히 동질화되지도 않는다. 국가 간에는 각종 격차(gap)와 차이가 있게 마련이다. 격차는 기업측면에서 보면 각국의 국가특수적 '우위'나 '열위'를 의미한다. 즉, 국가마다 비교우위와 비교열위가 존재하는 것이다 (제6장 참조). 일반적으로 선진공업국은 자본·기술면에서 비교우위가 있고, 신흥공업국이나 개발도상국은 생산·노동면에서 비교우위가 있다.

4) 부가가치 연쇄의 글로벌믹스

경제·경영의 글로벌화가 진전된 현재, 기업은 그 사업전망(경영의 전망)을 확장하고, 자사가 가진 기업특수적인 우위를 활용하고 열위를 극복하는 장(場)을 세계적 규모로 전개하는 방법을 모색하여야 한다. 즉, 격변하는 경제·경영환경(국가특수적 요인의 변화)에 탄력적으로 대응하고 저비용·고이윤을 실현할 수 있도록 부가가치 연쇄의 글로벌 믹스(mix)를 끊임없이 추구해야만 한다.

[그림 4]에서는 선진공업국, 신흥공업국, 개발도상국 등 각국들에 있어서 자본과 노동의 상대적 비용의 차를 3개의 직선으로 나타내고 있다. 또한 [그림 3]에서 보여준 부가가치 연쇄의 각 활동이 이론적으로 최소가 되는 위치가 어디에 있는지를 나타낸다.

| 그림 3 | 부가가치 활동의 연쇄 |

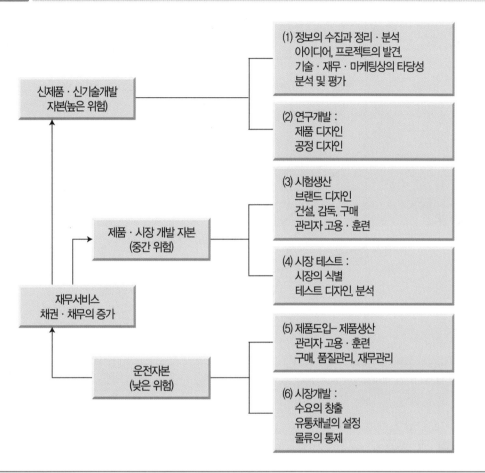

출처 : Richard D. Robinson ed., *Direct Foreign Investment : Cost and Benefits*, Praeger, 1987.을 참고로 새롭게 작성.

[그림 4]는 글로벌화를 지향하는 경영자가 자사의 무슨(what) 아이템을 언제 (when), 어디서(where, 국내 또는 해외), 어떠한 방식(how, 직접투자·합작투자·라이선싱 등)을 선택하여 입지전환(location transfer)을 해야 하는가(제7장과 제8장 참조) 등의 전략전환 계획을 입안할 때 기본적인 의사결정에 도움을 준다.

| 그림 4 | 국별 비교우위와 부가가치 활동연속의 변천 |

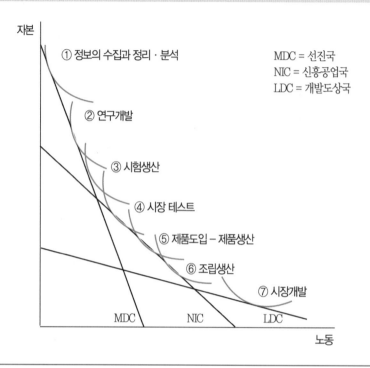

출처 : Richard D. Robinson ed., *Ibid*, p.XI.

3.2 글로벌경영에 대한 CEO의 기본적 태도

(1) CEO의 경영태도가 기업의 전략을 결정한다

기업경영의 글로벌화는 기업에 있어서 극히 중요한 전략적 활동이므로 그에 대한 의사결정은 오직 최고경영책임자(CEO: 대표이사)만이 할 수 있다. 따라서 최고경영책임자의 글로벌경영에 대한 기본적 사고와 태도가 중요하다.

최고경영책임자의 의지에 따라 해외인사나 시장기회의 분석, 합작 파트너의 선정, 자금조달 등에 대한 기본적인 태도가 결정된다. 이러한 태도는 다음과 같은 네 가지로 나누어 살펴 볼 수 있다.

1) CEO의 본국지향주의

기업의 최고경영자가 본국지향적인 태도(Ethnocentrism)를 갖는 경우 본사의 가치와 이해를 중심으로 전략적 의사결정이 이루어진다. 이러한 기업들은 이익극대화를 우선적인 목적으로 두고 있고, 해외경영을 본국과 동일한 방식으로 전개한다. 따라서 해외자회사는 본사의 영업활동에 있어서 단지 부수적인 것이나, 본국 경영활동의 연장으로 간주하므로 중앙집권적인 통제가 이루어진다.

2) CEO의 현지지향주의

기업의 최고경영자가 현지지향적인 태도(Polycentrism)를 갖는 경우 국가별 다양성에 적합하게 전략적 의사결정이 이루어진다. 이러한 기업들은 이익의 극대화보다는 각국에서의 정당성을 우선적인 목적으로 두고 있고, 각국의 요구가 반영될 수 있도록 현지에 적응시키는 경영활동을 전개한다. 따라서 각국에 진출해 있는 지사나 자회사는 현지국의 요구에 기초하여 자사가 추구하고자 하는 목표를 설정하고 현지에서 획득한 이익을 현지에서의 사업확장과 성장에 사용한다.

3) CEO의 지역지향주의

기업의 최고경영자는 지역지향적인 태도(Regiocentrism)를 갖는 경우 본사의 이해를 지역 지사나 자회사와 혼합하여 전략적 의사결정을 한다. 이러한 기업들은 지역수준에서 이익과 정당성을 적절히 균형을 유지하면서 경영활동을 전개한다. 예를 들어 북미지역에서 경영활동을 수행하고 있는 다국적기업은 모든 의사결정을 개별 국가 수준에서 이루어지기보다는 북미지역 전체 수준에서 의사결정을 하게 된다.

4) CEO의 세계지향주의

기업의 최고경영자가 세계지향적인 태도(Geocentrism)를 갖는 경우 다양한 지역에 흩어져 있는 지사나 자회사를 통합하여 전략적 의사결정이 이루어진다. 이러한 기업들은 글로벌 비즈니스 네트워킹을 통해 이익과 정당성을 적절히 균형을 유지하면서 경영활동을 전개한다. 이들 네트워크는 기업의 이해관계자(stakeholders)와 경쟁기업을 포함하기도 한다. 세계지향적인 기업은 본사와 해외의 자회사가 유기적으로 결합하여 글로벌 관점에서 경영활동을 수행한다.

이상과 같이 기업의 글로벌화는 최고경영자가 갖고 있는 성향에 따라 기업과 해외 자회사나 지사의 전략이 달라진다. Chakravarthy와 Perlmutter[12]는 각 성향에 대해 〈표 2〉와 같이 비교하였다.

5) 변환하는 E-P-R-G(profile 화)

여기에 주목해야 할 것은 글로벌화의 추진이라고 말하면 통상, 본국지향(E)으로부터 현지지향(P)에로 이행하고, 지역지향(R)을 경유해서 최종적으로는 세계지향(G)에 도달하는 E-P-R-G 과정을 거친다고 생각은 하지만 [그림 5]에 보는 바와 같이 경영 글로벌화의 과정은 실로 다양하다.

표 2 EPRG 모델에서의 글로벌기업의 전략적 성향과 기능

기업의 전략적 성향	본국지향형(E)	현지지향형(P)	지역지향형(R)	세계지향형(G)
미션	수익성 (실행 가능성)	현지국의 수용 (정당형)	수익성과 현지국의 수용 (실행 가능성과 정당성)	
통제				
목표설정의 방향	상의하달	하의상달 (각 지사는 현지의 목적에 따라 결정) 본부와 지사, 지사와 지사 간의 커뮤니케이션이 거의 없음 지사가 독립적으로 결정	지역 내 지사들 간에 상호 협의하여 결정 지역 간 수직적·수평적 커뮤니케이션 지역 간 자원 배분, 본부에서 가이드라인 제시	기업의 모든 수준에서 상호 협의하여 결정 기업 간 수직적·수평적 커뮤니케이션 전세계적 프로젝트, 지역과 본부의 관리자가 영향력을 행사함
─커뮤니케이션				
─자원의 배분	계층적 커뮤니케이션 (본부에서 지시와 명령 및 조언 제공) 본부에서 투자기회 결정			
전략	글로벌 통합	국가적 대응	지역 통합과 국가적 대응	글로벌통합과 국가적 대응
조직구조	계층적 제품사업부	자율적 국별 조직을 갖는 계층적 지역사업부	제품별·지역별 조직을 결합한 매트릭스조직	네트워크 조직 (일부 이해관계자와 경쟁기업을 포함)
문화	본국	현지국	지역	세계
기술적 기능 ─생산기술	대량생산	배치(batch) 생산	유연한 제조	유연한 제조
마케팅 기능 ─제품계획	제품개발이 주로 본국 고객의 욕구에 따라 결정	현지의 욕구에 따른 현지 제품 개발	지역 내에서 표준화되지만 지역간에는 표준화가 안 됨	현지의 다양성을 고려한 글로벌 제품 상호 협력에 의해 결정
─마케팅 믹스 결정	본부에서 결정	현지에서 결정	지역에서 결정	
자금 기능 ─목적	이익을 본국에 송금	이익을 현지에 보유함	지역에 재분배함	전세계적으로 재분배함
─금융기관	본국의 금융기관	현지의 금융기관	지역의 금융기관	글로벌 금융기관
인적자원관리 기능 ─배치	전세계의 중요직위는 자국에서 양성된 인재배치	현지의 중요직위는 현지에서 양성된 인재 배치	지역의 중요직위는 지역 내에서 양성된 인재 배치	전세계의 중요 직위는 전세계에서 양성된 적임자 배치
─평가와 관리	자국의 기준을 적용하여 인재와 성과를 평가	현지의 기준을 적용하여 인재와 성과를 평가	지역의 기준을 적용하여 인재와 성과를 평가	세계적인 기준을 적용, 현지상황에 부합하는 가중치 적용

자료 : Chakravarthy, B.S. and Perlmutter, H.V.(1985), "Strategic Planning for Global Business", *Columbia Journal of World Business*, Vol.20(2), pp.5－6.

최고경영책임자 중에는 본국지향형에서 세계지향을 목표로 하는 경우가 있고, 최초는 현지지향이었지만 경영환경의 변화에 따라 현지지향에서 머물고 있는 경우도 있으며, 본국지향으로 되돌아오는 경우까지 여러 가지 경우가 있다. 즉, 기업의 경영환경과 전략에 따라 모든 기업들이 일정한 패턴으로 글로벌화가 진행되는 것은 아니라는 점을 유의해야 한다.

(2) 글로벌정도 측정지표

기업의 글로벌화 진전 정도를 결정하는 척도로 흔히 사용하는 지표로 그 기업의 ① 해외수익, ② 해외에서 판매실적, ③ 해외자산, ④ 외국인 종업원 수 등 정량 가능한 성과기준을 사용하는 경우가 많다. 이들의 객관적 지표는 글로벌화의 진전 정도를 측정하기 위한 아주 유용한 자료이다.

그러나 이 같은 방법의 타당성에 대해서 의문을 가지는 사람들이 적지 않다. 즉, 해외출자비율이나 외국인 종업원 수 혹은 해외투자비율 및 자산의 배분상황 등은 기업경영의 글로벌화 추진 정도를 알기 위해서는 분명히 유용하지만 단지 그것만으로는 기업의 글로벌화의 모습을 정확히 밝힐 수는 없다. 따라서 최고경영층의 글로벌 경영활동에 대한 태도에 따라 기업의 글로벌정도를 생각하여 볼 수 있는 E－P－R－G 프로파일의 설명력은 의미하는 바가 크다 할 것이다.

그림 5　**글로벌화의 방향**

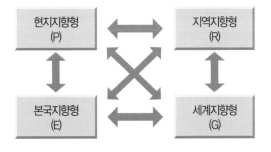

(3) 오늘날 요구되는 경영자의 의식혁명

글로벌화는 人, 物, 金 등 경영자원의 '세계적 확장'으로 끝나는 것이 아니다. 물론 이런 경영자원들은 글로벌화를 위해 필요한 것들이지만, 기업이 진정한 의미에서 글로벌화를 목표로 한다면 앞서 글로벌 스탠더드에서 기술한 바와 같이 '마인드

(心)'의 글로벌화가 반드시 필요하다. 즉, 무엇보다도 가장 중요한 것은 최고경영책임자의 의지이다. 최고경영책임자의 글로벌화 의지가 없다면 공허한 메아리에 불과한 것이다.

한국 기업이 오늘날 본국지향(수출중심주의)로부터 점차 현지지향(P), 지역지향(B), 세계지향(G) 중 어느 방향으로 나아가야 하는가에 대해 정확한 해답은 없다. 그 이유는 산업, 기업, 제품, 진출선 등 각종 변수에 의해 글로벌화의 방향이 달라질 것이기 때문이다. 중요한 것은 경영자의 의식개혁이 이루어지지 않는 한 이 글로벌화라는 장애물은 쉽게 넘을 수가 없다는 것을 인식하여야 한다.

본서의 학습을 통하여 기업의 글로벌화에 대해 여러 가지 측면을 살펴볼 것이다. 즉 글로벌 기업의 환경적인 측면, 전략적인 측면, 운영적인 측면 등에 대해 자세히 다룰 것이다. 본서에서 제시하는 여러 가지 견해 모두가 학자들의 일치된 동의를 얻고 있는 것은 아니지만 실제 글로벌기업을 경영하는 데 있어서 참고할 수 있는 의미있는 지식을 제공하고 있다고 자부하며 새로이 글로벌경영을 공부하는 학생들에게 훌륭한 길잡이가 될 것이라 생각한다.

논의주제 💬

1. 국내경영, 무역경영, 국제경영, 글로벌경영의 차이점
2. 기업글로벌화의 발전 단계
3. 글로벌스탠더드의 유용성과 기업의 도덕적 해이
4. 글로벌경영을 위한 최고경영자의 태도
5. 글로벌 환경변화와 그에 대한 대응

핵심용어 💬

- 글로벌라이제이션
- 글로벌기업
- 부가가치체인
- GRI 가이드라인
- 글로벌경영
- 글로벌 스탠더드
- E-P-R-G 프로파일
- ISO 26000

주(註)

1) W. Keegan, *The Rise of the Global—Transnational Enterprise : Lessons for Korean Firms*, 2001. 10.

2) T. Levitt, "The Globalization of Markets", *Harvard Business Review*, May June, 1983.

3) Amar Gupta and Hoo—Min D. Toong, "Bringing Everyman into the Computer Age", *Insight into Personal Computer*, IEEE Press, 1985.

4) W. Keegan, 앞 논문.

5) 부국의 원천으로서 외국무역, 근대기업의 생성모태로서 외국무역기업이 주식회사로서 찬란하게 등장한 것은 1960년 영국의 동인도회사(The British India Company)이다(김영래, 무역경영론, 박영사, 1983, p. 32).

6) W. Keegan 교수는 그의 발표논문에서 '글로벌기업'을 4단계에 부가하여 앞으로 등장이 예상되는 '초국가기업(Transnational Corporation)'을 포함시켜 5단계로 구분하고 있다. 그러나 아직 지구상에는 초국가기업이 한 개 혹은 두 개 존재할까 말까하는 이상형이므로, 현재로서 그리고 한국의 입장에서는 글로벌기업단계까지만을 분류하기로 하며, '초국가기업'은 글로벌기업에 포함시키기로 한다.

7) S. Robock, K. Simmonds & J. Zwick, *International Business and Multinational Enterprise*, Richard D. Irwin, Inc., 1972.

8) UN, *Transnational Corporations on Development and on International Relations*, 1974.

9) UN, *Transnational Corporations in World Development; A Re—Examination*, 1978.

10) Michael E. Porter, *Competition in the Global Industries*, Harvard Business School Press, 1986.

11) W. Keegan, 앞 논문.

12) B. S. Chakravarthy and H. V. Perlmutter, "Strategic Planning for A global Business", *Columbia Journal of World Business*, Vol.20(2), 1985, pp. 3~10.

글로벌기업의 환경

인간은환경에지배를받는다. 기업은인간이경영한다. 따라서, 기업은환경에지배를받는다.

— Michael E. Porter

제 1 부 글로벌기업의 환경에서는…

글로벌 기업은 세계 시장과 그 시장 환경에 적응하거나 자기 기업의 경영관행을 현지에 효과적으로 적용시켜야 하므로 목적시장의 환경을 이해하는 것은 글로벌경영전개에 중요한 과제이다. 제1부에서는 이들 환경에 대한 학습을 진행한다.

Chapter 01

정치 · 문화 · 경제적 환경

📊 장 머리에

지구촌 글로벌화가 가속화됨에 따라 기업들도 세계 각지로 진출하고 있으며 해외시장에 대한 환경분석이 필요하다. 각국의 역사적 발전과정과 이데올로기 그리고 문화에 따라 정치 · 경제 체제의 차이가 발생한다.

이러한 환경은 글로벌화 하는 기업에 있어서 위협이 될 수 있고 기회가 될 수 있다. 따라서 글로벌경영 환경을 제대로 분석하지 못하는 기업은 글로벌화에 많은 장애를 겪게 될 것이고 심지어 글로벌화에 실패할 수도 있다.

본 장은 기업들이 글로벌화할 때 글로벌 시장에서 직면하는 정치적 환경, 이질적인 문화와 경제적 환경에 대해서 살펴보고 경영환경변화에 기업이 어떻게 대처할 것인지를 논의할 것이다.

1 정치적 환경

1.1 정치적 위험

세계를 무대로 활동하는 글로벌기업에게 미래에 무슨 일이 일어날지 정확히 예측한다는 것은 불가능하다. 그러나 기업경영자는 전략적 계획 수립을 통하여 미래에 대한 불확실성을 줄이는데 능동적으로 대처해 나가야 한다. 글로벌기업의 의사결정은 본국이나 현지국 모두 정치적 이념과 국가 정책에 의해 많은 영향을 받는다. 따라서 진출하고자 하는 현지 국가의 정치적 위험을 인식하고 이에 대처하거나 위험을 회피하기 위한 전략이 필요하다.

정치적 위험(political risk)이란 개념은 글로벌경영에 있어서 일반적으로 전쟁이나 혁명으로 인한 국유화나 몰수와 같은 '과격한 정치적 행위' 정도로 이해된다. 정치적 위험에 대한 개념적 정의, 정치적 위험에 대한 평가 그리고 정치적 위험을 예측하는 방법 등은 아직까지 정립되어 있지 않다. 정치적 위험은 '정치적 사건이나 과정에 의하여 야기된 잠재적으로 심각한 경영상의 위험'[1]으로 정의한다. 따라서 정치적 위험을 정의 하는데 있어 중요한 두 가지 요건은 ① 예측하기 어려운 정치적 변화가 발생하고, ② 이러한 정치적 변화가 기업에 영향을 미쳐야 한다는 것이다.

다시 말해서 정치적 위험은 기업에게 영향을 미치는 환경의 변화가 정치적 성격이 아니라면 이는 정치적 위험이라 인정되지 않는다. 또한 정치적인 변화가 발생하였다 하더라도 기업에게 영향을 미치지 않는다면 이 역시 정치적 위험이라 할 수 없다. 그리고 정치적 불안정성과도 구별해야 하는데 정치적 불안정성은 정치적인 변화가 발생하였지만 기업에서 이를 충분히 인지하고 대처 가능한 경우로 볼 수 있다.

기업이 해외사업을 수행하면서 발생하는 정치적 위험이란 정치적인 힘이 그 기업의 경영환경에 큰 변화를 일으켜 그 국가에 투자한 기업들에게 예측하기 어려운 부정적인 영향을 초래하는 것을 의미한다.

한편, 정치적 위험과 유사한 국가위험(country risk)이 있는데 국가위험은 정치적 위험과 동의어로 사용되기도 하는데, 국가위험은 주로 외국 정부나 기업에게 자금을 대출해주는 금융기관의 입장에서 본 개념이고, 정치적 위험은 보다 포괄적으로 해외직접투자기업들 전체 입장에서 정의한 개념이다(〈표 1.1〉 참조).

| 표 1.1 | 정치적 위험과 국가위험의 비교 |

구 분	정치적 위험	국가위험
위험노출대상	해외직접투자기업	국제은행, 대출자(간접투자)
위험노출자산	물적자원, 인적자원, 자본 및 기술 등 모든 해외투자재원	정부나 민간에 대한 대출자본
위험노출기간	대개 무기한(투자기간 중)	중 · 단기(대출약정기간 중)
위험의 유형	수용 및 몰수, 국유화, 외환 통제, 테러, 납치, 고용 규제, 현지부품 의무 사용 강요, 조세 차별, 입찰 제한 등	채무상환불능, 상환동결, 채무재조정, 상환조건변경 등
위험의 크기	사건의 종류에 따라	사건의 종류에 따라
위험방지수단	해외투자보험, 국제적 사업 다각화, 위험에 적응	수출입은행에 부보, 국제적인 대출의 다각화, 여신한도조정

자료: Robert Grosse and John Stack, "Non－Economic Risk Evaluation in Multinational Banks", Working Paper No. 285, University of Michigan, January 1982, pp. 5~7.

1.2 정치적 위험의 유형과 원천

(1) 정치적 위험의 유형

정치적 위험은 그것이 외국기업 전체에 영향을 미치느냐 아니면 특정산업이나 기업, 또는 프로젝트에만 영향을 미치느냐에 따라 거시적 정치위험(macro political risk)과 미시적 정치위험(micro political risk)으로 나눌 수 있다.

거시적 정치위험이란 그 국가에 진출한 외국기업 전체에 영향을 미치는 정치적 변화를 가리킨다. 거시적 정치위험의 영향은 매우 강력하고, 직접적이며 전면적이지만 자주 발생하지 않는 특성을 가진다. 또한 돌발적이고, 단발적이다. 개별 외국기업으로서는 거의 통제할 수 없는 위험이다. 거시적 정치위험은 주로 사회주의국가에서 동서냉전의 심화에 따라 발생하였으나, 1970년대 이후 자원민족주의의 대두와 함께 중동지역이나 아프리카, 중남미 국가에서도 종종 문제시 거론되고 있다.

미시적 정치위험은 거시적 정치위험보다는 기업에게 미치는 영향이 약하지만 빈번히 발생하고 있다. 미시적 정치위험은 정부가 정치적인 이유로 특정산업이나 기업 또는 프로젝트에 일정한 정책을 집행할 때 발생한다. 특정기업이나 특정산업만이 받게 되는 위험이고, 기업의 성격 또는 전략에 따라서 어느 정도 통제 · 조절 가능한 성격의 위험이다.

그림 1.1 | 정치적 위험의 유형

폭력의 정도

		낮 음	보 통	높 음
가시도	낮음	정부의 규제정책 · 조세차별 · 정부의 차별조치 · 과도한 행정절차		
		경영의 현지화 요구 · 설득에 의한 현지화	· 본국파견관리의 제한	
	보통	자본의 현지화 요구 · 설득에 의한 현지화	· 외국인 투자규정	· 점진적 국유화
	높음	자산의 손실 · 자본에 대한 송금규제 · 보상에 의한 국유화	· 부분 보상에 의한 국유화	· 몰수/해체

자료: Paul W. Beamish and Peter J. Killing, *International Management : Text and Case*, IRWIN, 1991, p.73.

앞의 [그림 1.1]은 정치적 위험의 유형을 보다 체계적으로 가시도(degree of visibility)와 폭력의 정도(degree of violence)에 따라 다음과 같이 4가지의 형태로 분류하고 있다. ① 정부의 규제정책, ② 경영의 현지화 요구, ③ 자본의 현지화 요구, ④ 자산의 손실 등으로 구분한다.

정부의 규제정책은 가시도가 낮고 현지정부에 의한 위험의 정도가 낮은 것으로 보통은 정치적 위험으로 분류하지 않을 수 있다. 그러나 이러한 위험의 유형도 기업의 경영활동에 상당한 영향력을 행사할 수 있기 때문에 이를 주의하여 관찰해야 한다.

경영의 현지화 요구는 기업경영에 현지인의 비율을 높이도록 요구하는 현지정부의 정책과 본국에서 파견되는 간부나 관리자를 제한하는 행위를 의미한다.

자본의 현지화 요구는 투자기업의 소유지분을 현지인에게 양도하도록 압력을 가하는 것이다. 영향력의 강도에 따라 설득에 의한 현지화, 외국인 투자규정, 점진적 국유화 정책 등이 대표적인 예이다.

　자산의 손실위험은 정치적 위험으로 인하여 기업의 자산을 일부 또는 전부를 손실하게 되는 위험을 말한다. 손실 정도에 따라 자본에 대한 송금규제 및 전액 보상에 의한 국유화, 일부 보상에 의한 국유화, 보상을 전혀 하지 않는 몰수 또는 기업해체 등이 있다.

(2) 정치적 위험의 원천(源泉)

　정치적 위험의 원천은 대부분의 경우 투자대상국의 정부이다. 그 대표적인 예로 1973년 1차 오일쇼크(oil shock)가 있다. 오일 쇼크는 중동의 산유국들이 그들 지역에서 석유를 개발하던 미국을 비롯한 선진국 기업들의 원전채굴권을 몰수하는 국유화과정에서 발생하였다. 현지국의 정부는 재산몰수와 같은 극단적인 정책을 취하지 않더라도 각종 산업규제와 세금부과 또는 현지화 비율규제 등을 통하여 외국기업의 경영성과에 영향을 줄 수 있다. 〈표 1.2〉에서 보는 바와 같이 정치적 위험의 원천은 현지국의 정치적 환경 변화에 의한 것도 있지만, 국제적인 정치적 환경변화가 현지국의 정부에 영향을 미치고 이 점이 현지국의 정치적 환경 변화로 연결될 수 있다. 정치적 위험의 주체는 현지국의 정부를 비롯하여 다양하다. 정치적 위험으로 인한 영향은 일반적으로 몰수(confiscation), 수용(expropriation), 운영상의 규제(operational restriction), 내부이전의 제한(transfer restriction), 일방적인 계약파기 또는 재협상 요구 등의 형태로 나타난다.

　몰수란 기업의 재산을 현지국 정부가 보상 없이 빼앗는 행위이고, 수용은 현지국

표 1.2 정치적 위험의 원천, 주체 및 영향

원 천	주 체	영 향
상반된 정치이념	정부 및 정부 산하기관들	자산몰수
사회적 불안 및 무질서	의회 내의 세력집단	재산수용
현지 기업집단의 기득권	의회 이외의 반대 집단	운영상의 규제
정치적 독립	비조직적 일반대중이나 이익집단	이전의 자유 제한
전쟁, 내란 및 테러	외국정부 및 국제기구	계약파기나 일방적 변경
새로운 외교관계	전쟁에 개입하거나 내란을 지원하려는 외국정부	폭동, 혁명, 전쟁, 테러행위 등에 의한 기업 재산 및 인명 손실

자료: Stephen H. Robock and Kenneth Simmonds, *International Business and Multinational Enterprise*, Richard D. Irwin, 1983, p. 347을 참고하여 재구성함.

정부가 특정기업의 소유권을 일부 또는 전부 보상해주고 기업의 영업활동을 금지시키거나 처분하는 것을 말한다. 운영상의 규제는 고용, 시장점유율, 제품의 개발 및 판매, 소유권 등에 대해 규제를 가하는 행위이다. 배당금이나 이자 등의 과실을 본국 또는 본사로 송금하는 것을 제한하거나 다양한 경영자원의 소유권 또는 이전을 제한하는 경우이다. 기타 조세 및 의무를 부과하여 차별을 적용하는 행위도 있고 재산 또는 인명손실을 초래하기도 한다.

1.3 정치적 위험의 평가

기업이 정치적 위험에 휘말리지 않기 위해서는 정치사건 발생의 예측, 위험의 평가 및 위험 대응 등을 검토해야 한다. 기업 내의 어느 부서에서 정보를 수집하고 분석 · 평가할 것인가와 위험에 직면했다면 이 위험을 극복하기 위해 어느 부서가 담당하여 극복방안을 수립하고 실행할 것인가 등을 명확히 구분해야 한다. 이러한 계획이나 절차가 없다면 정치적 위험이 닥쳤을 때 지혜롭게 해결할 수 없을 것이다.

(1) 정보 원천(Information source)

정치적 사건의 발생을 정확히 예측하기 위해서 다양한 경로를 통해서 정보를 획득해야 한다. 될 수 있으면 많은 정보를 취득하여 분석하는 것도 필요하겠지만 보다 중요한 것은 정보의 질(quality)이 확보되어야 한다. 아무리 많은 정보를 얻었다 하더라도 그 정보의 질이 좋지 않으면 기업의 의사결정 또한 올바르지 않을 것이다.

일반적으로 기업이 정보를 취득하는 경로 혹은 정보원천은 다음과 같다.

① 내부직원 : 기업 내의 관리자 혹은 지역담당자로부터 정보를 취득.
② 거래선 : 기업이 거래하고 있는 은행이나 현지의 제조회사 또는 현지의 판매대리인 등을 통해서 정보를 취득.
③ 컨설턴트 : 해외의 전문컨설팅 기관 및 컨설턴트 등을 통해서 정보를 취득.
④ 공적기관 : 업계의 단체, 대사관, 상공회의소, KOTRA 등의 공적기관 또는 IMF, IBRD 등의 국제기구에서 제공하는 정보.
⑤ 기타 : 연구자, 학자, 저널리스트, 신문, 라디오, TV, 인터넷 등의 경로를 통해서 취득하는 정보.

(2) 정치적 위험 분석방법 유형

기업이 해외시장에 진출에 앞서 현지국에 대한 정치적 상황(political climate)을 분석해야 한다. 기업은 다음과 같은 방법을 통해서 현지국에 대한 정치적 상황을 분석할 수 있다.[2]

첫째, 그랜드 투어(grand tour)방식으로 특정 국가에 투자를 고려하고 있는 글로벌기업은 현지국에 대한 정보를 사전에 수집한 다음, 현지국에 실무진이나 투자조사단을 구성하여 파견하고 시찰여행(inspection tour)을 통해 정치적 상황을 분석하는 그랜드 투어방식이 있다. 현지국에 파견된 실무진이나 투자조사단은 며칠(몇 주)의 시간을 갖고 현지의 기업가, 정치가 및 지도자들과 회의를 개최하여 정치적 상황을 파악한 후, 귀국 후 상급관리자에게 결과를 보고한다.

그랜드 투어 방식은 자사의 조직으로 조사단을 활용할 수 있어 비용이 낮고, 현지에 직접 방문하여 정치적 상황을 직접 파악하는 등의 장점이 있다. 그러나 현지 조사단이 정보의 취득경로에 따라 제한된 정보만을 파악하거나 현지 정부가 정확한 정보를 제공하지 않는 경우 정치적 상황을 정확하게 인식하지 못하는 단점이 존재한다. 또한 현지 조사단의 방문기간이 짧은 경우, 현지국의 정치·경제적 상황을 면밀하게 분석하지 못하는 단점도 지니고 있다.

둘째, 올드 핸드(old hand) 방식으로 현지국이나 지역에 대한 전문적인 지식이나 경험을 가지고 있는 교육자, 외교관, 언론인, 사업가 등을 통해 정치적 상황을 분석하는 방식이 있다. 특히 이 방식은 시장잠재력이 높은 가장 효과적인 방법이다. 대부분의 글로벌기업들은 이러한 전문가를 고문이나 상담역, 심지어 일부 기업들은 상근 관리자로 고용하기도 한다. 이들 전문가는 현지국의 현 정치지도자들의 정치노선과 개인적인 성향, 경쟁관계 정치집단의 장점과 약점 및 새로운 입법 가능성 등에 대한 평가업무를 담당하게 된다.

올드 핸드 방식은 현지의 경험을 가진 전문가를 활용하기 때문에 그랜드 투어에 비해 전문적인 정보를 평가할 수 있다는 장점을 가지고 있지만, 전문가의 역량과 경험에 따라 평가의 품질이 달라지고, 전문가에만 절대적으로 의존해야 하는 한계가 있다.

셋째, 델파이 기법(delphi technique)으로 정치적 위험에 영향을 미칠 수 있는 요소들을 결정한 다음, 이들 각 요소들을 전문가들에게 자문하고 이들 결과에 따라 서열을 정하거나 중요도에 따라 가중치를 부여한 체크리스트(checklist)를 작성하여 정치적 상황을 구조적으로 평가하는 방식이다. 여기에서 정치적 위험에 영향을 미치는 요소들은 군권력의 규모와 구성, 해외투자자들의 지연 경험, 정치적 납치 등을 포함한다.

델파이 기법은 전문가에 의해 개발된 체크리스트를 가지고 정치적 변화의 예측이나 정보를 객관적이고 체계적으로 분석할 수 있다는 장점을 지니고 있다. 반면에, 체크리스트에 열거되지 않은 사항에 대해서는 분석할 수 없고, 체크리스트를 개발하는 과정에서 많은 비용과 시간이 소요되는 단점을 지니고 있다.

넷째, 계량적 기법(quantitative methods)으로 계량경제학자들이 경제현상을 예측할 때와 같이 의사결정자들이 국가의 정치적 미래를 예측하는 데 이용하는 기법이 있다. 이 기법은 다변량분석(multivariate analysis)을 이용하므로 여러 가지 복잡한 정치적 문제의 분석에 적합하다.

다섯째, 통합적인 분석(integrated analysis)으로 위의 4가지 분석방법들은 모두 중요하지만, 각 분석방법들이 장점과 단점을 동시에 지니고 있어 정치적 위험을 분석할 때 이들을 개별적으로 활용할 경우 완벽한 분석이 될 수 없어 통합적인 분석이 요구된다. 따라서 대부분의 다국적기업들은 질적·양적 접근을 결합하여 정치적 상황이나 위험을 분석하는 경우가 많다. 다국적기업들이 통합적인 접근방법을 통하여 정치적 상황을 예측할 때, 주로 다음과 같은 변수들을 고려한다.

① **국내의 불안정성(domestic instability)** : 국내의 갈등 수준은 전복(subversion), 반란(rebellion), 소요(turmoil) 등의 발생 가능성으로 측정된다. 이러한 불안정성은 폭동(riots), 숙청이나 추방(purges), 암살(assassinations), 게릴라전(guerilla wars), 정부위기(government crises) 등의 변수를 살펴봄으로써 그 정도를 측정할 수 있다.

② **국제적 갈등(foreign conflict)** : 국제적 갈등은 다른 국가에 대해 적대감을 갖는 정도이다. 이러한 국제적 갈등은 외교적 단절부터 군사적 충돌에 이르기까지 다양한 변수들을 살펴봄으로써 그 정도를 알 수 있다.

③ **정치적 상황(political climate)** : 정치적 상황은 정부가 극좌(far left)나 극우(far right)로 전향할 가능성으로 측정된다. 이러한 정치적 변화 가능성은 의회에서의 공산당(Communist Party)의 규모, 사회주의자(socialist)의 의석수 및 정치적 문제나 이를 해결하는 과정에서 군대의 역할(또는 개입)을 살펴봄으로써 그 정도를 측정할 수 있다.

④ **경제적 상황(economic climate)** : 경제적 상황은 해외투자 여건에 대한 전반적인 평가로서 특히 경제부문에 대한 정부의 간섭을 의미한다. 경제적 상황을 파악하기 위해서는 국민총생산(GNP), 물가상승률(inflation), 대외채무(external debt) 수준 등과 같은 거시경제적 변수를 살펴봄으로써 그 정도를 측정할 수 있다.

이와 같이 정치적 위험 측정은 수백 개의 정치적, 경제적, 사회문화적 요소들을 포함한 통합적인 분석이 동시에 이루어진다. 현재의 정치적 상황은 객관적인 지표를 통해 측정할 수 있겠지만, 이를 바탕으로 미래의 정치적 상황을 예측하는 것은 주관적으로 이루어진다. 따라서 계량적인 컴퓨터 분석과 전문가의 질적 평가가 결합되어야 효과적인 판단이 가능하다.

(3) 정치적 위험의 평가와 진출의사 결정 프로세스

해외투자 의사결정 과정에서 기업은 어떻게 정치적 위험을 평가할까? [그림 1.2]는 기업이 해외로 진출하기 전에 검토해야 하는 정치적 위험의 항목들을 순차적으로 나타내고 있다. 정치적 위험은 일반적으로 불안전성 위험, 소유권 · 통제위험, 사업 활동위험 및 이전(transfer) 위험 등 네 가지 범주로 분류하고 각 범주별로 관련된 정치사건 및 정책들을 포함하고 있다. 투자는 위로부터 아래의 단계를 통해서 결정된다. 따라서 투자기업이 평가하는 위험의 강도는 아래로 내려갈수록 약해진다. 위험의 정도가 가장 큰 것은 불안정성 위험이고 이러한 위험은 기업으로서 대항하기에는 매우 어려운 것이다. 반대로 가장 대항하기 쉬운 것은 이전위험이다. 예를 들어 현지국에서 발생한 이익을 본국으로 송금하는 것을 제한하는 경우에 본국으로부터 들여온 기술에 대한 로열티 항목에 이를 포함시키는 편법을 사용할 수도 있을 것이다. 따라서 기업이 해외투자를 할 경우 이러한 위험을 극복할 수 있다면 해외진출에 대한 최종적인 결정이 가능하게 될 것이다.

정치적 위험에 대한 기업의 대응은 그 기업이 속하는 산업, 소유하고 있는 경영자원 및 실행하는 프로젝트의 특수성에 의해서 크게 좌우된다. 기업마다 각자 다른 특수성이 있고 이들 위험요소는 모든 기업에 동일하게 적용되지 않는다.

그림 1.2 **해외직접투자 의사결정시 정치적 위험의 평가**

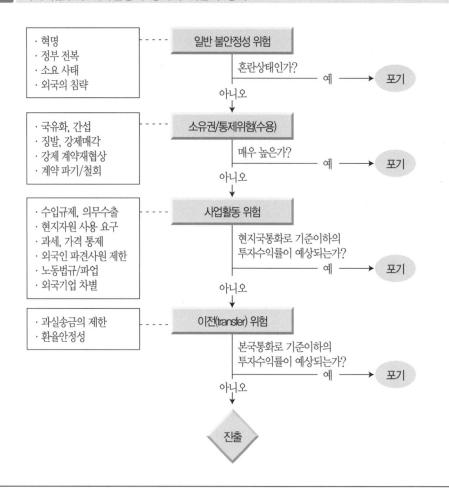

자료: F. R. Root, *Entry Strategies for International Market*, Lexington, 1994, p. 155.

1.4 정치적 위험의 관리(risk management)

글로벌기업의 정치적 환경에 대한 위험 분석에서 살펴본 바와 같이 글로벌기업의 경영활동에 있어 정치적 환경은 매우 중요하다. 따라서 글로벌기업 경영자는 현지국의 정치적 위험을 면밀히 분석하여 위험도를 과소평가하여 손해를 보거나, 과대평가하여 사업의 기회를 놓치는 사태를 미연에 방지하여야 한다. 이러한 활동을 위기관리(crisis management) 혹은 위험관리(risk management)라 한다.

정치적 위험을 효율적으로 관리하기 위해서는 다음과 같은 절차가 필요하다.[3]

첫째, 해외사업과 관련된 정치적 위험 요인을 규명하고, 현지국의 정치적 상황 변화를 탐지할 수 있는 정보시스템을 구축해야 한다.

둘째, 수집 · 평가된 정치적 위험에 관한 자료를 기업의 전략계획으로 활용하여야 한다.

셋째, 발생하거나 예상되어지는 정치적 위험에 대한 대응방안을 모색하여야 한다.

이상의 절차에 따라 현지국의 정치적 환경변화에 따른 위험관리는 투자 전 위험관리와 투자 후 위험관리로 구분할 수 있고, 다시 후자를 정치적 위험이 예견되지 않았을 때와 예견되었을 때로 나눌 수 있다.

(1) 투자 전(前) 위험관리

먼저 정치적 환경변화를 정확하게 판단한 후 투자대상국에 투자 여부를 결정해야 한다. 투자 여부는 투자의 위험수준(안전성)과 기대이익수준(수익성)을 기준으로 결정하게 되는데, 대처방안은 다음과 같다.

첫째, 현지국의 정치적 위험수준이 높을 경우 투자계획을 포기하거나 회피전략(avoiding strategy)을 선택하고 아니면 위험도가 낮은 다른 피투자 대상국을 찾는 방안이다.

둘째, 투자위험에 대하여 보험을 가입하는 방안이다. 미국의 경우는 OPIC(Overseas Private Investment Corporation)이 해외투자기업의 위험을 담보해주고 있으며, 한국의 경우에는 한국무역보험공사(K-SURE)가, 일본의 경우에는 수출입은행이 보험업무를 관장하고 있다. 이 보험에 가입할 경우 피투자국의 전쟁 · 혁명 · 내란 · 몰수 · 수용 등의 정치적 위험으로 발생한 손실액의 90% 정도는 사후에 보상을 받을 수 있다.

셋째, 현지국에 진출하기 전에 현지국 정부와 협상을 통하여 투자액, 투자보호 등 구체적인 확약을 받아내는 방법이다.

넷째, 현지국의 민간기업이나 정부기관과 합작투자를 함으로써 정치적 위험을 분산시키는 방안이다.

다섯째, 자본예산(capital budgeting)[4] 수립할 때, 투자 할인율(또는 자본비용)을 조정하거나 미래의 현금흐름(cash flow) 자체를 조정하기도 한다.

(2) 투자 후(後) 위험관리

현지국에 진출한 후 정치적 위험이 예견되지 않았을 경우라도 지역적 다변화를 통하여 생산 및 판매망 등 각국의 자회사와 본사 간에 상호의존성을 높임으로써 정부의 수용 또는 국유화에 대비해야 한다.

또한 핵심기술은 본국에서만 보유함으로써 현지국 정부가 수용이나 국유화를 하더라도 생산기술을 습득하지 못하도록 방안을 마련하여, 차후에 발생할 정치적 위험을 감소 또는 완화시키는 노력이 필요할 것이다. IT산업, BIO산업, 항공우주산업과 같은 첨단 기술산업에 종사하는 기업의 경우 정치적 위험이 크다고 판단되는 경우 라이선싱이나 전략적 제휴 등의 진입방식을 선택하여 핵심기술을 보호하는 것이 바람직하다.

현지국에 진출한 후 글로벌기업에게 정치적 위험이 예견될 경우에는 사업축소방안, 자산감소 및 부채증대 방안, 매각을 통한 철수방안 등이 있다. 그리고 그에 대응하는 수단으로서 협상이 있다. 거시적 위험이나 미시적 위험의 발생 전·후를 불구하고 기업 간의 협상은 매우 중요한 위험관리수단이다. 예를 들어, 현지국에서 수용 가능성이 높아지는 경우 기업은 단독 혹은 타 회사와 공동으로 협상을 통해 현지국 정부를 설득할 수 있다.

또 하나의 수단으로 생산, 물류, 마케팅, 재무, 조직 등의 각 경영전략을 활용하여 정치적 위험을 커버(cover)하는 방법이다. 예를 들어, 현지에서 각종 경영자원을 조달하거나 시설의 입지, 수송지배, 특허, 신기술 도입, 출자비율, 현지인을 간부로 채용하는 방법이다. 현지국에 대한 경제적 기여도를 높이는 것도 좋은 방법이다. 최근에는 현지국에서 외국기업들이 그 지역을 위한 자선사업 등을 통하여 사회적 기여도를 확산시키면서 자사의 브랜드를 강화시키는 사례가 늘어나고 있다.

기타의 수단으로 현지국 정부가 정치적 위험을 제거하도록 유도하거나 기다리는 방법이 있다.

2 문화적 환경

글로벌기업에 있어서 현지국에 대한 문화를 이해하는 것은 매우 중요하다. 현지국의 문화는 제품의 생산, 마케팅, 인적자원관리 등 기업경영의 전반적인 분야에 지대한 영향을 미치기 때문이다. 따라서 글로벌 경영활동을 수행하기 위해서 본국과 다른 현지국의 이질적인 문화적 환경 특성을 파악하고 그에 적합한 전략, 조직구조, 제품 및 기술을 개발하여야 한다. 현지국의 문화를 제대로 이해하지 못한다면 현지국에서의 기업경영을 성공적으로 수행할 수 없을 것이다.

2.1 문화의 개념

문화(culture)는 그 문화를 구성하고 있는 구성원들의 가치관에 영향을 주고, 이 가치관에 의해 태도가 결정되어 행동양식으로 표출된다. 이렇게 표출된 행동양식은 다시 문화에 영향을 주어 문화는 점진적으로 발전하게 된다.

그러나 '문화란 이것이다'라고 간단하게 정의하기는 매우 어렵다. 허스쿼트(M. J. Herskouite)는 문화를 "인간이 접하고 있는 환경의 일부로서 지식 · 예술 · 도덕 · 법률 · 관습 등 사회의 한 구성원으로서 습득한 능력과 버릇의 총체"라고 정의하였다.[5] 회벨(A. Hoebel)은 "사회구성원들에 의해 공유되고 학습된 행위의 총체"라고 정의하였다.[6] 텁스트라(V. Terpstra)와 데이비드(K. David)는 "문화란 사회구성원들의 특성을 나타내는 학습되고, 공유되고 강제되는 상호 관련된 일련의 상징"으로 정

표 1.3 문화의 성격과 기능

문화의 성격	문화의 기능
① 문화는 과거 다른 사람과의 관계를 통해 습득되고 또한 장차 지속적으로 상호교류를 하는데 사용하는 그 개인의 정신과 마음 속에 존재한다. ② 여러 민족의 문화는 서로 상이하다. ③ 문화는 상이한 측면과 유사한 측면이 공존한다. ④ 문화는 학습되어 체화되면 지속되는 속성이 있다. ⑤ 문화는 점진적으로 변화한다. ⑥ 동일한 문화의 구성원은 개인에 따라 행동양식이 다를 수 있다.	① 우리가 학습하고 공통으로 공유하고 있는 언어를 통하여 다른 사람과의 의사소통을 할 수 있게 한다. ② 문화는 우리 사회에 있는 다른 사람들이 우리들의 행동에 어떻게 반응할 것인가를 예측할수 있게 해준다. ③ 문화는 선과 악, 아름다움과 추함, 합리성과 비합리성, 유쾌함과 슬픔 그리고 안전함과 위험함 등에 대한 구별의 기준을 제공한다. ④ 문화는 인간이 살아가는 데 필요한 지식과 기술을 제공한다. ⑤ 문화는 우리와 비슷한 문화적 배경을 갖는 사람들을 구별할 수 있게 한다.

의하였다. 그들은 문화의 중요성을 구성원들의 생존문제에 해결책을 제공해주기 때문에 그 해결책을 실현하는 영리단체인 기업의 존속과 성장에 상당한 영향을 미친다고 주장하였다.[7] 특히 이들의 정의가 다른 학자들과 상이한 점은 문화를 영리단체인 기업과 연관시키고 있다는 점이다. 따라서 오늘날 기업문화가 경영학에서 중요하게 다루어지고 있는 것도 이들에 대한 영향에서 비롯되었다고 볼 수 있다.

한편 홀(E. T. Hall)은 문화의 특질을 다음의 세 가지로 요약하였다.[8] ① 문화란 선천적인 것이 아니라 사회 구성원의 개인이나 집단이 성장하면서 학습된 행위라는 점, ② 문화에는 여러 가지 요소가 내재되어 있어 이들 요소가 서로 상호작용하고 있다는 점, ③ 사회구성원들에 의해 공유되고 다른 사회의 구성원들과 확실하게 구별할 수 있는 점 등이다.

이상의 문화에 대한 학자들의 정의를 종합하면, 문화란 서로 다른 문화를 구별할 수 있는 행동, 패턴, 가치, 태도, 규범 등의 특성을 가지고 있다. 즉, 후천적으로 사람이 성장하면서 학습되어지고 사회구성원의 사고방식이나 행동에서 자신도 모르게 자연스럽게 표출되어지고 이것은 서로 다른 문화를 구별하는 데 있어서 중요한 기준으로 작용한다.

다른 문화를 이해하기 위해서는 문화의 기본적인 기능은 무엇인지, 문화가 관습이나 종교 등과 어떻게 구별되는지 알아볼 필요가 있다(〈표 1.3〉 참조).

2.2 문화적 환경의 분석모형

기업이 해외에서 경영활동을 수행하면서 고려해야 할 문화적 요인은 매우 많다. 그러나 다양한 공통요소를 개별적으로 이해하는 것은 앞서 말한 바와 같이 의미가 없을 것이다. 보다 중요한 것은 공통적인 요소들을 종합적으로 이해하는 것이다.

다양한 문화적 속성을 종합적으로 분석하기 위해서는 문화를 분석하기 위한 정형화된 모형이 있어야 한다. 이문화(異文化)를 분석하는 모형은 대표적으로 클러크혼의 모형, 홉스테드 모형 및 홀의 모형을 일반적으로 많이 사용한다. 그렇지만 이들 모형은 글로벌기업이 현지국을 이해하는 데 도움이 되지만, 문화의 복잡성으로 인하여 단순하게 모형화하기에는 한계가 있다. 따라서 이들 분석모형은 글로벌화 단계에서 현지국을 이해하는 참고자료로 활용될 수 있지만 보다 구체적인 사안에 대해서는 미시적인 분석이 병행되어야 한다.

(1) 클러크혼 (Kluckhohn)의 분석모형

클러크혼(F. Kluckhohn)은 여섯 가지 속성에 대한 명제와 대답을 통해서 공통적 가치관과 사고방식을 찾아내어 문화권별로 묶어 다른 문화권별로 분석하였다.[9] 즉, ① 인간의 본성, ② 인간과 자연과의 관계, ③ 시간관념, ④ 행동양식, ⑤ 인간관계 및 ⑥ 공간개념 등의 명제를 제시하였다.

〈표 1.4〉에서 보는 바와 같이 클러크혼은 특정 문화와 다른 문화를 구분하는 기준으로 여섯 가지를 제시하였다. 이 기준에 따라 아랍문화권과 일본문화권을 〈표 1.5〉와 같이 구분하였다.

이러한 분석기법을 통해 기업에게 주는 시사점을 보면 다음 〈표 1.6〉과 같다. 서구적 문화권과 동양적 문화권을 클러크혼이 제시한 여섯 가지 명제를 통해 살펴보면 두 문화권을 뚜렷하게 구분할 수 있다. 즉, 클러크혼의 모형은 다양한 문화적 특질을 문화권별로 분석하는 데 비교적 단순하고 쉽게 비교해 볼 수 있다는 장점을

표 1.4 클러크혼 모형

기 준	행위 및 사고유형		
인간의 본성	기본적으로 악함	선과 악의 혼재됨	기본적으로 선함
인간과 자연과의 관계	자연에 복종	자연과 조화	자연을 정복
시간관념	과거지향적 (전통적)	현재지향적 (찰나적)	미래지향적 (목표지향적)
행동양식	정적(靜的)임	내면적 성장	동적(動的)임
인간관계	권위주의적임 (상하관계)	그룹중심적임 (공존관계)	개인주의적임 (동등한 관계)
공간지향성	사적(私的)임	공·사(公·私)혼합	공적(公的)임

자료: F. Kluckhohn & F. Strodbeck, *Variation in Value Orientation*, *Evanston*, Ⅲ., Row, Peterson & Co., 1961, p. 12.

표 1.5 클러크혼 모형의 적용 예

문화권 기 준	아랍 문화권	일본문화권
인간의 본성	선악 혼합	선악 혼합
인간과 자연과의 관계	자연에 복종, 자연과 조화	자연과 조합
시간관념	과거지향적	과거지향적, 미래지향적
행동양식	정적	정적, 동적
인간관계	권위주의적	권위주의적, 그룹중심적

지니고 있지만, 문화의 여러 측면 중에서 일부 항목만 비교한 것에 불과하여 현지국 문화를 완전히 이해했다고 볼 수 없다. 즉, 이들 구분을 크게 문화권별로 구분하고 있지만 같은 문화권이라 하더라도 국가마다 세부적으로는 많은 차이를 보인다. 예를 들어 우리나라와 일본·중국은 동양문화권이라는 공통성을 지니고 있지만, 여섯 가지의 기준에 따라 좀 더 세부적으로 살펴보면 많은 차이를 발견하게 된다. 따라서 글로벌기업들은 이 기본적인 모형을 확장하여 이해할 필요가 있을 것이다.

표 1.6 클러크혼 모형이 기업경영에 주는 시사점

기 준	미국식 문화지향성(서양)	대비적 문화지향성(동양)
인간의 본성	• 인간의 본성은 선과 악이 혼재 • 인간의 본성은 선함.	• 인간의 본성은 선함 또는 악함. • 인간의 본성은 불변함.
	교육과 훈련을 통해 인간의 본성을 변화시킬 수 있음.	교육과 훈련으로는 인간성이 변하지만 초기에 적절한 사람을 선발해야 함.
인간과 자연의 관계	• 인간이 자연을 지배함.	• 인간과 자연은 조화로운 관계임
	인간의 편리를 위해서 지역조건을 변화시킴(도로, 댐, 항만 등 건설).	인간의 욕구를 충족시키면서 자연을 유지·보전함.
인간관계	• 개인주의적	• 집단주의적
	의사결정의 주체는 개인임. 전문경영체제의 도입 능력 위주의 인사채용	의사결정의 주체는 집단임. 족벌 및 가족 경영체제의 도입 가족 위주의 인사채용
인간의 행동방식	• 동적	• 정적
	종업원은 자기만족과 목표달성을 위해 업무를 수행함.	종업원은 단지 자신에게 주어진 일만 수행함.
시간관념	• 미래중심적 • 기업정책의 단기성	• 과거중심적 • 기업정책의 장기성
	정책목표는 10~20년 장기계획적이지만, 실제로는 단기적 목표달성을 위해 기업정책의 확신과 탄력성을 강조함.	과거의 10년 전에 수행했던 기업정책을 토대로 기업의 미래 계획을 수립하며, 기업정책의 변화를 별로 원하지 않음.
공간관념	• 사적임.	• 공적임.
	경영자는 중요한 회의를 할 때 한정된 장소(예; 밀실)를 이용함. 종업원 간에 칸막이로 구분된 공간 사용.	경영자는 중요한 회의를 할 때 일부 공개된 장소를 이용함. 종업원 간에 칸막이로 구분하지 않고 공동으로 사용.

자료: N. J. Andler, *International Dimensions of Organizational Behavior*, 3rd ed., Cincinnati, Ohio, South–Western College Publishing, 1997, p. 20을 재구성함.

(2) 홉스테드(Hofstede)의 분석모형

경영환경에서 문화적 차이를 발견하려는 노력은 인류학자와 국제경영학자들에 의해서 이루어져 왔다. 그 중에서 홉스테드(G. Hofstede)의 모형은 특히 경영환경에서 각국의 문화적 차이를 실증적으로 증명하려 했다는 점에서 중요한 연구로 평가받고 있다. 홉스테드는 50개국 3개 지역을 조사하여 각국의 종업원과 경영자 사이에 나타나는 중요한 차이점에 대해 요인분석과 이론적 추론으로 네 가지 차원을 제시하였다.[10] 즉, ① 개인주의 대 집단주의, ② 권력 간격의 대소, ③ 불확실성에 대한 회피 정도, ④ 남성다움 대 여성다움이 그것이다.

이를 보다 구체적으로 설명하자면 다음과 같다.

① 개인주의 대 집단주의

개인주의 혹은 집단주의(individualism vs collectivism)는 사람들이 개인주의적이거나 집단주의적인 성향을 보이는 정도에 따라서 차이가 난다. 개인주의적인 사회에서는 개인들 간의 연계가 느슨하며 개인의 성취와 자유가 높게 평가된다. 반면 집단주의적 사회에서는 집단 내의 개인관계가 밀접하게 연계되어 있어 외부집단과 엄격하게 구별하는 경향이 강하다.

② 권력간격

권련간격(power distance)이란 어떤 기관이나 조직 내에서 부와 권력이 불평등하게 배분되어 있거나 편중되어 있을 경우, 이것을 어느 정도로 수용하는가를 나타내는 지표이다. 권력의 간격이 큰 문화에서는 권력과 부의 불균등이 점차 확대되는 성향을 보이고 권력의 간격이 좁은 문화에서는 사람들이 이러한 격차를 가능하면 줄이려고 노력하는 성향을 보인다.

③ 불확실성에 대한 회피

불확실성에 대한 회피(uncertainty avoidance)란 사람들이 모호한 상황이나 불확실성을 용인하는 정도를 나타낸다. 불확실성에 대한 회피성향이 높은 문화에 있는 사람들은 직업 안정성이나 직급의 승진패턴에 대해서 상당히 높은 가치를 부여하며 관리자들이 아주 분명한 지시를 내려 줄 것을 기대한다. 그 반면에 불확실성 회피성향이 낮은 문화에서는 변화에 대해서 두려워하지 않으며 위험을 극복하려는 성향이 높게 나타난다.

④ 남성다움과 여성다움

남성다움과 여성다움(masculinity vs femininity)은 그 사회에서 지배적인 가치가 어느 정도로 남성적인가 혹은 여성적인가를 나타내는 정도이다. 여기서 남성다운 사회는 남성과 여성의 역할을 명확하게 구분하고 성취감이나 자기주장, 물질적인 성공에 대해서 강한 선호를 나타내는 사회를 말한다. 반면에 여성다운 사회는 남성과 여성의 역할을 명확하게 구분하지 않고 관계유지를 중요시하거나 구성원에 대해 배려해 주는 경향 및 삶의 질을 강조하는 면이 강하게 나타나는 문화를 말한다. 남성주의적인 성향이 강한 문화에서는 경쟁과 성취에 더 높은 가치를 두고 여성주의적인 성향이 강한 문화에서는 복지와 화목에 더 높은 가치를 두는 경향이 있다.

표 1.7 각국의 문화적 차원에 따른 정도 비교

문화적 차원	문화적 차원의 수준		
	높음/강함	중간	낮음/약함
개인주의	미국	일본　한국	과테말라
권력간격	말레이시아　한국　일본	미국	오스트리아
불확실성 회피	그리스　일본　한국	미국	싱가포르
남성다움	일본　　　　미국	한국	스위덴

자료: 강태구, 국제경영, 박영사, 2002, p. 240.

그림 1.3 홉스테드 모형을 이용한 각국의 비교

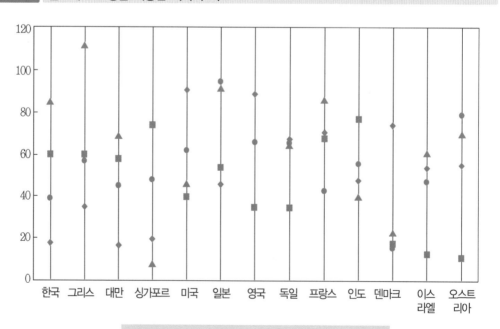

◆ 개인주의　■ 권력간격　▲ 불확실성 회피　● 남성다움

홉스테드의 모형은 문화적 차이를 계량화하여 측정하여 국가간 비교(〈표 1.7〉 및 [그림 1.3] 참조)를 했다는 점에서 평가를 받고 있다. 그러나 한 나라 안에서 이질적인 문화가 존재할 경우 오류가 생길 수 있다는 점, 그리고 그가 측정했던 시기와 지금은 상황이 많이 달라졌다는 점에서 오늘날 그의 모형을 적용시키는 데는 한계가 있다.

(3) 홀(Hall)의 분석모형

문화적 차이를 이해하기 위해 문화를 비교하는 다른 하나의 비교문화적인 분석방법으로 홀(E. T. Hall)의 모형을 들 수 있다. 홀은 각 국가의 문화를 고배경문화(high-context culture)와 저배경문화(low-context culture)로 이원화하고 있다.[11] 여기서 배경이란 각 국가의 문화를 분류하는 데 있어 기준으로 삼은 몇 가지 문화요소 또는 차원을 중심으로 양자의 차이점을 평가한 것이다. 고배경문화란 삶의 배경이나 정황 등이 보다 중요하게 여겨지는 문화이고, 저배경문화는 배경이나 정황보다는 문서와 문장의 표현 그 자체가 중요한 문화를 말한다. 이런 관점에서 보면 중국이나 일본 및 아랍권의 문화는 고배경문화에 속하며, 미국 및 독일 등의 유럽문화권은 저배경문화라 볼 수 있을 것이다.

표 1.8 고 · 저배경문화의 비교

요소 및 차원	고배경문화	저배경문화
법, 법률가	덜 중요하다.	매우 중요하다.
개인의 말	매우 중요하며 개인의 비공식적인 의사표시가 보증의 역할을 한다.	서면으로 보증한다.
공간개념	서로 어울리는 공간을 중요시 여긴다.	개인적인 공간을 중요하게 여기고 침해받는 것을 싫어한다.
실패에 대한 책임	조직의 최고위층이 책임진다.	조직의 최하위층에게 돌려진다.
시간개념	시간구분이 분명하지 않다.	'시간은 돈이다'라는 개념이 매우 강하다.
협상	오래 끄는 것이 일반적이다. 협상의 목적을 당사자들이 서로 충분히 이해하여 저절로 해결되도록 한다.	매우 신속히 수행된다.
경쟁입찰	빈번하지 않다.	일반적이다.

자료: W. J. Keegan, Multinational Marketing Management, 2nd ed., Englewood Cliffs, New Jersey Prentice-Hall, Inc., 1980, p. 87.

고배경문화에서는 의사소통에 필요한 정보가 대부분 신체적 배경 또는 개인에 내부화되어 명백한 부호나 메시지로 옮겨지지 않으나, 책임과 신뢰가 중요한 가치로서 강조되기 때문에, 법률적인 서류보다 개인의 말이 더욱 확실한 보증서 역할을 하며, 책임과 명예 등에 더 큰 의미를 두고 있다. 책임의 소재는 그 조직의 최고위층에 있게 되며 집단지향적인 성격이 강하다.

반면에 저배경문화는 구체적인 대화를 통하여 정보의 교환이 이루어지고 법률적인 서류가 보증서 역할을 하게 되기 때문에, 법률적인가 아닌가 하는 것이 중요한 의미를 가지며 책임은 최하위층에게 전가되는 것이 특징이다.

한편 [그림 1.4]는 고배경문화와 저배경문화에 있어서 각각 사용하는 메시지가 지니는 의미와 이를 전달하는 데 주로 이용되는 수단을 도식화한 것이며, 각국을 양 문화를 중심으로 도식화한 것이다. 고배경문화에서는 의미전달을 위하여 언어의 사용을 자제하며, 반대로 저배경문화에서는 언어를 많이 사용하고 있음을 알 수 있다. 고배경문화로서는 인도네시아, 이집트, 일본, 한국 등을 들 수 있으며, 저배경문화로서는 미국, 캐나다, 독일을, 중간수준의 문화로서는 중국과 몽골을 들 수 있다.

홀은 각 국가의 문화를 몇 가지 요소들을 기준으로 분석하였으나, 기본적으로 문

그림 1.4 **고배경문화와 저배경문화**

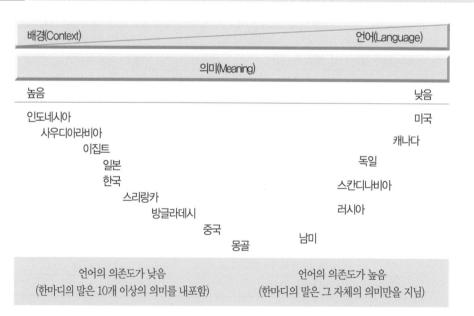

자료: 어윤대 외, 국제경영, 학현사, 1996, p. 135.

화인류학적인 연구 구조를 취하고 있으며 그 모형이 지나치게 기술적이고 주관적이라는 데 그 한계가 있다. 아울러 고배경문화와 저배경문화로 구분하는 데 있어서 경계가 불분명하다는 약점을 가지고 있다.

2.3 문화와 기업경영

각국의 문화적인 차이가 기업의 경영환경에 영향을 미치는 것은 다음 두 가지로 나누어 생각할 수 있다.

첫째, 기업들끼리 서로 관계를 맺는 상황에서 상대방의 문화적 차이를 인식하는 것이다. 기업은 다른 기업과 많은 상호교류를 갖는다. 예를 들어 외국의 공급자와의 교섭이나 해외고객을 대하는 방법 그리고 합작투자와 전략적 제휴와 같은 협조적인 체제를 유지하는 것이 그 대표적인 예이다. 이러한 기업 간의 관계가 국경을 넘어 이루어질 때에 문화적 차이에 의한 영향을 충분히 고려해야 한다. 특히 기업 간 교류의 초기단계에는 상호신뢰가 아직 형성되지 않고 있다. 상호간의 신뢰를 구축하는 데는 상당히 오랜 시간이 걸리며 이를 쉽게 달성할 수 없다. 홉스테드의 연구결과에서 알 수 있듯이 개인주의, 남성다움의 정도, 불확실성의 기피성향, 그리고 권력거리 등과 같이 교섭상대기업의 국가의 문화에 대한 이해를 통해 보다 적절한 방법으로 상대편 기업과의 관계를 원만하게 만들어 낼 수가 있다.

둘째, 기업 내부에서 사람들 간의 관계에서 나타나는 문제이다. 문화는 기업 안에서 사람들 간의 상호관계에도 중요한 역할을 한다. 글로벌 기업에는 서로 다른 문화적 배경을 가진 사람들이 같이 일하는 경우가 많다. 이와 같은 기업조직에서 서로 다른 문화적 배경을 가진 사람들이 공동작업을 효과적으로 하기 위해서 상대방의 문화를 이해할 필요가 있다. 권력 간의 차이나 의사결정에 참여하는 방법, 동기부여와 성과측정, 봉급체계에 대해서도 조심스런 접근이 필요하다.

글로벌경영에 있어서 또 한 가지 관심을 가져야 할 사항은 문화가 경쟁우위를 창출하는 원천이 될 수 있다는 점이다.[12] 많은 학자들은 그룹 중심적이고 끊임없는 개선을 추구하며, 조직에 대한 충성을 중요시 하는 일본적 기업문화가 일본의 자동차산업과 전자산업의 발전에 큰 역할을 한 것으로 평가받고 있다. 또한 목표가 정해지면 빠른 시일 내에 그 목표를 달성하고자 하는 한국특유의 기업문화는 한국기업의 고도성장의 중요한 요인으로 작용하였다. 따라서 한국기업이 해외에 진출할 때에 해당 국가의 이질적 문화에 민감하게 반응하는 것도 중요하다. 그러나 한국기업이 갖고 있는 경쟁우위가 한국 특유의 문화에서 비롯된 것일 때는 한국적인 문화를 해외사업을 수행하는 데 어느 정도 반영하거나, 이를 현지종업원에게 주입하고 교육시키는 것은 자신이 갖고 있는 경쟁우위를 충분히 살리기 위해서 필요한 작업이다.

결론적으로 기업의 경영환경에는 문화적 차이가 존재하며 이 문화적 차이를 인식하고 적응하려는 노력이 필요할 뿐만 아니라, 기업이 갖고 있는 경쟁우위가 원래 자신이 갖고 있던 특유의 기업문화에 기인한 것이라면, 현지 문화와 자신의 문화를 조화롭게 융합하는 노력이 필요하다. 또한 해외진출에 따른 대상 국가를 선정할 때도 가능하면 문화적 차이가 적은 국가를 선택하는 방법도 본국의 문화와 투자대상국의 문화적 차이에서 오는 갈등을 줄이는 데 도움을 줄 수 있다.

3 경제적 환경

세계경제환경의 글로벌화는 기업들이 국내·외 시장에서 치열한 경쟁을 하지 않을 수 없게 만든다. 기업들은 이런 변화를 적극적으로 수용하고, 공격적인 대응전략을 수립해야 할 것이다.

WTO의 출범 이후 꾸준히 관세가 낮아짐에 따라 제품의 유출이나 유입면에서도 규제가 완화되고 있다. 이러한 현상은 시장과 제품의 글로벌화 경향을 초래하게 됨으로써 기업들은 최상의 장소에서 생산활동을 하게 되고, 그 곳을 근거지로 하여 세계시장을 상대로 R&D와 디자인, 부품제조, 조립 등 여러 가지 공정을 수행하는 한편, 완제품을 전 세계에 판매할 수 있게 되었다.

시장 및 생산의 글로벌화와 세계 무역량의 증대, 외국기업의 직접투자, 수출 등은 자국내 시장에서 외국기업체의 적극적인 활동을 가능하게 하였다. 따라서 글로벌 시장의 형성은 수많은 제품과 서비스에 있어 기업간 경쟁을 그만큼 심화시키고 있는 것이다.

무역 및 투자 장벽의 완화가 시장과 제품의 글로벌화를 가능하게 하고, 동시에 기술의 변화도 이러한 추세에 영향을 미치고 있다. 제2차 세계대전 이후 통신과 정보처리, 교통의 발달, 최근의 인터넷 출현 등 제반의 정보기술에 있어 중요한 발전이 가속화되고 있다.

시장과 제품의 글로벌화는 기업의 경영에 있어서 몇 가지 중요한 의미가 있다. 기업의 글로벌화에 따라 과거에 비하여 많은 기회를 얻을 수 있는 반면, 훨씬 복잡하고 치열한 경영환경에 놓이게 된다. 보호주의 환경에서는 자국시장이 안정적인 수요처를 제공해주고 있었지만 개방화의 정도가 점점 높아짐에 따라 더 이상 자국시장을 지킬 수 있는 강점을 잃어 가고 있는 것이 현실이다.

따라서 글로벌화를 지속적으로 추진하지 않는 기업은 더 이상 발전할 수 없고 시장에서 도태될 수밖에 없다. 선진기업들에 비하여 후발기업들은 글로벌시장에 성공하기 위하여 후발주자로서의 한계를 잘 파악함과 동시에 선발주자들을 철저히 벤치마킹함으로써 글로벌화를 진전시키는 것이다.

제2차 세계대전 이후 세계경제의 뚜렷한 현상은 미국을 중심으로 한 글로벌화와 인접 지역국가 간의 지역주의를 들 수 있다. 글로벌화의 대표적인 예는 IMF, OECD, WTO 등의 태동으로 볼 수 있고, 지역주의의 대표적인 예는 EU, NAFTA, APEC 등이다.

3.1 지역경제통합

지역경제통합이란 일정지역 내의 국가들이 상호의존성을 승화시켜 지역 내에서 경제공동체를 형성하는 것을 의미하며, 역외국가들에 대해서는 대체적으로 차별적 무역조치를 취하는 경향을 말한다. 틴버겐(J. Tinbergen)에 의하면 지역경제통합은 경제의 최적활동을 저해하는 인위적 장애를 제거하고 조정(coordination)하고 통일(unification)에 필요한 모든 요소를 의식적으로 도입하여 가장 바람직한 국제경제기구를 만들어 내는 것이라고 정의하였다.[13]

벨라사(B. Balassa)는 경제통합의 유형을 〈표 1.9〉와 같이 5단계로 구분하고 있다. 현재 전세계적으로 약 10개의 경제통합이 탄생되거나 추진되고 있는 실정이다.

지역경제통합의 목적은 일반적으로 경제적 효율성 제고, 대규모시장의 형성, 역내 보호무역의 제거 및 타 지역주의에 대한 대응 등이다. 오늘날 다자간 협상 기구인 세계무역기구(WTO)가 출범하여 세계무역현안이 원만하게 해결될 것 같았으나 다수 당사국으로 인해 협상의 속도가 느려 실효성의 문제가 제기될 뿐만 아니라, 오히려 자유무역협정(FTA)과 같은 소수국가 간의 협력이 다자체제에 비해 협상타결시간 단축과 협상결과이행이 신속 · 확실하여 지역블록화가 촉진되고 있는 실정이다.

표 1.9	벨라사의 경제통합의 유형
자유무역지역 (Free Trade Area)	• 가맹국간의 관세 · 수량제한을 철폐하여 역내 무역을 자유화 추진 • 비가맹국에 대해서는 각국이 독자적인 관세와 무역정책 시행 • 북미자유무역지대(NAFTA)
관세동맹 (Customs Union)	• 가맹국간의 관세 · 수량제한 철폐 • 비가맹국에 대해서는 대외공통관세(external common tariff)를 부과 • 베네룩스관세동맹(BCU)
공동시장 (Common Market)	• 관세동맹과 동일 • 노동력, 자본 등의 생산요소의 역내이동 자유화 • 과거유럽공동시장(EC)
경제동맹 (Economic Union)	• 가맹국간 상품과 생산요소의 역내이동 자유화 • 비가맹국에 대해서는 공동의 무역정책 추진 • 가맹국간에 경제정책을 조정하여 수행 • 유럽연합(EU)
완전경제통합 (Complete Economic Integration)	• 통화, 재정, 사회정책 등을 통합하여 초국가기관 설치 • 가장 완벽한 형태의 통합(가맹국들을 하나의 단일기구로 통합) • 오늘날의 EU

더욱이 EU와 NAFTA는 그 기폭제가 되었다고 해도 과언이 아니다.

(1) 유럽연합(EU)

미국의 마샬원조계획의 일환으로서 형성된 유럽경제협력기구(OEEC)가 유럽의 경제부흥뿐만 아니라 서유럽 국가간의 상호협력기반을 다지는 데도 크게 기여를 하는 등, OEEC가 성공적으로 운영되자 OEEC 가맹국 중 대륙의 6개국(프랑스, 서독, 이탈리아, 베네룩스 3국)이 1951년 새로운 경제협력기구인 ECSC를 결성하게 되었다. 이후 1957년 EAEC와 ECC가 설립되었고, 1967년 EEC, EACC, ECSC가 하나의 기구로 통합되어 EC가 탄생하게 되었다. 유럽연합은 1993년 11월 발효된 마스트리히트조약(Maastricht Treaty)에 따라 EC(European Community)의 명칭을 변경함으로써 탄생된 유럽 15개국이다. 이런 유럽에서의 움직임은 결국 오늘날 유럽연합(EU; Europian Union)이 탄생한 배경이 되었다.

유럽연합은 지구상에 존재하는 가장 강력한 형태의 지역경제통합(2021년 현재, 회원국 27개국, 인구 약 4억5천만명, GDP 약19조 달러)으로서 2002년 1월 1일부터 유럽의 단일 통화인 유로(Euro)貨가 본격적으로 통용되기 시작하였다. 마스트리히트조약에 의해 출범된 EU는 경제 · 통화동맹 · 공동외교 및 안보정책까지 시행하는

그림 1.5 해외직접투자 의사결정시 정치적 위험의 평가

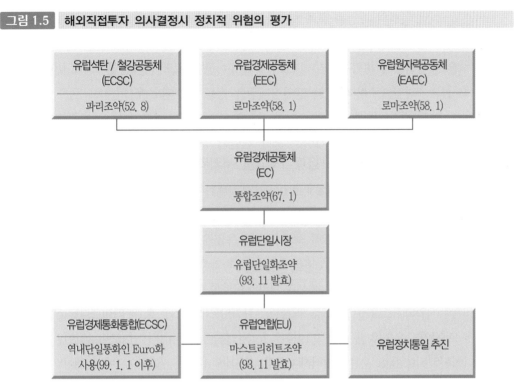

고도의 통합체로 발전하고 있다.

1) 역내 단일시장의 형성

단일유럽의정서(SEA: Single European Act, 1987)에 따라 역내 물리적·재정적·기술적 장벽이 제거됨으로써 인력, 상품, 자본, 서비스 등이 자유롭게 이동되거나 유통되는 단일시장이 완성되었다.

2) 경제 및 통화동맹

유럽통화제도(EMS)의 설립 이후 유럽통화통합은 더욱 진전을 보았는데, EMS는 하나의 통화권 형성을 위해 ① 환율의 상호변동폭을 축소하기 위한 ERM(환율기구)을 설립, ② 각국 통화 간의 기준환율이 되는 ECU(가맹국 통화의 바스켓으로 정의되는 계산 단위)를 창출할 것을 제정하였다. 1999년부터 단일통화의 통용을 목표로 제1단계로 각국의 ERM참가와 변동폭의 통일로써 자본이동의 완전자유화 실시, 제2단계로 유럽중앙은행제도의 창설과 각국 통화의 환율변동폭의 축소, 제3단계로 영구적인 고정환율제도를 채용하여 단일통화로 이행 등의 단계별 계획을 수립하여 실천하였다.[14]

이런 일련의 과정을 통해 EMU는 유럽연합의 역내에서는 2002년 1월 1일부터 본격적으로 일부국가를 제외하고는 유로화가 통용되기 시작하였다. 이로써 유럽연합은 유럽역내의 재화, 자본 및 노동의 자유이동을 보장하는 단일시장에 이어 통화통합을 추진함으로써 완전한 단일경제권을 형성하게 되었다.

3) 유럽정치동맹

이는 연방의 성격이 가미된 보다 긴밀한 동맹관계의 형태로 유럽연합을 추진하며 공동외교안보정책분야에서는 정부의 협력을 공동정책 차원으로 높인다. 또한 사법·내무 협력에서 정치적 난민, 역외국경통과, 이민정책, 마약퇴치, 세관협력, 테러 등 국제범죄방지 차원의 사법·치안분야까지 정부 간의 협력을 추진한다.

표 1.10 EU의 역내단일시장의 완성내용

물리적 장벽 제거	상품	• 역내 일반상품 이동시 세관절차 폐지 • 동식물 검역 폐지(단, 국보급 및 군사용 물품은 제외)
	사람	• 역내 사람에 대한 여권심사 폐지 • 역내 공항화물 검사 폐지 • 공동국경초소 철폐
	공동역외 국경설정	• 역내국 입국시 비자를 요하는 역외국 리스트 공동작성(한국의 경우 비자면제협정 이미 체결)
	정치망명	• 정치망명자에 대한 공동정책 추진
기술적 장벽 제거	공동표준 및 규칙제정	• EU 단일 규정 제정 • 새로운 규칙제정시 EU규정과 사전협의 조정 • 회원국간 상이한 표준 및 규격은 새로 제정
	구매 시장 상호 개발	• 에너지, 수송, 통신, 식수분야 공공조달시장의 역내국간 상호 개방 및 입찰정보 공개
	근로자의 자유이동	• 근로자의 완전 자유이동 보장
	서비스 시장 개방	• 은행업, 증권업, 보험업, 운송업 분야의 부분 개방
	자본이동 자유화	• 역내국가 자본의 완전한 자유이동 보장회사법
	회사법	• 유럽 회사법 채택
재정적 장벽 제거	부가세	• 국별로 상이한 부가세율의 구조를 표준세율(15%)과 저세율(5%)의 두 가지로 단순화
	소비세	• 93년 1월부터 물품별 최저세율 도입(포도주, 담배, 맥주, 휘발유 등)

자료: 한국무역협회, 무역연감, 1994 참조.

(2) 북미자유무역협정(NAFTA)

GATT 24조에 부합하는 '하나의 북미무역자유지대'를 창설하기 위하여 1992년 12월 27일 북미대륙의 미국·캐나다·멕시코 3국 간에 NAFTA가 체결되고 1994년 1월 1일 발효되었다.

제2차 세계대전 이후 세계경제를 주도해 온 미국은 1980년대 들어 국제경쟁력의 약화로 재정 및 무역적자가 크게 확대되고, EU와 일본의 경제성장에 위기의식을 느끼기 시작했다. 이러한 국제경제적 환경에서 미국의 우위를 지키기 위해 미국은 지리적·역사적·경제적으로 상호의존도가 높은 북미지역의 경제통합을 추진하기에 이르렀다.

NAFTA는 1988년 미국과 캐나다 간에 체결된 자유무역협정(FTA)의 체결, 1990년 미국과 멕시코 간의 자유무역협정이 개시되었으며, 이에 캐나다가 참여함으로써 미국·캐나다·멕시코 간의 북미자유무역협정(North America Free Trade Agreement)이 추진되었다. 1992년 8월 미국·캐나다·멕시코 정상회담에서 시장개방, 통상법 등 6개 분야에 걸쳐 협정이 타결되어 본격적으로 출범하였다.

북미자유무역협정은 미국의 기술 및 자본의 비교우위를 바탕으로 서비스 및 첨단산업, 캐나다의 풍부한 천연자원의 비교우위로 자원관련산업을 집중 육성하고, 멕시코의 저렴한 노동력을 바탕으로 노동집약적인 산업 등을 상호 보완적으로 결합하여 산업구조의 고도화를 도모할 수 있을 뿐만 아니라, 고용을 재창출하고, 경제성장을 가속화할 목적으로 성립된 무역 및 투자에 관한 자유무역협정이다.

NAFTA는 향후 북미 3국간 상품 및 서비스교역에 있어서 관세 및 쿼터규제 등의 모든 무역장벽을 궁극적으로 철폐하고 자본과 노동의 자유이동을 근간으로 하는 자유무역의 실현 및 공정한 경쟁여건을 조성함과 아울러 원산지규정을 강화하여 역내 생산활동을 보호하고 더 나아가 상호 서비스시장의 개방, 투자에 대한 제한의 완화, 그리고 환경 및 지적재산권보호 등을 규정하고 있다. NAFTA의 주요 내용은 다음과 같다.

1) 상품교역규범

① 관세 및 비관세 장벽의 철폐

역내 관세철폐에 대해서는 상품별로 4개의 부류로 구분하였다. A부류에 속하는 상품에 대해서는 관세를 즉시 철폐하고, B부류에 속하는 상품에 대한 관세는 5년 내에 점진적으로 철폐하고, C부류에 속하는 상품에 대해서는 10년 내에, C+부류에 속하는 상품에 대해서는 15년 이내에 단계적으로 철폐하도록 하고 있다.

한편, 비관세장벽에 속하는 쿼터, 수입면허 등 수량제한조치의 철폐로 수출제한 조치의 금지를 규정하고 있다. 단, 인간·환경보호·위생 등의 목적을 위한 예외를 허용하고 있으며, 농산물·자동차 에너지 등의 교역에 대해서는 별도의 부속서에 규정하고 있다.

② 원산지 규정

원산지 규정은 상대국 수입품의 원산지를 규명하여 관세특혜의 적합성 여부를 판정하기 위한 제도이며, 자유무역협정의 필수요건이다. 그러나 이에 대해서는 국제적으로 통일된 규정은 없다. 현재 NAFTA의 원산지규정에 의하면, 북미산 원재료를 모두 사용하여 생산된 제품은 북미산이지만, 북미산 이외의 원재료가 포함된 제품이 북미산으로 인정받기 위해서는 세번(稅番)[15] 변경기준을 충족할 것과 제품거래가격으로는 60% 또는 총비용으로는 50% 이상의 두 가지 중 어느 것이든 충족시켜야한다. 또한 이 두 가지 요건에 충족하지 않더라도 비북미산 원재료의 가격이 총비용의 7% 이하인 경우에는 북미산으로 인정한다.

2) 서비스교역규범

NAFTA는 서비스 일반규정과 함께 금융서비스, 통신, 육상운송 등 부문별 규정을 두고 있다. 서비스 대외무역에 있어서는 내국민대우, 최혜국대우, 무차별원칙을 규정하고 있다. 아울러 기존의 무차별적 수량제한에 대해서는 일국이 상대국에 대해 협상을 요청할 수 있고, 서비스교역에 대한 규제나 제한수단으로 서비스교역에 대해 각종 허가나 증명을 요구해서는 안 된다고 규정하고 있다.

3) 투자규범

역내국의 투자나 투자조건에 대해서는 원칙적으로 내국민대우를 부여하고, 역외국의 투자에 대해서는 최혜국대우를 부여하고 있다. 투자규범에 의하면 생산된 제품이나 서비스의 수출의무부과, 자국산 부품조달비율 준수, 수입대체를 위한 자국산 부품의 우선사용, 무역수지균형을 위한 외화지급제한, 현지투자기업의 기술이전이나 지적재산권 이전의무와 같은 투자와 관련된 의무를 부과할 수 없다. 또한 기술자로 인해 발생한 이익, 배당금, 수수료 등의 자유로운 이동을 보장하고 있다.

4) 부속협정

위의 본협정 외에 1993년 8월에 합의된 부속협정으로는 ① 환경협력에 관한 북미협정, ② 노동협력에 관한 북미협정, ③ 세이프가드(safeguard, 긴급조치)에 관한 NAFTA 역내국 간의 양해사항 등이 있다.

(3) 아시아 태평양 경제협력체(APEC)

APEC(Asia Pacific Economic Cooperation)은 한국·일본·중국을 비롯한 아시아 신흥공업국·ASEAN 등의 아시아주 태평양지역과 미국·캐나다·멕시코·콜롬비아·칠레 등 미주 태평양지역, 호주·뉴질랜드 같은 태평양 도서국가들로 구성되고 현재 21개국이 참여하고 있다. APEC회의장에서는 가입국가의 국기를 계양하거나 국명을 제시하지 않는다. 정상간의 회담은 정상회담이 아닌 APEC경제지도자회의(Economic Leaders' Meeting)이라는 이름이 사용된다. 1970년대 후반부터는 세계경제의 중심이 대서양권에서 태평양권으로 옮겨오게 되어 이들 지역의 지속적인 성장추세를 유지하기 위해 역내국가의 경제협력체의 필요성이 대두되었다. 그 필요성은 다음과 같이 요약할 수 있다.

첫째, 역내의 급속한 경제성장과 이에 따른 역내무역 집중현상이 이 지역의 경제협력을 가속화시키고 있다.

둘째, 자원부존상 역내국가 간의 높은 보완성이 상호협력을 촉진하는 요인이 되고 있다.

셋째, 역내국가 간의 경쟁관계가 심화되면서 역내교역 불균형이 발생함에 따라 이를 조정하기 위해서라도 협력체의 필요성이 대두되었다.

넷째, 이 지역에서의 남북협력의 분위기도 협력체 구성에 대한 필요성을 더해주고 있다.

APEC은 1989년 11월 제1회 각료회의에서 ① 세계 및 아시아·태평양지역의 경제발전, ② 세계적인 무역자유화, ③ 개별분야에 있어서 지역협력의 가능성, ④ 아시아·태평양 협력의 향후 방향 등의 중심의제를 논의하였다.

APEC의 주요내용은 다음과 같다. 첫째, APEC의 가장 큰 특징은 개방적 지역주의이다. 이는 기존의 지역통합이 역외국에 대한 장벽수준을 높이지 않는 한 역내국에 대한 차별적 특혜를 부여하는 차별적 지역통합이지만, APEC은 무차별적 지역통합을 추구한다는 것이다.

둘째, WTO체제의 출범은 세계 경제의 블록화와 보호무역주의의 추세를 완화시키는 계기가 되었음은 분명하지만, 지역주의의 확산을 막는 데는 효과적으로 대처하지 못하였다. 따라서 APEC은 범세계적인 차원에서 무역·투자자유화를 강력하게 지지하여 왔으며 WTO와 조화를 꾀하고 있다.

셋째, APEC은 역내국가들 간의 경제력이 상당한 격차가 있으므로 역내국의 상호보완성을 최대한 활용하여 이를 경제성장에 연결시키려 하고 있다.

넷째, APEC의 지역통합은 이 지역의 다양성과 경제적 역동성의 바탕 위에서 성립된 시장통합이 주도하였다. 실제로 시장통합의 추진 과정에서도 역내국의 다양성이 반영되어 무역·투자자유화의 목표시한을 선진국과 개도국에 따라 달리 정하였고, 자유화 부문의 선택과 개방계획을 각국의 사정에 따라 신축적으로 정하고 있다.

다섯째, APEC은 장기적으로 역내무역과 투자의 자유화의 실현을 목표로 하고 있으나, 중·단기적으로는 무역활성화 조치를 취함과 동시에 인력자원, 기술, 관광, 통신 등 경제 각 분야별로 실질적인 협력을 증진시켜 동아시아와 미주를 연결하는 아·태경제공동체의 점진적인 달성을 목표로 하고 있다.

3.2 국제경제기구

(1) 국제통화기금(IMF)

제1차 세계대전과 대공황의 여파로 세계경제는 금본위제도의 붕괴 이후 무역제한조치의 만연과 경쟁적 평가절하, 제2차 세계대전의 발발로 초래된 통제경제의 시련과 세계적 인플레이션을 겪게 되었을 뿐만 아니라 국제유동성의 부족과 외환통제의 보편화 등으로 국제통화질서가 극도의 위기에 직면하게 되었다. 이러한 경제적 혼란을 극복하기 위하여, 제2차 세계대전이 끝날 무렵 연합국은 전후 세계경제의 원활한 운영, 즉 세계경제질서의 회복에 관한 논의가 이루어지기 시작하였다. 특히 환율의 안정과 무역자유화를 통한 세계경제의 안정된 성장을 위해서였다.

그리하여 1944년 7월 연합국 44개국이 미국의 뉴햄프셔주 브레튼우즈(Breeton Woods)에서 연합국 통화금융회의를 소집하여 전문가의 공동선언형식으로 브레튼우즈협정을 맺었다. 이 협정에 의하여 1945년 12월 관계국의 정식총회가 개최되었고, 1946년 사바나(Savana)에서 창립총회를 연 뒤, 국제부흥개발은행(IBRD)은 1946년 6월 25일부터 그리고 국제통화기금(IMF: International Monetary Fund)은 1947년 4월 1일부터 각각 업무를 개시하였다.

브레튼우즈협정에 의하여 설립된 IMF의 주요 목적은 세계무역의 안정된 확대를 통하여 가맹국의 고용증대, 소득증가, 생산자원 개발에 기여 및 국제수지 불균형의 시정 등이다. 이러한 목적을 수행하기 위하여 IMF는 가맹국에 대해서 각각 할당액(Quota)을 설정하고 이 할당액의 출자에 의하여 기금을 조성하였으며, 이 할당액에 비례하여 각 가맹국에서 차입한도와 표결권 수 등을 배분하였다.

IMF의 구성은 총회, 상무이사회 및 잠정위원회, 1명의 총재와 2명의 부총재 및 이를 보조하는 실무기구로 구성되어 있다.

IMF의 구성은 원회원국과 기타 회원국(other members)으로 조직된다. 원회원국(original members)은 브레튼우즈회의에 참가하여 1946년 말까지 비준을 끝마친 국가인데, 회의에 참가한 44개국 중 오스트리아, 아이티, 소련, 뉴질랜드, 리베리아 등 5개국을 제외한 39개 국가이다. 2021년 현재 총 190개국이 회원국으로 참여하고 있다.[16] 북한과 쿠바, 안도라, 모나코, 리히텐슈타인, 투발루, 나우루는 IMF에서 배제되었다.

IMF의 각 회원국은 특별인출권(SDR: Special Drawing Right)으로 표시된 일정액의 쿼터를 배정받게 되며, IMF 가입과 더불어 쿼터의 25%는 SDR이나 IMF가 선정한 통화[17]로 납입하고, 나머지 75%는 자국통화로 출자해야 한다. 회원국의 쿼터는 SDR을 포함한 IMF 자금인출한도와 IMF에서의 투표권의 기준이 되므로 회원국의 쿼터는 바로 IMF에서 그 나라의 지위와 비중을 결정하는 중요한 의미를 지닌다.

IMF는 회원국의 일시적인 국제수지 불균형에 대해서 일정한 조건 하에 자금을 이용하게 하고 있다. 어떤 회원국이 IMF로부터 미 달러로 자금을 대여받고자 하는 경우에 그 나라는 자국통화를 IMF에 불입하는 대가로 IMF로부터 미 달러를 인출하는 방식을 취하고 있다.

IMF의 융자제도는 리저브트란쉐(Reserve Tranche), 신용트란쉐(Credit Tranche), 특수융자제도 등이 있다. 리저브트란쉐란 각 회원국이 출자액의 한도 내에서 융자를 받을 수 있는 권리로서 회원국의 입장에서는 출자환급청구에 해당되는 것이다. 신용트란쉐는 회원국이 국제수지균형이나 환율안정을 위해 IMF 쿼터 한도 내에서 융자를 받는 것이며, 특수융자제도는 주로 국제수지조정을 위해 이용되는 제도로서 구조조정융자, 확대신용공여조치, 체제이행융자 등이 있다.

1952년 이래 회원국에 대한 자금공여를 원활히 하기 위해 스탠드 바이 크레디트(Stand-by Credit)방식이 도입되었다. 이것은 IMF로부터 자금공여를 받은 경우, 미리 일정액의 한도를 설정하여 정해진 기간 내에 수시로 필요에 따라 인출할 수 있게 하는 자금이용방식이다.

IMF는 회원국의 국제수지 불균형에 대한 대책으로서 환기금의 설치와 자금공여 및 조정과 함께 경상지불에 대한 제한 철폐, 차별적 통화조치의 철폐 및 외국보유잔고의 교환 등을 의무화시킴으로써 환제한을 철폐하고자 한다.

우선 경상거래를 위한 지불이란 ① 외국무역, 기타의 경상적 업무 및 정상적인 단기의 은행 및 조작과 관련되어 해야 할 일체의 지불, ② 대부의 분할상환 또는 직접투자의 상각을 위한 타당한 금액의 지불, ③ 가족생활비를 위한 적당한 금액의 송금을 말한다. IMF협정에서는 이러한 경상거래의 대외지불을 위해 필요한 외화를 자국통화와 언제든지 교환할 수 있도록 규정하고 있다.

또한 차별적 통화조치의 철폐란 복수환율제도와 같은 차별적인 조치를 IMF의 승인 없이 실시할 수 없다는 것이다. 그리고 외화보유잔고의 교환은 타회원국이 보유하는 자국통화잔액을 상대국 통화 또는 금으로 교환해 줄 의무를 지운 것으로서 다각결제제도의 확립을 위한 것이다. 따라서 IMF협정 제8조는 이상과 같은 세 가지 의무를 규정하고 있으며, 이 의무를 수락하고 실천하는 국가를 IMF 8조국이라 한다.[18]

(2) 세계무역기구(WTO)

1) GATT

1929년 세계대공황과 제2차 세계대전 이후 세계무역은 자국 또는 자국세력권을 중심으로 철저한 보호주의를 실시하여 자급자족체제로 전환하였다. 각국은 국제무역에 있어서 높은 관세장벽을 쌓았고 양적 제한을 강화하여 수출과 수입 모두 감소하여 세계경제는 크게 후퇴하였다. 이 시기에 관세에 대한 각국의 분쟁이 시작되고, 이해관계를 같이하는 선진국 간의 국제경제 블록화현상이 뚜렷해지기 시작하였다.

이런 국제경제의 악화를 극복하기 위해 1947년 10월 30일 제네바회의에서 관세 및 무역제한 등에 관한 국제무역상의 행동 기준인 GATT(General Agree−ment on Tariffs and Trade, 관세와 무역에 관한 일반협정)가 채택되었다.

GATT가 성립된 지 47년 이상의 세월이 흐르면서 세계주의(globalism)의 기치 하에 미국을 주축으로 자유무역이 추진되어 왔다. 그러나 GATT는 운영상 예외규정이 너무 많고, GATT 규정을 준수할 의무가 있는 회원국이 그 의무를 준수하지 않을 경우 직접적인 제재조치가 없다는 큰 단점을 지니고 있었다.

이런 체제 하에 세계경제의 블록화·지역주의화 및 보호주의화가 고조되고 이에 대한 적절한 대응을 할 수 없는 GATT로서는 새로운 전환을 모색할 수밖에 없었다.

GATT체제는 1947년 창설 이래 세계교역의 환경변화에 따라 수정·보완을 거듭하여 왔으며 우루과이라운드(UR) 협상까지 7차례의 관세 및 비관세 장벽 인하를 위한 협상을 가졌다. 그러나 과거 협상은 주로 관세에 초점을 두었고 비관세 장벽에 관심을 둔 것은 제6차 케네디라운드(Kennedy Round)에서부터였다. 그렇지만 그다지 실효를 거두지 못하였고, 제7차 도쿄라운드(Tokyo Round)에서도 본격적인 논의와 협상은 이루어졌으나 GATT체약국 모두가 가입하지 않았다.

이상과 같은 현안들과 더불어 서비스, 지적재산권 문제까지 모두 제8차 우루과이라운드(Urguay Round)에서 최종 타결(1993년 12월)됨에 따라 새롭게 세계무역기구인 WTO체제가 태동하게 되었고, 냉전시대의 산물인 GATT는 역사 속으로 사라지게 되었다.

2) 도쿄라운드와 우루과이라운드

GATT는 1973년~1979년까지 102개국이 참여하여 도쿄라운드가 진행되었는데, 이 기간 동안에 관세를 인하하기 위한 노력은 다각적으로 진행되었다. 그러나 농산물 무역에 영향을 미치는 가장 기본적인 문제를 해결하는 데 실패했고, 긴급수입제한조치(safeguard)를 새롭게 협정화하는 데도 실패하였다.

그러나 도쿄라운드에서는 비관세장벽에 관한 협정이 만들어졌고, 이 협정의 대부분은 GATT 회원국 전체에 받아들여지지 않고 상대적으로 적은 선진국 회원들에 의해서만 수용되는 한계에 이르렀다.

1970년대의 석유파동, 세계적 불황 등으로 자유무역주의는 크게 퇴조를 보여주었고, 1980년대에 들어와서도 각종 보호조치의 실시로 보호무역주의의 흐름은 약화되지 않았다. 이러한 상황에서, 1982년 11월 GATT각료회의(제8차)가 도쿄회의 이래 9년만에 처음으로 열렸다. 여기에서 검토된 주요 안건은 더 이상 각국이 보호무역적 조치를 도입하지 않도록 하고, 자유무역체제를 강화하는 한편, 도쿄라운드 이래의 현안인 긴급수입제한을 비롯한 14개 공업국의 작업계획의 문제해결에 노력하도록 합의했다.

그 후 1984년 11월 제30차 GATT총회에서 뉴라운드(신국제무역교섭회의)의 추진이 필요하다는 것이 확인되었고, 1986년 9월 우루과이에서 열린 각료회의에서 신라운드 개시선언이 채택되었는데, 이것이 우루과이라운드이다.

UR의 교섭대상은 15개 항목이며 이들은 크게 3개 분야인 시장개방분야, GATT규정 강화분야, 신분야로 나누어진다. 시장개방분야에는 관세, 비관세조치, 열대상품, 천연자원상품, 섬유, 농업 등의 6개 항목이며, GATT규정 강화(무역) 분야에는 GATT 조문, MTN(다자간 무역교섭)의 제협정, 세이프가드, 보조금 상쇄조치, 분쟁처리, GATT의 강화 등 6개 항목, 그리고 신분야에는 무역관련 지적재산권, 무역관련 투자조치, 서비스 무역 등 3개 항목이 각각 포함된다. 시장접근(개방)분야에는 무역확대를 위하여 각종 상품에 대한 관세·비관세조치의 경감·철폐를 추진하며,

그 밖에 섬유에 관해서는 MFA(다자간 섬유협정)를 앞으로 어떻게 할 것인가, 또 농업에 관해서는 수출보조금의 삭감과 수입장벽을 관세화(이를테면 쌀 수입에 대해서는 관세를 통해서만 제한할 것)하는 문제가 포함되어 있다. GATT 규정의 강화분야는 각종 규정의 불분명한 점을 명확히 하여 규정의 발동요건을 확실히 해두자는 것이다. 예를 들어 세이프가드는 도쿄라운드에서도 합의를 이루지 못한 사항이다. 이는 선진국이 개도국으로부터의 수입에 대해서 발동하는 경우가 많았으므로, 개도국은 그 발동완화를 요구하였다.

신분야 가운데 무역관련 지적재산권(TRIPs)의 보호와 무역관련 투자조치(TRIMs)는 선진국의 권익보호와 연계되는 문제이기 때문에 개도국은 종전까지 묵인되어 왔던 이익 내지는 규제를 포기하지 않을 수 없게 되었다. 서비스무역(금융, 운송, 전화통신 등)의 급성장에 따라 그 자유화대상의 범위확대가 초점으로 되었다.

UR은 원래 1990년 말까지 체결하도록 예정되었으나 세 차례나 기한을 연기하여 1994년 4월 7년여 만의 교섭 끝에 타결되었다.

3) WTO의 탄생

1994년 4월 모로코(Morocco)의 마라케시(Marrakesh)에서 GATT는 WTO로 새롭게 탄생, UR의 성과를 기록한 최종문서를 124개국·지역과 EC가 서명하였다. 1995년에 각국은 UR 합의의 비준과 이와 관련 있는 국내법 정비를 서둘러 WTO를 발족하였다. 161개국(2015년 기준)[19]이 가맹한 국제무역의 중핵기관으로 GATT체제를 이어 그간 누적된 과제의 해결이 요망되고 있다. GATT와 WTO의 차이는, 첫째, GATT는 행정협정에 의해서 성립된 기구이며 국제기구의 법적 뒷받침이 없었던 반면, WTO는 법적인 구속력을 지닌 국제기관으로 활동하게 된다는 점이다. 둘째, WTO는 무역뿐만 아니라 새로운 서비스무역협정 등을 포함하고 있다.

4) WTO의 뉴라운드

WTO체제 하에서 새로이 전개될 국제적인 협상의제로는 환경, 노동, 기술, 경제정책 등이 있으며, 향후 이들 의제가 폭넓게 제기될 전망이다.

① 그린라운드

그린라운드(GR: Green Round)란 지구환경보전을 위한 각종 국제협약과 일부 선진국의 개별입법에 의한 무역규제가 증가함에 따라 환경과 무역에 관한 새로운 규범을 제정하려는 UR 이후의 다자간 협상을 말한다.

GR에 대한 논의는 1992년 6월 브라질의 리우 데 자네이루(Rio de Janeiro)에서 개최된 UN환경개발회의(UNCED)에서 '환경적으로 안전하고 지속적인 개발의 원칙'

이 채택 · 천명됨으로써 국제무역과 환경보호문제는 새로운 전기를 맞게 되어 GATT에서도 새로운 환경문제에 대처하지 않으면 안 되게 되었으며, GR의 목적은 지구환경의 능률적 보전, 지속적인 경제개발의 유지, 천연자원의 합리적 이용, 환경 보전비용의 공정한 부담, 세계의 공정한 수출경쟁의 촉진, 비관세장벽의 강화 억제, 오염자 부담원칙의 준수 등이다.

　② 블루라운드

　블루라운드(BR: Blue Round)는 개도국 노동자들의 권익보호라는 인도적인 명분 하에 노동조건에 관한 국제적 기준을 정하고, 이 기준에 위반해서 상품을 생산 · 수 출하는 경우에 무역규제를 강화하자는 것이다. BR의 기본적인 논리는 아동근로자, 재소자(在所者) 등의 근로나 열악한 근로조건 하에서 생산된 상품수출을 사회적 덤 핑(social dumping)으로 취급하며, 또한 국가가 열악한 노동조건을 묵인하는 것은 일종의 수출보조금을 지급하는 것이라고 보는 시각이다. BR의 경우, 구체적으로 쟁 점이 될 근로조건은 노동 3권의 보장, 강제노동의 불허, 연소자 고용의 제한, 최저임 금제의 실시, 근로시간의 엄수, 산업안전 및 보건 기준 준수 등의 사항이 모두 포함 된다.

표 1.11 WTO 협정의 기본 구조

항 목	상 품	서비스	지적재산권	분 쟁
기본규정	GATT	GATS	TRIPs	분쟁해결
추가적인 세부사항	다른 상품협정과 부속서	서비스 부속서		
시장접근 약속	회원국들의 약속이행계획표 (그리고 MFN면제)	회원국들의 약속이행계획표		

　③ 테크노라운드

　테크노라운드(TR: Technology Round)는 공정한 국제무역을 위해서는 가격경쟁 에 직 · 간접적으로 영향을 미치는 민간산업부문의 기술개발에 대한 정부의 연구개 발(R&D)보조금을 당연히 규제하여야 한다는 협상이다. 이는 연구개발활동과 국제 무역을 연계시키는 새로운 다자간 기술 · 무역협상으로서 기술개발에 있어 정부의 역할을 기초연구, 기술의 인프라 구축, 기술개발여건의 조성에 한정해야 한다는 것 이다.

이러한 논의는 1991년 프랑스 파리에서의 OECD각료회의에서 시작되어, UR최종합의문의 지적재산권과 연구개발보조금 규정 등에 반영되었다. 이 규정에 의하면, 정부는 민간기업의 산업기반 기술연구에 대해서 총비용의 75%, 상품화 이전단계의 개발연구에 대해서는 총비용의 50%까지를 각각 허용보조금으로 인정하고 있다.

④ 경쟁라운드

경쟁라운드(CR: Competition Round)란 각국의 시장구조나 기업경영관행의 차이가 존재하는 한 국제무역이 원활하게 이루어질 수 없다는 전제하에 국가간의 경쟁조건을 통일시킨다는 취지로 각국의 제한적 거래행위에 대한 문제에 대해 다자간협상에서 국제적인 경쟁규범을 제정하자는 것이다.

최근까지 이러한 각국의 경쟁정책이 그 나라의 고유한 국내정책으로 간주되었으나 세계경제의 통합현상으로 경쟁정책이 무역에 미치는 영향이 점차 커지고 있을 뿐만 아니라 이로 인해 국제적인 마찰이 더욱 커지고 있다.

⑤ 도하개발선언

도하개발선언(Doha Development Agenda)이란 2001년 11월 카타르(Qatar) 수도 도하(Doha)에서 열린 제4차 각료회의에서 합의된 다자간 무역협상을 말한다. 144개 회원국이 참가해 11월 14일 뉴라운드 협정에 공식 합의함으로써 시애틀 제3차 각료회의의 실패를 극복하고 다자간 무역기구의 위상을 갖추게 되었음은 물론 세계의 자유무역이 더욱 촉진될 수 있게 되었다.

(3) 경제협력개발기구(OECD)

WTO와 함께 국제경제질서의 형성과 유지에 큰 역할을 하는 경제기구로는 선진국 중심의 경제협력개발기구(OECD)와 개발도상국을 대변하는 국제연합무역개발협의회(UNCTAD)가 있다.

OECD는 현재 38개국으로 참여 회원국이 제한되어 있기는 하지만 막강한 경제력을 보유하고 있는 대부분의 선진국을 포함하고 있기 때문에 세계경제에 주는 영향력은 WTO만큼이나 크다고도 할 수 있으며, 새로운 세계경제질서의 창출을 주도하고 있다. 예를 들어, UR협상의 농산물, 서비스, 지적재산권, 전자상거래 등 통상이슈도 OECD 회원국간 협의를 거쳐 범세계적으로 공론화되는 과정을 거쳤다.

OECD는 주 관심분야가 통상문제뿐만 아니라 경제성장과 고용 등 거시경제적인 문제에 관심을 가지면서 경제흐름을 분석·평가하고 국가간 경제정책의 조화를 모색하고 있으며 제2차 세계대전 이후 붕괴된 유럽의 경제부흥을 목적으로 1948년에 조직된 유럽경제협력기구(OEEC)를 전신으로 하고 있다.

EEC 출범으로 OEEC 회원국에 대한 통제권이 약화되자 미국은 OEEC를 대체할 보다 강력한 경제협력기구의 필요성을 절감하고 1961년 미국을 포함한 선진공업국의 경제협력기구로 OECD가 설립하였으며, 설립목적은 회원국의 경제성장과 개도국의 원조 및 다자간 자유무역원칙에 의한 세계무역의 확대라는 세 가지 목적을 가지며, OECD의 주요의제는 다음과 같다.

1) 다자간 투자규범

다자간 투자협정에서는 투자를 유 · 무형의 모든 자산으로 정의하여 기존의 어떠한 투자규범보다도 투자의 정의를 광범위하게 규정하고 있다. 또한 내국민대우 및 최혜국대우를 구속력 있는 일반적 의무로 규정하고 있으며, 설립 후 단계뿐만 아니라 투자실행단계의 자유화까지도 보장함으로써 높은 수준의 투자자유화를 보장하고 있다. 그리고 투자 이후단계는 물론 투자 실행단계에도 적용되는 구속적인 분쟁해결제도를 도입하여 협정의 이행을 담보하고 있으며, 또한 국가 간뿐만 아니라 투자와 투자유치국 간의 분쟁해결절차도 규정하여 투자자의 보호를 강화하고 있다.

2) 뇌물방지

OECD의 뇌물방지협약은 뇌물수뢰행위가 아닌 '외국공무원'에 대한 공여행위를 형사처벌하는 것이 목적으로, 국제상거래 과정에서 발생한 중요한 뇌물공여로 그 적용 범위가 한정되며, 해외뇌물죄의 구성요건은 매우 광범위하다.

동 협약에 의한 처벌의 대상은 뇌물을 제공한 자연인과 이에 대한 책임이 있는 법인을 포함하며, 뇌물의 몰수와 추징은 물론 뇌물의 제공으로 얻게 된 이익의 몰수까지도 규정하고 있다. 그리고 이러한 뇌물방지협약의 준수를 담보하기 위하여 해외에서 이루어지는 뇌물제공행위의 효과적인 수사와 기소를 위하여 포괄적인 사법공조 및 범죄인 인도를 규정하고 있다.

3) 규제개혁

규제개혁이란 정부가 민간부문의 경제주체에게 정부가 지정하는 방식에 따라 행동하도록 요구하는 다양한 형태의 조치에 대하여 효율성을 제고하거나 또는 규제비용의 축소와 같은 규제의 질을 증진시키기 위한 변화를 의미한다.

이러한 규제개혁의 목표는 정부규제가 갖고 있는 공익성을 유지하면서 생산성 향상, 일자리의 창출 및 경쟁력 강화와 같은 경제적 성과뿐만 아니라 소비자의 욕구 충족, 기술혁신, 정부의 효율성 제고 및 국제적인 기준에 적합한 규제와 같은 경제적인 목적을 가지고 있다.

규제개혁은 금융서비스, 통신·전기, 전문직업 서비스, 농업 및 식량, 제품기준 등 6개 분야에서 추진되고 있으며, 규제개혁이 경제 전체에 미치는 영향, 경쟁 및 소비자와 규제개혁, 산업경쟁력, 시장개방, 공공부문 개혁 등의 5개 주제를 대상으로 하고 있다.

4) 전자상거래

OECD에서는 전자상거래를 "개인과 조직 모두를 포함해서 문자, 소리, 시각이미지를 포함하여 디지털화한 정보의 전송·처리에 기초하여 이루어지는 모든 형태의 상업적 거래"라고 정의하고 있다.

최근 정보통신기술의 발달로 인터넷의 상용화에 따라 인터넷 전자상거래가 광범위하게 확산되고 있기 때문에 이를 뒷받침해 주는 범세계적이고 법·제도적인 장치의 필요성이 대두되어 OECD에서 이를 주요 과제로 논의하고 있다.

인터넷 전자상거래와 관련하여 주목되는 이슈는 다음과 같다.

① 1999년 중에 소비자보호 가이드라인 작성
② 1980년의 사생활보호가이드라인을 온라인 환경에 실제로 적용시키는 방법 개발
③ 전자인증과 서명에 관한 모형 분석
④ 전자상거래의 정의와 측정에 관한 작업
⑤ 전자상거래의 사회적·경제적 영향 분석
⑥ 기술융합, 시장개방 등 전기통신 환경변화에 대응한 정책 개발
⑦ 주요 조세이슈의 연구 등

5) 환경 및 경제정책의 연계 추진

OECD는 환경문제에 관한 국제협력에 있어서, 화학물질 관리에 관한 국별규정 조화를 통한 무역분쟁 소지의 완화 및 산업사고 방지방안과 환경오염방지 및 폐기물관리에 관한 연구를 수행하고 이를 경제정책에 반영시킬 것을 권고하고 있다.

논의주제 💬

1. 글로벌 기업에 있어서 정치적 위험과 국가위험
2. 문화환경 모형의 비교와 한국기업의 진출과 모형
3. 경제 글로벌화와 한국기업의 글로벌화
4. 한국 기업 진출 희망국의 이(異)문화 수용

5. IMF와 WTO가 기업에 주는 영향과 그 대응

핵심용어 💬

- 정치적 위험
- 국가위험
- 문화환경의 분석모형
- 글로벌화 요인
- EU
- 지역경제 통합

- 이문화 접촉
- 문화와 기업경영
- 하이브리드형
- NAFTA
- WTO
- OECD

주(註) 💬

1) Kobrin, J. Stephen, *Managing Political Risk Assessment : Strategic Response to Environmental Change*, Berkeley : University of California Press, 1982, p. 29.

2) R. J. Rummel, and D. A. Heenan, "How Multinational Analyze Political Risk", *Harvard Business Review*, Vol.56(1), 1978, pp. 67~76.

3) 권영철, 국제경영관리론, 무역경영사, 1994, p. 82.

4) 자본예산이란 산업설비와 기계에 대한 장기적인 투자계획을 수립하고 투자결정 여부를 평가하며 자본배분을 행하는 일련의 종합적인 장기재무계획이다.

5) M. J. Herskouite, *Man and His Work*, Oxford University Press, 1952, p. 17.

6) A. Hoebel, *Culture and Society*, Oxford University Press, 1970, p. 168.

7) V. Terpstra & K. David, *The Cultural Environment of International Business*, 2nd ed. South—Western Publishing Co., 1985, pp. 5~15.

8) E. T. Hall, *Beyond Culture*, Garden City, Anchor Books, 1977, p. 16.

9) F. Kluckhohn & F. Strodbeck, *Variation in Value Orientation*, Evanston, III., Row, Peterson & Co., 1961, p. 12.

10) G. Hofstede, "The Cultural Relativity of Organizational Practices and Theories", *Journal of International Business Studies 14*, Fall 1983, pp. 75~89.

11) E. T. Hall, "The Silent Language in Overseas Business", *Harvard Business Review*, May—June 1960, pp. 87~96.

12) Jay Barney, "Organizational Culture : Can It Be a Source of Competitive Advantage?", *Academy of Management Review*, 1986.

13) J. Tinbergen, *International Integration*, 2nd revised ed., 1965, p. 57.

14) 김정수, 국제통상정책론, 박영사, 2000, p. 429.

15) 세번변경기준이란 제품의 생산과정에서 역외국으로부터 수입한 원재료 또는 부품이 포

함된 경우에 국제통일상품제도(HS)에 근거한 관세율표상에서 완제품의 세번이 원재료나 부품의 세번과 달라져야 그 생산지를 원산지로 인정하는 제도이다.

16) http://www.imf.org/external/np/exr/facts/glance.htm

17) 자유사용가능통화로서 미 달러화, 독일 마르크화, 프랑스 프랑화, 영국 파운드화, 일본 엔화 등이 있다.

18) 우리나라는 1988년 11월 1일을 기하여 8조국 가입이 승인됨으로써 IMF 8조국으로 이행하였다.

19) http://www.wto.org/english/thewto_e/whatis_e/tif_e/org6_e.htm, 우리나라는 1995년 1월 1일에 가입하였다.

Chapter 02

금융 환경

🔹 장 머리에

국가간 거래(즉, 무역)와 국내거래의 차이점은 크게 생산요소의 이동성차이와 화폐제도의 차이로 볼 수 있다. 이 중에서 화폐제도의 차이를 보면 국내의 경제활동에서 동일한 화폐단위를 사용하고, 그 나라의 법률에 의하여 화폐의 사용이 강제되어지고 있다. 그렇지만 국경(경제)을 넘어서 거래하는 국제결제에 있어서 한 나라의 통화가 반드시 유통된다는 보장은 없고, 국제간 결제를 할 수 있는 통화는 국제통화이어야 한다. 여기에서 자국통화와 국제통화 사이에 교환이 필요하며, 이에 따라 외국통화와 교환하는 외환시장이 성립되고 또한 그 교환비율(환율)이 발생하게 된다.

글로벌기업에 있어서 외환시장의 분석은 반드시 선행되어야 한다. 그 이유는 국내기업에 비해, 환율의 변화에 따라 그 기업에 미치는 영향은 대단히 크기 때문이다. 환율은 외환시장에서 각기 다르게 변동할 가능성이 항상 존재하고 또한 끊임없이 변동하고 있다. 이에 따라 환율은 글로벌기업의 경영활동에 환차익과 환차손의 형태로 영향을 미친다.

따라서 본 장에서는 글로벌금융환경이 글로벌기업의 경영 또는 경제활동에 미치는 영향을 분석하는 데 초점을 두고자 한다.

1 국제통화제도

　국제통화제도란 국제간 재화와 자본의 이동에 따른 화폐의 지급을 원활하게 수행할 수 있도록 하는 금융결제의 체계를 일컫는다. 즉 상품·서비스 흐름과 반대방향으로 흐르는 화폐에 관한 결제제도를 말한다. 국제간 교환의 수단으로 오래 전 부터 널리 사용된 것은 금인데, 금은 내구성이 있고 보관·운반이 편리하며 식별하기 쉽다는 장점 때문이었다. 이러한 이유로 대부분의 주요국 통화들은 일정량의 금을 자국의 통화로 표시하여 상대적인 가치, 즉 환율을 고정시키는 금본위제도를 택하였다. 이후 금의 제약에서 벗어나 미국의 경제력에 의존하려는 시도가 브레튼우즈체제로의 이행이었으나 미국의 국력 역시 단독으로 세계경제를 떠받치기는 역부족이었다. 그 결과 1970년대 초 이후 세계는 변동환율제도를 채택하게 된다.

1.1 금본위제도(1821~1931)

　제2차 세계대전 이전에는 금본위제도가 기본적인 통화시스템이었다. 금본위제도란 각국 화폐와 금과의 교환비율을 정하고 언제든지 금으로의 태환을 보장해 주는 제도이다.

　전형적인 고정환율제도인 금본위제도는 통화단위를 순금의 일정한 중량으로 정해 놓고, 금의 자유주조를 허용하며 지폐나 예금통화 등은 항상 아무런 제약 없이 금과 교환할 수 있게 하는 제도를 말한다. 이 제도는 일찍이 자유무역이 발달했던 영국의 주도로 1821년 시행되어 제1차 세계대전이 발생하기 전까지는 원활하게 운영되었다.

　그러나 이후 세계경제는 대공황을 겪는 등 극심한 인플레이션에 시달리게 되었는데, 이는 화폐와 금과의 안정된 가치를 흔들어 놓고 말았다. 급기야 영국은 1931년 금본위제도를 포기하고 파운드화의 평가절하를 단행하였으며, 뒤이어 미국마저 달러화의 평가절하를 단행하여 종전의 금본위제도는 종말을 고하고 말았다.

1.2 브레튼우즈체제(1946~1971)

　　제2차 세계대전이 끝날 무렵인 1944년 7월 세계 44개국의 대표들이 미국의 뉴햄프셔(New Hampshire)주에 있는 브레튼우즈(Bretton Woods)시에 모여 새로운 통화제도를 만들었는데, 이것이 브레튼우즈체제(Bretton Woods System)이다. 브레튼우즈체제는 미국의 달러화를 기축통화로 하는 금환본위제도로서 미국의 달러화만이 금과의 일정교환비율을 유지하고, 기타 통화는 달러화에 연동시키는 금에 간접 연계되는 제도이다. 이에 따라 금 1온스 당 US$35라는 달러가치가 책정되었으며, 환율안정과 외환규제의 완화 및 철폐를 추진하기 위한 국제통화기금이 설립되었다.

　　그러나 미국의 달러를 중심으로 하는 브레튼우즈체제는 근본적인 문제를 안고 있었다. 이 제도가 원활히 운영되기 위해서는 달러의 유동성이 확보되어야 하는데, 이는 미국의 국제수지 적자를 통해서 이루어질 수밖에 없었다.

　　이에 따라 미국은 국제통화제도 유지와 국제수지 개선이라는 상충된 이해관계 속에서 갈등하게 되었다. 결국 미국은 후자를 선택하여 1971년 8월 미국의 닉슨(Nixon)대통령은 금태환을 정지시켰으며, 1971년 12월에 미국의 스미소니언박물관(Smithsonian Institution)에서 열린 회의를 통해 금 1온스 당 US$의 가치를 종전의 US$35에서 US$38로 평가절하시키는 조치를 취하게 되었다. 또한 각국의 환율변동폭을 ±2.25%로까지 확대시켰다. 사실 이때까지만 해도 이러한 조치들은 브레튼우즈체제를 변경한다기보다는 체제를 계속 유지하기 위하여 취해졌던 결정들이었으나 1972년 6월에 영국은 변동환율제도를 채택하여 브레튼우즈체제를 이탈하였고 1973년 2월에는 미국이 달러화 가치를 금온스 당 US$38에서 US$42.22로 10% 다시 인하시키면서 브레튼우즈체제를 지탱하려 했던 스미소니언협정은 1년여 만에 붕괴되어 버렸다.

1.3 킹스턴체제(1976~현재)

　　스미소니언협정이 와해된 후 세계는 각국의 경제여건과 필요성에 따라 다양한 환율제도를 취하게 되었다. 이후 환율제도의 선택권을 공식적으로 인정하는 회의가 1976년 자메이카(Jamaica)의 수도 킹스턴(Kingston)에서 개최되었으며, 이에 따라 상당수 선진국들은 변동환율제도로 전환하게 되었던 것이다. 변동환율제도는 기본적으로 시장에서의 외환의 수요와 공급에 의해 환율이 결정되도록 하는 제도이다. 그러나 변동환율제도로 이행된 이후에도 각국의 중앙은행들은 국제수지 개선을 위해 혹은 환율의 불안정을 막기 위해 직간접으로 외환시장에 개입해왔다. 이와 같이 중앙은행 또는 정부가 개입하는 변동환율제도를 관리변동환율제도라고 부르는데, 오늘날 대부분의 국가들에서 행해지고 있다. 이 제도 하에서는 환율이 어느 정도 이상 변동하게 되면 중앙은행이 개입하여 환율을 안정시키려고 한다.

2 외환과 환율

2.1 외 환

개방화·세계화시대를 맞이하여 상품교역, 해외여행, 기업의 해외진출 및 외국기업의 국내투자, 내국인의 해외증권 및 부동산취득, 해외로부터의 자본차입 등 여러 방면에서 국제거래가 점차 증대되고 있다.

국내에서의 거래는 원화로 자금을 주고받을 수 있으나 국제거래에 있어서는 양 당사자가 멀리 떨어져 있고, 국가가 다르기 때문에 국내거래에 비해 그 대금결제방법이 용이하지 않다. 이러한 국가 간의 자금결제를 원활히 하기 위한 수단이 외환이다. 즉 국가 간의 채권·채무를 결제하기 위하여 자금을 이동함에 있어서 현금(외국화폐)을 직접 수송하지 않고 외국환은행을 중개자로서 활용하는 수단을 의미한다. 외국환은행은 일반고객의 외환거래 요구에 응하는 것 외에 고객과의 외환거래 결과로 발생하는 외국환포지션(foreign exchange position)[1]의 조절 및 외환매매차익 획득 등을 목적으로 외환시장에도 참여한다.

또한 외환은 구체적인 외화지급수단을 가리키는 뜻으로 사용하기도 한다. 즉, 자국통화표시의 은행권, 수표, 환어음, 예금 등을 의미하기도 한다. 외환이 이런 의미에서 사용되는 경우, 자국통화를 주고 외국통화를 매입하는 행위를 외환매입이라고 하고, 그 반대행위를 외환매도라고 한다.

그러므로 외환은 서로 다른 통화 간의 교환 자체를 가리키기도 하고, 외화 표시

| 그림 2.1 | 외환거래의 분류 : 결재일 기준 |

계약체결일	첫 영업일	둘째 영업일	둘째 영업일 이후
당일거래	익일거래	익익일거래	
	현물환거래		선물환거래

자료: 최생림 외 2인, 국제재무관리론, 법문사, 1995, p. 59.

의 모든 대외지급수단 자체의 의미로 사용되기도 한다. 현실세계에서 외환은 일반적으로 후자의 의미로 많이 사용되고 있다.[2]

외환거래는 은행과 개인 간, 은행과 기업 간, 은행과 은행 간 등에서 이루어진다. 은행 간 거래의 경우 직접거래와 중개거래로 다시 나눌 수 있다. 또한 외환거래는 특정한 거래소를 통하여 이루어지는 장내거래와 전화나 인터넷 등을 통해 이루어지는 장외거래로 나누기도 한다.

거래시점을 기준으로 외환거래를 분류하면 현물환거래와 선물환거래로 분류한다. 현물환거래란 매매계약 체결 후 통상 2영업일 이내에 외환을 수도(受渡)결제하는 거래이며 선물환거래는 매매계약 체결 후 일정기간(통상 2영업일)이 경과한 미래의 특정일에 외환을 수도 결제하는 거래이다.[3]

거래대상을 기준으로 외환거래는 금리스왑거래(interest swap transaction)와 통화스왑거래(currency swap transaction)로 분류한다. 스왑거래란 현물환 매입과 동시에 선물환을 매도하는 등 결제일이 서로 다른 매매계약을 반대방향으로 동시에 체결하는 거래를 말한다. 금리스왑은 원금의 교환 없이 동일 통화의 이자지급만을 교환하는 것이고, 통화스왑은 다른 통화의 원금과 이자 지급 모두 교환하는 것을 말한다.

2.2 외환시장

일반적으로 외환시장(foreign exchange market)이란 외환의 수요자와 공급자 간에 외환거래가 정기적 또는 지속적으로 이루어지는 시장을 가리킨다. 외환의 수요와 공급은 모든 대외거래의 결과로 나타나는데, 구체적으로 외환수요는 상품 및 서비스의 수입, 이전지급 등 경상지출과 장단기 자본지출에 의해 결정되며 외환공급은 상품 및 서비스의 수출, 이전수입 등 경상수입과 장단기 자본수입에 의해 결정된다.[4]

넓은 의미의 외환시장은 외환거래가 이루어지는 총체적인 장소를 의미한다. 반면에 좁은 의미의 외환시장은 외환거래가 이루어지는 구체적인 거래소를 뜻한다.

외환시장은 국경이 없고 중심이 되는 집합장소도 없으며, 거래가 24시간 멈추지 않는 시장이다. 세계 외환거래는 런던, 뉴욕, 도쿄를 중심으로 스위스, 싱가포르, 홍콩, 호주, 프랑스, 캐나다 등 전세계에서 거래시간이 중복 연결되면서 연속적으로 이루어진다.

이러한 외환시장의 특성은 거래규모의 거대성, 은행간 거래 중심, 범세계적인 네트워크, 24시간 거래 등이라고 하겠다.

외환시장의 기능은 외환의 수요와 공급을 조절하는 것이며, 이는 통화 간의 교환비율인 환율을 매개로 하여 이루어진다. 외환시장은 환율을 매개변수로 하여 서로 다른 종류의 통화가 교환되는 시장이라는 점에서 금리를 매개변수로 하여 외환의 대차가 이루어지는 외화자금시장 또는 외화단기금융시장과는 성격이 다르다.

외환시장은 크게 두 가지 주요 기능이 있다. 첫 번째는 글로벌경영활동을 위하여 한 나라의 화폐를 다른 나라의 화폐로 교환하는 기능이고, 두 번째는 변동환율제에서 환율변동의 불확실성에 따른 환위험에 대처하는 기능을 한다.

먼저 교환기능이란 국제무역에 종사하는 기업들이 수출대금을 외환으로 받아 자국의 화폐로 교환하고 외국제품의 수입시에는 외환을 구입해야 할 필요성에서 시작한다. 때로는 다국적기업들은 자신이 보유하고 있는 현찰을 단기간에 투자하여 시세차익을 노리거나 또는 보다 적극적으로 외환시장에 투자하여 단기여유자금으로부터 높은 수익을 얻으려는 투기의 목적으로 외환 수요가 발생한다.

두 번째 주요 기능인 환위험의 대처는 외환시장에서 현물환율과 선물환율 간의 스왑(currency swap)을 통해서 환위험을 회피하는 기능을 의미한다. 현물환율(spot exchange rate)이란 외환의 즉각적인 인도와 인수를 요하는 거래로써 매 순간 실제 시장에서 거래되는 환율의 시세이다. 현물환율은 그 순간의 외국환에 대한 수요와 공급에 의해 결정된다. 그 반면에 선물환율(forward exchange rate)은 미래의 일정시기에 일정 금액의 통화를 매입하거나 매도하기로 계약을 하는 것과 같이 미래의 환율에 대한 거래이다. 스왑(swap)이란 위에서 살펴본 현물거래와 선물거래를 동시에 진행하는 것을 의미한다. 즉, 스왑은 주로 글로벌기업과 은행, 또는 은행간, 그리고 정부 간에 사용되는 거래형태로써 일정양의 외환을 서로 다른 시점에서 팔거나 사는 계약을 동시에 맺는 형태이다.

최근 들어 외환시장에는 스왑 이외에도 다양한 파생상품(derivatives)이 거래되고 있다(자세한 것은 제15장 참조). 대표적인 파생상품이라고 할 수 있는 통화옵션(currency option)은 일정한 기한 안에 미리 정해놓은 특정 환율로써 외환을 매매할 권리를 가지는 것을 의미한다. 옵션은 일정기간에 외환을 살 수 있는 콜 옵션(call option), 일정기간에 외환을 팔 수 있는 풋 옵션(put option)으로 나누어진다.

예를 들면 한 회사가 미국 화폐 1달러를 1,100원의 가격으로 구매할 수 있는 옵션을 산다고 가정하자. 만일 3개월 뒤에 현물환율이 1달러에 1,050원으로 거래된다면 그 기업은 그 옵션을 행사하지 않을 것이다. 왜냐하면 현물환시장에서 달러화를 사는 것이 이 옵션에서 정한 가격으로 사는 것보다 훨씬 싸기 때문이다. 그러나 만일 3개월 후의 현물시장에서의 환율이 1달러에 1,150원에 거래되고 있다면, 그 회사는 자신이 구입한 옵션을 행사하여 현물시장가격보다 훨씬 낮은 가격으로 달러화를 살 것이다. 이는 마치 달러화의 거래에 대해 보험을 드는 것과 같다. 이 옵션을 사는 데 소요되는 비용은 보험금을 납부하는 것과 같으며, 미래의 불확실한 상황이 자신에게 불리하게 작용할 때 옵션을 사용하여 위험을 회피하는 제도이다.

통화옵션과 같은 파생상품의 거래는 많은 위험을 내포하고 있다. 파생상품은 기본적으로 미래의 불확실성을 시장가격으로 환산하여 상품화하는 것이다. 최근 일부 기업이나 금융기관에서는 투기의 목적으로 파생상품을 매매하다가 큰 손실을 보는 경우가 종종 발생하고 있다. 그러나 투기의 목적으로 사용되지 않을 때 옵션과 같은 파생상품은 기업이 환위험을 회피할 수 있는 중요한 수단이 될 수 있다.

한편 선물거래(future contract)란 선물환거래와 유사하나 대체적으로 미래의 일정한 가격으로 큰 단위의 외환을 거래하는 은행 간의 거래형태를 의미한다.

2.3 환 율

기업경영에 있어서 국내경영과 국제경영 또는 글로벌경영에 최대의 차이점은 사용화폐가 다르다는 점이다. 국내는 한국은행이 발행하는 '원'화를 사용하면 되지만, 원화는 한국 이외의 어느 나라에서도 사용하지 않고 있다.

예를 들면 미국 달러화, 유로화, 엔화 등을 사용하게 되는데 그로 인하여 자국화폐를 외국화폐로 교환하거나 상품 또는 서비스를 구매 후 결제할 때의 외국화폐와의 교환비율을 산정하여 지급해야 하므로, '환율'이나 '환율제도'를 이해하지 못하고는 글로벌경영을 전개할 수가 없다.

외환시장에서의 거래는 환율(foreign exchange rate)을 가격으로 하여 이루어지고 있는데, 환율이란 어떤 나라 통화 1단위를 다른 나라 통화와 바꿀 때 적용하는 교환비율로서 한 나라 통화의 외국상품 및 용역에 대한 구매력, 즉 대외가치를 나타낸다.

환율은 서로 다른 두 통화의 교환비율이다. 국제거래를 위해 외화가 필요한 경우 이를 국내통화를 주고 구입(교환)해야만 한다. 이때의 교환비율이 환율이다.

환율을 표시할 때 두 통화 중에서 어느 통화를 기준으로 보느냐에 따라 표시방법이 달라진다. 일반적으로 환율을 표시할 때 두 가지의 방법이 쓰인다. 즉 직접표시법(direct quotation, 자국화표시환율, 지급환율)과 간접표시법(in-direct quotation, 외국통화표시환율, 수취환율)이다. 예를 들어 1,000원과 1달러가 같은 교환가치를 지닌다면 우리나라의 입장에서 직접표시법으로 나타내면 ₩1,000 = 1US$가 된다. 그러나 간접표시법은 직접표시법의 역수로서 1 US$ = 1000₩이 된다.

미국의 달러화가 세계의 기축통화의 역할을 담당하면서부터 국제외환거래의 대부분은 미 달러화와의 매매거래를 통하여 이루어지고 있어 국제외환시장에서 환율고시는 대부분 미 달러화 1단위에 대한 외국통화의 비율인 유럽식으로 표시하고 있다. 그러나 영국파운드화와 호주달러화 등 몇 개 통화는 미국식으로 표시하고 있다.

변동환율제도 하에서 환율이 높아지는 경우(예컨대 달러당 1,200원에서 1,300원으로), 환율이 상승하였다고 하고, 그 반대의 경우 환율이 하락하였다고 한다. 한편 고정환율제도 하에서는 환율의 상향조정을 자국통화의 평가절하라고 하고, 환율의 하향조정을 자국통화의 평가절상이라 한다.

환율은 적용대상에 따라 매도환율과 매수환율, 은행간환율과 대고객환율, 현물환율, 선물환율 등으로 나누어진다.

우리나라는 1997년 12월 16일부터 자유변동환율제도를 시행하고 있다. 이 제도 하에서 원/달러환율과 원/엔환율은 외국환은행 간의 달러의 수요와 공급에 의해 결정된다. 한편 유로화, 영국 파운드화 등 미국 달러화와 일본 엔화 이외의 기타 통화에 대한 우리나라 원화의 환율은 원화의 대미달러환율을 글로벌금융시장에서 형성되는 타 통화의 대미달러환율과 비교하여 간접적으로 산출하고 있다. 예를 들어 우리나라 원화와 미달러화 환율이 우선 US$1 = ₩1,325로 결정되고 외환시장에서 미 달러화와 유로화 간의 환율이 US$1 = 0.8716이라면 원화와 유로화의 환율은 연쇄방식에 의해 간접적으로 산출(1 = ₩1,151)된다. 이때 우리나라의 대미달러환율을 기준으로 간접적으로 계산된 원화의 유로화에 대한 환율을 재정환율(arbitrage rate)이라고 하며, 재정환율을 계산하기 위하여 사용된 미국 달러화와 유로화의 환율을 크로스 레이트(cross rate)라고 한다.

2.4 환율변동에 따른 국민경제에의 영향

환율은 서로 다른 통화의 교환비율이다. 이 비율은 실제 가치를 정확히 평가하고 또한 안정적일수록 좋다. 그런데 이 비율이 높은 것과 낮은 것 중 어느 것이 좋을까? 예를 들어 ① 1US$=1,200원경우와 ② 1US$=2,000원인 것 중 어느 것이 더 좋은가? 먼저 수출업자의 입장에서는 ②가 ①보다 바람직하다. 수출가격이 $로 표시되어 있고 1만개의 상품을 개당 100$에 수출해서 $1백만를 수출대금으로 받는다면 ①의 경우는 원화로 12억원인 반면 ②의 경우는 20억원을 받는 셈이다. 즉 ②의 경우가 ①에 비해 8억원의 추가소득이 생기는 셈이다. 만약 이 수출업자의 손익분기점(break-even point)이 원화로 12억원이라면 ①의 경우는 개당 $100를 받아야 수지가 맞지만 ②의 경우에는 개당 $60만 받아도 수지가 맞는다. 즉 수출가격을 낮출 수 있다는 뜻이다. 그러므로 수출경쟁력이 발생하고 다른 나라의 경쟁상품보다 쉽게 팔 수 있게 된다.

둘째, 수입업자의 경우에는 반대현상이 벌어진다. 같은 가격과 수량의 수입을 하는 경우 ①에서는 12억원을 지급해야 하는 반면 ②의 경우에는 20억원을 지급해야 한다. 따라서 지급해야 할 금액은 더 커지게 된다.

셋째, 우리나라 경상수지 입장에서는 ②가 ①보다 바람직하다. 앞서 수출업자와 수입업자의 경우를 확대해석하면 된다. 높은 환율 하에서 경상수지는 개선된다.

넷째, 우리나라 물가에 미치는 영향이다. ①이 ②보다 물가안정에 도움이 된다. 수입상품가격이 낮으므로 국내물가를 낮추기 때문이다.

다섯째, 외화채권(또는 채무)이 존재하는 경우이다. 달러표시채권이 채무보다 많은 경우, 즉 순채권국인 경우 ②가 ①보다 좋고 순채무국인 경우에는 그 반대가 된다.

그러므로 환율수준의 변동은 국민경제에 상반된 영향을 미친다고 할 수 있다. 즉 높은 환율과 낮은 환율은 각각 장·단점이 있다. 환율수준보다 중요한 것은 앞서 본 환율의 정확성과 안정성, 자기수정성이다.

2.5 환율제도와 환율의 결정

(1) 환율제도

환율제도(exchange rate system)는 환율변동 여부에 따라 고정환율제도와 변동환율제도로 크게 나눌 수 있다. 고정환율제도는 정부가 환율을 일정수준에 고정시켜 환율의 안정을 도모하는 제도이며, 변동환율제도는 외환시장의 수요와 공급에 의해 환율이 자유로이 변동하는 제도이다.

한편 순수한 의미의 고정환율제도와 변동환율제도 사이에는 다양한 형태의 환율제도가 존재한다. 즉, 고정환율제도이지만 어느 정도 환율변화가 가능한 방식과 변동환율제도이지만 완전히 시장기능에 의해 환율이 결정되지는 않는 방식들이 있다.

세계 각국은 자국의 환율제도를 선택할 권한이 있다. 즉, 타국이나 어떠한 국제기구도 자국이 특정한 환율제도를 선택하도록 강요하지 않는다. 그러므로 고정환율제도를 채택하거나 변동환율제도를 택하거나 하는 문제는 국가별로 자국 이익에 보다 부합하는 방향에서 결정될 수 있다.

일반적으로 고정환율제도는 안정적 환율이라는 장점에 따라 대외무역이 활발해지는 반면, 국내경제정책 특히 통화정책이 환율의 안정화를 위해 조정되어야 하는 부담이 있다. 그러나 변동환율제 하에서는 자국의 통화정책의 자율성이 강화되는 대신 대외무역이 축소될 부담을 안게 된다.

이런 일장일단이 있기 때문에 환율제도의 선택은 각국의 경제상황(경제규모, 대외무역의 비중, 상품의존도, 자본시장개방도)과 경제정책에 의해 크게 좌우된다. 경제

그림 2.2 **환율제도**

```
                        ┌─ 순수변동환율제도 : 환율변동의 완전시장 결정
                        ├─ 관리변동환율제도 : 통화당국의 간헐적 환율 개입
          ┌─ 변동환율제도 ─┤
          │             ├─ 클로링페그제도 : 주기적 환율 변경
          │             └─ 인플레이션연동제도 : 환율변동을 물가상승폭에 연동
          │
          │             ┌─ 바스켓페그제도 : 일정 집합의 해외통화에 연동
          └─ 고정환율제도 ─┤
                        ├─ 단일통화연동제도 : 당일 해외통화 가치에 연동
                        └─ 순수고정환율제도 : 환율변화 경직
```

규모가 작을수록, 대외무역의 비중이 클수록, 하나 또는 몇 개의 상품수출에 크게 의존하는 경제일수록, 자본시장의 개방도가 작을수록, 고정환율제도를 채택하는 경향이 많아진다. 또한 고정환율제도의 채택은 그 나라 통화정책의 자율성을 침해받는 경우가 많기 때문에 그러한 우려가 적을수록 고정환율제도를 선택하게 된다.

(2) 환율의 결정

환율(換率)은 이론적 환율과 실질적 환율의 두 가지로 구분할 수 있다. 이론적 환율은 구매력평가설과 같이 장기적으로 바람직한 일국통화의 대외가치의 수준 또는 이종통화 간의 이론적인 교환비율을 말하며, 실질적 환율은 외환시장에서 현실적으로 결정되는 환율을 말한다. 흔히 말하는 환율은 실질적 환율을 뜻하고, 이는 다시 기준환율과 시장거래환율로 나눌 수 있다. 시장거래환율이란 현실의 여러 종류의 외환거래에 따라 적용되는 환율을 말하며, 기준환율은 현실의 환거래에는 적용되지 않으나 시장거래환율의 기준으로서 의미를 지닌 환율이다.

환평가(parity exchange)란 각국 통화의 대외가치기준이 되는 두 통화 간의 교환비율이다. 이 평가가 법률에 의해서 결정되는 경우에는 법정평가(par of exchange)라고 한다. 법정평가는 금본위제 하에서 금평가(gold parity) 또는 주조평가(mint parity)라고 하는 것이며, 이것은 양국통화 1단위의 금 함량의 비율에 의해서 결정된다. 즉 화폐 1단위에 포함된 금 함량의 증가를 평가절상(revaluation, 대외가치 상승)이라고 하고, 반대로 감소의 경우를 평가절하(devaluation, 대외가치 하락)라고 한다.

IMF협정에서는 가맹국 통화의 평가는 공통척도(common denominator)인 금에 대한 미국달러화 가치 표시를 'IMF평가'라고 한다.

IMF 가맹국 간 환율은 IMF평가를 중심으로 상하 1% 변동 가능한 고정환율제도로 시작하였으나 1973년 2월 이후 주요각국은 평가 없는 변동환율제를 실시하고 있다.

기본적으로 변동환율제 하에서 각국 통화의 교환비율은 특정 통화에 대한 수요와 공급이 일치하는 점에서 결정된다. 외환의 수요는 국제수지표상 지출계정에 나타나는 항목들의 합을 나타내는 것이다. 일반적으로 환율과 외환의 수요와의 관계는 부(−, negative)의 상관관계가 나타난다. 즉 환율이 상승하면 국제거래의 수입이 줄게 되고 따라서 외환의 수요도 줄게 된다.

외환의 공급은 국제수지표상의 외환의 수입란에 기록되는 항목들의 합을 나타낸 것이다. 환율과 외환의 공급 간의 관계는 정(+; positive)의 상관관계가 나타나게 되는데, 환율이 오르면 국제거래에 있어서 수출이 늘게 되어 자국에 외환의 공급이 늘게 된다. 따라서 환율은 외환의 수요곡선과 공급곡선이 일치하는 균형점에서 결정된다. 이외에도 환율은 각국의 이자율, 인플레이션, 소득수준, 향후 경제에 대한 전망, 특정통화에 대한 선호도 등에 의해서 결정된다.

3 글로벌금융시장과 파생상품시장

3.1 글로벌금융시장의 구조

국내 거주자들 간에 자금의 조달과 융통이 이루어지는 것을 국내금융이라고 한다면, 자금운영과 조달이 외국의 거주자를 상대로 이루어지는 현상을 글로벌금융이라고 한다. 그리고 이렇듯 국경을 넘어선 자금의 이동이 이루어지는 장소를 글로벌금융시장이라고 한다.

글로벌금융시장은 외국시장과 역외시장으로 나눈다. 외국시장(foreign market)은 자국의 국내금융시장에서 비거주자가 참여하여 이루어지는 금융시장이다. 외국시장에서는 자국 내의 금융기관이 중심이 되어 자국통화로 표시된 자금을 비거주자와 거래한다. 한편 역외시장(offshore market, Euro market)은 특정국 통화표시의 금융자산이 그 통화발행국의 영토 밖에서 거래되는 글로벌금융시장이다. 예를 들어 달러화표시의 자금이 미국 이외의 지역에서 거래되는 것이다.

글로벌금융시장, 즉 외국시장과 역외시장은 각각 국내금융시장과 마찬가지로 간접금융시장과 직접금융시장으로 구분될 수 있다. 외환과 단기금융은 국제상업은행에 의해 같이 취급되고 있다. 국제자본시장은 유로채권과 국제채권 등 채권을 중심으로 거래가 이루어지고 있다.

현재 글로벌금융시장은 전세계적으로 고루 분포되어 있다. 그 중에서 1급 시장인 런던과 뉴욕의 자본시장이 가장 크며, 그 밖에 도쿄, 암스테르담, 파리, 취리히, 프랑크푸르트에 있는 시장이 2급시장으로 분류되고 있다. 3급시장은 홍콩과 싱가포르 같이 각 지역적으로 중요한 금융센터이다. 대표적인 역외시장으로는 유로통화시장(Euro Currency Market) 또는 유로사채시장(Euro Bond Market)이 있다. 이들은 국가의 경계를 벗어나 활동함으로써 가장 효율적인 외환의 이동을 가능하게 한다.

한편 글로벌금융시장에서 역외시장이 외국시장보다 비중이 크고, 역외시장 중에서는 간접금융시장인 유로커런시시장의 비중이 높다. 유로커런시시장의 약 75%를 유로달러가 차지하고 있다. 즉, 미국 이외의 지역에서 발생하는 달러화의 거래가 글로벌금융시장의 핵심이라고 하겠다. 한편 금융의 증권화와 세계금융시장의 통합화에 따라 국제직접금융시장의 거래도 활발해지는 추세이다.

3.2 유로통화시장

유로통화시장은 역외시장 중 가장 큰 시장으로 단순히 유럽 내의 외환시장이 아니라 자국을 벗어나 있는 모든 외환시장을 총체적으로 의미한다. 즉, Euro라는 접두어가 붙었다고 하여 반드시 유럽에서 거래되는 역외시장이 아니라, 자국을 벗어나 거래되는 외환시장을 모두 유로통화시장이라고 부르는 것이다. 그 중에서 특히 Euro달러는 미국 역외에서 거래되고 있는 달러에 대한 시장을 지칭하는 것으로 유로통화시장 전체의 약 2/3를 차지하고 있다. 다른 유로통화로는 Euro ¥, Euro £ 등이 있다.

유로통화시장은 1950년대 초 뉴욕에 예치되어 있던 구소련과 동구권의 달러화표시예금이 런던으로 이전되면서부터 시작되었다. 미국과 소련 간의 냉전이 시작됨에 따라 비교적 중립적인 런던으로 달러화예금이 이동되면서 유로달러화시장이 성장하기 시작한 것이다. 또한 1960년대에 미국의 국제수지 만성적자가 계속 되어 달러화 공급이 풍부해졌다. 미국 내의 금리규제에 의해 미국의 금리가 유럽 국가들의 금리보다 상대적으로 낮게 책정되었기 때문에, 미국은행에 예치되어 있던 대규모 예금들이 유럽으로 빠져나가면서 유로통화시장은 더욱 크게 성장하였다. 또한 두 차례의 오일쇼크 이후에는 산유국들의 대규모 여유자금이 유럽에 유입되었다.

이와 같은 유로통화시장이 투자가들에게 매력적인 이유는 무엇보다도 정부의 규제가 없기 때문이다. 정부의 규제가 없기 때문에 은행들은 유로통화(Euro Currency)의 예금에 대해서 더 높은 이자를 지급할 수 있게 되었고, 훨씬 낮은 이자율로 대출할 수 있게 되었다. 다시 말하면 유로통화시장의 예금이자율과 대출이자율의 차이는 미국 또는 한국의 국내시장에서의 예금이자율과 대출이자율의 차이보다 훨씬 작게 설정되어 있다. 예를 들어 국내예금에 있어서는 각국 정부가 지급준비율을 사용하여 일정비율의 예금을 지급준비율로 보유할 것을 강제하고 있다. 그러나 유로통화시장에서는 그와 같은 정부의 일방적인 지급준비규제로부터 벗어나 있기 때문에 훨씬 자유롭게 지급준비율을 책정할 수 있다. 따라서 유로통화시장에서는 각국의 금융시장보다 더 높은 예금이자를 보장하고 더 낮은 금리로 대출이 가능하게 된다. 이것은 결국 각국 정부가 실시하고 있는 각종 금융규제활동이 규제가 없는 유로통화시장이 훨씬 효율적임을 알 수 있다.

그러나 유로통화시장은 나름대로의 위험도 갖고 있다. 각국 정부의 정부규제가 존재하는 상황에서는 은행이 파산할 가능성은 상당히 낮다. 그러나 유로통화시장에서는 정부의 규제가 없으므로 은행이 파산하여 예금주들이 예금을 받지 못할 가능성이 훨씬 더 높다. 또한 국내에서 자금을 융통하지 않고 유로통화시장에서 자금을 융통하는 것은 기업들로 하여금 환위험에 더 크게 노출시키기도 한다. 그럼에도 불구하고 유로통화시장이 계속적으로 성장세를 보이고 있는 것은 이런 위험 가능성은 존재하지만 실제로 이러한 위험이 실현되는 경우는 매우 드물기 때문이다.

3.3 국제사채시장

국제사채시장은 크게 해외사채(Foreign Bond)와 유로사채(Euro Bond)로 나누어져 있다. 해외사채란 기업이 국외에서 발행하는 사채를 말하며, 발행하는 국가의 화폐단위로 표시되어 있다. 즉 삼성전자가 미국에서 달러화로 표기된 사채를 발행하는 것은 해외사채에 속한다. 많은 해외사채들은 각각의 별명을 갖고 있다. 예를 들어 미국에서 달러화로 발행되는 사채는 양키본드로 불리고 있으며, 일본에서 엔화로 발행되는 해외사채는 사무라이본드, 영국에서 발행되는 해외사채는 불독본드라고 불린다.

유로사채란 표시통화국 이외의 지역에서 발행되어 국제적인 인수단에 의하여 인수·판매되는 채권을 의미한다. 예를 들어 삼성전자는 영국에서 미국의 달러화로 표기된 사채를 발행하여 국제적인 네트워크를 갖고 있는 다국적은행을 통해서 해외에 있는 투자자에게 판매할 수 있다. 이와 같은 유로본드는 흔히 다국적기업이나 정부, 또는 국제기관에 의해서 종종 발행되곤 한다. 이 유로본드는 국제사채시장의 큰 부분을 차지하고 있다. 유로사채시장이 최근에 이렇게 급속한 성장을 한 이유는 역시 각국 정부가 실시하고 있는 금융산업에 대한 규제를 벗어나 자유롭게 사채를 발행할 수 있어 사채발행비용을 낮출 수 있기 때문이다. 또한 유로사채시장에서 사채를 발행하는 기업들이 공시해야 하는 정보가 국내에서 사채를 발행할 때 각국 정부가 요구하는 수준보다 훨씬 낮으므로 기업이 자신의 활동에 대해서 훨씬 덜 자세한 정보를 제공해도 무방하며, 세금면에서도 우대의 혜택이 있기 때문에 국제사채시장을 선호하고 있다.

3.4 파생금융상품시장

파생금융상품(Financial Derivatives)이란 그 가치가 통화, 채권, 주식 등 기초금융자산(Underlying Financial Asset)의 가치변동에 의해 결정되는 금융계약으로서 계약형태에 따라 크게 선도계약, 선물, 옵션, 스왑 등[5]으로 구분되며, 이러한 상품이 거래되는 시장을 파생금융상품시장이라 한다.[6]

파생금융상품시장은 금융시장 참가자에게 폭넓은 위험의 헤지(Hedge) 기회를 제공함으로써 자신의 위험선호도에 따라 자산을 구성하기 쉽게 하는 기능을 지닌다. 즉 위험회피자는 자산 및 부채의 가치변동에 따른 위험을 회피할 수 있으며 위험선호자 또는 투기자는 이러한 변동을 예측함으로써 이익획득기회를 얻을 수 있다.

파생금융상품시장은 장내시장과 장외시장으로 구분할 수 있는데, 장내시장이란 가격 이외의 모든 거래요소가 표준화되어 있는 파생금융상품이 거래되는 시장으로서 거래소시장이라고도 한다. 장외시장이란 표준화되어 있지 않은 파생금융상품이 거래소를 통하지 않고 시장참가자 간에 직접 거래되는 시장이다.

현재 외환관련 파생금융상품 거래는 외국환거래규정의 적용을 받고 있는데 외국환은행과 종합금융회사는 한국은행총재의 허가 또는 신고를 요하는 일부 거래를 제외하고는 거의 모든 파생금융상품거래를 할 수 있다. 여타 금융기관은 외국환은행 및 종합금융회사를 통하여 파생금융상품거래를 할 수 있다. 다만, 증권회사, 투자신탁회사, 선물회사에 대해서는 각각의 업무특성에 따라 특정 파생금융상품에 한하여 고객과의 거래를 허용하고 있다. 그리고 외국환업무 취급기관이 아닌 일반 거주자 및 비거주자는 각 외국환업무 취급기관을 거래상대방으로 하여 동 기관이 취급 가능한 파생금융상품거래를 할 수 있다. 한편 장내 파생금융상품시장에서의 거래는 거래소 회원의 중개를 통해 이루어지는데, 한국증권거래소에 상장된 주가지수선물 및 주가지수옵션 거래는 증권회사가, 한국선물거래소에 상장된 미달러선물, CD금리

| 표 2.1 | 장내거래와 정외거래 비교 | |

구 분	장내거래	장외거래
거래조건	거래단위, 대상통화, 결제시기 등이 표준화	거래당사자가 협의하여 거래금액, 통화, 기간 등을 자유롭게 결정
거래장소	거래소	은행창구 또는 브로커를 통하여 전화 등으로 계약 체결
가격결정	공개경쟁입찰방식	거래당사자의 합의
거래 참가자	거래소 회원만 거래	제한 없음
계약 상대방	거래소	상호 거래상대방을 알고 있으므로 상대방의 신용을 감안하여 계약 여부를 결정
결 제	상품가격의 등락을 일일정산을 통해 증거금에 반영하며 대부분 만기전에 반대 거래를 통하여 거래를 청산하고 차액만을 정산	대부분 만기에 현물을 인·수도하며 중간정산은 하지 않음
증거금	증거금을 예치	은행이 고객별 신용한도를 설정하거나 담보금 예치를 요구

선물 등의 거래는 선물회사가 중개업무를 담당하고 있다.

파생금융상품은 기초금융자산에 따라 통화관련상품, 금리관련상품, 주식관련상품으로 크게 나눌 수 있다. 그 밖에 신용관련상품이 있는데, 이는 금융기관이 보유하고 있는 대출금, 유가증권 등 기초자산의 신용위험을 회피하기 위하여 개발된 파생금융상품으로서, 기초금융자산으로부터 신용위험을 분리하여 제3의 기관에 매각하고 일정한 수수료를 지급하는 대신 채무자의 원리금 상환불능이나 채권가격 하락으로 손실이 발생할 경우 동 손실분을 보상받는 것이다.[7]

4 글로벌기업에 있어서의 과제

기업이 자국통화 이외의 통화표시로 거래를 행하여 외국의 순자산 또는 순부채를 가질 때에는 반드시 환노출이 발생한다. 왜냐하면 환율변동에 따라서 거래의 가치나 해외에서 소유한 순자산·순부채의 가치가 모국통화로 환산할 때 변하기 때문이다. 결과적으로 현지통화를 모국통화로 환산하는 과정에서 외국환 차손 또는 차익이 발생한다.

이러한 환노출에 대해서 가장 널리 이용되고 있는 방어수단이 선물시장을 통한 헤지와 통화시장을 통한 헤지이다. 선물시장을 통한 헤지란 외화표시 수취(또는 지급)시 환율변동으로 인한 리스크를 커버하기 위해 예정수취(또는 지급)액과 같은 액수를 받을(또는 지급할) 날짜에 동시에 반대로 매도(또는 매입) 선물계약을 함으로써 위험을 상쇄시키는 것을 말한다. 둘째, 통화시장을 통한 헤지란 외화표시 수취(또는 지급)를 통화시장에서 동시에 반대거래를 행하는 것으로 서로 반대방향의 동액 외화표시의 지급 또는 수취를 창출하는 것이다.

한편, 거래가 실현가능성은 있지만 실현되지 않는 경우도 있는데, 이 경우에는 선물계약에 따른 헤지는 적절치 않다. 오히려 약정기간 중 조건부 가격으로 외국통화의 정량을 사거나 팔 수 있는 권리인 옵션계약을 사용해야 할 것이다. 옵션계약에는 결제의무가 없으며 외화의 유입·유출액이나 시기가 불안정한 경우에 적합하다.

최근 한 연구기관의 설문조사 결과에 따르면 우리나라의 기업들은 일부 대기업을 제외하고는 많은 기업들이 환위험관리를 하지 않고 있는 것으로 나타났다. 기업부문의 외화부채가 외화자산보다 커서[8] 일반적으로 환율이 절상되면 환차익, 환율이 절하되면 환차손을 보이는 등 환위험관리 실태가 취약한 실정이다.

그러나 앞으로는 대외거래 규모가 더욱 증가하는 가운데 국내외 경영환경에서의 경쟁이 치열해짐에 따라 기업들은 환위험의 성공적인 관리 여부가 경쟁력의 중요한 요소가 될 것이므로 환위험관리의 필요성은 크게 높아졌다.

구체적으로는 환위험 분석 및 관리를 위한 전담조직의 설치, 위험관리 통합분석(integrated analysis) 시스템의 도입 등을 통하여 환위험관리 능력을 제고하는 한편 금융선물거래의 활용 등을 통하여 환위험관리 수단을 다양화해 나갈 필요가 있다. 아울러 외환거래와 관련된 교육·홍보를 확대하고, 기업의 환위험관리를 강화하도록 유도하는 한편, 거래상품의 다양화, 외환전문 컨설팅기관의 육성 등을 통한 인프라 정비에도 힘써야 하겠다.

논의주제 💬

1. 디지털 경영환경 하의 기업 운영
2. 국제통화제도의 변천과 오늘날의 과제
3. 글로벌 기업과 국내기업의 환율 변동에 따른 영향의 차이점

4. 금융의 파생상품의 종류

5. 글로벌기업의 환노출과 영향의 측정방법

6. 2008년 미국발 금융위기가 한국기업에 미치는 영향

핵심용어 💬

- 디지털 경영환경
- 헤지(hedge)
- 파생상품
- 유로통화(Euro Currency)

- 국제통화제도
- 환위험관리
- 글로벌금융시장

주(註) 💬

1) 외국환포지션(foreign exchange position)이란 은행이나 기업이 보유한 외화표시 순자산의 상태를 말하며 일정시점의 외화표시자산이 외화표시부채를 초과하는 상태인 매입초과포지션(overbought position 또는 long position), 외화표시부채가 외화표시자산을 초과하는 상태인 매각초과포지션(oversold position 또는 short position) 및 외화표시자산과 외화표시부채가 일치하는 상태인 스퀘어 포지션(square position 또는 flat position)으로 구분된다.

2) 김영래, 국제비지니스의 이해, 법영사, 1997, p. 197.

3) 선물환의 일종으로 차액결제선물환(non-deliverable forward; NDF)이 있는데 NDF거래에 있어서는 만기시 계약금액 전체를 결제하는 일반적인 선물환거래와 달리 약정환율과 만기시 환율과의 차이에 의해 산정된 차액만을 지정통화(통상 미달러화)로 수수한다.

4) 한국은행, 우리나라의 금융제도, 2000, p. 281.

5) 또한 선물, 옵션, 스왑이 혼합된 형태(swaptions, callable swaps 등)와 현물증권과 파생상품이 혼합된 형태(inverse floaters, warrants 등)도 있다.

6) 한국은행, 앞의 책, pp. 289~294.

7) 대표적인 신용관련 파생금융상품으로는 신용디폴트스왑(credit-default swap), 신용옵션(credit option), 토털리턴스왑(total return swap) 등을 들 수 있다.

8) 자금순환표상 우리나라 기업의 외화부채 및 외화자산은 2000년 9월 말 현재 각각 98조 9천억원 및 57조 6천억원으로서 순외화부채 규모가 41조 3천억원에 이르고 있다.

Chapter 03

디지털 환경

🔵 장 머리에

디지털 경제 하에서의 경영패러다임은 새롭게 바뀌고 있다. 정보 네트워크에 의한 지식혁명, e-Business에 기초한 산업 value chain의 변화, 소비자의 생산자화를 의미하는 prosumer, 범위의 경제, 제휴의 경제, 글로벌화의 촉진 등이 그것이며 이에 업무처리 방식에서 경영스타일까지 기업활동의 전반을 변화시키고 있다.

본 장의 학습 목표는 디지털 경제 하의 경영환경변화에 기업이 어떻게 대처할 것인지를 논의하고 살펴 볼 것이다.

1 디지털경제의 출현

1.1 디지털이란 무엇인가?

디지털(digital)이란 연속적인 아날로그(analog)[1] 신호를 '0과 1의 조합'으로 나타낸 것이다. 아날로그는 연속적인 신호나 현상을 그 자체의 물리량으로 나타내는 데 비해 디지털은 물리량을 0과 1의 2진수로 표현하는 것이다. 다시 말해 사람의 목소리를 아날로그로 표시하면 연속파형의 형태로 나타나지만, 디지털화하면 0과 1의 조합으로 표시된다. 그러므로 우리를 둘러싼 모든 환경들에 대한 정보를 안정적으로 그리고 빠르게 처리할 수 있다.[2]

또한 디지털은 정보처리 및 전달과정에서만 존재하며 자연상태의 아날로그 정보는 '표본화, 量子化'과정을 걸쳐 디지털 정보로 변하고 '압축, 저장/전송, 신장' 과정을 통하여 최종적으로 아날로그 형태로 변환한다. '표본화'는 일정간격마다 아날로그 신호 채취를 말하며, '양자화'란 표본신호의 크기를 측정하여 2진수로 표시하는 것이고 '압축'은 신호의 변동량만 남기고 공통부분은 제거하는 것이다. 그리고 '신장'은 압축된 신호를 원래의 값으로 복원하는 것을 말한다.

그림 3.1 아날로그와 디지털

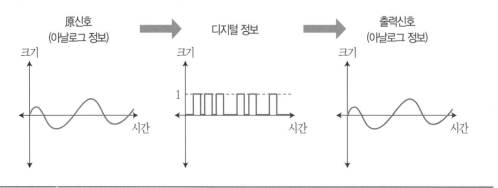

출처 : 김재윤 · 조영빈, 디지털시대의 경영전략, CEO Information 제194호, 삼성경제연구소, 1999. 5. 19.

1.2 디지털 기술의 특성

디지털이 아날로그에 비해 기술적으로 우수하여 아날로그를 대체하고 주류로 정착하였다. 디지털기술의 특성은 빛과 같은 속도로 이동하면서 정보를 전달하는 '광속성'과, 반복사용해도 정보가 줄어들거나 질이 떨어지지 않는 '무한반복재현성', 정보가공이 쉽고 다양한 형태로 변형할 수 있는 '조작 및 변형의 용이성', 정보처리량이 방대하고 쌍방의 전달이 용이한 '쌍방향성' 등 네 가지가 있다. 그러나 디지털이 실제 경영과 생활에 침투하는 데는 일정시간이 소요될 것이며 저항도 유발할 것이다. 예를 들면 1980년대 초 Sony와 Philips가 CD를 개발했을 당시 일부 음악가들은 음악의 디지털화를 반대하여 MAD(Musician Against Digital)를 결성하기도 했다.

디지털 기술이 고도화하면서 전자 및 미디어 분야가 디지털 산업으로 변모하였으며 기업을 둘러싼 경영환경에도 광범위한 변화가 발생하였다. 디지털 기술이 갖는 특성으로 인해 아날로그적인 사업환경이 디지털적인 환경으로 변모하였다.

1.3 디지털경제시대의 출현

종래 디지털은 기술적 의미로만 사용되어 왔으나, 1990년대 중반 이후 산업전반을 변혁시키는 원동력으로 부각되었다. 역사적으로 보자면 1950년대 컴퓨터 상용화를 계기로 디지털 기술이 출현하였고, 1980년대 초에는 CD가 등장함으로써 디지털기술이 일상생활 속으로 침투하기 시작하는 등, 1990년대 들어 동영상의 디지털화로 정보·미디어의 전 영역이 디지털조류의 영역 하에 놓이게 되었다. 특히 인터넷보급이 디지털경제시대를 앞당기는 촉매제 역할을 하였다.[3]

디지털은 기술발전과 인프라 구축의 차원을 넘어서 지식 정보 사회의 핵심기반으로 자리 매김을 할 전망이다. 인터넷은 디지털 기술을 활용한 정보통신 네트워크인 동시에 사회와 기업의 틀을 규정하는 새로운 인프라이다. 디지털 네트워크는 개인들로 하여금 시차 없이 의사소통을 가능케 해줌으로써 사람들의 일하는 방법, 노는 방법, 움직이는 방법과 생각하는 관점을 변화시키고 있다. 디지털화의 진전에 따라 정보유통과 거래가 활발해지고 지식의 가치창출과 경쟁력의 핵심 원천으로 부상하고 있다.

1.4 새로운 패러다임의 시작

디지털 경제시대는 상식을 넘어서는 변혁이 일어나기 때문에 기업이 새로운 조류에 적응하는 것만으로는 부족하여 기계를 선점하고 트렌드를 창출하는 자세가 요구되고 있다. 새로운 흐름이 끊임없이 나타나고 작은 변화가 단기간에 빅뱅(big bang)으로 증폭됨으로써 기업의 기존 강점이 오히려 쇠망의 요인으로 작용하고 있다. 선발기업의 사실상의 표준(de facto standard)의 장악, 대형합병 등의 산업재편으로 인해 한번 뒤쳐지면 영원히 경쟁에서 도태되는 시대이다. 아날로그 시대는 패자부활전의 기회가 있었고 강자와 약자의 공존도 가능했지만, 디지털 경제시대에는 그렇지 못하다.

선진기업의 CEO들은 21세기를 디지털시대라고 하고 새로운 조류에 대응한 전략을 마련하는 등 경영시스템 혁신에 참여하고 있다. 예를 들면 마이크로소프트(Microsoft)사가 미국 시애틀에서 개최한 1999년 CEO Summit의 의제는 "디지털시대의 경영전략"이었고, 향후 25년은 디지털의 폭발기가 될 것이며, 2010년까지 상상을 초월하는 변화가 예상될 것이라고 했다. 지금은 출구를 알 수 없는 전략적 변곡점에 놓여 있으며, 디지털에 의해 만들어지는 미래는 과거와는 전혀 다른 새로운 경영전략이 필요할 것이라고 인텔(Intel)사 앤디 그로브(Andy Grove) 회장은 강조하였다.

우리나라 기업들도 디지털을 단순히 전자기술의 한 가지 흐름으로 보는 입장에서 탈피하여 21세기 경영패러다임을 규정하는 변화의 동인으로서 인식하기 시작하고 있다. 우리나라 기업은 지금까지 아날로그시대에 선진기업을 추격하는 catch up 전략을 구사해 왔으나, 디지털 조류 하에서는 후발자로서의 생존 자체에 한계가 있다. 예를 들면, 선진기업들이 디지털 표준을 장악하고 비싼 로열티(loyalty)를 요구하거나 진입을 막고 있어 상당수 주력 산업들이 어려움에 직면하고 있다.

그러므로 디지털시대는 경영방식이 근본적으로 달라져야 하며 새로운 패러다임을 수용하지 않으면 관련 사업의 전개와 경쟁력 확보가 원천적으로 불가능하다.

2 디지털경제 하의 글로벌 경영환경

2.1 디지털경제 특성과 경영환경

정보확산속도가 광속으로 바뀌면서 기업 간 경쟁이 가열되고 저렴한 비용으로 정보가 신속하게 이동할 수 있는 '확산성'이 존재한다. 아날로그시대는 정보확산이 지리적·시간적으로 제한되었기 때문에 하나의 제품·기술로 장기간 수익을 향유할 수 있었으나, 디지털시대에는 동시다발적으로 글로벌 차원의 정보확산이 이루어짐으로써 단기간에 대체재나 경쟁기술이 등장하게 되었다. 따라서 기업들은 지속적인 경쟁우위확보를 위해 신기술 및 제품개발을 추구하게 되고 이로 인해 제품 및 사업의 라이프 사이클이 단축되었다.

전달되는 정보의 질이 획기적으로 개선됨으로써 기업조직의 분권화가 촉진되었다. 디지털은 재현성, '반복성'이 우수하여 다단계 전달과정에서 생길 수 있는 왜곡현상을 제거할 수 있다. 그리고 정보전달 과정에서 발생하는 착오를 최소화할 수 있어 조직을 분권화해도 운용상의 문제를 극소화할 수 있다는 장점이 있다.

정보의 압축으로 전달비용의 획기적인 절감을 가능케 했기 때문에 사업의 글로벌화가 촉진되었다. 하나의 통신망을 다수의 사용자가 공유함으로써 전송비용이 절감된다. 인터넷전화가 저렴한 이유는 한 회선을 다수의 사용자가 공유하기 때문이다.

다양한 형태의 정보들이 결합하여 새로운 정보가 창출되고 이는 제품과 기술로 표출된다. 따라서 변화가 불연속적, 불규칙적으로 일어나고 예측이 무의미해지는 '복잡성'이 존재한다.

서로 무관하게 존재해 왔던 산업들이 융합(convergence)되는 현상이 발생하여 이 질적인 요소들이 유입됨으로써 기업환경이 경쟁요소와 경쟁방식의 변화가 가속된다. 따라서 절대적인 강자도 영원한 강자도 없는 변화무쌍한 경쟁구도가 생산된다. 예를 들면 절대적인 영향력을 행사하던 윈도우(Windows) 시스템이 핀란드의 한 학생이 개발한 리눅스(Linux) 운영체제에 의해서 도전받는 것도 역동적 경쟁의 일례라 할 수 있다.

아울러 산업 관련 변수가 다양해지고 변화 확산이 체증하는 소위 '나비효과(나비의 날갯짓과 같은 작은 변화가 증폭되어 폭풍우가 된다는 이론)'가 빈번하게 일어난다. 기업들이 위험회피를 위해 이업종 간 혹은 경쟁자와의 제휴를 확대함으로써 경영환경을 더욱 복잡하게 만들고 있다.

기업들은 규모에 관계없이 전 세계를 상대로 독자적으로 사업을 전개하게 되었다. 즉 개인의 영역과 특이성이 존중되고 사회가 다원화하는 속에 '개체성'이 존재하게 되었다.

아날로그시대는 한 기업이 전세계를 상대로 사업을 전개하는 데 과도한 물리적 자원이 소요되었으나, 디지털시대는 누구나 손쉽게 네트워크 환경을 이용하여 전세계를 상대로 사업을 하고 영향력을 행사하는 것이 가능케 되었다. 예를 들면 영국의 BT(British Telecom)가 전세계 1,000개 기업을 대상으로 설문 조사를 실시한 결과, "혁신적인 기술을 활용하여 작은 기업이 큰 기업과 경쟁하는 것이 가능한가?"라는 질문에 64%가 긍정적인 답변을 해왔다고 한다.

일방적인 방향의 사회에서의 개인은 조직이나 집단의 구성원으로서 미덕과 역량이 중요시 되었지만, 디지털시대에서는 상하간 의사소통이 실시간에 이루어지므로 조직 속의 개인보다는 주최로서의 역량이 중시되고, 양자화된 개인은 자신을 부각시키기 위해 특이성 개발을 추구하고, 특정집단에 소속되지 않으려는 경향이 나타나게 된다. 즉 조직구성원의 다원화와 양자화가 촉진된다.

디지털시대는 정보의 확산이 빠르고 새로운 경쟁자 출현이 일상화되어 모방에 의한 효과는 극히 단기간에만 존속한다. 예를 들면 패션, 유행 등이 동시에 전 세계적으로 확산되는 것도 디지털의 단면을 보여주는 것이다. 그러므로 모방보다는 뒤는 인재나 독창성을 가진 기업의 가치가 증대된다.

현실공간 중심이 가상공간으로 이동하여 풍부한 상상력이 자산이 되는 '가상성'이 존재한다. 아날로그시대는 물리적인 거리나 공간에 의존했으나 디지털시대는 가상공간을 통해서 경영이 이루어지므로 지역, 거리, 나이 등의 구분이 없고 조직 속에 새로운 조직이 형성되기도 하며 소멸되기도 하는 형태가 반복된다. 따라서 가상공간 속에서 활약하는 N세대(Net Generation)가 등장하며, 이들은 기존 사회의 가치체계 변화를 촉구하고 있다.

2.2 디지털경제 하의 기술경제 패러다임의 변화4)

데이터 기술경제 패러다임은 사물인터넷(IoT), 인공지능(AI), 스마트 팩토리 등의 기술의 발전과 확산에 따라 급격히 변화하였으며, 데이터의 양 또한 급증하는 추세이다. 이러한 데이터 기반 혁신기술은 맞춤형 서비스, 업무 자동화, 자율주행 등을 가능하게 했다.5)

하지만 대부분의 신고전파 경제학 및 경제이론들은 기술경제 패러다임의 변화를 고려하지 못하고 있다. 이에 Freeman and Perez(1988)는 기술경제 패러다임 변화의 동인을 기술혁신으로 보았다. 기술혁신은 증분적 혁신과 급진적 혁신으로 분류하였고, 기술혁신을 통해 기술시스템의 변화를 가능하게 함으로써 기술경제 패러다임의 변화를 가져다 주었다고 하였다.6)

여기서 증분적 혁신(incremental innovation)은 축적되어 있는 기존의 지식들을 기반으로 발전되는 혁신으로 어떤 재화나 서비스를 제공하는 데 있어 요구되는 지식이 기존의 지식에서 구축되는 것을 말한다.7)

모든 산업과 서비스 활동에서 증분적 혁신은 지속적으로 발생되고 있다. 기술혁신을 위한 연구개발뿐만 아니라 엔지니어들과 종업원들에 의해 업무의 개선 또는 발명으로부터 일어나기도 하며, 실행과 실용에 의한 학습을 통해 사용자들의 주도와 제안들에 의해서도 빈번히 일어난다. 하지만 단일적 증분적 혁신은 일반적으로 극적인 효과들을 가지지 못하고 축적된 증분적 혁신들의 결합이 제품과 서비스의 생산성 향상으로 연결된다.

이에 반해 급진적 혁신(redical innovation)은 기존의 방식에서 벗어나 새로운 방식이나 기술 등의 신기술이나 신서비스를 창출해내는 것이다. 즉 급진적 혁신은 기술변화에 있어 불연속적 사건들을 의미한다. 예컨대, 증강현실, 블록체인, 무인차량, 휴머노이드 등을 급진적 혁신의 사례로 들 수 있다.

급진적 혁신은 새로운 산업 또는 시장을 개척하게 함으로써 기업은 많은 위험을 감내해야 하고, 혁신 활동의 수행도 쉽지 않아 실패할 가능성이 크다. 하지만 급진적 혁신이 성공하면 성장과 도약을 위한 원천이 될 수 있다.

기업의 다양한 혁신 활동의 결과인 기술변화는 기술시스템의 변화를 수반하며, 기술시스템의 변화는 모든 경제 행위에 주요한 영향력을 끼치게 되면서 그 효과가 광범위하게 퍼진다. 여기서 기술경제 패러다임 변화의 중대한 특징은 기술변화가 경제 전반을 통해 지속적으로 영향을 미친다는 점이다. 즉 기술경제 패러다임의 변화는 새로운 제품, 서비스, 시스템 그리고 산업들의 출현을 견인할 뿐만 아니라, 경제의 모든 부문들에 직·간접적으로 영향을 미친다.

2.3 디지털경제의 핵심역량

디지털경제 하의 기업은 기존에 없는 제품이나 서비스를 만들어 내기 위해서 기발한 발상과 아이디어가 필수적이 되고, 노동력·자금 등 물리적 투입요소의 중요성이 낮아지는 반면, 無에서 有를 찾는 창의성이 핵심역량이 된다. 예를 들면 음악, 데이터, 정보 등이 CD, 책 등과 같은 물리적인 형태로 전달되지 않고 네트워크를 통해서 디지털 데이터로 전달·판매되는 디지털 재화가 부상하게 되었다. 즉 MP3는 음악을 CD나 테이프 대신 인터넷에서 다운로드형식으로 판매하는 것이 그 대표적인 예이다.

그리고 디지털 재화는 마모 없이 다수의 이용자가 동시에 사용가능하고, 변형이 손쉬워 맞춤생산이 용이하다는 장점도 가지고 있다. 이 같은 디지털경제 하의 기업경영은 결국 새롭게 바뀐 경제 패러다임의 적응과 그 패러다임을 뛰어넘는 창조적 도전만이 기업의 계속성을 유지할 수 있을 것이다.

3 디지털경제 하의 산업트렌드[8]

3.1 산업트렌드와 산업구조

디지털화로 IT의 발전과 인터넷 이용의 폭발적인 확산이 촉진되면서 산업 내 정보화가 가속되고 있다. 정보처리 및 전송 속도의 향상, 정보 접근에 대한 시·공간적 제약 극복, 디지털 콘텐츠의 유통 활성화 등을 바탕으로 다양한 정보의 유통과 활용이 활발해지고 인터넷 활용을 통해 기업과 소비자 간 정보화도 활발히 진행되고 있다.

따라서 디지털경제 하의 기업은 독창적인 기술과 창의적인 아이디어의 지식자원 확보, 효과적인 e-business 시스템 구축 등의 정보활용 능력이 무엇보다 중요한 경쟁우위의 요소로 부각되고 있고, 기업 및 시장 정보에 대한 소비자들의 접근이 용이해지면서 Market Power가 공급자에서 구매자로 이전하는 현상이 가속화되고 있다. 따라서 기업들은 다양한 소비패턴을 충족시키기 위한 개인형·맞춤형 서비스 활동이 증가하고 있다.

또한 디지털 기술을 매개로 다양한 기술들이 유기적으로 결합되면서 산업의 융합화 및 복합화가 이루어지고 있다. 모든 정보 형태를 통합 처리할 수 있는 디지털 기술의 적용으로 타 분야의 기술이 상호 활용되어 새로운 기술을 개발하거나 기술 시너지를 창출하는 기술의 융합화 현상이 나타나고 있다.

융합화 및 복합화로 새로운 사업이 등장하고 있으며, 타 산업에 대한 기업 간의 상호 진입도 활발해지고 있다. 이에 따라 매체의 통합, 하드웨어의 통합, 서비스의 융합 등이 이루어져 기업 간 상호 진입 또는 제휴 등이 활발해지면서 사업영역의 경계가 무너지고 있다.

그리고 지식의 정보의 가치가 증대되고 e-business가 활성화됨에 따라 산업의 소프트화·서비스화가 가속되고 있다. 하드웨어의 생산 확대보다는 정보 또는 지식 등의 소프트한 무형자산을 활용하여 부가가치를 창출하는 사업기회가 증가하고 있

그림 3.1 **디지털화에 따른 산업의 Megatrend**

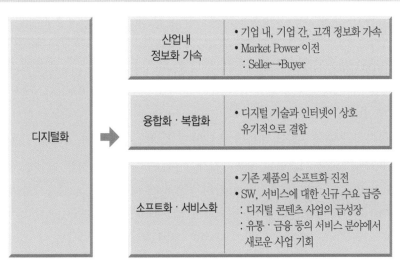

출처: 권혁기·홍정기·조준일, 디지털화에 따른 산업구조 변화와 유망사업, LG경제연구원, 2000.4

다. 또한 e-business의 활성화로 고객과의 접점이 가까워지면서 기업들이 IT를 활용한 부가적인 서비스에서 이익을 창출하는 경향이 강해지고 있으며, 유통 및 금융 등의 서비스 분야에서 새로운 사업기회가 나타나고 있어 소프트웨어 및 서비스에 대한 신규수요가 급증하면서 이를 활용한 신규사업이 부상하고 있다.

이러한 디지털 기술의 발전과 트렌드의 변화는 새로운 시장환경과 경쟁환경을 제공함에 따라 현재의 흐름과 미래의 예측을 통해 시장 및 경쟁구조에 영향을 미칠 산업구조 변화의 트렌드를 추측해볼 수 있다.

첫 번째 산업구조의 변화는 산업 간의 융합으로 인한 신시장 창출이다. 디지털 기술은 통신과 컴퓨터의 융합을 통해 C&C(Computer & Communication) 혁명을 이루어냈고, 정보통신산업을 획기적으로 변화시켰다. 하지만 다양한 기술이 융합·복합된 첨단 기술제품이 출시되면서 기존의 산업 구분은 점차 사라지고 있지만, 동시에 디지털 기술은 다양한 산업 간의 융합을 촉진시켜 신시장을 창출하고 있다.

두 번째 산업구조의 변화는 산업 내 Value Chain의 통합과 분화의 가속화이다. 온라인 상에서 공급자와 구매자 간의 직거래를 중개하는 새로운 채널의 등장으로 기존의 수직통합형 산업구조에서 개방형·네트워크형 산업구조로 진화되고 있다. 부품거래 측면에서는 일부 부품기업으로부터의 조달에 의존하던 시스템에서 개방형 시스템으로 변화되고 있으며, 제품의 판매영역에서는 전속적인 딜러 시스템을 유지하면서 인터넷을 유통채널로서 다각적으로 활용하고 있다.

세 번째 산업구조의 변화는 경쟁 패러다임이 비즈니스 모델 간 경쟁으로 변화하고 있다는 것이다. 인터넷의 등장으로 산업 내 기업 간 경쟁 패러다임은 제품 간, 서비스 간 경쟁에서 비즈니스 모델 간 경쟁이 중시되는 방향으로 변화되었다. 특히 e-business 분야에서는 새로운 인터넷 비즈니스 모델이 속출하게 되면서 인터넷 기업 간 경쟁이 격화되었다. 대표적인 예로 Amazon과 Barnes&Noble의 경쟁을 들 수 있다.

마지막 산업구조의 변화는 네트워크 효과다. 네트워크 효과란 사용자 수가 많아질수록 재화나 시스템의 사용가치가 기하급수적으로 커지는 현상을 말한다. 사용자 수가 많으면 해당 제품의 사용가치가 올라가 다시 새로운 사용자를 끌어들이는 현상이 나타나게 되는데, 이를 포지티브 피드백(Posivive Feedback)이라 한다. 이는 이전 시대에서는 찾아보기 어려운 여러 가지 특징들 중 하나다.

하지만 한 기업이 네트워크를 독점하기 위해서는 많은 투자와 위험이 따르기 때문에 기업 간의 네트워크를 형성할 필요가 있다. 이에 기업 간 네트워크를 형성하는 방법으로 전략적 제휴나 M&A가 중요한 수단이 되고 있다.

3.2 OECD 국가의 디지털 전환[9]

세계보건기구(WHO)가 코로나19에 대해 세계적 대유행인 팬데믹을 선언함에 따라 전 세계는 포스트 코로나 시대를 맞이 하였으며, 이는 모든 측면에서 디지털 전환(digital transformaton)을 가속화시키는 계기가 되었다. 코로나19 팬데믹에 대응하기 위한 방안으로 OECD 국가들은 디지털 기술 사용을 크게 확대하여, 전 세계적으로 교육부터 건강에 이르기까지 사회의 모든 측면에서 디지털 기술에 의존하게 된 것은 처음 나타난 현상이다.

OECD 국가들의 재택근무, 원격교육 및 전자상거래가 급격히 증가하였으며, 기업들의 디지털 활용도 급증하였다. 이에 정부와 기업 및 학계는 위기대응에 기여할 수 있는 인공지능의 잠재성과 국내 및 국가 간 데이터에 대한 글로벌 공유 및 협력은 전례 없는 수준에 도달하였다.

이러한 인터넷 기반 및 광대역 집약적 활동은 고품질 연결에 대한 수요를 촉진하고 디지털 격차를 극명하게 드러냄에 따라 디지털 전환에 대한 보다 포용적인 접근의 필요성을 강화하였다.

이에 OECD 국가들은 디지털 전환 정책에 대한 전략적 접근을 강화하였다. 디지털 전환은 복합적이며 상호연결된 방식으로 경제·사회에 영향을 주기 때문에 보다 전략적 접근이 필요하다. 34개 OECD 회원국들은 정부 최고 수준, 보통 총리나 장관 또는 전담 부처나 기관에서 정책 조정을 강화하기 위해 국가 디지털 전략을 수립하게 되는데 이러한 전략적 접근은 특히 신흥 기술 측면에서 뚜렷하다. 2020년 중반까지 24개 OECD 국가들은 AI 채택과 스킬에 중점을 둔 국가 AI 전략을 수립하였고, 2017년 이후 다수 OECD 국가들이 5G 전략을 발표했으며, 종합적 디지털 전략도 보유하고 있다.

OECD는 통합·일관된 디지털 정책 실현을 위한 정책 프레임워크(Going Digital Integrated Policy Framework)를 제시하였다. 프레임워크는 네트워크 접근성 강화, 디지털 기술의 효율적 사용, 혁신 촉진, 양질의 일자리 보장, 사회번영 촉진, 신뢰 강화, 시장 개방성 촉진 등 7가지 상호 연관된 영역을 포함하고 있다.

표 3.1 Going Digital Integrated Policy Framework의 정책 목표와 고려사항

정책목표	주요지표	정책 고려 사항
접근강화 (Enhance aeecess)	투자, 커뮤니케이션 인프라 및 서비스, 경쟁, 지역발전	• 더 많은 사람, 사물 및 기술이 온라인화 되는 것을 대비하기 위해 브로드밴드에 투자 • 경쟁을 촉진하고 투자 장벽을 제거하여 연결성을 향상 • 모두가 연결될 수 있도록 농촌 및 격지의 접근성 향상 • 잠재력을 실현할 수 있도록 데이터에 대한 접근성 강화
효율적 사용증가 (Increase effective use)	디지털 정부, 투자, 기업 다이나믹스, 중소기업, 스킬, 디지털 보안 및 개인정보	• 모두를 위한 더 높은 수준의 인터네 활용 장려 • 디지털 정부의 잠재력을 실현 • 기술채택, 확산 및 기업의 디지털 도구 효율적 사용을 촉진 • 개인, 기업 및 정부의 스킬 강화 • 온라인 활동을 증가시키기 위해 불신 해결
혁신 실현 (Unleash innovation)	노동시장, 스킬, 사회적 보호, 조세 및 복지시스템, 지역발전	• 새로운 일자리 및 대체될 일자리를 위해 근로자들을 대비 • 디지털 세계의 일자리에 적응할 수 있도록 사람들의 스킬을 강화 • 다양한 훈련에 관한 도전 과제를 해결하기 위한 준비 • 누구도 소외되지 않도록 사회적 보호제도 마련 • 새로운 형태의 직업에 대한 우려 해소
사회번영 촉진 (Promote social prosperity)	사회정책, 스킬, 조세 및 복지 시스템, 환경, 헬스케어, 디지털 정부	• 포용성을 증진하기 위해 디지털 격차 해소 • 공동의 도전 과제를 해결하기 위해 디지털 도구 활용 • 기회와 위험 사이의 균형을 유지함으로써 디지털 기술의 사회적 영향을 평가
신뢰 강화 (Strengrhen trust)	디지털 위험관리, 중소기업, 개인정보보호, 디지털 보안, 소비자 보호	• 위험관리 접근을 채택하여 신뢰를 보장 • 강하고 포용적이며 상호운용적인 개인정보 보호 프레임워크를 구축 • 디지털 보안 위험을 제거하기보다 관리할 것 • 온 · 오프라인상의 소비자 보호
시장 개방성 촉진 (Foster market openness)	무역, 투자, 금융시장, 경제, 조세	• 디지털 기술이 국제무역을 계속 재편할 수 있도록 준비 • 투자 장벽 축소 및 개방된 금융시장 촉진 • 변화하는 경쟁 역동성 모니터링 • 경제의 디지털화로 인한 세금 문제 해결

출처: OECD 디지털경제 전망의 주요 내용 및 시사점, 데이터산업 동향 이슈 브리프, 한국데이터 산업진흥원, 2020.12

4 디지털경제 하의 글로벌 경영전략은 어떻게 할 것인가?

4.1 경영전략의 구체화

디지털경제의 특성에 맞추어 기업은 새로운 경영전략을 구상하고 이를 체질화해야 한다. 앞서 기술한 '확산성', '복잡성', '개체성', '가상성' 등 디지털경제 하의 글로벌 경영환경 변화에 적응하여 사업, 마케팅, 운영, 인사의 각 부분에서 구체화할 필요가 생기게 되었다. 디지털은 기업에게 새로운 사업을 창출해 주고 혁신의 무기를 제공해 준다는 점에서 기회이지만 동시에 적응하지 못하면 도태당하는 위협이기도 하다.

따라서 사업전략은 이동표적(Moving Target)형 전략구사와 미래를 내다보는 비전제시형 리더십(Visionary Leadership)이 필요하다. 이동표적형 전략구사는 목표나 수단을 확정해 두는 전략에서 변화하는 시장의 니즈와 기술·경쟁자 동행에 즉각적으로 조건반사하는 체제로 변경하는 것을 말한다. 계획을 수립하는 과정에 경영환경이 수시로 바뀌므로 예전과 같이 과거실적을 바탕으로 미래계획을 세우는 것은 무의미하다. 간단하고 명료한 경영방침을 중심으로 전략을 수립하고 경영환경이 변함에 따라 즉각적으로 대응하는 이동표적형 전략구사를 필요로 한다. 예컨대 장기전략을 세워놓고 정기적으로 실행계획을 수정 보완하는 연동계획(Rolling Plan)을 도입해야 한다.

관련 사업 이외에 디지털 관련 분야의 동향을 추적·파악하여 경영전략을 수시로 변경하여야 한다. 소규모 틈새시장에 불과했던 사업분야라도 디지털 기술이 접목되면 순식간에 기존시장을 능가하는 유망시장으로 부상하고 있다. 예를 들면 델(Dell) 컴퓨터가 창업 13년만에 세계 3위의 컴퓨터 업체로 부상하게 된 결정적인 계기는 인터넷 활성화에 기인한다.

한편 비전제시형 리더십은, 디지털시대에는 경영환경이 넓고 광범위하게 광속도로 변하기 때문에 리더의 안목과 비전이 어느 때보다 중요하다. 정보전달속도가 빨라지면서 기업의 제품·서비스에 대한 고객의 좋고 나쁨의 표출도 광속으로 진행되고 있다. 고객은 자신이 선호하는 가치나 사물에 대해서는 열정을 갖지만 선호하지 않는 것에 대해서는 철저하게 외면하기 때문이다. 그에 따라 기업의 흥망성쇠도 단기간에 결정되므로 사업의 계속·중단에 대한 정확한 판단과 과감한 결단이 필수적이 되고 있다.

디지털경제시대에 자사 상품을 사실상의 표준(de facto standard)으로 만들기 위해서 리더가 경쟁자보다 먼저 사업기회를 포착해야 한다. 종업원들에게 사업에 대한 미래 방향을 제시하고 이를 조직 내부에 체화시키는 리더십이 중요하다. 즉 선점의 효과를 극대화하는 데는 리더의 선견력이 핵심요소이다.

4.2 디지털 경제에 맞는 마케팅 환경과 대응

디지털경제시대는 단기간에 폭발적 수요가 발생하며 그만큼 새로운 고객층의 확보가 승부의 관건이 된다. 네트워크의 구전효과로 인해 패션상품·영화 등 흥행상품의 특성을 갖게 되는 분야가 증가하므로 연속적으로 대형히트상품을 창조하는 블록버스터(blockbuster) 마케팅을 하여야 한다. 예를 들면 델(Dell) 컴퓨터의 웹사이트를 통해서 구매한 일반고객의 80%, 플레이보이(Pleyboy)의 전자상거래 매출액 중 75%는 이전에 양사의 제품을 구입하지 않았던 고객들이다.

미국의 티켓마스터(Ticket Master)사는 공연권의 예매뿐만 아니라 공연장의 좌석 배치도를 보여주면서 고객들이 원하는 좌석을 구입할 수 있도록 배려하고 있다. 그런가하면 맥그로 힐(McGraw Hill)출판사는 대학교수들이 자신의 강좌에서 사용할 자료 및 논문 수량 등을 인터넷을 통하여 신청하면 4~6주 이내에 책으로 만들어 배달해 주는 주문형 강의교재 출판사업을 전개하고 있다. 이것들은 고객의 수요를 창출하는 니즈 상품을 개발한 후 이를 조기에 대형 히트로 연결하는 마케팅 전략에 의한 것이다.

오늘날의 마케팅은 대중마케팅(mass marketing)체제를 1:1마케팅(one to one marketing)체제로 전환하여 고객의 프로파일 추적을 통해 개별적인 자료를 수집·분석한 후 개별고객이 원하는 상품을 고객별로 제공하고, 데이터마이닝(Data Mining) 기법을 이용하여 해당 고객의 구매기회를 예측하는 고객맞춤형 판매활동을 전개한다. 즉 개개인을 하나의 목표시장으로 접근하여 표적마케팅 전략을 구사하는 것이다. 따라서 마케팅부서의 역할은 고객에게 물건을 파는 것이 아니라 고객을 관리하고 감동시키는 것으로 전환하는 것이다.

고객의 불만을 단순히 해결하는 소극적 대응에서 탈피하여 고객의 욕구상황을 제품개발단계로부터 반영하여 단골고객으로 만드는 쌍방적인 대처가 필요하다. 즉 고객의 욕구를 적극적으로 수용하여 프로슈머(prosumer: producer + consumer)로 육성하는 것이다.

아울러 동질성이 높은 가상사회(virtual community)를 마케팅 대상으로 적극 활용한다. 이들 가상사회는 동일한 관심사를 가진 네티즌의 집합체로서 적게는 수십 명에서 많게는 수만 명의 회원으로 구성되어 있다. 가상사회의 특징인 민감성, 정보확산 등에 유의하고 특히 잘못된 정보나 제품에 의해 치명적인 손실이 발생하지 않도록 조심도 해야 할 것이다.

4.3 디지털경제 하의 기업운영전략

원자재 공급업체에서 최종사용자에 이르는 연결고리를 유기적으로 통합하여 효율적인 거래 네트워크를 구축하는 '공급사슬관리'(SCM: supply chain management)를 구축해야 한다. 조직 내·외부의 거래를 완벽하게 처리하기 위하여 필요한 모든 정보를 표준화하고 공유하며 축적해야 한다. 이러한 SCM을 효과적으로 추진하기 위해서는 통합에 참여하는 최상의 동반자를 발굴하는 것이 중요하며 수주와 출하정보를 협력업체에게 실시간으로 전달하고 협력업체가 자체적인 대응이 가능하도록 지원하는 시스템이 필요하게 된다. 또한 기존의 협력업체를 재편하고, 의지 있는 신규업체를 과감하게 수혈하며, 기존공급업체를 통합·감축·재구축하는 내부 전사적 자원관리(ERP: enterprise resource planning)시스템과 연결하여야 한다.

그리고 오늘날은 SCM에 고객관리시스템(CRM: customer relation system)까지 확장형 ERP으로 연결되고 있다

디지털네트워크의 의존이 심화될수록 정보유출에 대비하는 보안을 강화하여야만 할 것이다. 중간단계마다 오류를 체크하는 시스템을 유지하고 사고를 미연에 방지하는 것이 최선이므로 외부의 리스크를 상쇄할 수 있는 백업시스템을 정비, 사업리스크를 헤징할 수 있어야 할 것이다. 더불어 기업 외부의 다양한 이해관계자와 네트워크를 구성하여 리스크를 회피하여야 한다. 예를 들면 전세계 금융기관과의 업무제휴를 통하여 리스크를 분산하거나 비재무적인 리스크는 수주에서 출하까지의 시간을 최소화하는 유연생산체제를 구축하고, 외부네트워크와 연결하여 헤징을 할 수

있도록 해야 한다. 여기에는 자사의 생산판매 기능과 고객의 정보시스템을 통하여 상호간 실시간 체크가 가능하도록 구성하는 것이 재고리스크를 줄이는 방법이다.

서류를 통해서 유통되는 정보가 사이버공간에 흘러 다니도록 하여 무서류(paperless)화를 실현, 서류업무를 최소화함으로써 창조적인 일에 경영자원을 집중할 수 있도록 해야 한다. 여기에는 내부업무의 표준화·전산화를 실시하고 인터넷 등 외부네트워크와의 연결을 통하여 업무 전체를 디지털 통신망으로 통합하는 DNS(digital nervous system)시스템을 구축해야 한다. 예를 들면 GM사가 새턴개발 부문의 정보관리 시스템인 SCADA라는 생산라인을 그래픽화하여 통제하는데, 회사 내 모든 직원이 공정상황을 파악하고 이상이 발생하면 신속하게 대처할 수 있도록 한 것이 그 예이다.

국경을 넘나드는 온라인 원격디자인, 고객과의 실시간 대화, 회계·영업·조달 등 전체업무의 동시처리를 추구하는 것이다. 정보의 원활한 유통과 세밀한 분석을 통하여 새로운 사업기회를 창출하는 동시에 위기대응능력을 제거할 수 있는 생산, 판매, 서비스, 종업원 등의 구성요소를 유기적으로 연결시켜서 외부변화에 민감하게 반응하는 체제를 구축해야 한다.

4.4 디지털경제 하의 조직·인사환경과 대응

디지털 경영환경 하에서는 무한속도, 무형가치, 무경계로 인한 불확실성 증대에 대처하기 위해서 스스로 창조력과 혁신력을 갖춘 횡적 조직으로 전환하여 각 단위 조직이 무한한 변형 가능성을 갖고, 기업 전체가 이러한 패턴을 반복 내지 공유할 수 있는 자생력을 가진 프랙탈(fractal: frature + fraction에서 유래된 조어)[10] 조직을 구축해야 한다. 기본적인 조직이 골격만을 유지한 채 계층간 부서 간의 벽을 파괴하고 안과 밖이 연결된 네트워크시대에 기존조직의 폐단인 봉쇄된 지식으로 인한 가치반감을 막아야 한다.

디지털경제시대에서는 5%의 우수한 인재가 95%의 종업원을 선도하는 시대이다. 따라서 우수한 인재를 상시 모니터링으로 추적하여 헌팅(hunting)해야만 할 것이다. 예를 들면 MS는 매년 12만 명 이상이 입사원서를 내지만 소수의 슈퍼스마트(super smart)만을 채용한다. 우수한 인재를 확보하기 위해서는 지속적인 교감을 통해 관심을 유도하는 추적형 채용이 효과적이다. 국적과 인종을 초월하여 인력을 채용하고 연공과 직급에 따라 급여를 지급하던 방식을 탈피하여 기능이나 인재상에 따라 시장임금을 지급하는 시스템을 견지한다. 즉 매년 시장임금에 준하여 임금을 지급하되 개인의 성과에 따라 상위직급보다도 보상이 높아질 수 있도록 상한선을 폐지하는 임금제도이다. 아울러 회사의 이익을 공유하는 이익공유(profit sharing)와 원가절감성과를 배분하는 성과배분(gain sharing)을 적극 도입, 기업과 구성원이 성과는 물론 경영상의 어려움도 분담하는 상생의 파트너십을 추구하는 프로그램을 도입해야 할 것이다.

논의주제 💬 ||||||||||||||||||||||||||||||||||||||||||||||||||||||||||||||||||||||

1. 디지털경제시대에 대한 기업의 태도
2. 디지털 기반의 기술경제 패러다임 변화에 대한 대응
3. 디지털경제의 핵심역량
4. 디지털경제 하에서의 글로벌 전략

핵심용어 💬 ||||||||||||||||||||||||||||||||||||||||||||||||||||||||||||||||||||||

- 디지털
- 기술혁신
- 네트워크 효과
- 디지털 경제
- Value Chain

주(註) 💬 ||||||||||||||||||||||||||||||||||||||||||||||||||||||||||||||||||||||

1) 아날로그란, 디지털에 대한 상대적인 개념으로 사용되는 용어로, 그리스어로 닮았다 또는 비슷하다라는 의미의 아날로기아(analogia)에서 유래된 것으로서 전류나 전압 등의 물리적인 양의 연속적인 수치로 나타내는 것이다. 경제활동에서는 연속성 또는 전반적인 흐름을 중시하는 것이라 할 수 있다.
2) 김영래 외, 전자무역의 이해와 전개, 브레인코리아, 2002, p. 13.
3) 김영래 외, 위의 책, 참조.
4) 조현대·임기철, 디지털 기술혁명과 기술경제 패러다임의 변화 : 의미, 향상 및 발전과제, 과학기술정책연구원, 정책연구 2000-13, 2000.
5) 강준영, 데이터 경제 시대의 기술 혁신과 패러다임 변화, 한국산업은행, 2018.
6) Freeman, C., & Perez, C., "Structural crisis of adjustment, business cycles and investment

behaviour", *Technology, Organizations and Innovation: Theories, concepts and paradigms*, 1988.

7) Afuah, A., Innovation management, Strategies, implementation and profits London: Oxford University Press, 1998.

8) 권혁기·홍정기·조준일, 디지털화에 따른 산업구조 변화와 유망사업, LG경제연구원, 2000.

9) 한국데이터산업진흥원, OECD 디지털경제 전망의 주요 내용 및 시사점, 데이터산업 동향 이슈 브리프, 2020.

10) 언제나 부분이 전체를 닮는 자기 유사성(self-similarity)과 소수(小數) 차원을 특징으로 갖는 형상.

글로벌기업의 전략

비전은 볼 수 없는 것을 보는 이다.

— Jonathan Swift

제 2 부 글로벌기업의 전략에서는…

글로벌경영 환경에서 기업 각자가 독자적인 경영이념 아래 기업의 목표달성과 경쟁 우위 획득을 위한 다양한 전략적 방안을 모색해 본다.

Chapter 04

수출과 라이선싱전략

장 머리에

본 장에서는 글로벌기업의 해외사업전략 중 수출 및 라이선싱전략에 대하여 논의한다. 그 중 수출전략은 제조업을 주로 경영하는 기업이 최초로 사용하는 해외사업방식일 것이다. 아직도 대부분의 기업들은 주로 수출에 의존하여 해외시장에 진출하고 있다. 본 장에서는 여러 대안적인 해외사업방식 중 수출과 관련된 사안과 수출경로의 유형과 장단점에 대하여 논의한다.

또한 라이선싱방식은 로열티나 다른 형태의 대가로 기술적인 자산이 외국으로 이동하는 것이다. 즉, 기업의 무형자산인 기술, 상표, 물질 특허권, 저작권과 같은 지적소유권 및 기술 노하우, 경영관리 및 마케팅 등의 경영자산의 이동과 관련된 경영전략이 라이선싱 전략이다. 본 장에서는 글로벌기업의 해외사업전략 중 계약에 의한 사업방식에는 라이선싱 방식과 프랜차이즈 방식이 있지만 주로 라이선싱 전략과 관련하여 그것에 대한 개념과 라이선싱의 협상방법 및 계약체결방법에 대하여 자세하게 논의한다.

1 무역의 기초이론

무역이론은 국가 간의 무역이 왜 발생하는가를 설명하는 이론이다. 본 절에서는 대표적인 세 가지의 고전적 무역이론을 소개한다. 먼저 스미스(A. Smith)가 주장한 절대우위에 입각한 무역이론과 리카도(D. Ricardo)의 비교우위에 입각한 무역이론 및 헥셔(E. Heckscher)와 오린(B. Ohlin)의 무역이론을 살펴보기로 한다.

1.1 절대우위론

절대우위이론(Absolute Advantage Theory)은 스미스(A. Smith)가 처음 제기했다. 절대우위이론은 두 나라가 두 상품을 하나의 요소를 투입하여 생산한다고 가정하며, 각국은 절대생산비가 가정 저렴한 상품을 한 가지씩 생산하여 서로 교환할 경우 모두에게 이익이 된다는 이론이다.

예를 들어 한국은 자동차를 생산할 때 칠레에 비해 저렴한 비용으로 생산할 수 있고, 칠레는 포도주를 생산할 때 한국에 비해 저렴한 비용을 생산할 수 있다고 가정하자. 이는 한국은 포도주를 생산할 때 칠레에 비해 더 높은 비용으로 생산하고 있고, 칠레는 자동차를 생산할 대 한국에 비해 더 높은 비용으로 생산하고 있다는 것을 의미한다. 이러한 경우, 한국은 자동차 생산, 칠레는 포도주 생산을 하는 것이 생산비를 감소시키고 특화할 수 있는 방법이다. 양국이 두 재화를 서로 교환한다면 두 국가에서 자동차와 포도주의 생산가능성이나 소비가능성이 증가하여 전체적인 후생이 증가할 것이다(이에 대한 자세한 분석은 본서의 범를 벗어나므로 국제경제학을 참고하기 바람).

절대우위이론은 귀금속의 획득을 국부의 원천으로 간주하여 무역차액주의를 주장하는 중상주의를 비판하고, 재화의 생산가능성이나 소비가능성의 확대가 국부증대의 원천으로 간주한 자유무역의 유효성을 최초로 주장한 이론이다. 그러나 어느 한 국가가 모든 상품에 대해 절대우위를 가지는 경우에도 무역이 발생하는 현상을 설명하지 못하는 약점이 있다.

1.2 비교우위론

비교우위이론(Comparative Advantage Theory)은 스미스(A. Smith)가 제기한 절
대우위론의 약점을 리카도(D. Ricardo)가 보완하여 발전시킨 무역이론이다. 리카도
의 비교우위론에 따르면 한 나라가 상대국에 비해 모든 상품에 절대우위가 있어도
상대적으로 효율성이 높은 산업을 전문화함으로써 자원의 최적배분 및 경제적 후생
이 극대화될 수 있다고 보고 있다.

리카도에 의하면 재화의 비교우위는 절대생산비에 의해서 결정되는 것이 아니라
기회비용(opportunity cost)에 있다고 한다. 예를 들어 한국이 자동차와 포도주 모두
생산비가 칠레에 비해 저렴하다고 가정하자. 포도주를 추가적으로 생산할 때 자동
차 생산량은 감소하게 되는데, 포도주 생산의 기회비용은 감소된 자동차 생산량을
화폐가치로 환산한 것이다. 또한 자동차를 추가적으로 생산할 때 포도주 생산량은
감소하게 되는데, 자동차 생산의 기회비용은 감소된 포도주 생산량을 화폐가치로
환산한 것이다. 결국 비교우위는 한 국가가 어느 재화에 대해 기회비용(포기할 때
희생되는 비용)이 낮은 것인가를 확인하여 기회비용이 저렴한 재화를 전문적으로
생산하여 기회비용이 높은 상품과 자유거래를 할 경우 양국에 모두 이익이 된다는
것이다(이에 대한 자세한 분석은 본서의 범위를 벗어나므로 국제경제학을 참고하기
바람).

비교우위이론은 스미스의 절대우위이론의 약점을 보완하고, 자유무역의 타당성
을 더욱 높였다는 점에서 큰 의의가 있다. 그러나 비교우위이론과 절대우위이론은
각 재화의 우위발생 원인을 밝히지 못하고, 교역조건의 범위에 대해서는 설명이 가
능하지만, 두 재화의 정확한 교환비율을 설명하지 못하는 약점을 지니고 있다.

1.3 헥셔-올린(H-O)이론

리카도(D. Ricardo)의 비교우위론이 제기된 이후 스웨덴의 경제학자인 헥셔(E.
Heckscher)와 올린(B. Ohlin)은 리카도가 설명한 비교우위의 원천이 각국마다 서로
다른 요소부존자원에서 발생한다고 주장하였다. 즉 토지, 노동, 자본에 있어서 그
부존자원의 양은 국가마다 서로 다르며, 어떤 생산요소를 더 풍부하게 보유하고 있

는 국가에서는 그 생산요소의 가격이 다른 나라에 비하여 훨씬 싸다고 볼 수 있다. 따라서 그 나라는 풍부한 생산요소를 더 많이 사용하는 산업을 전문화함으로써 생산성을 높여 비교우위를 창출하는 반면, 부족한 생산자원을 집약적으로 사용하는 산업은 비교열위에 처하게 된다. 다시 말해서 노동이 풍부한 나라는 노동집약적인 제품을 생산하는 것이 비교우위를 가지며, 자본 또는 토지가 풍부한 나라는 각각 자본과 토지를 더 집약적으로 사용하는 산업에 집중하는 것이 더 효과적이라는 것이다. 리카도의 비교우위론과 H-O이론은 생산성의 차이에 의해 무역이 일어난다는 공통점을 가지고 있으나 리카도는 생산성의 차이가 왜 일어나는지에 대해서는 설명하지 못하였다. 반면 H-O이론은 생산성의 차이가 요소부존자원의 상대적인 차이에 의해 발생한다고 주장하였다.

이상에서 살펴본 리카도와 H-O이론은 두 개의 국가가 각 재화를 생산하는 데 있어서 생산성의 차이가 있을 때 생산전문화를 통하여 무역에 의해 효율성의 증가가 발생한다는 이론이다. 이들 이론은 상당히 단순한 것임에도 불구하고 자유무역을 주장하는 사람들에게 강력한 논리를 제시해 주었다.

그러나 이들 이론은 현실을 단순화시킨 이론이며 많은 가정을 내포하고 있다. 대표적으로 이 이론들은 두 국가가 두 가지 재화만을 거래하며, 각국 간의 운송비용이 들지 않는다고 가정한다. 또한 한 국가 내에서 산업 간에 경영자원이 자유롭게 이동할 수 있다고 가정하며, 각국이 고정된 양의 주어진 부존자원을 가지고 있으며, 이들 자원을 활용하는 효율성이 무역 후에도 변하지 않는다는 가정을 하고 있다.

물론 현실은 이들 모형이 묘사하는 대로 단순하지 않다. 따라서 이들 비교우위론을 검증하기 위한 많은 실증연구가 이루어져 왔다. 많은 실증연구는 H-O이론의 타당성을 뒷받침하는 쪽으로 나타나기도 하였지만, 때로는 이론에서 예측하는 방향과 반대되는 연구결과도 제시되었다.

H-O이론과 반대되는 결과를 얻은 대표적인 연구는 레온티에프의 역설이다. 레온티에프(W. Leontief)는 미국을 대상으로 실증검증을 한 결과 미국이 상대적으로 노동이 적고 자본이 더 풍부한 나라임에도 불구하고, 미국에서 수출하는 주요 품목은 대체로 노동집약적인 제품이 많고 수입재의 경우 자본집약적인 제품이 더 많다는 사실을 발견하였다. 레온티에프의 역설(Leontief's Paradox)에 대한 많은 실증연구의 결론은 미국이 비록 노동집약적 제품을 더 많이 수출한다 하더라도 미국이 수출하는 재화는 숙련노동이 많이 사용되는 산업에서 생산되는 것이 대부분이기 때문에, 이러한 숙련노동에 투입된 자본을 고려한다면 단순히 노동집약적 제품의 수출

이 더 많은 것으로 볼 수는 없다는 것이다. 또한 미국이 노동과 자본뿐만 아니라 상대적으로 토지가 풍부한 나라이므로 이러한 토지와 함께 노동을 많이 사용하는 농업생산물의 수출이 많은 것도 레온티에프역설의 원인으로 제시되고 있다.

2 수출전략

2.1 수출전략의 선택 동기

기업 글로벌화는 수출을 시도하는 것으로 시작된다. 기업이 성공적으로 글로벌화하기 위해서는 수출에 대한 다양한 방법을 인지하고 있어야 하고, 이 다양한 방법 중 어떤 것을 선택하느냐 하는 것은 글로벌기업의 내부환경과 수입국(수출상대국)의 경제·정치·문화·법률 등의 환경에 따라 다르다. 이미 우리는 글로벌기업의 환경에서 경제적 환경, 정치적 환경, 문화적 환경 및 법률적 환경을 논의하였다.

수출을 통한 기업의 글로벌화가 기본적인 수단으로 활용되고 있는 이유는 여러 가지가 있겠지만 몇 가지 이유를 제시하면, 첫째, 우리가 앞으로 다루게 되는 글로벌화전략 중 가장 위험이 적기 때문에 다른 전략과 함께 동시에 수행할 수 있다는 점이다. 둘째, 수출을 통해 해외시장에 대한 다양한 경험을 습득할 수 있다는 것이다. 셋째, 다른 전략에 비해 상대적으로 적은 자원의 투입으로 수익을 높일 수 있다는 것이다. 이러한 이유에서 수출이 기업 글로벌화의 기본적인 전략으로 선호된다고 할 수 있다.

글로벌기업의 해외진출전략 중 수출전략을 선택하는 동기를 좀더 구체적으로 살펴보면 기업의 내·외적인 요인과 태도에 따라 다음 〈표 4.1〉과 같이 크게 4개의 범주로 분류할 수 있다.[1]

① 경영자의 태도

글로벌화에 대한 경영자의 호의적 및 긍정적 태도가 기업이 수출에 참여하는 주요 동기가 된다. 의사결정권을 지닌 경영자가 글로벌화에 대한 감각이 높고 진취적일수록 그 기업은 여타 국내경쟁업체들보다 먼저 수출활동을 개시한다.

표 4.1	수출동기의 분류	
구 분	정치적 위험	국가위험
능동적 태도	• 경영자의 의지 • 성장 및 이익 목표 • 규모의 경제 • 마케팅 우위 • 독특한 제품 및 기술력	• 해외시장기회 출현 • 정부 및 관련기관의 지원
수동적 태도	• 위험 분산 • 과도한 자원의 활용	• 예기치 않았던 주문 • 협소한 국내시장의 규모와 국내시장의 포화상태

자료: G. Albaum, *et. al.*, *International Marketing and Export Marketing*, MA : AddisonWesley Co., 1989, p. 35.

② 성장 및 이익 목표

국내시장만으로 기업이 성장하는 데 한계가 있다고 판단될 경우 기업들은 수출을 신중하게 고려한다.

③ 마케팅 우위

월등한 판매력, 효율적인 마케팅조직 및 양질의 서비스시스템을 갖춘 기업은 비교적 용이하게 수출할 수 있다.

④ 규모의 경제

수출을 통한 생산량의 증가로 단위당 원가를 낮출 수 있다.

⑤ 독특한 제품 및 기술능력

경쟁적인 제품을 개발하고 생산해낼 수 있는 기술능력은 수출을 위한 필수적 요건이다.

⑥ 위험 분산

수출을 통한 시장다변화로 사업위험을 분산시킬 수 있다.

⑦ 자원의 합리적인 활용

국내시장에 생산시설, 재정 및 인적자원을 투입하고 여분의 경영자원을 활용하고자 할 때 수출을 모색하게 된다.

⑧ 해외시장기회

해외시장기회의 출현은 기업들로 하여금 수출 참가를 적극 고려하게 만든다.

⑨ 정부의 지원

정부, 무역협회, 은행, 상공회의소 등의 적극적 홍보와 지원이 기업의 수출활동을 촉진시킨다.

⑩ 우연한 주문

예기치 않았던 외부 주문은 기업이 수출에 참가하는 계기가 되기도 한다. 물론 기업이 무역잡지, 경제·경영관련 저널 등에 자사와 자사제품을 광고할 경우 그 기회는 더욱 높아진다.

⑪ 작은 국내시장규모

작은 국내시장규모는 기업들로 하여금 일찍이 수출을 모색케 하는 직접적 계기가 된다. 또한 자사제품에 대한 국내시장이 포화단계에 이를 경우 그 타개책으로 기업은 수출을 적극 고려한다.

2.2 수출전략의 특성 및 수출발전단계

(1) 수출의 전략적 특성

수출활동은 글로벌기업의 활동 중에서 가장 전통적이면서 현재에도 가장 자주 활용되는 글로벌 전략이다. 이런 수출전략의 특성은 다음과 같이 요약할 수 있다.[2]

첫째, 수출전략은 기업들이 활용 가능한 해외시장 진입전략 중 가장 기초전략이자 수단이다. 글로벌기업이 수출전략을 선택할 경우 소요되는 관리적·재무적 자원의 투자가 대단히 낮아서 자원과 위험의 수준을 낮출 수 있다.

둘째, 수출전략은 개도국의 기업들에게 가장 중요한 해외시장 진입전략이다. 개도국 기업들에게 있어서 수출전략이 중요한 이유는 다른 전략을 활용하기 위한 능력이 부족하기 때문이다.

셋째, 수출전략은 국내기업들이 국제화 → 다국적화 → 글로벌화하는 전략의 연속선상의 시발단계에 해당한다. 그러므로 수출전략은 국적을 불문하고 글로벌화를 선도하는 기업보다는 글로벌화에 뒤지거나 국내생산 능력만을 보유한 기업들에게 상대적으로 더욱 중요한 해외시장 진입전략이 된다.

넷째, 수출전략은 내부거래 또는 외부거래의 형식으로 해외제조업체들에 대한 원자재 수출, 해외조립·가공업체들에 대한 원부자재의 수출, 해외 유통업체들과 해외고객들에 대한 완제품 수출 등의 형태로 발생한다.

글로벌기업이 수출을 통해 글로벌화를 꾀하게 되는 과정은 다음 [그림 4.1]과 같다.

그림 4.1 수출전략 결정과정

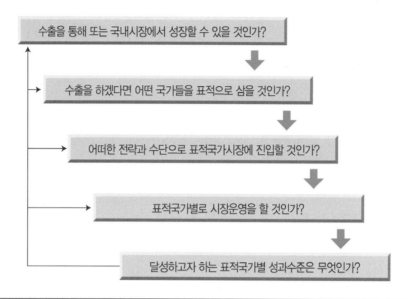

(2) 수출발전단계

처음 해외시장에 진출하는 기업들은 외국시장에서 과연 그들이 성공적으로 경쟁할 수 있는 능력을 가지고 있는지에 대한 불안감을 느낀다. 따라서 글로벌화의 초기단계에 있는 기업들은 해외시장에 대한 적극적인 개입을 통해 시장통제를 최대화하기보다는 해외시장진출에 따른 위험을 최소화하기 위해 가급적 소극적인 자세를 취한다.

[그림 4.2]에서 보듯이 일반적으로 수출 기업들은 자발적 의지 및 우발적 동기(예기치 않은 주문이나 경쟁업체의 수출에 대한 자극)에 의하여 참여하는 경향이 있다. 수출 초기에는 상대적으로 많은 시간과 경험, 그리고 높은 사업 착수 비용이 요구되는 직접수출보다는 중간상을 통한 소극적인 간접수출을 택한다. 만일 간접수출활동이 순조롭게 진행되고, 간접수출을 통해 어느 정도 해외시장에 대한 지식과 경험 그리고 자신감이 구축되면, 기업은 더욱 적극적인 수출활동, 즉 직접수출로의 전환을 모색할 수 있게 된다. 이러한 측면에서 수출활동은 기업에게 외국시장에 대한 지식의 습득과 함께 자사의 경쟁능력을 시험해 볼 수 있는 기회를 제공한다 할 것이다. 국제적 학습경험으로서의 수출활동은 외국시장으로의 더 깊은 개입을 위한 준비단계라 할 수 있다.

| 그림 4.2 | 제조업체의 수출발전단계 |

	제1단계 우발적 수출	제2단계 시험적 수출시도	제3단계 해외시장 확장	제4단계 해외지사 설립	제5단계 해외시장 통합
수출동기	•기대치 않았던 주문 •단기적 이익	•자발적 의지의 수출 및 경영자의 관심	•경영자의 관심 •판매성장	•수출증진 노력 •해외시장 기회 발굴	•장기적 이익
수출시장 선택	•본국시장 중심	•인접국가 •미약한 시장 세분화	•원거리 수출 시장 •시장세분화 시도	•시장다변화 및 다양한 시장 세분화	•시장통합 및 •전문화
수출방식	•간접수출	•수출 중간상 •국내 수출 대리점 •국내 수출상	•직접수출	•현지 수출판매 대리인·유통 업자 •현지 지사	•현지 판매지사 및 법인
문제점 / 유의점		•기능별 분야간 협조요망 •수출경험 부족	•본국시장 포화 •마케팅 및 제품에서 국내판매와 수출과 협조요망	•현지 수출대리점 관리 •시장통제 및 점유의 어려움	•시장 다변화에 따른 마케팅 / 제품관리 •시장관리

3 수출경로의 유형

기업이 글로벌화 하는 초기 단계에서 기업이 수출전략을 이용할 경우 해외시장에 대한 다양한 지식을 습득할 수 있는 기회를 제공받을 수 있고, 점차 다양한 글로벌 전략을 펼칠 수 있는 기회와 능력을 길러준다.[3]

수출전략은 기업들이 좀 더 복잡한 해외사업운영을 위한 전초적인 단계로서 특히 해외 경험축적과 학습활동에 중요한 역할을 담당한다. 해외경험이 증가함에 따라 기업은 해외사업운영에서 느끼는 위험은 점차 감소한다. 해외진출의 초기에는 기업이 해외시장에 대한 아무런 경험이나 지식이 없기 때문에 경영자는 해외사업에 대한 위험도를 국내산업에 대한 위험도보다 더 높게 평가하는 경향이 있다. 그러나 수출활동을 통해서 경험과 자신감을 얻은 후에는 기업이 느끼는 위험은 국내에서와 같은 수준으로 하락한다.

이와 같은 상황에서 수출에 의한 해외시장진출은 보다 더 큰 투자를 필요로 하는 해외직접투자의 방법에 비해 훨씬 위험을 줄이는 방법이다. 해외시장에 수출로 참여하는 방법은 간접수출에 의한 방법과 직접수출에 의한 방법이 있다.

3.1 간접수출경로

간접수출(indirect export)이란 제조업자(또는 생산업자)가 자국 내의 제3자(수입업자가 아닌 자, 수출중간업자)의 개입을 통해서 해외에 수출하는 것을 말한다. 여기서 수출중간업자란 국내의 종합무역상사나 오퍼상(물품매매확약업자), 그리고 한국을 방문하는 외국바이어와 같은 수출중간업자 등의 대리인(agency)을 거치는 것을 의미한다. 제조기업의 입장에서는 외국시장에 대한 직접적인 지식이나 경험이 없이 이들을 통하여 자사의 제품을 해외시장에 선을 보일 수 있다는 이점을 가지고 있다. 간접수출은 크게 국내수출대리점과 국내수출상을 통하는 두 가지 경로가 있다([그림 4.3] 참조).

(1) 국내수출대리점

국내수출대리점(domestic export agent)은 제품이나 서비스 등의 소유권을 갖지 않고 중개 및 주선에 의한 수수료를 획득함에 목적이 있다. 주요 국내수출대리점 유형으로는 판매 대리점과 중개업자를 들 수 있다. 중개업자는 단지 제조업자와 수입업자를 중개함으로써 자신의 임무가 종결되는 반면, 판매 대리점은 중개 및 주선뿐만 아니라 오퍼(offer), 신용장 개설, 계약체결 등의 업무도 대행하는 것이 보통이다.

(2) 국내수출상

국내수출상(domestic export merchant)은 제조업자에게서 직접 제품이나 서비스를 구입해 수입업자에게 판매함으로써 그에 따르는 매매차익 획득을 목적으로 한다. 국내수출대리점과의 차이점은 재화에 대한 소유권의 유무에 있다. 대표적인 국내수출상으로는 무역상사(trading company)를 들 수 있는데, 무역상사는 수많은 해외시장에 판매망을 구축하고, 다양한 품목을 취급하며, 수출입업무를 직접 관리하며, 또한 판매원을 통한 적극적인 현지마케팅에도 많은 노력을 기울인다.

(3) 간접수출의 장·단점

간접수출의 장점으로는 첫째, 해외판매 경험이 없이도 비교적 쉽게 해외시장에 진출할 수 있으며, 둘째, 해외진출에 따른 경로비용(착수 및 유지비용)과 사업위험을 낮춰주며, 셋째, 최소한의 수출업무관리부담(계약, 선적, 통관 등) 등을 들 수 있다.

간접수출의 단점으로는 첫째, 자사제품에 대한 마케팅 통제의 어려움, 둘째, 장기적인 시장구축의 어려움, 셋째, 제한적인 이익 등을 들 수 있다.

따라서 기업들은 해외진출의 초기에는 간접수출방식에 의해 수출을 하다가 점차 해외사업운영에 자신감을 갖게 되면 직접수출방식으로 전환하는 경향이 있다.

3.2 직접수출경로

직접수출(direct export)이란 국내중간업자를 거치지 않고 제조업자가 직접 외국의 유통업자나 에이전트(agent)와 판매계약을 체결하거나 또는 현지에 자사의 판매지사나 법인의 설립을 통하여 물품을 직접 유통시키는 방식이다. 따라서 제조업자가 직접경로를 통할 시에는 자신의 직접판매계약, 통관, 선적 등의 수출업무를 관리하여야 한다. 직접수출은 크게 해외판매대리인이나 유통업자를 활용하는 방법과 제조업체가 판매자회사나 판매지사를 설립하여 운영하는 방법 등의 두 가지 경로로 이루어지는 것이 보통이다([그림 4.3] 참조).

(1) 해외판매대리인

해외판매대리인(foreign agent)이란 해외시장에서 제조업체를 대리하는 독립적인 중개상, 즉 대리인이나 대리점이라고 정의할 수 있다. 판매대리인들은 제조업체의 상품에 대한 상표권을 갖지 못하며 일정량의 샘플을 제외하고는 그 제품의 재고를 보유하거나 소비자들에게 신용판매를 할 수 있는 권한이 없다. 외국대리점은 특정지역 내 독점적 판매권한의 유무에 따라 특약점(sales agent)과 독점대리점 또는 총대리점(sole agent or exclusive agent)으로 구분된다. 해외판매대리인의 주요한 업무는 제품을 다른 중간상인들, 즉 도매상과 소매상들에게 판매하는 일이다. 그리고 판매대리인들은 기술적인 상담에 응하거나 애프터서비스(A/S)에 관한 활동은 하지 않는다. 이 판매대리인은 근본적으로 세일즈맨에 불과하며 이들은 판매량에 대한 일정액의 수수료(commission)를 받는다.

| 그림 4.3 | 주요 직접 및 간접수출경로 |

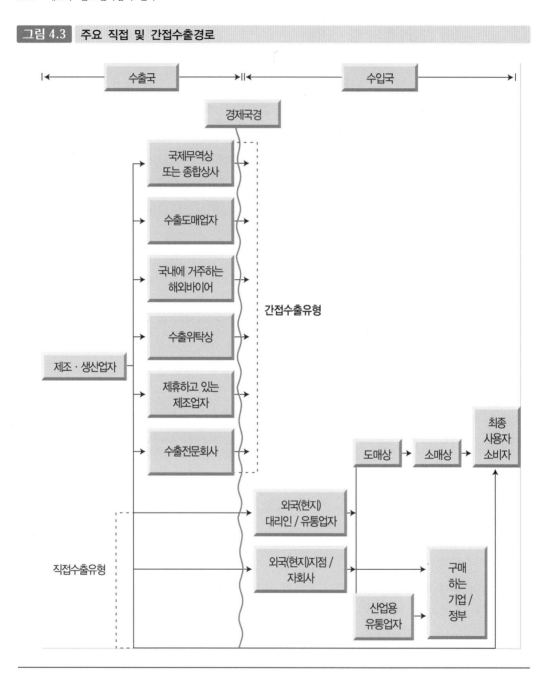

(2) 해외유통업자

해외(현지) 유통업자(foreign distributor)는 제조업체의 제품에 대한 상표권을 갖는 독립적인 상인이다. 이들은 제품을 다른 중간상인이나 최종소비자에게 직접판매하고, 상표권을 사용하는 권리를 갖는 대신 위험도 함께 부담하는 등 판매대리인보다 훨씬 다양한 기능을 수행한다. 예를 들어 이들 현지유통업자는 자신의 비용으로 재고를 보유하고, 광고활동을 전개한다. 또한 소비자에게 신용판매를 하기도 하며, 주문을 받고 실제로 제품을 배달하고 애프터서비스까지 수행한다. 이들 현지 유통업자는 제조업체에게서 일정한 이윤을 보장받음으로써 여러 가지 활동(재고관리, 촉진, 신용관리, 제품유지 및 애프터서비스 등)을 수행한다.

해외판매대리인과 유통업자 간의 선택은 궁극적으로 각각의 장점과 단점에 따라 달라진다. 현지유통업자들은 판매대리인에 비해서 자신들이 직접 수행하는 활동이 많기 때문에 제조업체의 입장에서는 이들 유통업자를 통제하기가 판매대리인을 상대하기보다 훨씬 더 어렵다. 많은 경우에 유통업자에게 보장해주는 이윤이 판매대리인에게 제공하는 수수료보다 큰 것이 보통이다.

(3) 해외판매지사 및 판매자회사(법인)

현지판매지사(지점)나 판매자회사법인(foreign branch/subsidiary)의 설립을 통하여 현지에서 본사를 대리하여 오퍼, 계약, 판매촉진 등의 수출업무를 직접 수행할 수 있다. 이 경우 제조업자는 사무실 개소와 인력관리 등에 따른 사업착수 비용과 유지비용을 부담해야 한다. 지사와 판매자회사법인의 차이는 영업활동에 있다기보다는 법률적 규정에 기인하는 것이다. 즉, 지사는 법률적으로 본사에 종속된 지점의 성격을 띠는 데 반하여, 법인은 본사와는 법률적으로 독립된 하나의 별개 회사로 간주된다.

(4) 직접수출의 장 · 단점

직접수출의 장점으로는 첫째, 적극적인 마케팅이 가능하며, 현지 마케팅 계획에 대한 통제가 가능하다. 둘째, 지속적인 시장개척의 기회 획득할 수 있다. 셋째, 제조업자의 무형재산 보호가 가능하다. 넷째, 현지에 대한 정보를 빠르게 습득할 수 있다.

직접수출의 단점으로는 첫째, 전문적인 수출업무관리(수출절차, 선적서류, 수출결제 등) 능력을 습득해야 한다. 둘째, 더 높은 경로비용(착수 및 유지비용)이 필요하다. 셋째, 더 많은 정보의 수집 및 분석능력이 요구된다. 넷째, 더 높은 위험부담이 따른 다는 점 등을 들 수 있다.

이상에서 살펴본 바와 같이 직접수출경로는 크게 대리점(외국인대리점/도매유통업자)를 통한 수출과 자체판매조직(현지판매지사/법인)의 두 가지 대안이 있다. 이

두 가지 경로의 장·단점을 〈표 4.2〉을 통해 살펴볼 수 있다.

〈표 4.3〉은 간접수출방식과 직접수출방식을 비교한 요약이다.[4]

표 4.2 현지 대리점과 자사판매조직과의 장·단점 비교

	대 리 점	자 체 판 매 조 직
장점	• 현지시장정보에 밝다. • 이미 현지 거점을 갖고 있다. • 마케팅비용이 낮다. • 서류작업이 단순하다.	• 마케팅 활동을 직접 통제한다. • 본사와 긴밀히 협조한다. • 이해상충이 없다. • 더 좋은 서비스를 제공한다.
단점	• 자사제품 외에도 이해를 갖는다. • 매출에 대해서 통제하기 어렵다. • 판매지역 때문에 문제가 발생한다. • 계약기간상 문제가 발생한다. • 최소한의 이익을 보장하는 문제가 있다.	• 정보수집에 비용이 많이 든다. • 조직의 개발에 투자가 많이 든다. • 현지 거점을 확보하기 어렵다. • 현지 광고를 하기가 어렵다.

자료: J. N. Sheth and H. Schoenfeld (ed.), *Export Marketing*, University of Illinois, 1980, p. 198.

표 4.3 간접수출방식과 직접수출방식의 비교

구 분	간접수출방식 (indirect export)	직접수출방식 (direct export)
방식	수출중개인을 활용하여 재품을 유통	수출중개인 없이 제조자가 직접 유통
경로	• 국내수출대리점 • 국내수출상	• 해외판매대리인 • 해외유통업자 • 해외판매지사 및 법인
장점	• 해외시장의 경험비중이 낮음 • 비용과 위험 감소 • 업무 및 절차의 감소	• 적극적인 마케팅 가능 • 현지 마케팅계획에 대한 통제 가능 • 지속적인 시장개척의 기회 제공 • 제조업자의 무형재산 보호 • 현지에 대한 빠른 정보 습득
단점	• 마케팅 통제의 어려움 • 장기적인 시장 구축의 어려움 • 제한적인 이익	• 전문적인 수출업무관리 능력 필요 • 더 높은 경로비용 필요 • 정보수집능력과 분석능력 필요 • 높은 비용과 위험 부담

4 라이선싱전략

4.1 라이선싱의 개념 및 동기

(1) 라이선싱의 개념

글로벌라이선싱(Licensing)이란 한 국가의 기업, 즉 공여(供與)기업(licen-sor)이 로열티, 수수료 등의 대가를 받고 다른 국가의 수혜(受惠)기업(licen-see)에게 특허, 노하우, 상표, 상호 등의 무형자산(intangible assets)을 공여하는 것을 내용으로 하는 다양한 계약협정을 일컫는다.[5] 통상적으로 무형자산의 국제적 이전에 있어서는 이들의 올바른 사용법을 지도하기 위한 기술적 서비스가 수반된다(보다 자세한 것은 제9장의 글로벌법무전략에서 자세한 것을 설명하기로 한다).

라이선싱은 해외시장 진입에 그 기본 목적이 있는데, 대체로 높은 생산원가 때문에 제품을 국내에서 생산하는 것이 비효율적이거나 국내에서 생산하여 그것을 판매지역까지 운송하는 데 많은 운송비가 소요되는 경우, 또는 제품특성 면에서 장거리 운송이 불가능한 경우, 그리고 현지정부의 규제 때문에 현지생산이 불가능한 경우 등에 이용된다.

특히 글로벌라이선싱 활동은 국가 간의 경영협력의 한 가지 방법으로서 또는 글로벌경영의 한 가지 형태로서 그 비중이 크다. 오늘날 국가 간의 경영협력에 있어서 좁은 의미의 기술이전이라 함은 일반적으로 새로운 생산설비를 설치하고 가동하는 데 필요한 기술적인 정보와 노하우를 선진공업국으로부터 기술공급이 부족하거나 불가능한 상태에 있는 개발도상국으로 이전하는 것을 말한다.

이러한 글로벌라이선싱에 대해서 크래머(Roland L. Kramer)는 "한 나라의 라이선서(licensor)에 의해서 제공되는 제조·가공·상표·노하우·기술지원, 머천다이징 지식 또는 기타 숙련을 다른 나라의 라이선시가 사용하게 할 목적으로 라이선서와 라이선시가 협약하는 해외운용(foreign operations)의 한 방법이다"[6]라고 하였다. 그렇다고 라이선싱이 해외운용에만 적용되는 것은 아니고 국내운용에도 적용된다. 즉 한 국내회사와 다른 국내회사가 동일한 방법에 의해 라이선싱 협약을 맺을 수 있는 것이다.

라이선싱은 정상적인 수출업무보다 많은 위험이 따르지만 해외직접투자보다는 상대적으로 적은 위험을 수반한다.

위험도: 수출 〈 라이선싱 〈 해외직접투자

이러한 이유 때문에 라이선싱은 특정 기업체의 팽창과 성장, 수출로부터 현지생산판매를 위한 해외직접투자로 가는 중간 전환단계로서 이용되고 있다.

한편 라이선싱은 직접적인 자본참여 없이 산업재산권을 라이선시, 기업체에게 라이선싱을 해준 대가를 그 기업체에 대한 납입자본으로 활용할 수도 있다. 그러나 일반적으로 로열티를 받는 것이 목적인 라이선싱은 하나의 비자산 합작투자라고 할 수 있으며 이러한 라이선싱은 그 성질상 산업재산권을 매도하는 것이 아니고 특정 기간 차용 또는 대여해 주는 것이다.

그리고 외국에 단독투자의 자회사 또는 합작기업체를 가지고 있는 기업들은 자신의 해외연관기업체에게 이전한 기술·특허권·제품 등의 자산가치를 책정하는 법적 근거를 제공하는 수단으로 라이선싱을 사용할 수 있다. 만약 전쟁이 발발하거나 국유화되든지 또는 판매처분할 때 그러한 자산의 가치를 평가할 수 있는 명확한 근거로 제시할 수 있다. 또한 도입국이 외환통제를 통하여 직접투자의 원리금상환을 제한하더라도 공식적 라이선싱계약에 입각한 로열티는 지불받을 가능성이 많기 때문이다.

(2) 라이선싱의 동기

기업이 외국기업과 라이선싱계약을 체결하고자 하는 이유는 첫째, 국내에서 이미 사용되어진 무형자산에 대해 단순히 추가적인 소득을 올리고자 하는 경제적 의도, 둘째, 교차라이선싱(cross-licensing)에서처럼 무형자산을 상호 교환하거나 또는 라이선싱의 대가로 외국수혜기업의 연구결과를 제공받고자 할 때, 셋째, 특정 국가에서 자사의 특허, 상표 등의 무단사용을 방지하기 위한 차선책으로 활용하고자 할 때, 넷째, 과실송금에 대한 규제가 높은 국가들(예: 중국 등)에 있는 현지 자회사들에게 특허, 상표 등의 사용권을 부여함으로써 자금송출하기 위해, 다섯째, 무역장벽과 외국인 소유권 규제에 대응하기 위한 차선책 등이다.[7]

(3) 라이선싱의 장·단점

라이선싱은 많은 기업들이 직·간접의 수출활동에 부가하여, 해외시장 진입 또는 확대를 위한 한 형태로서 널리 이용되고 있으며, 또 대규모의 자금과 인적 요원의 투입이라는 불이익을 감수해야 하는 직접투자에 들어가기 전에 해외시장의 가능성을 테스트하고 또 글로벌경영에 관한 경험을 쌓는 데 비교적 안전한 방법으로 간주되고 있다.[8]

오늘날의 기업은 높은 연구개발비용, 타기업과의 경쟁격화, 독점금지법, 재정적 어려움 등에 직면하고 있다. 이들 기업이 생존하기 위하여 소유하고 있는 모든 자원을 이용하여 최대한의 이윤을 추구하여야 한다.

기업은 세계기술시장을 배경으로 기술판매전략을 수행함에 있어 기술이전방법으로 주로 해외직접투자와 글로벌라이선싱(global licensing)을 이용한다. 글로벌기업들이 해외직접투자의 방법을 선호하는 경우는 첫째, 기술의 성질이 복잡, 정교하여 도입자가 이를 소화·흡수할 수 있는 능력이 없거나 장기간이 필요한 경우, 둘째, 기술혁신의 수명이 길어서 현재나 미래의 시장에서 그 효과적인 이익이 보장되는 경우, 셋째, 라이선싱이 미래에 그들과 경쟁자가 될 수 있는 외국생산자들에 기술의 핵심적인 노하우를 제공할 우려가 있는 경우 등을 들 수 있다. 이에 반하여 글로벌라이선싱은 기술의 성질이 단순하거나, 제품수명주기가 단명일 경우, 그리고 직접투자가 법에 제한을 받거나 정치적, 경제적으로 높은 위험성을 내포한 경우에 선호된다.[9]

한편 라이선싱의 장·단점은 〈표 4.4〉와 같다.

표 4.4 라이선싱의 장·단점

라이선싱의 장점	라이선싱의 단점
• 높은 신축성 • 낮은 진출위험·비용 • 수익금의 신속한 발생·회수 • 경기변동, 정치적 위험 등 현지기업환경 변화에 덜 노출 • 현지시장조건에 쉽게 적응 • 독점금지법에 덜 저촉 • 장래의 사업활용에 대한 현지파트너 개발 기회 • 수입장벽 및 외국인 투자규제 회피수단	• 수혜기업이 계약 종료 후 경쟁자로 대두될 위험(boomerang 효) • 수혜기업이 자신의 판매지역 외에 여타 지역으로 진출할 가능성 • 여러 사안에 걸쳐 수혜기업이 계약을 준수하지못할 가능성 • 공여자 및 수혜기업의 요구(기간, 기술진, 여타 지원)에 따른 문제 • 오직 자신들에게 이익이 될 경우에만 계약을 갱신하려고 하는 수혜기업들의 속성 • 영업기밀 누출 위험 • 미래에 해당지역에서의 공여자의 활동 제한가능성

(4) 글로벌라이선싱의 패턴

기업들은 글로벌경영에 있어서 모든 기술을 자급자족할 수 없을 것이다. 그러므로 필요한 기술을 자체적으로 충당할 수 없는 기업들은 로열티를 지불하고 글로벌라이선싱계약을 통하여 외국기술을 도입 · 활용하고 있다.

이런 상황에서 글로벌라이선싱은 지역별 · 산업별 패턴을 갖게 된다.[10]

첫째, 대부분의 글로벌라이선싱은 선진국 기업들 간에, 특히 글로벌기업들 간에 성행하고 있다. 예를 들어 핵(核)산업 · 전자 · 정보통신 · 무기 · 유전자 · 정밀화학 등의 첨단복합기술산업(high complex technology industry)이 발달한 선진국들의 기업들 상호간에 라이선싱이 가장 많이 이루어지고 있다.

둘째, 선진국의 기업들과 개도국의 기업들 간의 라이선싱의 흐름은 대부분 선진국의 기업들로부터 개도국의 기업들에게 거의 일방적으로 향하는 것이다.

셋째, 선진국과 더불어 개도국 기업들 간에도 라이선싱이 증가하고 있는 추세이다.

넷째, 글로벌라이선싱은 대체적으로 공작기계, 전기 및 전자제품, 정보통신, 산업시설, 자동차제품류, 고무제품, 화학 및 화공제품, 약품, 핵발전, 생명공학, 로봇, 무기 등 첨단기술을 활용하는 제조산업에 전통적으로 집중되어 있다.

다섯째, 글로벌라이선싱의 방향은 대체적으로 수출 · 해외직접투자 등의 방향과 밀접한 관계가 있다.

여섯째, 특정 기업체의 글로벌사업활동 중에서 글로벌라이선싱이 차지하는 비중이나 중요성은 그 기업체의 규모와 대체적으로 관련이 많다.

대체로 글로벌라이선싱은 대규모 글로벌기업의 글로벌사업활동 중에서 아주 적은 비중을 차지한다. 그러나 중소규모의 기업들에게는 글로벌사업활동에서 차지하는 글로벌라이선싱의 비중이 대단히 높을 수 있다.

4.2 라이선싱 사업의 수익성 분석

기업이 글로벌사업방식으로 수출 이외의 라이선싱을 선택하기도 하는데, 이 경우 라이선싱의 수익성을 충분히 검토한 후 결정해야 한다. 라이선싱의 수익성 분석을 충분히 하지 않을 경우 다른 사업방식을 선택할 수 있는 기회를 잃게 되는 위험도 종종 발생한다. 라이선싱을 통한 사업방식이 가장 유리한 상황일 때 라이선싱전략을 추구하게 되는 경우를 언더라이선싱(underlicensing)이라고 하고, 정반대로 라이선싱을 통한 진출이 기업의 이익공헌 측면에서 볼 때 최적의 방식이 아님에도 불구하고 라이선싱전략을 선택하는 경우를 오버라이선싱(overerlicensing)이라 한다.[11]

(1) 추가적 수익의 평가

공여기업(lincensor)의 수익성분석을 위해서는 라이선싱 계약기간 내에 예상되는 추가적인 수익과 비용에 대한 평가가 이루어져야 한다. 즉, 라이선싱의 수익공헌은 예상되는 증가된 분의 수익에서 증가된 분의 비용을 공제함으로써 측정할 수 있다.[12]

라이선싱을 통한 증가된 수익의 총규모를 측정하기 위해서는 공여기업은 로열티 수익 외에도 아래와 같은 여타 수익원을 규명하고, 그 규모를 파악해야 한다.

① 전액/일시불 로열티
② 기술 자문료
③ 엔지니어링 및 건설 수수료
④ 수혜기업의 지분소유에 따른 이익배당
⑤ 수혜기업에 대한 판매이익(기계, 장비, 원재료, 부품 등)
⑥ 수혜기업으로부터의 제품 반입을 통한 재판매 이익
⑦ 수혜기업의 제품 및 부품의 사용을 통한 비용절감
⑧ 수혜기업에 대여한 장비나 기계의 임대료
⑨ 경영관리 수수료(management fees)
⑩ 수혜기업으로부터 제공받은(grant-backs) 특허, 상표, 노하우

(2) 추가적 비용의 평가

라이선싱의 수익성분석의 다음 단계는 계약기간에 걸쳐 수혜기업(licensee)에게 이전되는 기술 및 서비스와 관련된 모든 추가적 비용을 평가하는 일이다. 라이선싱에 있어서 공여기업이 잃게 되는 추가적 비용은 크게 기회비용, 착수비용, 유지비용의 세 가지로 분류된다.

첫째, 공여기업의 기회비용(opportunity costs)이란 라이선싱으로 인하여 손실되거나 또는 앞으로 손실될 수 있는 수익을 나타낸다. 공여기업은 라이선싱계약을 체결함으로써 수출 등의 여타 방식에 의해 창출해 낼 수 있는 수익을 포기하게 된다. 기회비용은 ① 기존 수출 또는 여타 순수익의 손실(대체효과), ② 미래 수익의 상실

이 있다.

둘째, 착수비용(startup costs)은 수혜기업으로 하여금 라이선싱된 기술을 바탕으로 하여 제품을 생산하고 판매할 수 있게 돕는 과정에 있어서 발생되는 모든 이전비용(transfer costs)을 나타낸다. 착수비용에는 ① 현지시장조사비용, ② 수혜대상기업의 선정비용, ③ 현지국에서의 특허/등록상표 취득비용, ④ 라이선싱계약을 위한 협상비용, ⑤ 설계도, 도면, 여타 서류 작성비용, ⑥ 수혜기업이 사용할 수 있도록 기술의 수정비용, ⑦ 수혜기업의 종업원 훈련비용, ⑧ 엔지니어링, 건설 및 공장 설치 서비스비용, ⑨ 수혜기업에게 기계 및 장비 공여비용 등이 있다.

셋째, 유지비용(ongoing costs)은 보통 5년에서 10년 사이의 계약기간에 걸쳐 라이선싱 협약을 유지하는 데 있어 공여기업에게 요구되는 모든 비용이다. 여기에는 ① 정기적 교육 및 훈련비용, ② 현지국에서의 특허/등록상표 관리비용, ③ 품질감독 및 심사비용, ④ 감사와 검사비용(auditing and inspection), ⑤ 마케팅, 구매, 기타 서비스 비용, ⑥ 경영자문비용, ⑦ 수혜기업과의 거래관계 유지, ⑧ 분쟁해결비용, ⑨ 라이선싱과 관련된 인적자원관리비용 등이 있다.

예상되는 총수익의 증분과 총비용의 증분분석(비용편익분석) 결과를 가지고 공여기업은 제안된 라이선싱의 수익공헌을 최종적으로 평가할 수 있다. 그러나 계약기간의 매년도마다 예상되는 수익과 비용이 차이가 날 수 있으므로 수익공헌을 순현재가치(net present value)로 평가하는 것이 바람직하다. 만일 라이선싱을 통한 진출이 수익공헌 측면에서 타당성이 있다고 판단되면 공여기업은 이익성분석의 자료를 토대로 수혜대상기업과 구체적인 라이선싱 협상에 들어갈 수 있다.

한편, 라이선싱의 수익공헌분석에 있어서 한 가지 유의해야 할 사항은 공여된 기술의 개발비용은 공여기업의 비용 증분에 포함되지 않는다는 점이다. 그 이유는 공여된 기술패키지의 개발비용은 공여기업이 라이선싱 계약을 체결하기 전 이미 국내판매를 통해 보상되어졌기 때문이다. 따라서 공여된 기술패키지가 라이선싱 자체를 위해 새로이 개발된 것이 아니라면, 기술개발비용을 공여기업의 라이선싱 비용에 포함시켜서는 안 된다.

4.3 라이선싱 협상 및 계약체결

기업이 글로벌사업방식으로서 라이선싱전략을 사용하기로 결정했다면, 수익성

분석의 결과는 라이선싱 협상을 위한 자료로 활용된다. 라이선싱 협상을 위한 공여기업의 첫 번째 과제는 진출하고자 하는 현지국 내에서 가장 유망한 대상기업을 찾아내는 것이다.[13]

(1) 수혜기업의 발굴

유망한 수혜기업(licensee)의 발굴을 심사하는 과정은 ① 수혜기업의 프로필 검토, ② 유망한 수혜기업의 규명, ③ 복수의 수혜기업들의 비교·평가, ④ 가장 유망한 기업의 선정 등의 네 단계를 거치는 것이 일반적이다.

(2) 협상절차

협상은 직접 면담을 통해 이루어지는 것이 일반적이고 그 협상기간은 보통 6개월에서 1년이 소요된다. 이 때 이전되는 기술패키지에 대한 가격협상이 가장 중요한 관건이 된다. 다음의 [그림 4.4]는 가격협상의 한 규범적 모델을 나타낸 것이다. 여기에서 나타난 가격협상 모델은 이전되는 기술패키지에 대한 매도가격(offer price) 범위와 매입가격(bid price) 범위의 공통부분을 협상가격(bargaining price) 범위로 볼 수 있을 것이다.

공여기업의 매도가격의 범주는 하한가와 상한가로 이루어진다. 매도하한가는 공여기업의 기회비용과 기술패키지의 이전비용만 고려된 가격이다. 한편, 매도상한가는 수혜기업이 이전된 기술패키지를 사용하여 창출해낼 수 있는 이익공헌의 가치를 나타낸다. 당연히 공여기업은 가능한 한 상한가로 라이선싱계약이 체결되도록 협상을 벌일 것이다.

수혜기업의 매입가격 범주도 하한가와 상한가로 이루어진다. 매입하한가는 공여기업의 기술이전 비용에 대한 수혜기업의 자체평가액이다. 대체로 수혜기업은 기술이전에 따른 공여기업의 기회비용을 협상가격 산정 시 반영시키지 않으려고 한다. 대신 수혜기업은 ① 이전된 기술패키지 사용으로 인한 예상증분이익, ② 유사한 기술패키지에 대한 다른 공급업자의 제시가격, ③ 수혜기업이 비슷한 수준의 기술패키지를 자체 개발할 때 소요되는 예상비용의 세 가지 평가액 중에서 최저치를 매입상한가로 삼으려 한다.

일반적으로 수혜기업이 기술을 자체 개발하는 데 소요되는 비용과 시간이 라이선싱을 통하여 기술을 이전받는 비용과 시간보다 더 높게 나타난다. [그림 4.4]에서 보듯이 공여기업의 매도하한가와 수혜기업의 매입상한가 사이에서 협상가격이 형성

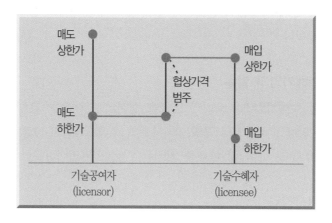

그림 4.4　라이선싱에서의 협상가격 범위

자료: F. R. Root, *Entry Strategies for International Market*, MA : Lexington Books, 1987, p. 100.

되면, 큰 상황 변동이 없는 한 기술패키지의 이전가격은 결국 이 범위 내에서 결정된다.

공여기업이 자신의 해외진출 목표와 이익성분석에 근거하여 이전되는 기술패키지에 대한 가치를 정확히 파악하고 있을 때, 협상가격을 상한가 수준으로 끌어올릴 수 있는 것이다. 반면 공여기업의 소극적인 협상준비 자세는 하한가 수준에서 기술패키지 가격이 결정되는 결과를 초래한다. 계약기간 또한 이전되는 기술패키지에 대한 가격협상시에 중요하게 고려되어야 한다. 라이선싱 사업에 대한 공여기업의 비용과 수익은 계약기간에 걸쳐서 수혜기업의 계약이행 의지와 시장상황의 변동에 따라 달라질 수 있으므로, 공여기업은 제안된 라이선싱의 사업위험과 더불어 정치적 위험 모두를 협상가격 산정시 반영시키도록 해야 한다.[14]

(3) 글로벌라이선싱의 범위

해외시장을 개발하기 위해 널리 인정되고 있는 방법은 외국라이선싱의 이용이다.

본질적으로 라이선싱에 의한 사업방식은 공여기업이 외국인에게 언제나 반대급부가 주어질 수 있는 자신의 산업재산권, 노하우, 특허, 상표 및 기타 자산을 사용하도록 허가하는 것과 관련된다.

이외에 라이선싱에 포함될 수 있는 것은 공정 노하우, 경영관리행위, 마케팅 조언, 배급권, 저작권 또는 공여자에 의해서 어떤 방법이든 독점적으로 그 권리가 유지되는 어떤 형태의 무형자산이다.[15] 역시 라이선싱에는 운용(operation), 권리(rights),

숙련(skills) 및 기술지원(technical assistance)이 포함된다. 최근에는 특허·저작권·상표·기술지원·노하우·경영관리행위 등 제분야에 있어서 라이선싱이 성행하고 있다.

(4) 라이선싱 계약체결

가격협상이 타결되면 최종적으로 라이선싱 계약을 체결해야 되는데, 라이선싱 계약 체결시에 중요하게 취급되어져야 할 사항들은 〈표 4.5〉와 같다.[16]

표 4.5	라이선싱 계약체결시 중요사항		
① 기술 패키지	• 라이선싱된 산업재산권의 실체 (특허, 상표, 노하우) • 이전방법 • 원재료, 장비, 중간재의 공급	③ 보상	• 결제 통화 • 현지국에 대한 납세 의무 • 기술설명 수수료 • 정기적 로열티 • 일시불 로열티 • 기술 자문료 • 수혜기업에게 판매 또는 수혜기업으로부터 구매 • 신제품에 대한 부가적인 수수료 • 수혜기업에 의한 품질 향상
② 사용조건	• 라이선싱된 기술의 사용분야 • 생산 및 판매 지역권 • 서브라이선싱(sublicensing) • 영업기밀 유지 • 특허와 상표의 도용 방지 • 경쟁적 제품의 취급 배제 • 경쟁적 기술의 취급 배제 • 제품수준 유지 • 이행요구 사항 • 신제품/신기술에 대한 수혜기업의 권리 • 공여기업의 감사/조사관리 • 수혜기업의 보고의무 사항	④ 기타 사항	• 준수할 계약 법규 • 계약기간 및 연장 • 계약 취소 및 종료

자료: F. R. Root, *Ibid.*, pp. 103~106.

4.4   프랜차이징(franchising)

프랜차이징은 넓은 의미에서 라이선싱의 한 형태이다. 단지 라이선싱과 다른 점은 공여(기업)자(franchisor)가 가맹(기업)자(franchisee)에게 상호, 상표, 기술 등의 사용권뿐만 아니라 가맹자에게 조직, 마케팅, 일반관리 분야의 지원 제공 및 원료 공급 등 양자가 지속적이고 포괄적인 관계를 유지한다는 점이 특징이다.

보통 가맹자는 공여자의 상호와 상표를 가지고 사업 활동을 하며 공여자의 정책과 절차를 따른다. 그 대가로 가맹자는 공여자에게 로열티, 수수료를 지불하거나 혹은 다른 형태의 보상을 하게 된다.

라이선싱이 주로 제조업과 관련된 생산기술이나 특허권을 대상으로 하는 데 비해 프랜차이징은 패스트푸드, 식음료산업, 호텔, 자동차 랜트 등의 서비스 산업에서 활발히 전개되고 있다. 예컨대, 미국의 맥도날드, KFC, 베스킨 라빈스, T.G.I. Friday's, 메리어트 호텔, 프랑스의 노보텔, 한국의 롯데리아, BBQ, 파리바게뜨 등이 여기에 속한다.

프랜차이징의 장점은 첫째. 적은 자본으로도 해외 진출이 가능하다. 둘째, 표준화된 마케팅 전략에 의해 독특한 이미지를 형성할 수 있다. 셋째, 정치적 위험이 낮다. 단점으로는 첫째, 공여자의 이익 기회가 제한되고, 둘째, 수혜자에 대한 완전 통제가 어렵고, 셋째, 프랜차이즈 조건에 수혜국 정부의 제한이 가해질 수 있다.

프랜차이징은 대개 수출이 곤란한 제품이나 서비스를 대상으로 하기 때문에 수출보다는 해외직접투자와 비교하여 선택되는 진입 방법이다.

4.5 계약생산(contract manufacturing)

계약생산은 라이선싱과 직접투자의 중간 성격을 갖고 있지만 지분참여를 하지 않는 다는 점에서 해외직접투자와는 분명히 구별된다. 이 방식은 진입 대상국 내의 기업에게 일정한 조건 하에 제품 생산을 하도록 하고, 현지나 제3국 시장에 대한 판매 및 마케팅은 발주자가 직접 담당한다. 대개의 경우 계약에 따른 제품을 얻기 위해 현지의 생산업체에게 기술제공이나 기술적 지원을 한다. 물론 이러한 기술이전은 별도의 공식적인 라이선싱 계약을 통해서 이루어질 수도 있다. 따라서 계약생산은 기술제공이라는 측면에서는 라이선싱과 비슷하고 현지 생산과 마케팅이라는 점에서는 해외직접투자와 비슷하지만, 생산된 제품을 직접 판매한다는 점에서 라이선싱과 다르고 생산에 대한 자본투자가 없다는 점에서 해외직접투자와 다르다.

계약생산은 해외직접투자를 하기에는 목표시장이 너무 작다거나 수출에 대한 제한이나 비용이 클 경우에 적당한 진입방법이다.

계약생산의 장점은 첫째, 상대적으로 적은 자금과 경영 인력의 투입으로 조기에 시장진입을 할 수 있고, 둘째, 일반적인 라이선싱과는 달리 애프터서비스를 포함한 마케팅활동의 통제권을 가질 수 있다.

단점으로는 첫째, 적절한 현지 생산업체를 찾는 것이 어렵거나 불가능할 수 있고, 둘째, 그러한 기업이 존재한다고 해도 원하는 품질과 수량의 제품을 확보하기 위해서는 상당한 정도의 기술적 지원이 필요하며 때로는 라이선싱과 같이 미래의 경쟁자를 키워주는 위험도 존재한다.

주문자 상표 부착방식(OEM: original equipment manufacturing)도 일종의 계약생산이다.

논의주제 💬

1. 수출전략의 형태와 그 장단점
2. 라이선싱전략 선택의 동기와 그 장단점
3. 수출전략과 라이선싱 전략의 비교
4. 라이선싱사업의 수익성 분석
5. 프랜차이징의 장단점과 라이선싱과의 차이점
6. 계약생산의 장단점과 라이선싱과 차이점

핵심용어 💬

- 비교우위론
- 직·간접 수출경로
- 라이선싱사업의 수익성분석
- 프랜차이징
- 수출전략
- 라이선싱전략
- 라이선싱 협상
- 계약생산

주(註) 💬

1) G. Albaum, et. al., *International Marketing and Export Marketing*, MA : Addison-Wesley Co., 1989, pp. 35~41.
2) 반병길, 국제경영, 박영사, 1999, pp. 211~226.
3) 장세진, 글로벌경영, 박영사, 2000, p. 211.
4) 김영래, 무역경영, 박영사, 1998(개정판), pp. 69~70.

5) 권영철, 국제경영관리론, 무역경영사, 1994, p. 210.

6) Roland L. Kramer, *International Marketing, 7th ed.*, South−Western Publishing Co., 1980, p. 691.

7) Jeremy Clegg, "The Derterminants of Aggregate International Licensing Behavior: Evidence from Five Countries", *Management Review*, Vol. 30 No. 3, 1990, pp. 231~251.

8) Michael R. Czinkota. Ilkka A. Ronkainen, Michael H. Moffett, *International Business*, 4th ed., The Dryden Press, 1996, p. 420.

9) 최권·김인수, 경영학연구 통권 14호, 한국경영학회, 1983. 9, p. 14.

10) 반병길, 앞의 책, pp. 322~324.

11) F. R. Root, *Entry Strategy for International Markets*, Lexington, 1987, pp. 94~97.

12) 권영철, 앞의 책, pp. 215~218.

13) F. R. Root, Ibid, pp. 98~99.

14) F. R. Root and F. J. Contractor, *Negotiating Compensation in International Licensing Agreements*, Sloan Management Review, Winter 1981, pp. 23~32.

15) David B. Zenoff, *International Business Management*, The Macmillan Company, 1971, p. 77.

16) F. R. Root, *Ibid*, pp. 103~106.

Chapter 05

해외직접투자전략

🔹 장 머리에

기업의 글로벌전략 중 수출과 계약에 의한 라이선싱에 이어 해외직접투자에 의한 기업의 글로벌전략을 논의해 보기로 한다. 해외직접투자란 기업이 현지국에 제조공장 및 여타 생산시설의 확충과 더불어 경영참여와 소유권의 획득을 위한 장기적 자본투자를 의미한다. 해외직접투자를 국제자본이동의 한 현상으로 보고 간접투자와 비교하는 것이 일반적이지만 직접투자를 해외시장 진출의 한 방법으로서, 수출과 같은 제품의 단독이동에 대립되는 개념으로 이해하는 것이 보다 보편적일 것이다.

본장에서는 해외직접투자를 이해함에 있어서 해외직접투자의 동기와 장단점 및 투자 형태는 어떤 것이 있으며, 투자환경 평가는 어떤 요인을 고려해야 하는지 살펴보기로 한다. 더불어 해외직접투자가 투자국과 투자대상국에 미치는 긍정적 및 부정적 영향을 살펴보며, 글로벌전략 차원에서 해외직접투자의 실행절차를 논의하여 본다. 또한 미국, 한국, 일본의 해외직접투자에 대해 간략히 살펴보고자 한다.

1 해외직접투자의 개관

1.1 해외직접투자의 개념

해외직접투자(FDI: Foreign Direct Investment)의 개념을 루트(F. R. Root)는 경영 통제권을 갖는 해외기업에 대한 장기지분투자로 정의하였고,[1] 고지마(小島淸)는 해외기업의 경영과 이익에 대한 통제권을 주목적으로 하는 자본의 이동[2]으로 정의하였다. 따라서 해외직접투자는 기업이 피투자기업에 자본참여를 통해 경영권에 일정 부분 이상 관여하는 형태의 해외사업 운영방식이라고 할 수 있다.

그러나 다음과 같은 경우에는 국제적으로 자본이동이 수반되지 않고 직접투자가 일어나기도 한다. 첫째, 글로벌기업이 현지금융시장에서 자금을 차입함으로써 피투자기업의 통제권을 획득할 경우, 둘째, 특허권 · 기술 · 기계 등과 같은 비화폐적인 실물자산을 투자하여 피투자기업의 통제권을 획득하는 경우, 셋째, 기존 투자분의 과실이익이 피투자국인 현지국에 재투자하여 경영지배권을 확대하는 경우 등이다.

킨들버거(C. P. Kindleberger)는 해외직접투자를 엄밀히 국제적인 자본이동이라기 보다는 해외의 직접시설 · 자산에 자금을 이전 · 투하시킬 자본조성(capital formation)을 할 수 있는 글로벌기업의 자본 및 금융에 관한 능력이라고 정의[3]하였다.

따라서 본서에서는 종합적으로 해외직접투자(FDI)를 기업이나 개인 또는 정부가 현지기업의 경영지배 또는 통제권 행사를 위해 국제적으로 각종 유무형의 자원(자본, 제품, 기술, 지식, 특허, 경영관리능력 등)을 피투자국의 현지기업에 이전 투자하는 일체의 경영행위로 정의한다. 이러한 해외직접투자는 자본의 이동만을 의미하지 않으며, 단순한 배당금이나 이자수입을 목적으로 외국기업의 주식이나 채권을 취득하는 해외간접투자(international indirect investment)와는 구별된다. 또한 기업이 현지 시장에 진입하기 위해 완제품이나 반제품과 같은 유형적 자원을 이전시키는 수출(export), 로열티 수입을 목적으로 기술이나 지식 등과 같은 무형자원을 이전시키는 라이선싱(licensing)과도 구별된다.

1.2 해외직접투자의 동기

해외직접투자는 국제경제학적인 측면에서 국가간 자본의 한계수익률의 차이에 의해 한계수익률이 낮은 국가에서 높은 국가로 자본이 이동한다고 보는 것이다. 그러나 개별기업의 측면에서 해외직접투자는 각 기업의 동기와 목표에 따라 일어난다.

개별기업의 해외직접투자의 동기는 매우 다양하며, 특정기업이나 산업 또는 국가별로 서로 다르지만, 대체적으로 다음과 같은 동기에 의하여 일어난다.

첫째, 현지수요의 충족, 현지소비자와의 밀접한 관계, 판매 및 서비스망의 구축, 우회수출기지 확보 등의 시장관련동기에 의하여 해외직접투자가 일어난다. 그러므로 용이한 현지시장 진출과 시장점유율 확대를 위해 직접투자에 의한 현지생산 및 판매활동을 영위할 수 있다.

둘째, 재화나 서비스의 생산에 필요한 원·부자재의 확보와 노동력 등 저렴한 생산자원의 확보에 따른 생산관련 동기이다. 한편 이와 반대로 현지의 고도화된 인력을 확보하거나 기술력을 확보하기 위해 해외직접투자가 일어나기도 한다.

셋째, 경영환경과 관련하여 본국의 임금상승이나 현지국의 무역장벽 회피 등 환경변화에 따라 해외직접투자가 일어난다. 세계경제에 지역주의가 확산됨에 따라 역외기업은 점점 경영환경이 불리하게 된다. 따라서 이들 지역의 국가들에 설비투자를 확대하고 해외직접투자를 하는 경향이 있다.

넷째, 경쟁기업의 해외진출에 대한 자극이나 외국기업의 국내진입 등에 대한 대응으로서 경쟁관련동기에 의해서 해외직접투자가 일어난다.

다섯째, 현지 정부의 투자유치정책에 의하여 해외직접투자가 일어나는 정부정책관련동기이다. 현지 정부가 해외기업을 적극적으로 유치하는 이유는 고용 확대, 선진기술 습득, 자금 유입 등의 경제적인 효과 때문이다.

여섯째, 글로벌기업 환경의 개방화·글로벌화·자유화 추세에 따라 기업은 경영전략적 차원에서 글로벌 네트워크를 구축할 필요성이 있다. 이러한 현상은 WTO체제의 출범에 따른 무한경쟁 시대의 도래로 더욱 가속화될 전망이다.

1.3 해외직접투자의 결정요소

기업들은 여러 가지 이유에서 해외투자를 수행한다. [그림 5.1]은 해외직접투자의 주요 결정요소를 나타낸다. 마케팅요인 중 성장에 대한 기업의 욕망은 해외직접투자 증가를 위한 주요 원인이다.

장래의 경쟁적 수요는 기업들로 하여금 미국, 유럽, 일본, 기타 지역에서 동시에 운영하도록 요구한다. 따라서 기업들은 그들의 판매를 유지 또는 증대시키기 위해 더욱 넓은 시장에 대한 접근이 필요하다.[4] 이러한 목적은 외국기업의 획득을 통해 가장 신속히 달성될 수 있다. 이러한 직접투자에 의한 확대를 통해 정치적 노하우와 지적재산권 등에 쉽게 접근할 수 있는 이익을 얻는다. 예컨대 정치적 행위자와 기회에 관한 보다 훌륭한 사고력, 정치적 여론 결정자와 의사결정자에 대한 신속한 접근 그리고 그들에게 영향을 줄 수 있는 우수한 교섭력을 들 수 있다.

해외직접투자의 또 다른 이점은 해외교역과 운영으로 기업이 현지에서 발생하는

그림 5.1 해외직접투자의 주요결정요소

A. 마케팅 요인	5. 저 노무비
1. 시장 규모	6. 노무비보다 싼 생산원가
2. 시장 성장	7. 낮은 수송비
3. 시장 점유율을 유지하려는 욕망	8. 정부에 의한 재무적 유인
4. 모회사의 수출을 증대시키려는 욕망	9. 더욱 유리한 원가기준
5. 친밀한 고객접촉을 유지하려는 필요	**D. 투자 환경**
6. 기존 시장	1. 외국투자에 대한 일반적 태도
7. 수출 기지	2. 정치적 안정성
B. 교역제한	3. 재산권에 대한 제한
1. 교역 장벽	4. 외환관리 규칙
2. 현지제품에 대한 현지고객의 선호	5. 외환의 안정성
C. 원가요인	6. 조세 구조
1. 공급원에 접근하려는 욕망	7. 국가와의 친밀성
2. 노동력의 이용가능성	**E. 일반적인 것**
3. 원재료의 이용가능성	1. 기대되는 이익
4. 자본 / 테크놀로지의 이용가능성	2. 기타

자료: OECD, *International Investment and Multinational Enterprises*, 1983.

다양한 장애를 극복할 수 있도록 해준다. 예를 들어 미국은 캐나다에 대해 많은 투자를 하였지만, 캐나다 정부는 국내산업을 보호 및 지원하기 위해 외국인 투자를 제한하였다. 그러나 북미자유무역협정(NAFTA)으로 외국인 투자에 대한 제한이 개선되었다.

이러한 정부정책에서 비롯된 장애와 함께 현지시장의 민족주의적 경향이나 문화적 차이로 자국제품과 서비스를 고집하는 고객들에 의해 장애가 발생할 수 있다. 더욱이 현지 구매자들이 공급면에서 그들이 신뢰할 수 있다고 느끼는 공급자로부터 구매하기를 원한다. 예컨대 어떤 제품의 원산지 증명은 특정국가 내에 공장을 세우도록 강요할 수 있다. 이러한 예는 외국기업이 현지에 진출하여 직접생산 및 공급으로 해결이 가능할 수 있다.

또 다른 인센티브는 낮은 가격의 원재료와 공급품을 획득하기를 원하는 기업에 의한 원가요인이다.

마지막으로 국제적으로 투자하기로 일단 결정한다면, 투자환경은 주요한 역할을 한다. 기업들은 그들의 투자가 보호되고 그리고 성공할 최선의 기회를 갖는 지역들에 투자하기를 원한다.

다국적기업의 등장으로 인해 전통적 무역이론에 대한 새로운 설명이 요구된다. 즉 전통적 무역이론은 국가와 국가 간의 교역을 설명하는 과정에서 개인이나 기업 간의 거래를 고려하지 않고, 단지 국가의 일부분으로 가정하고 있다. 그러나 다국적기업이 존재하면서 이런 가정은 수정되어야 한다. 다국적기업 이익은 국가 이익과 일치하지 않을 수도 있기 때문이다.

다국적기업을 이해하려는 시도는 1960년에 하이머(S. H. Hymer)에 의해서 시작된 후 많은 이론과 실증적 연구가 진행돼 왔다.[5] 그러나 이러한 연구들은 다국적기업의 행태, 즉 직접투자, 기술이전, 무역거래 등의 부분적 설명에 지나지 않고 있어 해외직접투자에 대한 지배적인 통합이론은 아직 등장하지 않았다.

2 해외직접투자의 제 이론

2.1 독점적 우위이론

일반적으로 기업이 해외에 진출할 때, 현지기업에 비해 경쟁상 불리한 위치에 놓이게 된다. 예를 들어 현지정부에 의한 차별대우, 현지소비자의 민족주의, 현지시장 환경에 대한 다양한 정보의 부족 등이 그것이다. 독점적 우위이론(Monopolistic Advantage Theory)은 이러한 불리한 점을 극복하고 현지에서의 경쟁우위를 점하기 위해 기업은 특유의 독점적 우위요소가 있어야 한다는 것을 강조하는 해외직접투자 이론이다. 즉, 기업이 고유하게 지니고 있는 독점적 우위로 현지에서 직면하게 되는 불리한 점을 상쇄시킬 수 있을 때 기업은 해외직접투자를 통해 다국적기업(MNC: Multinational Corporation)으로 발전한다는 것이다.

하이머(S. H. Hymer)는 기업이 해외직접투자를 하기 위해서는 독점적 우위요소를 지니고 있어야 하고, 시장이 불완전해야 현지기업과 경쟁에서 승리할 수 있다고 보았다.[6]

기업 특유의 독점적 우위요소는 기술, 브랜드, 규모의 경제, 마케팅 능력, 연구개 발능력, 생산능력, 인적자원, 자본조달 및 관리 등의 경영상 능력을 말한다. 이러한 우위요소는 본사가 현지 자회사에게 이전될 때 비용이 거의 소요되지 않고 자유롭 게 이전된다. 또한 현지기업은 외국기업이 독점적으로 소유하고 있는 우위요소를 획득하는 데 오랜 시간과 비용이 필요하다면 우위요소를 소유한 기업(외국기업)은 이들을 최대한의 이익을 창출하기 위하여 현지에 직접투자를 할 것이다.

그러나 이러한 독점적 우위요소를 소유했다는 것만으로는 해외직접투자가 이루 어지는 것은 아니다. 현지시장의 불완전성으로 인하여 내부적으로 이용하는 것이 외부적으로 이용하는 것보다 더 많은 이익이 보장되어야 해외직접투자가 이루어진 다. 예를 들어 현지 시장이 순수한 완전경쟁시장상태에서 무역장벽과 같은 거래비 용이 없다면 기업은 굳이 많은 비용을 들여 해외직접투자를 하지 않는다. 즉 해외직 접투자보다 더 적은 비용이 소요되는 무역이 유리하게 되므로 굳이 많은 위험을 감 수하면서 현지에 직접투자를 하지 않을 것이다.

킨들버거(C. P. Kindleberger)는 불완전시장의 발생원인을 다음과 같이 보고 있 다.[7]

① 제품시장의 불완전 요인: 제품차별화, 마케팅 능력 등이 존재할 경우
② 요소시장의 불완전 요인: 특허, 경영자의 능력, 기술 능력, 자본조달 능력 차이가 존 재할 경우
③ 규모의 경제: 내·외부적 규모의 경제, 수직적 통합의 이익이 존재할 경우
④ 정부의 규제: 진입과 진출 규제 및 조세, 관세, 이자율, 환율 등의 정부 정책이 존재

할 경우

외국기업들은 이러한 시장의 불완전요인을 통해 독점적 우위요소를 확보하고, 이러한 독점적 우위요소를 이용하여 해외직접투자를 함으로써 해외시장에서 불리한 점을 극복하여 현지기업에 비해 높은 수준의 이익과 경쟁우위를 확보할 수 있게 된다.

2.2 PLC론

다국적기업의 PLC(Product Life Cycle)모델은 하버드대학의 버논(R. Vernon)이 1966년에 제안한 이론이다.[8] 거시적인 국제분업적 접근의 대표적인 이론으로 국제무역 및 해외직접투자이론으로서 혁신적으로 평가받고 있는 이론이다. 버논은 제품의 라이프사이클에 따라서 수요구조와 공급구조가 변화하고 그 속에서 글로벌한 독점경쟁에 대한 합리적 반응으로서 다국적기업이 등장하게 되는 이유를 동태적으로 규명하였다.

(1) 과점적 기업 간의 경쟁

과점적 시장에는 기업수가 적기 때문에 경쟁상대가 어떠한 행동을 취할 것인가에 따라서 기업에 크게 영향을 받는다. 따라서 상대가 나아가는 방향을 잘 예상해서 자사의 행동을 합리적으로 선택하는 것이 경쟁에서 매우 중요한 요소이다. 만약 예상과 현실의 행동이 다를 경우에는 자사의 의사결정을 수정해야 한다. 그러나 각 기업들의 행동과 예상이 완전히 일치했을 때 의사결정을 수정하는 인센티브는 없어지고 시장은 균형을 이룬다. 이같이 과점기업들 간에 지속적으로 변동하는 상호작용 메커니즘의 결과가 각 기업들의 행동을 결정한다.

그렇지만 균형상태도 오래 지속되지 않는다. 동태적으로 시장환경이 변하고 그것이 기업의 의사결정에 수정을 요구하기 때문이다. PLC이론은 이같은 환경변화에 따라 과점적 기업의 글로벌시장에서 의사결정을 제품의 수명주기 측면에서 모형화한 것이다.

(2) 제품의 라이프사이클

모든 제품에는 라이프사이클이 있다. 신제품이 개발되고 시장에 도입된 후, 수요가 급속히 증대하고 얼마 후엔 수요의 신장도 한계점에 다다른다. 그 후 새로운 제품의 출현에 의해서 쇠퇴해 버린다.

이같은 제품 사이클은 세계의 모든 나라에서 동시에 일어나지 않는다. 세계경제는 불균등하게 발전하고 있기 때문에 제품 사이클의 차이가 있다. PLC이론은 1960년대 기술선진국인 원혁신국(예: 미국 등)에서 먼저 신제품이 개발되고 그 다음 후발 선진국(예: 일부 유럽국가들)에 전파되고 일정한 시간이 흐른 후에 개발도상국에 전파된다는 이론이다.

1) 신제품단계(new product stage)

일반적으로 신제품은 기술수준과 소득수준이 높은 미국과 같은 기술선진국에서 최초로 개발되어 소비자들이 사용하게 된다. 신제품은 미국에서 개발되어 미국내 시장에서 잘 받아들여지게 되면 해외시장에 소개되어 해외수요가 발생하게 된다.

이 단계는 제품이 고도로 차별화되고, 수요의 가격탄력성도 작기 때문에 가격을 인하하려는 요인은 그다지 일어나지 않는다. 또한 생산기술도 표준화되어 있지 않기 때문에 우수한 기술력이 중요하게 된다.

2) 성장제품단계(growth stage)

시장에 도입된 제품도 그 생산기술이 표준화되고, 대량생산이 가능하게 된다.그 결과 규모의 경제성이 실현되고 규모의 경제성으로 생산비용과 가격이 저하한다. 이것이 수요의 증대를 유도하고, 생산을 더욱 증대된다. 또한 가격 인하로 후발 선진국에서도 제품의 수요가 발생하여 원혁신국은 수출을 개시하게 된다.

성숙제품단계에서 원혁신국과 후발 선진국에서도 경쟁기업이 출현하게 되어 경쟁압력은 점차 커지게 된다. 이에 따라 시장방어의 필요성이 증대되는 한편, 제품은 표준화가 진행되어 수요의 가격탄력성이 커지게 된다. 이러한 수요의 변화에 적응하기 위해 기업은 비용절감을 통해 제품가격의 인하를 실현하고자 한다.

3) 성숙 표준화제품단계(maturing stage)

제품이 완전히 표준화된 단계에서는 가격경쟁력이 최대의 무기가 된다. 이 단계에서 제품의 생산기술도 충분히 표준화되고, 생산비용 압력이 한층 높아지게 된다. 제품의 가격은 기술개발비용보다 노동비용에 의해 좌우되는데, 기업은 상대적으로 저렴한 생산비용을 실현할 수 있는 개발도상국에서 생산하여 원혁신국과 후발 선진국으로 수출하게 된다. 즉, 원혁신국은 더 이상 수출국의 입장이 아니라 개발도상국

| 그림 5.2 | 제품단계에 대응한 생산패턴의 이동 |

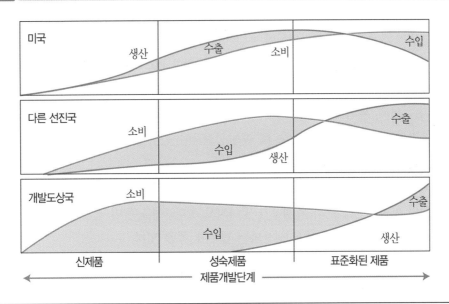

| 표 5.1 | 제품단계에 대응한 제품 특성과 경쟁상의 무기 |

제품단계	기술변화	요소집약도	수요탄력성	경쟁상의 무기	무역구조
신제품	매우 빠름	기술집약도 높음	작음	연구개발력 제품차별화능력	미국: 수출 유럽: 수입
성숙제품	빠름	자본집약도 높음	중간	대량생산·판매 관리기법 비용 경쟁력	미국: 수출 유럽: 수입＜수출 개도국: 수입
표준화 제품	느림	노동집약도 높음	큼	비용 경쟁력	미국: 수입 유럽: 수입＞수출 개도국: 수출

에서 역수입을 하게 되는 수입국의 입장이 되는 것이다. 또한 개발도상국은 더 이상 수입국이 아닌 수출국으로 지위가 역전하게 된다. 그러므로 이 단계에서 원혁신국의 기업은 생산비용이 저렴한 개발도상국으로 해외직접투자가 활발하게 이루어진다.

(3) PLC이론의 평가

미국에서 개발한 신제품은 국내생산·수출단계로부터 선진국에서 생산을 시작하다가 성숙제품단계로 이전하면서 후발선진국에서 생산이 이루어지게 되고, 궁극적으로 개발도상국에서 생산이 이루어진다는 동태적 이론으로서 국제경제 및 마케팅 등의 경영학과 경제학 분야에 많은 영향을 미쳤다. 또한 PLC이론은 1960년대 글로벌화를 촉진한 미국기업들이 후발 선진국이나 개발도상국으로 해외직접투자가 이루어지는 현상에 대한 설명력이 높다. 그렇지만 PLC이론은 최근 글로벌기업의 해외직접투자 현상을 설명함에 있어서 다음과 같은 약점도 있다.

첫째, 유럽과 일본기업의 대두가 증가함에 따라 유럽과 일본에서 미국에 직접 투자하는 사례가 늘고 있다. 즉 후발선진국이 원혁신국인 선발선진국으로 직접 투자하는 사례가 많아지고 있다는 것이다.

둘째, 이미 글로벌화하고 글로벌 로지스틱스를 개발하고 있는 기업에서도 별도의 행동패턴을 취하는 경우가 많아지고 있다. 예를 들어 본국에서 개발된 신제품이 갑자기 개발도상국에서 생산되는 경우가 종종 있다.

셋째, 세계적으로 기술전파의 속도가 빨라지고, 수요의 균형화에 의해 제품사이클과 기업의 생산입지 이전의 래그타임(lag-time)이 거의 없어지고 있다.

2.3 시장내부화이론

버클리(P. J. Bukley)와 캇슨(M. C. Casson) 등이 시장의 내부화(internalization of market)라는 개념을 도입하여 해외직접투자를 설명하려고 노력했고 이것을 발전시킨 것이 내부화이론(theory of internalization)이다.[9] 기업이 해외시장에서 '어떻게 해야 하는지의 관계방법'을 설명하려는 것이며 글로벌경영의 제 이론 속에서 오늘날 가장 주목되고 있는 이론 중 하나이다.

시장의 내부화이론은 기본적으로 다국적기업의 현지시장 불완전성을 전제로 하고 있다. 일반적으로 정상적인 시장거래를 통해서 이루어지는 여러 가지 외부시장거래를 다국적기업 체계 내에서 내부시장을 만듦으로써 이익을 창출하고, 이와 같은 시장내부화가 국경을 초월하여 이루어질 때 다국적기업이 해외직접투자를 통해서 확장 또는 출현하게 된다는 이론이다.

(1) 시장의 불완전성

시장이 완전하면 기업은 해외에 직접투자를 하지 않고 국제분업의 원리에 따라 비교우위를 기본으로 해서 생산특화와 제품무역에 의해서 이루어지는 정상적인 (외부)시장거래를 하게 된다. 또한 우수한 경영자원도 비교우위에 따라 국경을 넘어 이동한다. 그렇지만 시장이 완전히 기능하지 않는 경우에는 제품이나 자원의 경제적이고 합리적인 국제이동이 저해되어 (외부)시장거래를 할 경우 효율성이 약화되고 많은 비용이 발생된다. 이러한 경우에 기업은 정상적인 시장에서 거래하지 않고 해외에 자회사나 현지법인을 설립하여 본사와 자회사 간의 거래와 같이 기업 내부거래를 하려고 한다. 즉, 불완전시장을 우회하고 비용을 줄이며 더 많은 이익을 얻기 위해 해외직접투자를 하게 된다.

내부화의 직접적인 동기가 되는 시장의 불완전성은 ① 산업특수적 요인(industry-specific factors: 제품의 차별성, 외부시장 구조), ② 지역특수적 요인(region-specific factors: 지리적 및 사회적 특성), ③ 국가특수적 요인(nation-specific factors: 국가가 처한 정치적 및 경제적 특성), ④ 기업특수적 요인(firm-specific factors: 내부시장을 조직할 수 있는 경영능력이나 경영자원의 보유)에 의해서 발생된다.[10] 이러한 요인들이 복합적으로 작용하게 되면 시장은 불완전해지고 다국적기업의 출현을 촉진하게 된다.

(2) 시장에 있어서의 거래비용

시장이 불완전해지면 '거래비용(transaction cost)'이 발생하게 된다. 거래비용이란 시장에서 재화·서비스를 판매할 때 지급해야 하는, 소위 시장의 '이용료'이다. 재화·서비스를 거래·판매한다는 행위는 [그림 5.3]에서 보는 바와 같이 통상 3단계로 이루어진다. 거래상대를 찾아내고, 거래조건을 결정해, 거래를 실시하는 것이다. 시장거래란 자유로운 진입·철수에 의하여 경쟁원리에 따라 이들 세 가지를 수행해 나가는 것이다. 이러한 시장거래에서는 일정한 거래비용이 발생하게 되는데, 거래비용이 기업측면에서 과다하다고 판단하면 기업은 거래비용을 내부화하려고 한다. 내부화란 거래를 기업 내부에서 수행하고 거래비용을 기업의 일반관리비로 바꾸어 통제 가능하도록 하는 것이다.

그렇지만 시장거래를 시장내부화로 전환하면 반드시 이익만 발생되는 것은 아니고 비용도 발생하게 되는데, 여기에서 발생되는 비용을 거래비용과 구분하여 내부화비용이라 한다. 〈표 5.2〉는 다국적기업이 시장내부화를 통해서 얻을 수 있는 이익과 잃을 수 있는 비용을 요약한 것이다.

결국 내부화이론은 암묵적으로 이익의 극대화를 가능하게 해 주는 독점적 우위요소의 존재를 전제로 하고 있고, 기업은 자사가 소유하고 있는 이러한 우위요소를 오로지 해외직접투자만을 이용하여 활용하며, 독립적인 기업 간의 거래비용은 그것

| 그림 5.3 | 거래과정의 3단계 |

제1단계 : 거래상대의 발견
　　　　　거래상대의 성격이나 질을 적절히 판단한다.

제2단계 : 거래요건의 결정
　　　　　거래대상의 품질, 수량을 정한다.
　　　　　거래가격을 어디에 설정할 것인가(또는 정당한 과실을 얻을 수 있을 것인가).

제3단계 : 거래실시
　　　　　거래조건이 준수되고 있는가를 점검한다.

| 표 5.2 | 시장내부화의 이익과 비용 |

시장내부화 이익	시장내부화 비용
• 내부거래시장의 창출 • 가격차별화시스템의 구축 • 거래 쌍방간의 협상 회피 • 구매자 불확실성의 회피 • 정부간섭의 극소화	• 시장 세분화에 따른 비용 증대 • 커뮤니케이션 비용 증대 • 현지정부의 차별대우 가능성 증대 • 경영진의 전문성 확대비용 증대

자료: P. J. Buckley. & M, Casson, *The Future of Multinational Enterprise*, Macmillan, 1976, pp. 36~45.

을 동일 기업체계 내에서 이용할 때 소요되는 관리비용(시장내부화비용)보다 훨씬 더 높기 때문에 시장내부화가 이루어지게 된다는 것이다.[11]

(3) 내부화이론의 평가

내부화이론의 접근방법은 중간재시장, 지식 및 기술시장, 자본시장의 불완전성에 대하여 기업이 어떻게 대응하는가를 설명한 이론으로써, 시장의 불완전성만 가정한다면 어느 경우의 해외직접투자에도 적용될 수 있다는 이점이 있다.[12] 또한 독점적 우위이론에서 주장하는 기업이 소유한 독점적 우위만으로 해외직접투자를 통해서 이익을 얻기보다는 독점적 우위요소를 내부화해야만 이익을 낼 수 있다.

그러나 전반적으로 내부화이론의 일반성에는 다음과 같은 한계가 있다고 볼 수 있다.

첫째, 해외직접투자의 방향, 즉 생산입지에 대한 설명을 하지 못하고 있다. 생산입지는 인위적으로 기업내부화의 대상으로 삼기 어려운 국가 및 지역특유의 요소다.

둘째, 해외진출의 동기가 뚜렷하지 않다. 앞에서 말한 내부화의 이익은 국내경영과 해외진출이익에 별 차이가 없다는 것이다.

셋째, 기업이 외생적인 시장불완전성에 반응할 뿐 아니라 스스로 시장의 불완전성을 창출해 갈 수 있다는 가능성을 부정하지 못한다. 즉, 세계적인 다국적기업들은 때때로 시장의 불완전성을 내부화하여 기업특유의 우위를 영속화함으로써 독점적 지위를 유지하려는 경향을 가지고 있으므로 기업 스스로가 시장의 불완전성을 창출할 수 있다.

2.4 절충이론

절충이론(Election Theory)은 더닝(J. H. Dunning)이 해외직접투자의 주요 이론을 통합해서 절충적인 접근을 취한 것이며, 다국적 기업이 국제생산에 착수하기 위한 필요충분요건을 분명히 밝히려고 한 이론이다.[13] 기업의 글로벌화를 결정하는 것으로서 더닝은 3가지의 요인을 지적하고 있다. 첫째, 산업조직이론적 접근에 의해서 소유(ownership)특수적 우위, 둘째, 입지론에 의해서 제창된 입지(location)특수적 우위, 셋째, 소위 내부화이론의 핵심 요소인 내부화(internalization) 인센티브 상의 우위이다. 이들 각 요소의 머릿글자를 따서 통상 'OLI모델'이라 부르고 있다.

(1) 소유특수적 우위

소유특수적 우위란, 기업이 해외시장에 진출해서 살아남기 위하여 없어서는 안될 경쟁우위의 원천이다. 기업은 해외시장에서는 현지기업과 비교할 때 '외국인'으로서의 핸디캡을 갖고 있다. 본국과 현지 사이에는 지리적·심리적 거리가 있다. 현지시장의 사정도 잘 모르고 내셔널리즘에 의한 차별적인 취급을 받을 수 있다. 따라서 이들 핸디캡을 상쇄할 수 있는 또 다른 종류의 우위성을 기업 자체적으로 지닐 필요가 있다.

글로벌 기업은 다음의 두 가지의 방법에서 경쟁상 우위에 설 수가 있다.

① 기술, 지식, 노하우, 인재, 독점력 등 타사에는 존재하지 않는 차별성
② 이들 자산을 지역규모로 배분·활용하고 상호 네트워크를 연결해서 부가가치를 창출하는 능력

축적된 자산은 타사에는 존재하지 않기 때문에 그야말로 경쟁상대와의 차별화 원천이 된다. 따라서 위와 같은 자산을 갖는 것으로 경쟁우위가 형성되지만 글로벌 기업이 해외에서도 성공하기 위해서는 자산을 글로벌화에 활용하는 힘을 가져야만 된다.

(2) 입지특수적 우위

입지특수적 우위란, 어떤 나라를 다른 나라와 차별화할 수 있는 국가특수적인 변수이며, 현지국에 입지를 정하여 경제활동을 전개하고 현지자원을 활용하므로 공급비용의 소멸이나 제품의 차별화가 가능하도록 작용하는 변수이다.

입지특수적인 변수는 다음의 두 가지 측면으로 구성된다.

① 노동·에너지·원재료 등의 가격이나 품질, 수송비, 정부의 무역제한적 정책, 각종 우대조치, 환율, 사회간접투자, 컨트리 리스크 등의 공급측면
② 소득수준, 소비자의 기호, 시장규모 등의 수요측면

예를 들면, 개발도상국은 일반적으로 노동집약적 활동에 입지특수적 우위를 갖는다. down stream의 활동은 시장주변에 있으면 차별화가 쉽다. 그러나 동태적으로 환율변동이나 정부정책 전환에 의해서 입지특수적 우위는 열위로 떨어질 수도 있다.

결국 각종 경제활동은 그 특성이 입지특수적 변수에 적합하도록, 적재적소에 배치를 고려해야 한다. 따라서 기업은 소유우위와 입지우위를 연결시켜 자사의 경쟁지위를 강화할 수 있다.

(3) 내부화 인센티브 우위

기업이 어떠한 경쟁우위 요소를 활용하여 어디에 해외진출하는가는 소유특수적 우위와 입지특수적 우위를 조사하는 것으로 분명해진다. 그렇지만 그 같은 소유우위를 '어떠한 방법으로' 이용할 것인가 문제가 남겨진다. 그 문제가 없었다면 글로벌 기업이라는 조직형태는 생겨나지 않을 수 있다.

소유특수적 우위를 시장에서 이용하기에는 많은 비용이 필요하다. 더닝에 따르면 시장의 비용이란 ① 리스크와 불확실성, ② 규모의 경제성, ③ 외부성이 발생하고 있기 때문에 시장이 충분히 기능을 발휘하고 있지 않아 발생하는 비용이다.

따라서 이러한 불완전한 시장을 이용하지 않고 기업이 기업내부에서 소유우위를

이용함으로써 글로벌 기업이라는 조직형태가 생겨난다.

(4) 기업의 해외진출방법의 선택

O − L − I의 특성과 포지션이 명확해지면, 그 기업이 해외에서 어느 시장에 어떠한 방법으로 진출할 것인가를 예측할 수가 있다. 자회사를 설립하여 해외생산을 하기 위해서는, 3가지 수준의 우위성이 존재해야만 한다. 〈표 5.3〉에서 보듯이 기업은 FDI, 수출, 라이센싱과 같은 해외시장 진입방법을 선택할 때 그 전제조건으로서 기업특수적인 우위를 가질 필요가 있다. 내부화의 인센티브가 있다면 기업은 당연히 라이선싱을 기피하고 FDI와 수출을 선호하게 될 것이다. 그리고 입지특수적인 우위가 본국보다 외국에 있다고 판명되면 기업은 수출보다는 FDI를 선택하게 될 것

표 5.3 해외진출방식의 선택

결정요소 해외진출방식	우위요소(advantages)		
	기업특유의 우위요소 (ownership)	내부화 요소 (internalization)	입지적 요소 (foreign location)
해외직접투자	○	○	○
수 출	○	○	×
라이선싱	○	×	×
간접적인 자원이동	○	×	×
해외위탁생산	○	×	○

표 5.4 OLI변수에 영향을 주는 국가·산업·기업특성의 예시

소유특수적 변수
 국가특성: 요소부존, 시장규모, 시장특성, 지적소유권 등
 산업특성: 기술집약적, 제품차별화의 정도, 규모의 경제 등
 기업특성: 기업규모, 생산·공정·시장다각화의 정도 등

입지특수적 변수
 국가특성: 국가간의 지리적·심리적 거리, 관세, 수량제한, 해외직접투자 우대 정책
 산업특성: 국제적 비가동자원와 분포, 수송비,, 산업특수적 무역 장벽
 기업특성: 경영전략, 기업의 경험, 심리적 거리 등

내부화 인센티브
 국가특성: 이전가격·기업합작에 대한 정부정책, 시장구조의 국별차이, 사회간접자본 등
 산업특성: 수직·수평통합의 가능성, 자원·시장 컨트롤의 필요성
 기업특성: 기업의 조직구조, 컨트롤전략, 성장·다각화에의 태도, 계약 제휴에의 태도 등

이다.

(5) OLI의 상호작용

소유, 입지, 내부화라는 세 가지 우위성은 서로 독립되어 있는 것이 아니다. OLI 변수는 국가특성, 산업특성, 기업특성에 의해서 영향을 받고, 그같은 영향을 통해서 OLI는 상호간에 연결되어 있다. 즉 각 특수적 우위는, 다른 우위와 관계 없이 독자적으로 형성되는 동시에 다른 우위수준의 특수적 변수와의 작용·반작용을 반복해 가면서 강화되거나 약화된다.

일반적으로 기업은 소유특수적인 우위성이 강한 만큼, 기업은 그 우위의 이용을 내부화하려고 한다. 예를 들면 제품차별화는 소유우위를 형성하는 생산특성이지만, 동시에 거기에는 시장의 컨트롤이 중요하게 되며, 내부화의 자극을 높인다. 또한, 성장이나 다각화를 지향하는 기업특성도 내부화 인센티브가 커지고 있음을 나타내는 것이다. 이러한 규모나 다각화가 소유우위를 만든다.

예를 들면 거대한 시장을 가진 선진국에서는 기업의 대규모화가 진행되어 소유우위가 형성되기 쉽다. 또한 고소득이 뒷받침되는 수요의 가격탄력성이 높은 시장에서는 기업은 제품차별화 능력이나 마케팅 기술면에서 소유우위를 획득하기 쉽다. 이러한 특성은 입지우위, 내부화 인센티브에도 긍정적으로 작용된다.

(6) 절충이론의 평가

이상과 같은 더닝의 절충이론은 현재까지 개발된 이론 중에서 가장 일반적이고 포괄적인 이론이다. 그러나 절충이론도 다음의 몇 가지 결점을 지니고 있다.[14]

첫째, 더닝은 해외직접투자를 무역의 일반균형이론과 결합시키지 못하고 단순히 기업의 측면에서만 설명함으로써, 해외직접투자이론과 무역이론의 통합모형을 제시하지 못했다. 즉, 절충이론은 전형적인 부분분석이론에 불과하다.

둘째, 절충이론은 시장내부화를 통한 해외직접투자의 유인요소를 제시하였고, 이러한 유인을 가장 많이 가지고 있는 기업은 역시 세계적으로 규모가 큰 독점적인 다국적기업이라고 할 수 있으므로, 절충이론은 결과적으로 독과점적인 대규모 다국적기업의 여러 기업행위를 이념적으로 합리화하고 옹호하는 결과를 낳았다.

셋째, 고지마(小島淸)가 그의 거시경제적 접근이론에서 주장한 바와 같이 절충이론도 기업의 미시적인 관점에서 해외직접투자를 바라봤기 때문에 거시적인 경제단위인 국가경제와의 마찰가능성을 배제할 수 없다는 단점을 지니고 있다.

2.5 거래비용이론

거래비용이론(transaction cost theory)은 윌리암슨(O. Williamson)이다. 개발한 거래비용분석으로 해외직접투자 현상을 설명하는 이론이다. 거래비용분석 내용은 다음과 같다.[15]

거래비용이란 쌍방 간에 교환이 일어나도록 하는 데 수반되는 교섭, 감시, 이행비용을 말하는데, 이러한 비용이 발생하게 되는 원인은 거래의 어려움 때문이다. 거래가 어렵게 되는 근본적 원인은 인간이 갖는 기회주의적 속성과 제한된 합리성에 있다. 또한 거래되는 대상의 속성인 자산특유성과 성과계측성에 따라서도 거래비용에 노출되는 정도는 달라진다. 거래대상인 자산이 거래 당사자에게 특유할수록, 거래대상이 성과를 측정하기가 어려울수록, 기회주의에 노출될 가능성이 높아 거래비용이 많이 발생한다. 나아가 거래여건이 불확실하거나 신뢰성이 낮은 거래분위기일 때 기회주의에 노출될 가능성이 높다.

(1) 직접투자의 의사결정

내부화이론은 해외투자와 관련한 기업의 의사결정내역을 구체화하여 직접투자결정을 하는 구체적 동기를 제시하였으나, 경영의사결정모형과 관련 구성요소의 정형화까지는 설명하지 못하고 있다. 반면 거래비용이론은 내부화결정에 따른 이익과 비용을 거래비용의 관점에서 체계적으로 정리함으로써, 직접투자와 관련한 의사결정을 일관된 모형에 의하여 설명하고 있는데, 주요 주장은 다음과 같다. 첫째, 직접투자를 통한 내부화 결정에 직접적 영향을 주는 것은 시장불완전성 자체가 아니라 시장불완전성에도 불구하고 계약거래를 추진하는 데 소요되는 비용, 즉 거래비용이다. 둘째, 거래비용은 이전되는 기술 등 재화의 속성뿐만 아니라 거래 대상자 간의 관계 등 거래상황에 의해서도 결정된다. 셋째, 시장거래 등 외부거래뿐만 아니라 내부화, 즉 내부거래에도 거래비용은 발생한다. 넷째, 기업은 구체적으로 외부거래비용이 내부거래비용보다 많이 들 때는 내부화하고, 내부거래비용이 외부거래비용보다 많이 들 때는 외부거래하게 된다. 다섯째, 따라서 직접투자와 기업의 분석단위는 거래단위가 된다.

(2) 거래비용에 영향을 주는 요소

윌리암슨에 의하면, 거래비용에 영향을 주는 요소는 크게 인간적 요소와 환경적 요소로 대별할 수 있다. 환경적 요소는 미래에 대한 불확실성과 소수자 협상에 의한 상호의존성으로 구성된다. 반면에 인간적 요소는 제한적 합리성과 기회주의로 구성된다. 즉, 인간이 아무리 합리적으로 행동해도 다양한 제약에 의해 한계가 있고, 기본적으로 자기 이익만을 추구하려는 속성이 있기 때문에, 미래 상황이 불확실하거나 상호의존적으로 변해갈 때 기업들이 계약을 맺고, 유지·집행하는 것이 어려워진다. 이러한 여러 가지 어려움 속에서 계약을 맺고, 집행하고, 유지하기 위해서는 계약만을 위한 비용 지출이 필수적이며, 이에 수반되는 비용을 총칭하여 거래비용이라 부른다.

헤너트(J. F. Hennart)[16]는 거래를 수평적 거래와 수직적 거래로 나누고, 거래유형별로 내부거래비용과 외부거래비용을 구체화함으로써, 거래비용이론 관점에서 해외직접투자이론을 일반화하였다.

헤너트는 일반적으로 (외부)거래비용은 수평거래의 경우 이전되는 재화의 속성 -기업특유성, 전용성, 잠재경쟁자의 수 등과 거래당사자 간의 관계에 의하여 결정된다는 것을 주장하였다. 반면에 수직거래는 시장상황, 대체공급자의 가용성, 그리고 초기 전용투자의 크기 등에 의하여 결정된다고 보았다.

(3) 거래비용이론의 평가

이러한 거래비용이론은 선진국에서 개도국으로, 개도국에서 후발개도국으로의 해외직접투자 현상을 대부분 설명해 줄 수 있다는 점에서 앞서 본 독점적 우위이론, 내부화이론, 절충이론이 갖는 한계를 어느 정도 극복하고 있다.

먼저 독점적 우위가 없더라도 해외직접투자가 이루어질 수 있다는 점을 밝혔다. 예컨대, 원자재 확보를 위한 직접투자나 유통을 위한 직접투자 및 자금대출 대신에 직접 투자하는 현상을 거래비용이론은 명확히 설명해주고 있다. 또한 내부화 이론이 갖는 문제점인 시장불완전성 가정을 거래비용이론은 명백히 설명해주고 있다.

마지막으로 절충이론이 갖는 설명의 비일관성 문제점을 분석단위를 거래로 가정해 해결하고 있다. 특정 시장에 있는 거래자와는 시장 거래 시 거래비용이 많이 발생하고, 소유특유의 우위인 경우 시장거래시 거래비용이 많이 발생하기 때문에 해외직접투자가 이루어진다.

이러한 논리성에도 불구하고 거래비용이론이 갖는 맹점은 수출입규제나 법적 제한과 같은 인위적 요인에 따라 이루어지는 해외직접투자 현상을 설명해주지 못한다는 점이다. 만약 자유무역이 이루어진다고 가정하면 거래비용이론은 해외직접투자의 일반이론으로서 타당성이 있지만, 그렇지 않은 경우 일반이론이 되고자 했던 여타의 이론과 운명을 같이 한다고 볼 수 있다.

3 해외직접투자의 유형, 절차 및 영향

3.1 해외직접투자의 유형

해외직접투자는 분류기준에 따라 다양한 형태로 구분할 수 있다.

우선 소유지분에 따라 단독투자와 합작투자로 나눌 수 있으며, 투자방식에 따라 신설투자와 인수합병투자로 크게 구분할 수 있다. 또한 투자내용에 따라 현금투자와 현물투자로도 구분될 수 있다. 한편 기업의 어떤 가치창출활동 부문이 운영되느냐에 따라 판매법인, 생산법인, 해외 연구소 등으로 구분되기도 한다.

투자동기들에 입각한 해외직접투자의 유형으로는 시장 확장과 자원추구로 크게 구분되지만, 투자동기들이 상호 배타적인 것은 아니다. 글로벌기업이 해외직접투자를 하더라도 1차적 동기는 시장 확장에 두고, 2차적 동기는 자원추구에 동기를 둘 수 있는 것이다.[17]

(1) 투자형식에 따른 유형

1) 단독투자, 합작투자를 통한 해외직접투자

특정기업이 해외직접투자를 통해 현지기업의 경영에 참가할 때 그 기업의 주식을 100% 소유하면 단독투자, 100% 미만이면 합작투자(joint venture)가 된다.

국제합작투자란 서로 다른 국적을 가진 2개 이상의 기업체가 특정한 목적을 달성하기 위하여 각 기업의 경영자원과 능력을 결합하여 공동사업체를 세우는 것이다. 기업체의 지분율에 따라 다수지분, 50 대 50, 50% 미만의 소수지분의 경우로 세분할 수 있고, 합작파트너를 현지업체, 현지정부기관, 제3국 기업 중 누구로 하느냐에 따라 구분될 수도 있다.

2) 인수·합병(M&A)에 의한 해외직접투자

직접투자의 방식으로 해외시장에 진출하는 데는 소유지분의 결정과 함께 기존기업을 인수할 것인가, 아니면 새로이 기업을 설립할 것인가가 중요한 의사결정과제로 대두된다.

기존의 기업 또는 그 영업의 일부를 인수하려면 다음과 같은 세 가지 방법을 생각할 수 있다. 첫째, 인수하고자 하는 기업의 주식을 직접 인수하거나, 현지 또는 제3국에 먼저 자회사를 설립하고 그로 하여금 주식 등을 인수하는 방식이다. 둘째, 기존의 기업을 처음부터 흡수·합병하는 방식이며, 셋째 인수하고자 하는 기업의 영업의 전부 또는 일부만을 인수하여 현지의 지점형태로 운영하는 방식이다.[18]

어떤 형태로든 기존기업을 인수하여 해외시장에 진출하게 되는 동기는 대개 현지기업이 보유하고 있는 특정자산의 취득과 여기서 얻어지는 시너지효과를 통해 기업가치를 극대화하고, 사업의 다각화 또는 지역적 다각화를 통한 이익기회의 확대와 위험분산을 도모하고자 하는 것이다.

3) 현물투자에 의한 해외직접투자

현물투자는 현금으로 투자하는 대신에 투자금액에 상응하는 기계, 플랜트 등의 현물로 투자하는 것으로, 넓은 의미로는 기술이나 경영기법의 전수 등도 현물투자에 포함될 수 있다. 현물투자의 장점으로는 첫째, 현물로 투자하기 때문에 금융부담을 줄일 수 있다. 둘째, 기업이 보유하고 있는 중고기계나 설비를 처분할 수 있다. 셋째, 기계나 설비 등의 이전에 따라 부품 및 소재 등 중간재수출을 늘릴 수도 있고, 동시에 관련 또는 비관련 현지기업에 대한 산업설비수출기회도 늘어날 가능성이 있다. 그러나 현물투자시 현물에 대한 자산평가가 그렇게 간단하지 않으며, 특히 합작투자시 어려움이 수반된다.

(2) 투자동기에 따른 유형

1) 시장확장 동기의 해외직접투자

기업이 시장확장을 목적으로 해외직접투자를 하는 경우는 해외시장을 국가시장 → 지역시장 → 글로벌시장으로 확장하려는 의도이다.

시장확장 해외직접투자의 원인으로는 높은 수출물류비 회피, 국내생산 용량의 부족 해결, 규모의 경제 실현, 각종 무역제한 조치 회피, 일반소비자 및 생산업체 구매행동에 대응, 고객 및 경쟁업체 추종, 비교원가의 변동 등을 들 수 있다.

2) 자원추구 해외직접투자

기업이 자원추구를 목적으로 해외직접투자를 하는 경우는 소싱 − 생산 − 마케팅활동의 전방통합과 후방통합 등 수직적 통합, 생산 활동의 합리화, 해외생산 요소들에 대한 쉬운 접근, 제품수명주기의 연장, 외국정부의 투자유인 활용 등에 동기를 두고, 경제·기업자원을 의식적으로 찾아가서 해외직접투자를 하는 것을 말한다. 원유·광물과 같은 지하자원, 농업자원, 임업자원, 수산자원 등을 개발하기 위하여 해외직접투자를 하는 자연자원 추구와 해외에 존재하는 저렴하고도 풍부한 생산요소들에 효과적으로 접근하기 위해 해외직접투자를 하는 생산요소 추구로 나누어 볼 수 있다.

(3) 해외직접투자의 장·단점

기업이 해외직접투자를 진행함으로써 얻는 장점으로는 첫째, 수출이나 라이선싱과는 달리 제품생산, 기술이전, 마케팅활동 등에 대한 높은 통제가 가능하다. 둘째, 현지생산을 통해 현지 소비자의 기호에 맞게 제품을 수정하거나, 현지에 제품을 신속히 공급할 수 있다. 셋째, 관세비용 등 무역장벽에 대한 회피, 요소비용 절감 등이 있다. 넷째, 현지 시장에 글로벌기업으로의 이미지를 심을 수 있다.

그러나 해외직접투자는 시장진입에 따른 높은 비용이 발생하며, 현지의 정치적·경제적·문화적 위험에 대처할 수 있는 전략이 필요하다. 또한 자본회수기간이 길고 사업실패 시 철수비용이 높다는 단점을 갖고 있다.

3.2 해외직접투자의 절차

(1) 해외직접투자전략 제안의 수립

해외직접투자를 하고자 하는 기업은 전반적인 글로벌경영전략의 테두리에서 해외직접투자전략을 수립해야 한다.

해외직접투자전략은 해당 기업체는 전반적 글로벌경영목적을 달성하기 위하여 동원하는 전략 중의 하나이므로, 해외직접투자결정은 반드시 해당 기업체가 이미 수립해 놓은 글로벌경영전략의 테두리 속에서 해당 기업체의 기능적·운영적 전략들과 통합되고 연계되어야 한다. 그래야 그 기업은 비로소 글로벌경영관리를 합리적(효율성＋효과성＋경제성)으로 수행할 수 있다.

이어서, 이미 수립된 해외직접투자전략의 테두리 안에서 구체적 해외투자 프로젝트들에 대한 실천계획을 수립하고 최고의사결정자의 승인을 받는 단계를 밟아야 한다. 그 이유는 신규 프로젝트나 확정프로젝트를 착수하려 할 경우 또는 해외의 기업체나 공장을 매수하는 경우, 최고경영자는 투자 프로젝트에 필요한 자금을 조달할 최종적인 책임이 있을 뿐만 아니라 투자 프로젝트의 성패에 대해서도 최종적인 책임을 져야 하기 때문이다.

(2) 해외직접투자전략 제안의 심사

글로벌기업은 수많은 해외직접투자에 관한 제안들을 심사·평가하여 선택해야만 한다. 우선 제안된 해외투자전략안을 심사할 필요성이 있는가에 대한 결정이 첫 번째 체크포인트가 된다. 따라서 해외투자안의 심사는 대체로 많은 시간과 경비가 소요된다. 해외투자안에 대한 심사 결정은 수출 등의 다른 대안적인 진입방식들의 사용 가능성이 타진된 후, 후속적으로 이루어지는 것이 바람직하다. 만일 기업 내의 심사팀에 의해 해외직접투자가 목표시장에 합당되는 진입방식이라는 합의가 되면 다음에는 해외직접투자의 유형, 즉 현지기업을 인수할 것인가 아니면 현지에 자회사를 신설할 것인가 또는 단독투자로 할 것인가 아니면 합작투자로 할 것인가에 대한 결정을 내려야만 한다.[19]

1) 인지(認知)단계

인지단계(recognition stage)에서는 해외투자 프로젝트제안들에 대해 아래의 검토기준을 바탕으로 일반적 검토를 시행한다.

① 해당기업체 글로벌경영전략 및 해외직접투자전략과의 연계성의 여부
② 그 기술적·경제적 타당성의 여부
③ 투자제안을 집행한다고 할 때에 투입해야 할 기업자원과 그에 따르는 수익의 원천들 및 현금흐름 상태
④ 현금흐름 및 이익성과 성장에 대한 기여 가능성
⑤ 집행상에 예견되는 문제점의 여부
⑥ 투자대상국의 투자환경
⑦ 발생 가능한 투자 리스크

| 그림 5.4 | 해외직접투자의 결정과정 |

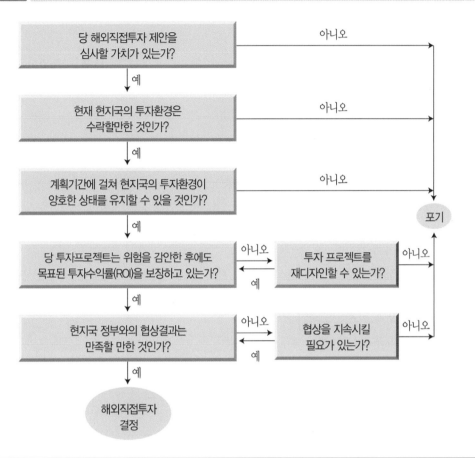

자료: F. R. Root, *Entry Strategies for International Markets*, Lexinton, 1987.

2) 타당성(妥當性)조사단계

타당성조사단계(viability or feasibility study stage)에서는 투자 프로젝트제안들에 대해 구체적으로 아래의 사항들을 검토한다.

① 해당기업체가 수립한 해외직접투자전략을 포함한 글로벌경영전략적 계획의 관점에서 검토한다.
② 마케팅·생산·재무·인사·제품·기술 등 기능/분야별 전략의 관점에서 검토한다.
③ 예비조사의 성격을 띤 관련 투자비용·시장침투·잠재적 매출액·현금흐름·생산비·세금·이익성·투자회수율·매출액이익률 등을 검토한다.
④ 발생 가능한 투자리스크를 평가하기 위해 투자대상국의 비즈니스환경을 구성하는 정

치·경제·법률·사회·문화 등도 검토한다.

3) 종합적 조사단계

종합적 조사단계(comprehensive study stage)에서는 위 단계를 통과한 투자프로젝트제안들에 한해, 아래와 같은 기준을 바탕으로 종합적이고 세밀한 조사를 실시해야 한다.

① 창업비, 운전자금, 예상되는 거래비용을 포함한 투자비용
② 시장수요, 경쟁상태, 성장잠재성
③ 원자재·노동력의 가용성과 비용, 물류비·세금 등을 포함한 제조비용 및 유통비용
④ 예상되는 현금유입 및 수익성, 매출·자산 이익률, 투자회수율, 1주당 이익신장률, 투자의 할인회수율 및 현재가치
⑤ 정치·경제·정부·종교·문화·사회 등 환경요소들의 변화에 의해 영향받는 투자환경
⑥ 투자 리스크의 평가
⑦ 자금조달의 원천·형태· 비용 등

4) 승인신청단계

승인신청단계(submission for approval stage)는 작성된 보고서를 최고경영자와 이사회에 제출하여 해외투자프로젝트에 대한 승인을 받는 절차를 밟아야 한다. 보고서를 받은 최고경영자와 이사회는 승인 신청된 해외투자프로젝트제안을 기업체의 해외직접투자전략과 연계시켜 검토하고 더 나은 해외투자프로젝트 대안들이 있는지 등을 조사하여 종합적 평가를 한 다음 최종적 승인을 결정해야 한다.

(3) 해외직접투자의 투자환경분석

특정 국가의 투자환경은 정치, 법률, 경제, 사회 및 문화환경에 의해 구성되어 있다. 이러한 환경요인은 투자프로젝트의 특성에 따라 그 중요성이 달라질 수 있다. [그림 5.5]는 기업이 해외직접투자를 실행하기에 앞서 피투자국의 투자환경을 평가하여야 할 요인들을 제시한 것이다.

투자환경 분석에 다양한 환경요인을 검토하는 것도 중요하겠지만, 특히 여러 요인 중 기업의 투자에 직접적으로 영향을 미치는 요인이 무엇인지, 그리고 이러한 요인들이 향후 어떻게 변할 것인지에 관한 분석이 중요하다. 따라서 요인평가와 평가

그림 5.5	Root의 투자환경 평가요인

A. 일반적 · 정치적 안정성
- 과거의 정치형태
- 야당의 정치이념 및 역량
- 정부의 형태
- 정치, 사회, 인종 및 기타 갈등
- 정부의 정치적 이념 및 역량

B. 외국인투자에 대한 정부 정책
- 과거정책
- 지분제한
- 투자유인제도
- 외국인 투자에 대한 태도
- 현지부품 사용규정
- 투자진입에 관한 규제
- 투자조약 및 협정
- 외국인 투자에 대한 기타 규제

C. 기타 정부 정책 및 규제 환경
- 계약문화
- 노동법
- 지적재산권
- 법원의 중립성
- 조세제도
- 공정거래법
- 상법
- 수입관세 및 제한
- 정부조직의 효율성

D. 거시경제환경
- 정부의 경제적 역할
- 인구 규모 및 성장률
- 제조업의 발전 정도
- 정부의 재정통화정책
- 관세동맹 또는 자유무역경제권 가입 여부
- 정부의 개발 정책
- 1인당 GDP 성장률
- 교통, 통신
- 가격 통제
- GDP 규모 및 성장률
- 소득배분
- 물가상승률
- 현지금융 가능성 및 비용
- 노사관계

E. 국제수지 환경
- 국제수지
- 환율의 형태
- 외채 및 외환보유고
- 과실송금제한

자료: F. R. Root, *Ibid.*

점수의 단순한 산술평균보다 투자프로젝트특성에 따른 가중평균방법이 바람직하다.

[그림 5.5]에서 열거되어 있는 환경변수들은 상호 밀접한 관계를 가지고 있다. 특히 정치적 변수들이 거의 대부분의 변수에 영향을 주고 있다. 따라서 투자환경평가에 있어 가장 기본적인 방법은 현지 정부의 정책과 정치적 안정성의 변화에 초점을 맞추는 것이다.

이상의 투자환경요인을 객관적인 기준으로 평가하여야 하는데, 많은 경우에 계량적인 통계를 확보하기가 어려운 경우가 많다. 따라서 변수에 따라 전문가면접이나 평가자의 경험에 따라 비계량적으로 평가해야 할 경우도 발생한다. 이 경우에도 객관성 유지에 유의할 필요가 있다.

3.3 해외직접투자철수[20]

철수라는 것은 기업이 어느 사업과의 연관을 단절하는 것이다. 그 단절방법은 그 사업을 다른 기업에 매도하거나 청산하는 것이 일반적이다. 이 같은 철수 전략 (foreign divestment strategy)의 한 수단으로 삼는 것은 기업의 손해를 가급적 줄이기 위해서다.

(1) 해외투자철수의 이유

해외직접투자의 증가에 따라 해외투자철수의 경우도 늘어나고 있다. 그 이유는 첫째, 투자수용국의 강력한 경제민족주의나 정치적 혼란 등으로 현지 투자기업들이 경영실적과는 상관없이 정치적 이유로 철수하는 경우가 있다.

둘째, 글로벌기업들 간에 경쟁이 격화됨에 따라서, 경쟁격화→ 경영실적부진 → 이익저하/적자발생의 형태로 해외투자철수가 발생한다.

셋째, 해외투자전략의 일부 수정이나 집행상의 과오에 불가피하게 따르는 행동이다.

넷째, 이익이나 투자회수율이 저조한 특정국으로부터 다른 국가들로 투자를 옮기는 경우와 같이 장기적 안목에서 합리적이고 정상적인 철수인 경우도 있다.

(2) 해외투자철수의 유형

해외투자철수의 유형은 철수하는 원인에 따라 강제철수, 축소철수, 합리화 철수 및 계획적 철수로 구분할 수 있다.

1) 강제철수

강제철수(forced divestment)는 외국기업의 의사와 관계없이 현지국 정부의 강제적인 요구에 의한 철수이다. 강제철수는 다시 급진적인 수용에 의한 철수와 점진적인 수용에 의한 철수로 구분한다.

급진적인 수용에 의한 강제철수는 현지국 정부가 외국기업과 그 자산 등을 강제적으로 몰수하거나 유상 또는 강제로 소유권을 이전시키도록 압력을 행사함으로써 발생하는 철수이다.

점진적 수용에 의한 강제철수는 현지국 정부의 외국기업에 대한 현지화 압력이 그 외국기업의 내부적인 전략이나 본사(모기업)의 전략과 상충될 때 발생하는 철수이다. 예컨대, 현지국 정부가 외국기업에 대해 외국인 지분의 감소, 현지인의 경영 참여확대, 원부자재의 현지화 비율상승, 강제적 수출증대, 강제적 기술이전 등의 요구가 강화되는 경우가 있다. 이러한 요구는 외국기업으로 하여금 직접적으로 철수하게 되는 원인이 아니더라도, 이로 인하여 외국기업의 경영전략을 전개하는 것이 불가능할 경우에는 외국기업은 매각이나 청산을 하고 철수할 것이다.

2) 축소철수

축소철수(contraction divestment)는 현지국의 경제사정이나 경쟁조건이 악화되었을 때, 이를 극복하거나 회피하기 위한 전략적 수단으로서 철수하는 것을 의미한다. 예컨대, 현지국 시장규모가 대단히 클 것으로 기대하고 대규모 공장시설을 확보하여 현지국에 직접투자를 하였지만, 투자 후 현지시장의 규모가 기대 이하로 적어 현지공장시설 일부를 매각하거나 다른 나라로 철수시키는 경우가 이에 해당한다.

이러한 축소철수는 현지정부의 정책에 의하기 보다는 기업의 자체적 의사결정으로 이루어진다는 점에서 강제철수와 구별된다.

3) 합리화 철수

합리화 철수(rationalization divestment)는 보다 나은 해외투자를 목표로 글로벌 사업을 합리화하고자 철수하는 것이다. 예컨대, 외국인 기업이 경제적 효율을 높이기 위해 투자시설을 현지국에서 다른 나라로 이동시키는 경우가 이에 해당한다.

합리화 철수는 해외투자의 부진이나 실패보다는 기업의 전략적 의사결정에 의해

 참고 **철수전략의 5가지 성공 포인트**

1. 흑자 사업도 철수 대상에 포함시켜라.
2. 한 박자 더 빠른 철수가 필요하다.
3. 청산 이외에 더 많은 철수방법이 있다.
4. 철수 과정에서 가치 파괴를 막아라.
5. 새로운 자원을 핵심사업에 집중 투자하라.

스타우트(Stout)라는 유명한 흑맥주를 생산하는 기네스(Guinness)사는 제2차 세계대전 이후 광범위한 분야에 걸친 다각화를 통해 250여 개가 넘는 신규 사업에 진출하였다. 그러나 1980년대 초반이 되자 성장이 정체되었고 스타우트의 시장가치가 급락하였다.

그러자 18개월 동안 150여 개의 사업에서 철수를 단행하였으며 여기서 조달된 자금을 주 사업의 생산설비 자동화, 신제품 개발, 브랜드 가치 향상, 맥주사업의 해외진출에 집중적으로 투자했다. 그 결과 8년 간 기네스의 주가는 급격히 상승하였다.

(김덕식, LG주간경제 702호, 2002.11.20, pp. 31~35.)

이루어진다는 점에서 축소철수와 구별된다. 그러나 기업의 자체적인 의사결정에 의해 이루어진다는 점에서 합리화 철수와 축소철수는 공통점이 있어 양자를 구별하기에는 다소 어려움이 있다.

4) 계획적 철수

계획적 철수(planned divestment)는 기업이 해외직접투자전략에 철수계획을 포함시키는 것이다. 최근 철수라 함은 계획적 철수를 의미하며, 해외직접투자를 강조하는 기업일수록 전략적으로 계획적 철수를 고려하여 해외직접투자와 해외투자철수를 별개로 취급하지 않고 있다. 즉, 해외투자프로젝트에 대한 진입과 철수를 동시에 고려하고, 특정 해외직접투자 계획을 수립할 때에는 그 철수 역시 계획하며, 철수를 계획할 때에는 다른 해외투자프로젝트에 대한 진입을 상호 연관시켜 계획하는 것이다.

3.4 해외직접투자가 투자국과 투자 수용국에 미치는 영향

해외직접투자가 투자국과 투자 수용국의 경제에 미치는 영향에 대해서는 상반된 견해가 존재한다. 직접투자를 옹호하는 입장에서는 투자국은 해외 직접투자로 말미암아 국제시장 및 생산요소를 확보, 국제경쟁력을 강화하고 국제수지를 개선하며, 이와 동시에 투자 수용국은 해외투자기업을 유치함으로써 자본, 기술, 경영능력이 이전됨에 따라 자본형성, 기술획득, 고용 증대 및 소득 증대를 가져올 수 있다고 본다. 반면 해외직접투자에 대해 회의적인 입장에서는 투자국이 직접투자를 통해 투자 수용국의 현지시장을 지배할 뿐 아니라 경제정책의 효율성을 좌절시킨다고 주장한다. 구체적 내용은 다음과 같다.

(1) 투자국에 미치는 영향

해외직접투자로 투자국이 얻는 이익은 투자기업이 투자 수용국에서 원재료, 노동, 기술 등의 생산요소를 확보해 생산성을 높임으로써 국제경쟁력을 강화하고 보다 높은 투자수익을 누리게 되며 국제시장을 확보하게 된다는 데 있다. 다시 말해서 해외직접투자를 통해 투자가에게 귀속되는 이윤이 본국에서의 투자이익보다 크며, 이것이 궁극적으로 국제수지개선에 도움이 된다.

하지만 투자국의 불이익은 이중과세방지법 등의 적용으로 세수확보에 어려움을

표 5.5	해외직접투자가 투자국과 투자수용국에 미치는 영향

투자국에 미치는 영향

긍정적 효과	부정적 효과
• 국제수지의 개선(장기적 관점) • 국제경쟁력의 강화 • 국제시장의 확보 • 고용의 증대와 질의 개선 • 생산요소의 확보: 원재료, 노동, 기술 등 • 산업구조의 조정	• 국제수지의 악화(단기적 관점) • 기술수출에 의한 국내고용의 악화 • 이전가격의 조작에 의한 비시장경제의 조성 • 국내기업에 비해 불공정한 혜택 향유 • 소득분배의 불균형 • 산업집중의 금융지배 • 조세손실과 조세회피 • 정부정책에 영향력 행사 • 반경쟁효과

투자수용국에 미치는 영향

긍정적 효과	부정적 효과
① 경제적 효과 　• 자본형성, 고용증대, 소득증대 　• 신제품 이용, 가격인하, 생산성 증대 　• 조세증대, 경제성장 촉진 　• 시장개척, 경제조성 　• 전후방산업에 사업기회 제공 　• 기술이전 및 자체 기술능력 배양 　• 국제수지의 개선(단기적 관점) ② 사회적 효과 　• 지역사회 개발 　• 정적 사회에서 동적 사회로 전환 　• 수평적·수직적 이동 증진 　• 중간소득층의 확대 　• 경제성장에 대한 적극적 자세확립 ③ 정치적 효과 　• 건전한 투자여건에 대한 대외적 인지도 증가 　• 투자기업의 보호를 위한 투자국의 군사적 개입	① 경제적 효과 　• 국내기업의 발전저해 　• 경제발전의 불균형 　• 소득분배의 불균형 　• 외국자본에 의한 경제력 지배 　• 국제수지의 악화(장기적 관점) ② 사회적 효과 　• 전통적 가치의 파괴 　• 공해발생 ③ 정치적 효과 　• 국내문제 간섭 　• 주권의 침식 　• 민족주의와 충돌

자료: 조동성, 21세기를 위한 국제경영, 경문사, 1997, pp. 420~421

갖게 된다. 즉, 동일한 세원에 대하여 이중으로 조세를 부과하지 않는 것이 보통이므로 투자대상국에서 지불한 세금만큼을 감면해 주지 않으면 안 된다. 해외직접투자가 투자국에 미치는 또 다른 부정적 효과는 기술유출에 의한 국제경쟁력 약화와 국내산업구조의 불균형을 들 수 있다. 투자대상국으로 기술이 누출되어 현지 국내 유사산업을 성장시키는 결과를 낳아 궁극적으로 국제경쟁력이 감소되기도 하며, 국내산업의 불균형을 초래하여 산업구조의 조화가 깨지기도 한다.

(2) 투자 수용국에 미치는 영향

투자 수용국이 해외직접투자로부터 얻을 수 있는 이익은 자본도입에 따른 생산 및 고용증대에 의한 소득창출효과와 투자회사의 이윤발생에 대하여 부과되는 조세수입이다. 생산측면에서는 관리 및 경영기술, 마케팅기술 등의 이전에서 비롯되는 생산성 향상과 소비효용, 그리고 동태적인 측면에서는 시장 및 산업구조의 고도화 등을 들 수 있다. 또한 정치적 효과로 건전한 투자여건에 대한 대외적 인지도 증대 역시 들 수 있겠다.

그러나 이와 같은 투자 수용국의 이익발생에도 불구하고 많은 경우 직접투자가 투자 수용국의 정치, 경제적 자립 및 발전을 저해한다는 비판을 받고 있는데, 투자 수용국의 입장에서 직접투자를 비난하는 첫 번째 이유는 투자기업의 고이윤을 들 수 있다. 투자기업이 투자수용국에 진출할 때 경쟁이 없거나 약한 산업을 선택하여 독과점적인 방법으로 국내시장을 지배하는 경우에 특히 높은 이윤을 얻게 된다. 또한 투자기업은 이 고이윤을 투자 수용국에 재투자하는 것이 아니라, 본국에 송금하거나 타 지역으로 투자를 전환시켜 궁극적으로 투자 수용국의 국내투자를 저하시킨다는 것이다.

직접투자가 투자 수용국에서 비난받는 두 번째 이유는 투자기업의 투자국 중심의 기술개발 및 투자 수용국의 연구개발능력 저하이다. 연구개발은 투자기업이 속한 국가를 중심으로 집중적으로 이루어져, 투자 수용국에 대한 연구는 단지 이루어진 기술개발이 투자 수용국의 특수한 환경에 얼마나 효율적으로 운영될 수 있느냐에 대한 연구뿐이라는 주장이다. 따라서 투자 수용국에 알맞는 연구개발은 등한시하고, 또 본국의 고소득시장을 위해 개발된 기술의 이전만을 목표로 하기 때문에 결국은 투자 수용국의 연구개발능력을 저하시키고 산업지배를 가져온다는 비판이다.

세 번째의 비판은 해외직접투자기업은 투자 수용국 정부의 경제정책의 효율성을 저해한다는 것이다. 해외투자기업은 투자 수용국의 경제정책이 현지투자 기업에게 불리하게 작용할 경우 모기업 중심의 세계적인 네트워크를 이용하여 이를 쉽게 피할 수 있어 투자 수용국의 경제정책을 좌절시킨다. 예를 들어 투자 수용국이 물가안정을 위해 긴축금융정책을 쓸 경우에 해외기업은 모기업으로부터 차입해 이를 피할 수 있는 것이다.

4 주요국의 해외투자전략

4.1 해외직접투자의 전략대안

글로벌기업의 해외직접투자 동기와 목적은 투자대상국의 기업진출환경, 투자국의 기업환경, 그리고 해당 기업의 경영전략 등에 따라 달라지며 이러한 여러 가지 동기와 목적이 복합적으로 작용한 결과로 해외직접투자가 이루어진다. 기업이 제반 환경변화에 대응하여 경영전략을 글로벌화, 다양화시키는 과정에서 그 수단이 되는 것이 해외직접투자라 할 때, 주체인 기업에 있어서 해외직접투자에 대한 경영전략의 수립이 무엇보다도 중요하다.

기업의 성공적인 글로벌경쟁전략 수립의 원천은 경쟁우위(competitive advantage)에서 비롯된다. 전통적인 비교우위의 개념에 따르면, 생산요소의 비용이나 질에 따라 생산입지가 결정되어 비교우위의 국가에서 비교열위의 국가로 수출 내지 직접투자활동이 이루어진다. 즉 글로벌경영활동을 전개함에 있어 기업은 자국이거나 외국이거나 관계없이 그 지역의 비교우위를 활용할 수 있다면 그 곳에 생산입지를 정할 수 있으며, 경쟁우위는 기업 내에서 국제적 분업과 재정거래활동을 전개할 수 있을 경우에 얻어진다. 다시 말해, 기업이 전세계적인 관점에서 가치창출을 위한 기업 활동을 배열하고 조정함으로써 경쟁우위를 획득할 수 있다.[21]

범세계적 경쟁을 전개하고 있는 해외직접투자기업이 가치 활동의 배열과 조정을 통해 택할 수 있는 가능한 전략대안은 ① 범세계적 저원가 전략(global cost leadership), ② 범세계적 차별화 전략(global differentiation), ③ 범세계적 세분화 전략(global focus), ④ 현지국의 보호를 받는 시장을 추구하는 전략(protected niche), ⑤ 현지국의 시장상황에 부응하는 전략(market re-sponsiveness) 등 5가지로 분류될 수 있다.[22]

첫째, 범세계적 저원가 전략은 제품의 차이나 국적 등에 별로 관심을 갖지 않는 고객을 대상으로 폭넓은 제품라인의 판매와 시장 활동을 전개하는 것이다. 이 경우 기업의 경쟁우위는 저원가를 바탕으로 한 가격경쟁력에 있다. 이러한 저원가전략을 추구하려면 제품의 표준화를 이뤄야 하며, 기술개발, 구매, 생산 등에 있어서 규모의 경제를 누릴 수 있어야 한다.

둘째, 범세계적 차별화 전략은 기술이나 품질 등을 차별화함으로써 프리미엄 가격을 받는 전략이다.

셋째, 범세계적 세분화 전략은 특정산업의 세분된 시장을 대상으로 생산판매활동을 전개하는 것이다.

넷째, 현지국 보호를 받는 시장을 추구하는 전략은 특정산업을 보호하기 위해 고율의 관세나 수입쿼터를 부과하는 나라에 진출하는 것으로 이 경우 기업의 독특한 시장지위는 특정산업을 보호하려는 현지국 정책이 형성된다.

다섯째, 현지국 시장상황에 부응하는 전략은 국가간 차이에 따라 나타나는 여러 상황에 맞추어 산업을 세분, 전문화하는 전략이다.

4.2 미국 다국적기업의 해외투자전략

1960년 이후 미국의 주요기업은 국내시장 한계를 극복하고 제조원가 절감을 통한 생산의 비교우위를 유지하기 위해 해외시장과 저렴한 비용의 해외생산지를 모색하게 되었고, 이를 위해 자본 및 시설의 해외이전을 활발하게 진행하였다. 이의 주요한 수단이 해외직접투자로 나타났으며, 해외직접투자를 통한 자사의 국내 및 해외시장점유율 확대가 경영전략목표로 대두된 것이다.

미국 다국적기업의 전략은 다양한 시장에서 통합화(integration)와 합리화(rationlization)를 추구하면서 전개되고 있는데, 이는 현상적으로 범세계를 지향하고 있다. 이들 미국 다국적기업 전략에서는 다음과 같은 특징이 있다.

첫째, 세계적 통합전략이다. 여러 국가에 걸쳐 제조 및 판매과정의 확장에 의해 기업 활동을 전개해 나가고 이를 바탕으로 각 단계별 원가 및 생산요소 확보의 이점을 살리는 전략형태로서, 예를 들면 Texas Instrument, Ford, General Motors 등의 경영전략을 들 수 있다. 이는 전략의 초점을 경제적 요인에 두고 자사의 세계적인 경쟁력을 제고하는 데 그 전략적 목표가 있다.

둘째, 현지적응전략이다. 이는 세계적 통합의 혜택보다는 현지화(locali-zation)를 통해 정치적 요인에 대응하려는 고도의 전략으로 현지 자회사는 독립적, 독자적인 전략을 구사하여 정치적 위험에 대처하고 지리적 위험의 분산, 자회사 간의 기술이전 등의 이점을 살리면서 현지시장 확대를 도모하는 전략이다.

셋째, 경영적 조화전략이다. 상기의 두 가지 전략수행에 따른 현지와의 갈등해소 문제를 전략적 차원이 아닌 구조적이고 관리적 조화를 통하여 해결하고자 하는 보완적 전략이다. 정형적인 틀에 얽혀 전략을 구사하는 것이 아닌 상황변화에 따른 전략적 장점을 신속히 인식하고 환경과 조직의 능력을 조화시켜 의사결정을 하는 상황적응적 경영전략(contingency strategy)을 일컫는다. 통합화 전략이 경제적 성공을 추구하는 것이라면, 경영적 조화전략은 세계전략의 균형을 유지해 주는 것으로 볼 수 있다.

4.3 일본기업의 해외투자전략

일본의 해외직접투자를 통한 국제경영 진출은 지금까지 눈부신 성장을 해왔는데 이는 일본기업의 독특한 환경적응전략 때문이다. 일본기업의 해외직접투자전략상의 특징은 다음과 같다.

첫째, 투자전략 및 글로벌경쟁전략이 국내외 경제여건의 변화에 따라 단계별로 이루어지고 있다. 1965년 이후 1970년 초반까지는 국제수지가 흑자기조를 정착시킴에 따라 100% 소유권 전략 및 글로벌경영에 대한 지식과 경험이 급속히 축적됨으로써 적극적인 성장전략을 추구하였다. 이어 1970년 초반 이후에는 원자재 확보전략을 전개하여 주요기업들이 컨소시엄을 형성하여 적극적 자원개발 및 매입전략을 추구하였다. 1970년대 중반 이후 1980년대 초반까지는 미국의 보호주의에 대처하기 위한 투자가 대규모로 실시되었는데, 이는 기존시장의 유지전략의 일환으로 이루어진 것이다. 1980년대 초반 이후 1990년대 중반까지의 단계는 급속히 기업의 글로벌화를 진전시켰는데, 이는 ① 동일기업그룹이 세계 각지에 사업활동거점을 마련하고 각각 상호보완적인 생산, 판매 등의 활동을 전개하는 국제적 기업 내 분업의 진전과, ② 기술을 매개로 한 선진국 기업간 국제 제휴, ③ 범세계적 다각화 전략추구 등으로 요약될 수 있다.

둘째, 일본기업의 해외직접투자는 양적으로는 대규모 투자단계에 들어섰으나 질적으로는 선진 다국적기업에 못 미치고 있다. 이는 일본기업의 국제적 전략계획이 아직까지도 독립적으로 수행되지 못하고, 기업 내지 그룹 전체의 연간 또는 중기계획의 한 부분으로 이루어지고 있다는 지적에서 나타난다. 일본기업의 해외사업경영은 전세계적으로 통합화하지 못하고 계획, 조직화, 로지스틱스 등의 부문에서도 미국 및 유럽기업에 비해 초보단계에 있다는 평가를 받고 있다.

셋째, 경영구조 및 인사, 조직전략상 본국중심적 사고에서 벗어나지 못한 자민족 중심적 경영전략을 추구하고 있다. 이는 현지인의 경영참여도가 서구의 다국적기업에 비해 매우 낮은 것에서 알 수 있다.

아시아 금융위기 이후 일본의 해외직접투자 추이를 살펴보면 크게 4가지 특징이 있음을 알 수 있다.[23]

첫째, 일본의 해외직접투자는 일본 국내외 여건 변화에 따라 상당히 큰 편차를 보이며 움직여 왔다. 일본의 해외투자는 1980년대 후반에 엔高를 배경으로 상승세를 보였다가 1990년대 들어서 다소 둔화되었다. 그러다가 아시아 금융위기 발생 이후인 1998년에는 투자액이 1997년에 비해 1/4 가량 감소했다가 1999년에는 다시 1998년에 비해 1.5배 이상 크게 늘었었으나 2001년 상반기에는 2000년 상반기에 비해 1/3 이상 감소하였다. 이 같은 기복은 투자금액 추이에서 뿐만 아니라 일본의 해외투자에서 제조업과 비(非)제조업이 차지하는 비중에서도 나타난다. 금융위기 이전 5년 동안 일본의 해외투자에서 제조업이 차지하는 비중은 30~42% 사이로 큰 변화가 없었으나, 1999년에는 제조업 비중이 무려 63%까지 높아졌고, 2000년 상반기에는 다시 24%로 크게 낮아졌다. 2002년 이후 일본의 해외직접투자는 다시 국내의 설비투자로 전환하고 있다. 이러한 사실을 뒷받침하는 설비투자의 증가율이 2003년 2/4분기부터 감소세에서 증가세로 전환되었다는 점이다.

둘째, 일본기업의 해외직접투자에서 각 경제권역이 차지하는 비중이 달라지고 있다는 점이다. 특히 아시아에 대한 투자비중이 크게 감소하고 대신 유럽에 대한 투자비중이 늘었다는 점이다. 특히 유럽에 대한 투자가 급격히 늘어난 것은 유럽연합의 화폐통합을 앞두고 도요타・혼다・닛산 등 일본의 자동차 메이커들이 영국에 대규모 신규 투자를 추진하는 등 유럽시장을 공략하기 위한 일본기업들의 진출이 활발했기 때문이다.

셋째, 아시아 내부에서도 일본의 해외투자에서 차지하는 비중이 달라지고 있다는 점이다. 일본의 아시아 직접투자를 지역별로 살펴보면 ASEAN 4국(인도네시아, 말레이시아, 태국, 필리핀)이 1999년부터 감소세를 기록하고 있다. 이에 비해 Asian NIEs(한국, 대만, 홍콩, 싱가포르)에 대한 투자비중은 1999년부터 큰 폭으로 커지고 있다. 동남아 국가들에 대한 투자가 줄고 Asian NIEs에 대한 투자가 증가하는 추세는 2000년 상반기까지 이어졌다.

넷째, M&A를 통한 해외진출이 늘어나고 있다는 점이다. 일본기업들은 전통적으로 M&A보다는 신규투자(green field investment)를 통한 해외진출을 선호해왔다. 그런데 최근에는 일본기업들의 국제 M&A 건수가 1998년 175건에서 1999년 238건으로 1년 사이에 1.3배 이상 늘어났다. 특히 아시아 지역에 대한 국제 M&A 건수가 2배 이상 늘었다. M&A는 기존의 기업을 인수 합병하여 진출하는 것으로 신규법인을 설립하여 진출하는 방식보다 더 빨리 타겟 시장에 접근할 수 있다는 이점이 있다. 또한 자신의 취약점을 보강할 수 있는 기업과의 M&A는 기술이나 경영 능력 면에서 시너지 효과를 주기도 한다. 국제 M&A는 주로 거대 다국적기업 간에 이루어지는 것이 일반적인데, 이는 경쟁이 치열한 세계시장에서는 필요한 경영자원과 시장을 짧은 시간 내에 확보하는 것이 매우 중요하기 때문이다. 일본기업의 M&A 중 특히 아시아에 대한 M&A가 늘어난 것은 금융위기로 아시아 지역의 자산 가격이 크게 하락한 데다 각국 정부가 투자유치를 위해 M&A와 관련된 규제를 완화했기 때문으로 분석된다.

4.4 한국기업의 해외직접투자전략[24]

한국의 해외투자는 1968년 남강개발(주)의 인도네시아 산림개발투자를 효시로 1980년대에 중반까지는 부진하였고, 이 기간 동안은 만성적인 국제수지 적자, 저렴한 인건비, 정책 금융 등을 통한 비용보조 등으로 우리 기업의 해외직접투자에 대한 필요성이 거의 없었다. 다만 자원의 안정적인 확보를 위한 개발도상국으로의 투자는 꾸준히 증가하여 1985년에 4억 8천만 달러를 기록하기도 했다.

1986년 이후에는 대내외적인 요건으로 우리나라의 해외직접투자는 급속하게 증가하였다. 이는 선진국과의 통상마찰, 임금 및 지가의 상승, 원화절상 등으로 우리 기업이 가격경쟁력을 보완하기 위한 전략적 대안으로 해외진출을 늘렸기 때문이며, 제도적인 측면에서도 우리 기업의 해외직접투자를 촉진하기 위한 방향으로 개선이 이루어져 왔다.

이와 함께 WTO체제 출범과 세계경제의 블록화·정보화 움직임의 가속으로 인해 기업들의 경쟁범위가 전 세계로 확대되어 국내기업 스스로가 '제한적인 경쟁'에서 '무한경쟁' 체제 속에서 살아남기 위한 새로운 전략을 모색하게 되었다. 국내기업들의 글로벌화전략은 ① 세계 초일류기업을 향한 새로운 장기전략 마련, ② 본사 기능을 갖는 해외총괄법인, ③ 대규모투자를 통한 해외복합단지, ④ 국제 전문 인력

양성과 본사조직의 국제화 등으로 고도화되고 있다. 최근 기업의 해외진출 특징은 그 자체로 독자적인 사업목표와 전략을 갖고 추진된다는 점과 글로벌경영이 국내경영 악화의 종속변수가 아닌 독립변수로 부상했다는 데서 찾아볼 수 있다.

우리나라의 해외직접투자는 1980년대 후반 연평균 50%를 상회하는 급속한 증가를 보이다가, 1991~1993년 중에는 신장세가 현저히 둔화되어 연간 12억 달러(실행기준) 내외에 머물렀으나, 1994년부터 다시 급속히 확대되어 전년 대비 35% 증가한 41억 달러를 기록하였다. 허가기준으로는 1993년 이후 급속한 신장세를 기록하여 전년 대비 24% 증가한 61억 달러를 기록하였다. 그 신장세는 1996년까지 지속되었으나 1997년부터 감소, 1998년 한국경제가 IMF관리체제하로 들어가면서 급속히 감소하다가, 1998년 이후부터 상승세를 유지하고 있다.

한국기업의 해외투자전략은 일반적으로 수출을 통한 현지마케팅단계에서 현지생산단계로 진입하고 있는 과정으로 평가되며, 직접투자를 통한 글로벌경영전략은 기업전체적인 전략수행의 일부분으로 전개되고 있다. 한국기업의 해외경영형태는 엄격한 중앙집권적 통제시스템 하에서 나타난다고 보이는데, 이는 한국기업의 해외부문관리가 모기업의 해외관리부 차원에서 전략이 수립되어 해외투자전략이 국내경영전략에서 미분화되어 있음을 보여준다.

한국 기업들의 해외투자전략의 특징은 다음과 같다.

첫째, 수출지향적 경제구조가 해외투자를 촉진시켜 수출전략의 연장선상에서 이루어지고 있다. 즉, 국내시장이 협소하고 수출에 대한 정부지원이 막대하였기 때문에 자연적으로 기존의 수출시장을 목표로 한 전략 위주로 이루어져 왔다. 그러나 기술 또는 경영면에서 미숙한 상태에 있는 미성숙형 투자전략이라고 평가되고 있다.

둘째, 국내의 산업구조가 재벌기업 중심으로 형성되어 있어 과점구조 하에서 선도자 추종전략(follow the leader strategy)의 성격이 강하다. 즉 뚜렷한 경쟁적 우위를 확보하지 못하고 수익성보다는 매출액 확대 위주의 경영전략을 해외투자전략이 수행하고 있다.

셋째, 지역적 경제블록의 확산과 글로벌시장의 형성에 따라 대기업 중심으로 장기경영계획에 입각한 해외시장개발의 차원에서 현지생산(조립, 생산) 및 판매를 위한 투자가 이루어지고 있다.

넷째, 한국의 해외직접투자는 지역별 특징으로 아시아 중심이며, 그 중에서도 중국에 대한 투자가 절반 이상을 차지하고 있다. 또한 업종별 특징에 있어서는 총투자액의 절반 이상이 제조업이 차지하고 있으며, 그 다음으로 도소매업이 차지하고 있다.

논의주제 💬 ||||||||||||||||||||||||||||||||||||||||||||||||||||||||||||||||||||||||||||||||||||||

1. 글로벌기업의 해외직접투자(FDI) 전략 선택 동기와 그 결정 요소
2. 대표적 해외직접투자 이론과 한국기업의 해외직접투자 사례와 비교
3. 해외직접투자 결정의 절차와 유형
4. 한·미·일 기업의 해외직접투자 전략의 특성 비교
5. 현대 자동차의 미국 진출 사례를 제시

핵심용어 💬 ||||||||||||||||||||||||||||||||||||||||||||||||||||||||||||||||||||||||||||||||||||||

- 해외직접투자
- 독점적 우위론
- 시장내부화이론
- PLC 모형과 OLI 모형
- 거래비용이론
- 해외투자 철수

주(註) 💬 ||||||||||||||||||||||||||||||||||||||||||||||||||||||||||||||||||||||||||||||||||||||

1) Franklin R. Root, *Entry Strategies for International Markets*, Lexington, 1987.
2) K. Kojima, *Direct Foreign Investment : A Japanese Model of Multinational Operations*, Croom Helm, 1978.
3) C. P. Kindleberger, *American Business Abroad*, New Heaven : Yale University Press, 1969, pp. 1~3.
4) M. R. Czinkota, & I. A. Ronkainen, *International Marketing*, The Dryden Press, 1993, p. 518.
5) 정구현, 국제경영학, 법문사, 1997, p. 75.
6) S. H. Hymer, *The International Operations of National Firms: A Study of Direct Foreign Investment*, MIT Press, 1976, p. 219.
7) C. P. Kindleberger, *Ibid*, p. 14.
8) R. Vernon, "International Investment and International Trade in the Product Cycle", *Quarterly Journal of Economics*, Vol. 80, 1966.
9) P. J. Buckley. & M, Casson, *The Future of Multinational Enterprise*, Macmillan, 1976.
10) P. J. Buckley. & M, Casson,, *Ibid*.
11) 강태구, 해외직접투자이론과 해외진출방식에 관한 문헌적 고찰, 97 추계학술발표논문집, 한국무역학회, 1997, p. 118.
12) 원종근, 국제경영학, 박영사, 1997, p. 99.
13) J. H. Dunning, Toward an Eclectic Theory of International Production, *Journal of*

International Business Studies, Spring－Summer 1980.

14) 원종근, 앞 책, p. 105.

15) Oliver E. Williamson, *The Economic Institutions of Capitalism: Firms, Markets, Relational Contracting*, Free Press, 1985.

16) J. F. Hennart, "A Transaction Cost Theory of Equity Joint Venture", *Strategic Management Journal*, Vol. 9, 1998.

17) 반병길, 국제경영, 박영사, 1999, pp. 334~335.

18) 어윤대 외, 국제경영, 학현사, 1996, pp. 304~306.

19) 권영철, 국제경영관리론, 무역경영사, 1994, p. 172.

20) 반병길, 앞의 책, pp. 360~363.

21) Michael E. Porter. "Competition in Global Industries A Conceptual Framework", in Michael E. Porter(ed.), *Competition in Global Industries*, Harvard Business School Press, 1996.

22) Dong Sung Cho & Michael E. Porter, "Changing Global Industry Leadership: The Case of Shipbuilding", in Michael E. Porter(ed.), *Competition in Global Industries*, Harvard Business School Press, 1996.

23) 송민선, 일본 해외직접투자의 변화와 시사점, LG주간경제, 2001. 3., pp. 10~14.

24) 김영래, SAITO YOSIO, 국제경영, 두남, 2001, 제4장.

Chapter 06

인수 · 합병 및 전략적 제휴전략

📶 장 머리에

세계는 정보통신 및 교통수단의 발달로 인하여 지역 간 거리의 단축과 동시에 정치 · 경제 · 사회 · 문화 등 모든 분야에서 상호의존성이 높아지고 있다. 기업에 있어서도 단독으로 생존하기 어려운 상황에 직면하고 있다.

본 장에서는 기업의 글로벌경영전략 중 인수 · 합병 (M&A) 및 글로벌 전략적 제휴에 대해서 살펴본다. 최근 들어 기업의 글로벌전략 중 기업 간 M&A가 활발하게 이루어지고 있다. 이런 현상을 정확히 이해하기 위해서는 기업 간 M&A의 목적 · 유형 및 장 · 단점을 비교하고 글로벌기업의 M&A 개념을 이해하여 글로벌기업들의 M&A의 목적과 실제적인 M&A 과정을 살펴보기로 한다.

또한 조인트 벤처에 대해 명확한 정의나 한계는 없지만 자본투자를 필요로 하고, 많은 기능분야에서의 협조관계로 이해하여 기업의 글로벌전략 중 중요한 전략으로 자리 잡고 있어 글로벌기업의 조인트 벤처전략의 개념과 동기를 학습하고 조인트 벤처전략을 이용할 때 필요한 체크리스트를 중심으로 조인트 벤처전략을 살펴보고자 한다.

한편으로 전략적 제휴는 조인트 벤처와는 달리 자본투자 없이 사업의 일부분에서 일시적으로 협조하는 형태로서 기업의 글로벌전략의 한 유형에 속한다. 전략적 제휴에서는 목적과 장·단점을 살펴보고, 전략적 제휴의 성공요인들에 관하여 고찰한다.

1 글로벌기업 인수·합병 전략

1.1 글로벌기업 인수·합병의 개념

글로벌기업의 인수·합병이란 둘 이상의 기업이 국경을 초월하여 결합하는 것을 말한다. M&A로 인하여 경영자원의 지배권은 피인수기업으로부터 인수기업으로 옮겨지는 것이 일반적이다.

기업이 인수합병(M&A; merger and acquisition)은 주식시장의 성격을 가장 잘 나타낸다. 그 역사를 돌이켜 보면, M&A가 미국에서 최초로 일어났던 시기는 1890년 후반 무렵부터 1900년 초반으로 이때가 제1차 M&A 붐의 시대였다. 이 때는 기업이 대규모화의 효율성을 추구하는 수평적 M&A가 주류를 이루었다.

제2차 붐은 수평적이 아닌 기업 활동의 효율성을 추구하는 수직적인 M&A가 주류를 이루었다. 이런 과정에서 주목해야 할 것은 인수·합병과 기업성장이 주식공모와 함께 이루어져 소위 소유와 경영의 분리가 성공했다는 점이다.

제3차는 콩그리머리트화로 상징되는 M&A 붐 시대였다. 이 때는 기업의 거대화에 따른 파워 획득 자체가 목적인 다각화 투자를 하던 시대였다.

제4차는 최근 메가 머저(mega merger)로 불리는 M&A 붐(boom) 시대이다. 과거와 다른 점은 시장에서 경쟁관계에 있는 기업들 간 결합보다는 사업과 관련이 없는 기업이나 사람에 의해서 M&A가 활발하게 이루어진다는 것이다. 즉, 미국 금융의 중심지인 월스트리트(Wall Street) 기업전문가나 피인수·합병기업의 내부 사정을 잘 아는 경영자에 의해 좌우되는 시대이다. 이로 인해 M&A는 거대한 금융(자본)과 연결되었고, 공격적 또는 적대적 M&A가 활발하게 이루어지고 있다. 결국 M&A는 인수·합병기업이 갖고 있지 못한 경영자원을 쉽게 획득할 수 있는 중요한 수단이 되고 있다.

(1) 글로벌기업 인수의 개념과 유형

글로벌기업 인수(acquisition)는 한 기업(인수기업)이 국경을 초월한 협상이나 강압적 수단을 이용하여 다른 기업의 일부(자본 10% 이상) 혹은 전부를 인수한 후, 피인수기업(매각기업)을 존속시키면서 주주권을 행사하거나 그 경영에 직접 참여하는 것을 말한다. 즉, 피인수기업을 그대로 존속시키면서 경영권을 장악·행사하는 방법이다.

매입인수는 크게 자산인수(asset acquisition)와 주식인수(stock acquisition)의 두 가지 형태를 띤다. 자산인수는 인수기업이 계약에 따라 매각기업 자산의 전부 또는 일부를 인수하는 것이며, 주식인수는 인수기업이 매각기업 주식의 전부 또는 일부를 인수하는 것이다.

협상이 아닌 강압적 수단에 의한 매입인수 방법은 두 가지 방법으로 이루어진다. 즉, 위임장대결(proxy fight)과 공개인수(tender offer)가 그것이다. 위임장대결은 매입인수를 시도하는 측이 표적기업의 일부 주식만을 확보한 후, 여타의 주주에게서 의결권을 위임받아 주주총회 투표를 통하여 인수측이 지명하는 인물을 이사회 이사로 선임하거나 인수관련 안건을 상정하고 통과시키는 방법을 말한다. 공개인수는 표적기업의 지배획득 등에 목적을 둔 주식 공개인수방법으로 불특정다수의 주주를 대상으로 증권시장 외에서 특정회사의 주식을 인수하겠다는 의사를 신문 등에 공고하고, 공고된 조건에 응하는 주주들로부터 주식을 인수하는 방법을 말한다.

(2) 글로벌기업 합병의 개념과 유형

글로벌기업의 합병(merger)은 일반적으로 국적이 서로 다른 둘 또는 그 이상의 회사들이 각자의 이사회 및 주주총회의 승인을 거쳐서 인수회사가 피인수회사의 자산과 부채를 인수하고 경영관리를 통합하여 단일 기업이 되는 것을 말한다. 글로벌기업의 합병 유형은 다음과 같다.

첫째, 거래의 형태에 따라 흡수합병과 신설합병으로 나눈다. 흡수합병이란 피인수기업은 사라지고 인수기업만 남게 되는 형태, 즉 인수기업이 피인수기업을 완전히 흡수하는 것을 의미하고, 신설합병이란 피인수 기업과 인수기업 모두 사라지고 새로운 회사가 설립되는 형태, 즉 제3의 기업이 탄생되는 형태이다.

둘째, 주식에 대한 대금지급 방식에 따라 현금합병과 주식합병으로 나눈다. 현금합병은 피인수기업의 주식을 현금으로 인수하는 방법이고, 주식합병은 피인수기업의 보통주식에 대하여 인수기업의 보통주식과 일정한 비율로 교환해주는 방법을 말한다.

셋째, 인수기업과 피인수기업과의 상호관계에 따라 수평적 합병, 수직적 합병 및 다각적 합병 등으로 나눈다. 수평적 합병이란 동일한 산업 내에서 동일한 재화를 가

표 6.1	M&A의 장점과 단점	

장 점	단 점
• 신속한 시장 진입 가능 • 새로운 사업부 확대 또는 사업 다각화 추구 • 손쉬운 유통경로 확보 • 피인수기업의 사업 경험 확보 • 피인수기업의 브랜드가치 이용가능성 • 동종업종간의 인수·합병으로 경쟁 감소 • 선진 경영기법 또는 기술력 확보	• 인수기업과 피인수기업 간의 갈등 조정 필요 • 기존 사업과의 적합성 문제 발생 • 경제력 집중으로 인한 독점화 문제 발생 • 인수·합병 후 피인수기업에 대한 기대 이하의 효과 또는 가치 가능성

지고 경영활동을 하는 기업들 간 결합을 말한다. 이러한 수평적 결합은 시장점유율 확대, 판매력 강화 등을 목적으로 이루어지는 것이 보통이다. 수직적 합병은 동일산업 내에 속하지만 생산 공정 단계가 서로 다른 기업들 간에 이루어지는 결합을 말한다. 다각적 합병은 사업다각화를 위하여 합병을 주도하는 기업이 현재의 분야와는 관계없는 새로운 분야의 기업과 합병하는 형태이다.

인수·합병의 방법으로는 기업 외부인이 차입금으로 특정 기업을 인수한 후 당해 기업의 자산매각이나 인수 후 올리는 이익으로 차입금을 변제하는 방법, 즉 인수대상기업의 자산을 담보로 인수자금을 차입하여 당해 기업의 주식을 매입하는 LBO(leveraged buyout)방식이 있다. 한편 기업내부자는 외부자에 의한 기업탈취를 방지하기 위해 자사의 주식을 직접 인수하는 MBO(management buyout)방식을 취할 수 있다.

1.2 글로벌기업의 인수·합병 동기

글로벌기업의 인수·합병의 목적 혹은 동기는 일반적으로 다음의 세 가지 관점에서 살펴볼 수 있다.

첫째, 기업들이 해외에서 합병·인수를 벌이는 목적은 경영자원을 획득하기 위함이다. 인수기업의 동기는 기존 사업의 규모 확대를 꾀하거나 새로운 기술이나 새로운 공장을 취득하기 위해서이다. 자금과 바꾸어서 타기업의 경영자원(공장, 설비 등의 유형자산이나 인재 등의 무형자산)을 취득할 수 있다.

반면에 피인수기업은 자사의 경영자원과 바꾸어 새로운 자금을 얻는다. 불필요한 자산이나 채산이 맞지 않는 사업을 매각하고 그에 따라 얻어진 자금을 다른 유망한 분야에 투자하거나 기존 사업의 근대화를 꾀함으로써 경쟁우위를 획득할 수 있다.

둘째, 신속한 시장진입이 가능할 것이다. 글로벌기업이 신설투자의 형태로 목표시장에 진출해 독자적으로 사업을 확장하는 데는 공장부지 확보, 종업원 선발 등과 같은 많은 시간과 노력이 요구된다. 따라서 기업의 인수 · 합병은 이미 그 사업분야에서 활동하고 있는 기업을 인수함으로써 피인수기업이 갖고 있는 경영자원(종업원, 부동산, 유통, 공장설비 등)을 일거에 습득할 수 있고, 시장진입에 소요되는 시간을 줄일 수 있다.

셋째, 성숙산업으로 시장진입이다. 인수 · 합병은 산업전반으로 유휴시설이 많은 산업에서 선호되는 시장진입방법이다. 특히, 생산시설이 포화상태에 있는 산업(성숙산업)에서는 신규진입자에게 높은 진입장벽이 존재하기 때문에 기존 업체를 인수함으로써 산업 내 과잉생산시설을 방지하는 것이 훨씬 더 효과적인 진입방법이 될 수 있다.

기타의 목적으로서 다음과 같은 것들이 있을 수 있다. ① 규모의 경제와 네트워킹을 통한 시너지효과, ② 재무면에서 시너지 효과, ③ 투자분산효과, ④ 경영능률의 향상, ⑤ 마케팅믹스의 변경 용이, ⑥ 경영 · 기술의 이전과 새로운 경영 · 기술 획득 용이 등이 있다.

M&A를 통해서 얻을 수 있는 장점과 단점은 〈표 6.1〉과 같다. 따라서 M&A를 통해서 얻고자 하는 목표가 무엇인지를 정확히 결정한 후 M&A 프로젝트를 수행하여야 한다.

1.3 글로벌기업 인수 · 합병의 평가 및 성공조건

(1) 글로벌기업 인수 · 합병의 평가

글로벌기업 인수 · 합병의 성립 여부는 인수 · 합병 후 결합기업의 예측 현금 흐름과 기업결합에 수반되는 리스크의 정확한 측정 여부에 달려 있다. 인수 · 합병 후의 결합기업의 가치가 인수 · 합병 이전의 가치를 상회하면 인수 · 합병은 목적을 달성한 것이다. 이러한 기업가치 평가에는 자본예산(capital budg−eting) 개념을 사용한다.

예를 들면, 1997년 5월 27일자 일본 경제신문에 따르면 스위스의 대형 의약품 메이커 로쉐(Roche)는 독일의 의약품 메이커 베링거만하임(Boehringer Manheim)과 미국 의료기구 메이커 드 퓨(De Puy)를 총 1조 2천 7백억 엔에 인수했다. 이로 인해 로쉐사는 세계 10위에서 6위로 상승하여 의료용 진단약 분야에서는 세계 1위 기업이 되었다. 이는 진단약과 의료용 기구 분야를 강화하기 위한 기업인수이며 규모의 확대와 동시에 수익성의 향상을 노렸던 것이다.

(2) 글로벌기업 인수·합병의 성공조건

글로벌기업의 인수·합병은 기업성장을 달성하기 위한 수단이지 그 자체가 목적은 아니다. 또한 어디까지나 수많은 선택 중 하나의 수단에 지나지 않는다.

외부의 경영자원에 따른 글로벌화 전략에 중요한 것은 기업의 인수·합병이 단지 매력 있는 기업을 발견하여 교섭을 통해서 인수·합병하고 자사와의 결합으로 끝나는 간단한 것은 아니다. 오히려 기업을 결합한 후에 결합 기업을 어떻게 당초 설정한 사업계획이나 재무전략에 따라서 운영할 것인가가 중요하다. 그 과정에서 결합사업체를 수익성 있는 좋은 기업으로 바꾸는 노력이 필수적이다.

인수·합병 교섭으로부터 최종 합의까지의 과정을 효율적으로 관리하는 것도 중요하지만, 그것보다도 기업을 결합한 후 결합기업체를 어떻게 효율적으로 관리할 것인가 하는 것이 더욱 중요하다.

1.4 글로벌기업 인수·합병의 절차

(1) 글로벌기업 인수·합병의 결정

성공적으로 인수·합병을 완성하기 위해서는 투자기업은 다음과 같은 사안에 주의를 기울여야 한다.[1]

1) 지역 선정

어느 지역의 기업을 인수할 것인가와 관련해서 크게 두 가지 요인이 고려되어야 한다. 첫째는 대상국의 사업 및 정치적 위험수준이며, 둘째는 대상국의 경제성장이다. 일반적으로 대상국의 경제성장성이 높을수록, 그리고 사업 및 정치적 위험 수준이 낮을수록, 그 지역 내 인수를 통한 사업전망은 긍정적일 수 있다.

2) 다각화 정도

사업의 다각화 정도와 인수에 따르는 위험 간에는 상당한 상관관계가 존재한다.

일반적으로 매각기업과 인수기업이 동종 계열의 제품을 취급하고 있는 경우 인수를 통한 사업의 성공확률이 가장 높다. 그리고 전방 또는 후방 수직적 통합(forward or backward vertical integration)을 목적으로 하는 인수인 경우가 다음으로 성공할 확률이 높고, 인수를 사업다각화의 목적으로 할 경우 성공의 확률이 가장 낮다.

3) 시장점유 규모

인수를 통한 진출의 성공 가능성은 매각기업의 기존시장점유율과 직접적 관련이 있다. 일반적으로 매각기업의 시장점유율이 높을수록 인수를 통한 진출의 성공 가능성은 높아진다.

4) 인수 · 합병 규모

인수 · 합병규모 또한 성공적인 진출 여부에 중요한 영향을 미친다. 일반적으로 매각기업의 규모가 클수록, 인수기업의 경영층이 높은 관심을 기울이게 되어 그만큼 인수를 통한 진출의 성공 가능성이 높아진다.

5) 매각기업의 사업성

매각기업의 사업성 또한 성공적인 인수의 주요 결정요인으로 작용하는데, 현재 및 장래에 높은 사업성이 기대되는 기업을 인수하는 것이 무엇보다 중요하다.

(2) 글로벌기업 인수 · 합병의 절차

대상기업의 인수 · 합병에 대한 최종적인 결정을 내리기 위해서는 [그림 6.1]과 같은 심사단계가 필요하다.

요컨대 인수 · 합병전략의 디자인과 심사단계에 있어서는 인수의 목적과 그 우선순위, 인수대상기업들의 프로필(규모, 제품계열, 판매, 이익 잠재성, 경영관리수준, 기술수준, 생산시설, 유통망 등)과 인수가격 산정, 인수를 위한 사전조사, 인수방법의 결정, 인수계약서의 조인, 자금조달 등에 대한 구체적 지침을 마련해야 한다.

인수대상기업의 이상적인 프로필 입안은 유망한 대상기업들의 발굴과 아울러 이들 중 가장 적합한 인수대상자의 선정 지침이 된다. 이렇게 입안된 이상적인 프로필을 근거로 해서 유망한 인수대상기업의 발굴 작업에 나서야 하는데, 여러 정보처, 즉 신문, 무역잡지, 사업거래처, 기업목록서, 산업조사보고서, 은행, 자문기관, 브로커, 대리점, 유통업자 등을 통하여 인수대상기업들에 대한 정보를 입수할 수 있다.

또한 수집된 정보를 토대로 각 인수대상기업들의 영업상태를 상세히 분석해야만 하는데, 이 때 다음과 같은 문제를 숙고해야 한다.

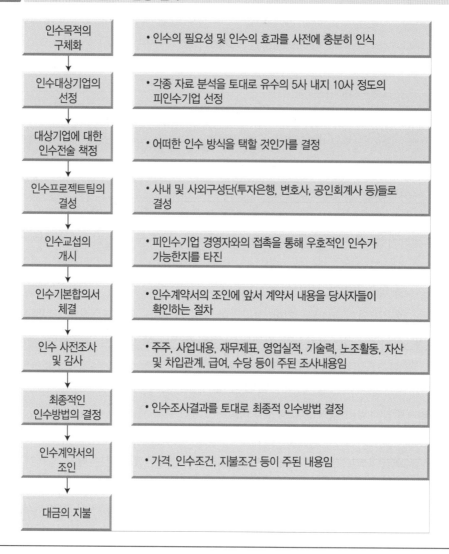

| 그림 6.1 | 글로벌기업의 인식 · 합병 절차 |

인수목적의 구체화	• 인수의 필요성 및 인수의 효과를 사전에 충분히 인식
인수대상기업의 선정	• 각종 자료 분석을 토대로 유수의 5사 내지 10사 정도의 피인수기업 선정
대상기업에 대한 인수전술 책정	• 어떠한 인수 방식을 택할 것인가를 결정
인수프로젝트팀의 결성	• 사내 및 사외구성단(투자은행, 변호사, 공인회계사 등)들로 결성
인수교섭의 개시	• 피인수기업 경영자와의 접촉을 통해 우호적인 인수가 가능한지를 타진
인수기본합의서 체결	• 인수계약서의 조인에 앞서 계약서 내용을 당사자들이 확인하는 절차
인수 사전조사 및 감사	• 주주, 사업내용, 재무제표, 영업실적, 기술력, 노조활동, 자산 및 차입관계, 급여, 수당 등이 주된 조사내용임
최종적인 인수방법의 결정	• 인수조사결과를 토대로 최종적 인수방법 결정
인수계약서의 조인	• 가격, 인수조건, 지불조건 등이 주된 내용임
대금의 지불	

자료: 삼성경제연구소, 「국제화전략으로서의 M&A 활용방안」, 1988.12, p. 49.

① 인수대상기업이 현지국 시장에 대한 자사의 진출 목적을 얼마나 만족시켜줄 수 있을 것인가?

② 제품계열, 기술, 마케팅 및 경영관리 방식 등에 걸쳐서 인수대상기업의 특성이 자사의 특성과 얼마나 일치되는가?

③ 인수대상기업은 신설 자회사를 통해서 얻을 수 없는 어떠한 이점을 제공하는가?

④ 인수대상기업의 현금가치는 어떠한가?

이러한 제질문에 접근하는 가장 좋은 방법은 인수대상기업들을 직접 방문하여 면담을 갖는 것이다. 또한 본격적인 협상으로 들어가기 전에 인수대상기업들의 진면목을 파악할 필요가 있는데, 이를 위해서는 인수대상기업측과 호의적인 유대관계를 구축해 놓을 필요가 있다.

인수대상기업의 가치를 평가하는 데에는 할인현금흐름분석방법이 유용하다. 물론 인수대상기업에 대한 할인현금흐름분석은 자산의 장부가치, 과거 영업실적 등을 참고할 수 있어 인수대상기업의 과거실적(자산가치, 이익)에 근거하기보다 인수에 소요된 총투자비용과 투자기간에 걸쳐 자사의 경영관리 하에서 예상되는 총수익에 기초하여 할인현금흐름분석이 이루어져야 된다는 사실이다. 인수·합병을 위한 협상은 충분한 시간을 갖고 전략적 차원에서 신중히 접근해야 한다.

■ 1.5 글로벌기업 인수·합병의 추진방법

많은 사례에서 기업들의 국제적 M&A가 실패하는 경우를 보게 되는데 Haspeslagh와 Jemison은[2] 기업들이 M&A에 실패하는 이유는 인수가격의 협상에 지나치게 집착하여 과연 이 기업을 인수할 필요성이 있는가라는 근본적인 문제에 소홀해진다는 점을 강조하였다. 따라서 이들은 먼저 인수·합병 의사결정시에 왜 이 기업을 인수하여야 하는지에 관한 분명한 전략을 가지고 협상에 임해야 한다. 또한 협상과정에서 상대기업이 너무 높은 가격을 요구할 때 단호히 거절하거나 협상을 중단할 필요가 있다. 왜냐하면 인수·합병을 위한 협상이 진행되면 중간에 포기하기 어려워지는 일정한 관성(momentum)이나 매몰비용(sunk cost) 등이 존재하기 때문에 예상된 적정가격 이상의 가격을 지불하게 되는 경우가 많다.

한편 글로벌기업 인수·합병시 M&A를 전담하는 전담팀이 조직되어 대상기업의 물색과 협상에 임할 전략을 항상 준비하고 있지 않다면 협상에서 성공을 거두기가 어렵다. Haspeslagh와 Jemison은 M&A의 성공 여부는 자신의 경영전략이 무엇이고, 그 전략을 위하여 이 기업의 인수가 과연 필요한가에 대한 의문이 가장 중요하다는 사실을 제시하고 있다. 만일 현재 그 기업이 수행하는 전략에 비추어 판단할 때 인수대상기업을 인수하는 데 지불된 인수프리미엄 이상으로 새로운 가치가 창출될 수 없는 경우에는 M&A를 추진하지 않는 것이 바람직하다. 따라서 M&A 전에 자신의 전략을 검토하는 것이 필수적이다. 전술한 바와 같이 인수프리미엄이 M&A시의 시너지효과보다 클 경우 이는 실패한 것으로 보아야 할 것이다.

둘째, 글로벌기업의 M&A시 인수대상기업에 대한 면밀한 검토 없이 서둘러 인수한 후, 인수대상기업이 갖고 있는 악성채무관계나 부정행위 등 감춰진 문제점들이 발견되면서 큰 비용이 추가되는 경우도 상당수 존재한다. 따라서 글로벌기업 인수·합병시에는 인수·합병에 대한 분명한 전략적인 검토와 아울러 인수·합병기업에 대한 면밀한 검토와 이에 입각한 협상이 가장 중요한 과제이다.

다음은 글로벌기업 인수·합병시 유의사항이다.[3)]

① 인수·합병이 기업에 미치는 성과를 이해하기 위해서는 분명한 인수·합병전략을 가져야 한다.

② 인수·합병전략을 운용하는 데 필수적인 요소는 그 과정을 이해하는 것이다. 모든 가치창출은 인수·합병 이후에 일어난다. 따라서 인수·합병 후의 통합 과정이 성과에 매우 큰 영향을 미친다. 인수·합병에 관한 의사결정과정은 기업이 인수·합병에서 가치창출 잠재력을 파악하고 인수·합병 후 성공적인 통합을 하는 데 중요한 영향을 미친다.

③ 인수·합병은 당사자들의 전략적 핵심역량을 증대시킬 때 가장 높은 가치를 창출한다. 그 결과 인수기업과 피인수기업 모두 경쟁우위를 향상시킬 수 있으며 이는 곧 그들의 재무적인 경영성과로 반영된다.

④ 인수·합병의 성공은 핵심역량의 이전이 요구되는 두 기업 간의 전략적 상호의존성과 피인수기업의 핵심역량을 유지하는 데 필요한 자율성 간의 균형을 유지할 수 있는 경영자의 능력에 달려 있다.

⑤ 이러한 두 요인 간의 균형을 통해 적절한 통합방법이 결정된다. 그 방법은 크게 3가지가 있다. 두 조직이 하나가 되는 흡수합병, 피인수기업이 자신의 문화적인 주체성을 보존하는 경우, 그리고 쌍방간 적응이 요구되고 조직의 융합이 필요한 협력적인 관계가 있다.

⑥ 이러한 통합방법을 운용할 수 있는 기업의 능력은 기업 간 상호관련성을 어떻게 조정할 수 있는가에 달려 있다.

⑦ 통합방법에 따라서 차이가 있다고 해도, 이러한 상호관련성을 조정하는 데에는 두 단계의 절차가 있다. 첫째는 통합단계를 결정하고 핵심역량의 이전이 일어날 수 있게끔 적절한 분위기를 조성하는 것이다. 둘째 단계는 경쟁우위를 높이며 가치를 창출할 수 있도록 핵심역량을 실제로 경영에 응용하는 것이다.

⑧ 가치창출이 실현되기 위해서는 사태의 추이를 살펴보며 통합의 속도와 방법을 조정

해 나가는 진화과정으로 보아야 한다.

⑨ 인수·합병은 기업들에게 새로운 전략을 추구하도록 도와 줄 뿐만 아니라 새로운 핵심역량에 대하여 배울 수 있는 기회도 제공한다.

⑩ 통합과정 이후에 기업들은 인수합병의사결정 그 자체에서 벗어나 통합된 경영활동의 네트워크를 어떻게 운영할 것인지 초점을 바꾸어야 한다.

1.6 글로벌기업의 인수·합병 후 과제

인수·합병을 성공시키기 위해서는 인수·합병 교섭을 유리하게 매듭짓는 수완과 더불어 결합 후의 결합기업의 운영과 관리를 잘 해나가는 것도 중요하다.

우선 인수 교섭의 초기 단계에서 채택한 가정이나 분석·평가에 큰 잘못이 없는가를 조사한다. 예를 들면 인수계획 체결 후에 불량채권을 발견하거나 필요한 기술자가 경쟁기업으로 옮겨갔다면 교섭단계에서 계산했던 피인수기업의 가치가 변하게 된다.

인수·합병 시 발생할 수 있는 새로운 가치는 인수 이후 인수된 기업들을 얼마나 잘 통합하고 운용하는가에 따라 결정된다. 아무리 인수·합병 당사자인 두 기업이 가진 경영자원이 상호보완적이고 좋은 인수합병대상기업이라고 하더라도 실제로 인수 이후 두 기업의 통합과 운영에서 실패한다면 어떠한 가치도 창출할 수 없게 된다. 특히 두 기업이 상당히 독특한 기업문화를 갖고 있을 경우, 많은 갈등을 일으킬 소지가 있다. 특히 해외기업 인수합병은 단순한 기업 간의 문화 차이뿐만 아니라 국가 간의 문화적 차이도 극복하여야 하므로 인수통합과정에서의 어려움이 더욱 크다고 볼 수 있다. 따라서 해외인수합병 시에는 인수대상기업의 기업문화와 인수기업의 기업문화가 서로 상충하는지를 살펴보아야 하고, 문화 간의 갈등을 최소화할 수 있는 방법을 생각하여 보아야 한다.

Haspelagh와 Jemison은 기업의 인수·합병을 통해 더 높은 성과를 얻기 위해서는 인수·합병 이후의 통합과정이 매우 중요하다는 점을 지적하였다. 인수·합병과정에서는 다음과 같은 두 가지 측면에서 균형을 이루어야 한다. 첫째, 양 기업 간 경영자원의 공유와 핵심역량의 활발한 이전은 인수·합병을 통해 규모와 범위의 경제성을 달성할 수 있다. 그러므로 이러한 규모와 범위의 경제성을 살리려면 통합과정은 매우 신속하게 진행되어야 한다. 둘째, 그러나 통합과정의 신속성을 강조하다 보면 피인수·합병기업의 자율성을 저해해 갈등이 유발될 수 있으므로 피인수·합병기업이 자율성을 바탕으로 자연스럽게 통합할 수 있도록 속도 조절이 필요하다. 따라서 기업의 인수·합병은 인수과정을 살펴보면서 통합속도를 조절하는 진화론적인 접근이 필요하다.

기업이 결합함에 따라 생겨나는 시너지효과는 수년이 지나야 성과로 나타난다. 또한 국제기업 간의 인수·합병에는 문화, 언어, 상관습, 기업문화 등이 다르기 때문에 이러한 차이를 극복하면서 융합해 가는 방법이나 과정이 핵심적인 과제가 된다.

2 글로벌기업의 조인트 벤처(합작사업)전략

2.1 조인트 벤처의 개념

(1) 조인트 벤처의 개념

최근 글로벌 경쟁시장에서 우위를 유지하기 위해서 전략적 제휴의 수단으로 조인트 벤처(joint venture; 합작사업)가 많이 이용되고 있다. 이러한 조인트 벤처는 전략적 제휴의 특수한 형태로 볼 수 있으며, 참가자들이 경쟁자에 효과적으로 대응하고 또 경쟁우위를 달성하는 데 적절한 수단이 될 수 있다.[4]

조인트 벤처는 일부 기능에만 국한된 기능별 제휴와는 달리 법률적으로 모기업에서 벗어나 독립된 기업을 만드는 방법이다.[5] 그리고 일부 기능 또는 한 업무에만 국한되기보다는 연구개발, 생산, 마케팅 등과 같이 여러 분야에 걸친 종합적인 협력관계가 필요할 때 실행하는 경우가 많다. 즉 글로벌 조인트 벤처란 일반적으로 두 개 또는 그 이상의 자연인, 법인, 국가 등이 자본·노동·기술·자원 및 관리 등을 동원하고, 예정된 사업을 함께 하기로 합의하여 공동으로 실천하는 글로벌기업활동이다. 조인트 벤처는 본질적으로 두 개 이상의 기업 또는 정부기관이 새롭고 확실한 경제적 실체(entity)를 형성하기 위해 자산을 결합하는 것이며, 경영관리, 이익 및 손실을 분담한다.[6]

조인트 벤처는 사업수행 또는 사업운영상 의사결정에 참가인은 반드시 정비례적은 아닐지라도 참여하여 어느 정도의 영향력을 행사할 수 있어야 한다. 따라서 조인트 벤처는 원래 2명 이상의 사업자가 공동계산으로 손익을 분담하여 공동출자사업을 영위하는 합작사업이라고 볼 수 있다.

대부분의 조인트 벤처는 참여기업들이 50 대 50으로 투자하는 경우가 많으며 51 대 49와 같이 불균등하게 소유하는 경우도 있다. 이러한 지분율은 각 파트너의 기여도 및 교섭능력에 따라 좌우된다.

(2) 조인트 벤처의 형태

조인트 벤처는 합작형태를 기준으로 개인기업형태와 회사기업형태로 나눌 수 있다. 여기서 개인기업형태라고 하여 그 규모가 반드시 작은 것을 뜻하는 것은 아니고, 글로벌 조인트 벤처가 반드시 거대한 기업만을 의미하는 것도 아니다.

또한 글로벌 조인트 벤처의 결합이 이루어지는 형태에 따라 자본적 결합과 비자본적 결합으로 구분하기도 한다. 자본적 결합이란 협의의 조인트 벤처를 의미하며, 참가자는 기업이윤과 손실을 출자액 기준으로 분배한다. 그러나 비자본적 결합은 경영관리나 기술 및 상업서비스 등을 이용하는 것으로서, 계약이나 협정에 따를 뿐 공동출자를 원칙으로 배분하는 것은 아니다. 그러므로 글로벌 조인트 벤처의 형태는 대체로 다음 네 가지로 나누어 볼 수 있다.[7]

① 두 회사가 각각 출자하여 제3의 합작회사를 만드는 형태 : 주로 한국과 일본에서 많이 이용되는 형태이다.
② 글로벌기업이 기존의 현지기업의 지분을 일부 매입하여 합작법인을 만드는 형태 : 보호무역주의가 강한 국가에 많이 이용되는 형태이다.
③ 소수의 현지기업인들과 하나의 글로벌기업이 합하여 합작법인을 만드는 형태 : 이 경우 현지인은 다수 참여하고 외국기업은 소수 참여하는 편이 유리하다.
④ 현지 지분이 널리 소유되는 경우로서, 외국투자기업은 하나이고 현지지분은 많은 주식투자가 존재하여 그들 사이에 분산되어 회사가 이루어진 형태 : 이때 기업의 경영권 장악이 쉬워지므로 이러한 형태는 지역 환경에 따라 흔히 이루어진다.

이외에도 외국기업체가 공동으로 글로벌 조인트 벤처에 투자하는 경우, 또는 여러 나라 기업이 여러 다른 자원을 내놓고 투자하는 경우 소위 다자국 합작기업(multiparty venture)의 형태 또는 국제합작의 종류와 범위를 기업인들의 독창성에 따라서 합의에 의하여 얼마든지 다른 형태로 형성할 수 있다. 그러나 어떤 경우이든 합작투자는 경영권장악을 목적으로 하는 투자인 만큼 파트너가 있는 경우 어떻게

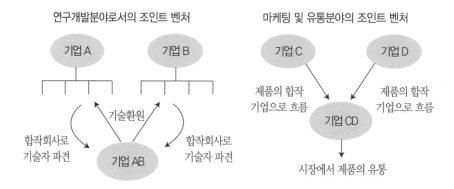

그림 6.2 조인트 벤처의 예

경영권을 장악하느냐가 관심사가 된다. 그리고 경영권문제는 회사의 형태가 다양하고 비자본적 결합형태도 다양하기 때문에 경영권은 반드시 주식소유지분과 정비례하지 않는다. 소수 지분(49% 이하)을 갖고 있다 하더라도 기술이나 원료 또는 시장을 확보함으로써 경영권 장악이 가능한 경우도 있다. 이외에도 제도적으로 경영권을 장악하는 방법은 다음과 같다.[8]

① 합작법인의 정관상(定款上) 경영권 장악을 규정하는 방법
② 투표권이 없는 주식을 발행하는 방법
③ 기술계약이나 경영계약을 별도로 작성하여, 異見이 있을 때 기술이나 경영 노하우 제공을 조정하는 방법
④ 경영권장악을 쉽게 하기 위하여 현지인의 지분을 널리 분산시키는 방법

그러나 여기에서 중요한 것은 투자협상 시 분쟁의 소지가 있는 문제에 대해서 쌍방이 충분한 이해와 합의가 이루어져야 하며, 만약 분쟁의 소지가 있는 부분은 사전에 문서화하여 분쟁에 대비하는 것이 유리하다.

2.2 조인트 벤처의 동기

조인트 벤처의 목적은 합작에 참여하는 개별기업의 독자적인 목적이 있고, 그 목적에 따라 특정 사업분야의 의사결정이 이루어진다. 그러므로 조인트 벤처의 목적

은 다국적기업 입장에서 글로벌경영방식인 글로벌 조인트 벤처체제로 그 메리트 (merits)가 점차 옮겨 가면서 다음과 같이 크게 세 가지 목적이 형성되고 있다.[9]

① 경제적 이익: 즉 조인트 벤처를 행함으로써 각 파트너 별로 소규모 기업활동을 하는 편보다 경제적 이익이 크다는 점이다. 특히 관세면에서 혜택이 크다.
② 정치적 이익: 피투자국의 외국 기업 활동에 대한 차별대우를 약화시킬 수 있다. 왜냐 하면 현지국기업과의 조인트 벤처를 함으로써 외국인관리법의 규제를 면할 수 있기 때문이다.
③ 사회적 이익: 글로벌 조인트 벤처는 현지국기업과 조인트 벤처를 함으로써 사회적 이 미지가 개선되어 판매활동이나 대인관계에 유익하다.

또한 기업들은 [그림 6.3]에서 보는 것처럼 ① 기존 사업의 강화, ② 기존제품을 신시장에 도입, ③ 기존 시장에 신제품을 도입, ④ 새로운 사업으로 다각화라는 네 가지 목적을 갖고 조인트 벤처를 한다.[10]

이에 부가적으로 기존시장의 고객 니즈를 만족시키는 핵심 비즈니스분야의 기술 을 외국기업에서 취득하고자 하는 경우에도 조인트벤처를 한다. 즉 핵심사업분야의 기술을 독자적으로 개발할 것인가, 기술을 가진 기업과 라이선스계약으로 연결할 것인가의 문제이다. 그러나 자사 내에서 개발하는 것은 시간과 비용이 많이 소요되 고 라이선스계약은 기술 활용면에서 유연성 발휘가 힘든 문제가 있다. 그러므로 원

그림 6.3 글로벌 조인트 벤처의 동기

	기존제품	신제품
신시장	기존 제품을 신시장에 도입 • 개방시장 • 폐쇄시장	새로운 사업으로의 다각화 • 합작기업으로부터의 학습 • 합작기업과의 학습
기존시장	기존사업의 강화 • 규모의 경제 달성 • 기술의 습득 • 재무적 위험의 감소	신제품을 기존시장에 도입 • 마케팅과 유통 • 단순조립공장 • 현지기술개발 • 모기업으로의 기술재도입

자료: Paul W. Beamish and Peter J. Killing, *International Management : Text and Case*, IRWIN, 1991, p. 73.

하는 기술을 가진 기업과 합작하면 기술자로부터 직접 기술을 습득할 수 있다.

또한 골랜더(S. Gollander)는 조인트 벤처의 동기를 ① 국민적 수요 만족을 위하여, ② 규모의 경제, 최소충족규모(critical mass) 및 경험곡선으로부터 이익을 얻기 위하여, ③ 다른 기업에 대한 의존을 감소하기 위하여, ④ 시장 불완전성을 돌파하기(circumvent) 위한 것 등으로 제시하고 있다.[11]

2.3 조인트 벤처의 장점·단점

(1) 조인트 벤처의 장점

조인트 벤처의 장점은 단독투자에 비하여 다음과 같은 장점이 있다.

① 규모의 경제 달성: 해외시장에 어느 정도의 투자를 필요로 하지만 자회사에서 집중 생산한 제품을 전 세계에 대량 판매함으로써 보다 많은 수익 창출이 가능하고, 생산 및 마케팅활동에 대한 보다 강력한 통제가 가능하다.

② 수용국 내셔널리즘과 융화: 관료 및 기업인을 포함한 투자상대국의 정치적 혹은 이해관계자집단이 일반적으로 국수주의(nationalism) 경향을 띠고 있는데, 이를 어느 정도 완화시킬 수 있다.[12]

③ 위험분산: 조인트 벤처는 단독투자로 인하여 안게 되는 위험을 상당부분 분산시킬 수 있다. 투자자금을 현지 기업과 공동으로 부담하거나, 현지 자금조달을 원활하게 할 수 있다. 또한 환율에 대한 위험을 회피할 수 있을 것이며, 현지의 각종 특혜를 현지 기업과 동일한 조건으로 얻을 수 있다.

④ 자원의 상호보완(협력에 의한 시너지효과): 현지기업의 경영능력과 노동력 등을 활용함으로써 현지 특수사정에 쉽게 적응할 수 있는 이점을 지니고 있다. 현지기업에 비하여 경영능력이 떨어지는 경우, 조인트 벤처를 통하여 선진 경영능력을 도입할 수 있고, 현지의 노동력을 이용함으로써 국제간 문화적 이질감에서 오는 위험을 상당부분 감소시킬 수 있다.

⑤ 새로운 시장진입: 현지 파트너가 시장상황 및 소비자에 대한 이해와 지식을 보유하고 있고, 현지유통업자 및 주요 관련기관들의 기존에 확립된 관계를 활용함으로써 현지시장 진출이 보다 용이하다.

(2) 조인트 벤처의 단점

조인트 벤처의 단점으로는 다음과 같은 것들이 있을 수 있다.

① 글로벌기업이 조인트 벤처를 통하여 해외에서 기업활동을 전개할 때 의사결정면에서 합작기업 간의 대립이 일어나기 쉽다. 예를 들어 다국적기업은 절세의 수단으로서 실제로 이익을 계상하고 있는 자회사에서 다른 자회사로 이익을 옮기고 싶은 경우가 있다(이 때문에 이전가격(transfer pricing)정책을 채택하는 경우가 있다). 혹은 현지 합작기업은 내부유보를 충실히 하기보다는 배당률을 높여주는 것을 희망하는 경우도 있다. 이런 경우 다국적기업과 현지기업 간 의견대립이 발생한다.

② 또한 참여기업 간의 의사소통문제가 심각하게 발생할 수 있다. 이런 문제는 국제간 문화적·정치적·경제적 차이에서 오는 대립으로 발생하는 경우가 가장 빈번하다. 특히 사업운영방식과 문화 및 가치관의 차이를 보이고 있는 선진국 기업과 개도국 기업의 합작투자는 이러한 문제가 발생할 가능성이 매우 높다.

③ 조인트 벤처를 통하여 외국에 진출하는 경우 기술, 라이선싱 및 경영상의 비밀이 누출되어 투자기업이 불이익을 당하는 경우가 발생할 수 있다.

④ 현지국의 국수주의도 역시 조인트 벤처에 있어서 중요한 위험요소이다. 현지국의 국수주의나 강한 민족주의는 외국기업에 대해 대체적으로 불신감을 갖는 경우가 많다.

⑤ 조인트 벤처에서 운영상의 문제가 되는 것 중에 연구개발의 범위와 협동범위도 있다. 참여기업은 글로벌시장에서 경쟁관계에 있는 경우가 많다. 따라서 경쟁에 바로 연결되지 않는 기초연구분야를 주요 주제로 취급하는 경우가 많다.

3 글로벌 전략적 제휴전략

3.1 글로벌 전략적 제휴의 개념

(1) 전략적 제휴의 필요성

시장의 글로벌화는 1970년대 중반부터 1980년대에 들어서 서서히 비가격경쟁으로부터 가격경쟁으로 이동하여 기업의 글로벌화에 변질을 가져왔다. 그것이 기업내 국제거래의 변화모습으로 나타났다. 즉 IBM뿐만 아니라 GM, TI, Motorola 등 자동차ㆍ전자산업을 중심으로 한 미국의 다국적기업들이 경영ㆍ소유 면에 있어서 순혈주의를 1980년대 들어 포기하고 개발ㆍ조달ㆍ생산ㆍ판매 등 제 활동에 다국적기업 간 협력관계를 형성하기에 이르렀다. 예를 들어 합작기업ㆍ계약협력 등의 형태로 크로스 라이선싱(cross licensing; 기업 간의 기술과 경영성과 공유), 공동개발, 위탁생산(OEM), 부품조달, 공동생산, 수탁생산, 크로스 디스트리뷰션(cross distribution; 기업간 유통채널 공유) 등이 자회사 활동을 대체하였다.

글로벌 전략적 제휴(global strategic alliances)는 제품개발 비용의 상승을 억제하고, 기능ㆍ기술ㆍ노하우를 공유할 수 있으며, 투자액의 분담이나 리스크를 분산할 수 있는 글로벌기업의 전략 중의 하나이다. Sony의 회장이었던 모리타 아키오(盛田昭夫)는 오늘날 기업들은 글로벌 시장에서 경쟁하기 위해서는 다른 회사와 공동으로 일을 해야 한다고 말하면서 전략적 제휴의 중요성을 강조하였다.[13] 이렇듯 전략제 제휴는 글로벌기업 간 중요한 협력형태로 인식되고 있다.

오늘날 기업이 경쟁력을 강화하기 위해서는 다른 기업과 협력 또는 제휴가 필요하다. 이런 경쟁력 강화의 방안으로 기업 간의 제휴는 보편화되었고, 점점 제휴의 필요성은 증대되고 있다. 제휴는 속도와 유연성을 통해서 경쟁우위를 갖게 된다. 제휴에 대한 필요성은 단일기업체 하에서 이익을 얻기 어렵기 때문에 더욱 커진다. 한정된 자원 하에서 점점 심화되는 경쟁 환경에서 생존하기 위해서는 여러 가지 제휴방식을 모색하여야 할 것이다.[14]

오늘날 전략적 제휴가 주목되는 것은 다음과 같은 이유 때문이다.

경쟁차원의 확대, 첨단 분야에서 경쟁우위 확립, 혼합(hybrid)형 제품이나 사업을 생성하기 위한 이질적인 요소의 결합 필요성, 새로운 조직자원의 축적, 막대한 연구개발비의 공동부담, 사업리스크의 분산, 조직의 약점을 보완하고, 강력한 것으로 만들기 위해, 국제적 경쟁마찰을 회피하고 해소하기 위한 것 등이다.[15]

전략적 제휴에서 장래의 사업영역, 필요기술의 축적 등 장기적으로 대비하는 것도 있지만, 지금까지 격렬한 경쟁관계에 있는 기업들이 제휴관계를 맺는 등 기업의 경쟁과 협조를 명확히 하는 것이다.

글로벌화하는 시장요인에 효과적으로 대응하기 위해서는 내부자원에만 의존하는 성장은 한계가 있고, 자원의 개발ㆍ자원의 공유라는 면에서 외부조직과의 관계를 어떻게 구축하는가는 기업경영의 새로운 과제이다.

(2) 전략적 제휴의 정의

제휴(alliance, partnership, collaboration, coalition)라는 용어는 독립기업 간의 공동사업을 의미한다. 그리고 기업 간 제휴(corporate alliance)는 동일업종간, 이업종간, 대기업 상호간, 거대기업과 소기업 간, 동일국가 기업 간, 2국 이상의 기업 간, 단일사업 또는 복수사업의 경우와 같은 사업(업무)의 분담, 혹은 서로 다른 사업(업무)의 보완 등 기업활동 전반에 걸쳐 이루어진다. 여기에서는 2개국 이상의 기업 간 제휴는 글로벌제휴(global alliance)만을 취급하기로 한다.

기업이 무한경쟁의 글로벌시장에서 생존하기 위해서는 전략적 제휴를 통해 경쟁력을 제고할 필요가 있다. 글로벌 전략적 제휴에는 합작투자, 경영계약, 소유권 분담(shared ownership), 컨소시엄, 라이선싱, 지분참여 또는 장기적 계약방식(contractual arrangements)과 같은 가능한 범위의 다양한 운용형태가 포함될 수 있다.[16]

한 기업이 외국의 기업과 공동으로 사업활동을 행하는 국제적인 전략적 제휴는 최근에 들어 미국, EU 및 일본 등 선진국의 라이벌 기업 간에 성행하고 있다. 최근에 국제적 제휴는 Porter 등이 지적하는 바와 같이[17] 과거와는 성격을 달리하고 있으며, 한편으로는 경쟁하고 있지만 다른 한편으로는 협조한다고 하는 '경쟁적 공존'을 지향하고 있다.

오늘날 소위 제휴라고 하는 것은 외부조직과의 연계를 통하여 독자적으로 경쟁력을 유지·향상하는 방법이다. Corporate Partnership, Corporate Consortium 등으로 불리고 있으나 글로벌시장에서의 존속과 시장지위의 향상을 위한 방법으로 점차

표 6.2 글로벌 전략적 제휴의 정의

구 분		전통적 기업 협력	전략적 제휴
전략적 의도	협력 동기	국지시장/제한적	범세계시장/포괄적
	협력자 관계	남북관계/잠재영역	기존경쟁/제한협력
	협력 영역	기술이전/단순영역	기술개발/특수영역
	참여자 수	소수(대개 2기업)	다수(3 이상)
전략적 형태	협력 형태	정형적/단위계약	비정형적/복합계약
	협력 분야	단위사업/제한적	복수사업/유기적
	대상 기간	단기/일회성	탄력적용/재협상
	대표 형태	기술라이선싱 합작투자	교차라이선싱 계약방식 JV 컨소시엄

자료: 김영곤, 패러다임 전환기의 신조직기술: 전략적 제휴의 동기, 유형 및 경영의사결정, 국제경영학회, 제2차 학술논문대회 논문집, 1992. 7.

주목받고 있다.

제휴란 조직의 존속·성장을 장래의 환경조건 하에서 실현하기 위해 복수의 기업이 각자의 자원을 제공하는 것에 동의하여, 협조·협력함으로써 그 목적을 달성하는 행동과 관련된다.

오늘날 글로벌시장의 환경이 급변하고 있고, 그 변화에 정확하게 대응하기 위해서는 거대기업이라도 독자 힘으로는 생존하기가 어려운 실정이다. 동일업계에서 치열한 경쟁을 펼치고 있는 라이벌 기업일지라도, 특정분야 협력을 통해 경쟁우위를 확보할 수 있다면 손을 잡는 것은 당연한 것이다.[18] 그래서 수직적으로 결합하는 것보다는 수평적으로 대등한 기업 간 전략적 제휴가 점차 늘고 있다. 특히 최근 들어 강자연합이 많이 이루어지고 있는 분야는 전자, 자동차, 항공기 등 제조업 분야다. 생산과 마케팅의 글로벌화, 안전한 시장관리, 기술혁신의 빠른 흐름에 맞춰 이와 같은 라이벌 기업 간의 동맹 내지 제휴는 신생 기업들의 배제와 세계시장을 완전히 관리하겠다는 전략에서 비롯되고 있다. 또 갈수록 대형화되고 있는 첨단기술 개발비용을 공동부담하고 리스크 부담을 나누어 갖자는 데 목적이 있다.

오늘날과 같은 복잡한 경제 환경, 즉 최첨단 기술개발경쟁과 같은 극심한 환경변화 하에서는 오늘의 강자가 내일에도 강자가 된다는 보장은 없다. 자유경쟁을 기본적 행동원리로 하고 있는 거대한 글로벌기업도 이제 상호협력 없이는 성장을 지속할 수 없는 상황에 놓여 있다.

따라서 세계시장이 각국의 거대기업 간 제휴로 분할 점거되는 양상이 전개되고 있는데, 이러한 거대기업 간 제휴관계는 기업의 M&A에 비해 저렴하고 신제품 및 신기술의 시장확산속도가 빠르고 시간을 벌 수 있는 장점이 있지만, 기술이전(technology transfer) 등으로 경쟁기업에게 이익을 빼앗길 위험도 있다.[19]

글로벌 전략적 제휴는 서로 다른 국가들에 소속된 실제적·잠재적 경쟁기업들이 구체적으로 합의하는 사항에 한하여 서로 협력하겠다는 자유의사를 가지고 체결하는 협력적 협약을 뜻한다. 그러므로 넓은 의미의 글로벌 전략적 제휴에는 단독해외직접투자 이외의 모든 해외시장 진입전략들을 사용하는 형태들을 포함한다.[20]

(3) 글로벌 제휴의 동기과 형태

1980년대 후반부터 꾸준히 증가해 온 글로벌 전략적 제휴는 특히 WTO의 출범 이후 두드러지게 증가하는 경향을 보이고 있다. 즉 WTO는 각국간 경제·경영활동을 자유화하는 데 목적을 둔 자유화정책과 그것이 필수전제조건인 개방시장 정책을 강력히 추진함으로써 회원국들의 내수시장에서 국경 없는 무한경쟁이 심화되고 있다. 또한 회원국들의 내수시장들을 단일 글로벌 시장에 통합시키는 동시에 국내기업들로 하여금 글로벌시장으로의 진입·침투 확대를 통해 글로벌비즈니스를 확대하도록 촉진시키고 있다.

그런 환경 하에서 개별기업들은 능률 향상보다는 경쟁력 강화를 목적으로 하는데, 각자의 비교우위만으로 글로벌 경쟁력을 강화하려 하면 국내시장뿐만 아니라 글로벌시장에서 다 같이 경쟁우위를 확보하기 어렵기 때문에 글로벌 전략적 제휴를 하는 것이다.

〈표 6.3〉에서 나타나듯이 넓은 의미의 글로벌 전략적 제휴는 그 동기에 따라 크게 세 가지 형태로 볼 수 있을 것이다.

첫째, 서로 다른 국적을 가진 둘 또는 그 이상의 기업들이 투자파트너로서 자본지분을 가지고 합작투자기업을 공동으로 운영하는 데 목적을 두고 공식적으로 계약을 체결하는 조인트 벤처의 형태다.

둘째, 라이선싱, 프랜차이징, 경영계약, 기술제휴, 턴키운영 등 비교적 중·장기적인 계약적 협약의 형태다.

셋째, 특정 신제품을 연구·개발하거나 특정 해외시장을 침투하는 데 협력하기로 하는 단기 계약적 협약 형태다.

또한 글로벌 전략적 제휴의 내용은 매우 다양하다. 그 내용을 중심으로 전략적 제휴의 유형을 간략히 구분해보면 다음과 같다.[21]

① 상호 기술교환이 주를 이루는 '기술·개발제휴'
② 글로벌 로지시틱스의 일환으로 '조달제휴'

표 6.3 **전략적 제휴의 형태에 따른 제휴동기**

구 분	제휴 형태	제휴 목적
기업의 규모에 따른 분류	대기업간 제휴	경쟁제한 동기
	소기업간 제휴	경쟁력 강화 동기
	대기업과 소기업간의 제휴	자원 보완 동기
기술에 따른 분류	기술개발 제휴, 공동연구개발	리스크분산·경험보완
	생산−공급업체 제휴	규모의 경제·시장진입
	마케팅−판매 서비스 제휴	잠재적 경쟁자 시장진입 방지

자료: 반병길, 국제경영, 박영사, 1999, p. 313 참조.

③ 자사의 브랜드 지배력을 기초로 하는 '생산제휴'
④ 마케팅활동의 모든 것을 포함시킨 '판매제휴'

3.2 글로벌 전략적 제휴의 속성

(1) 전략적 제휴의 속성

전략적 제휴가 가지는 속성은 다음과 같다.

첫째, 제휴로 인한 위험 또는 성과를 제휴기업 간 공유

일반적으로 제휴기업들은 자신이 정책결정에 참여하고 공헌한 만큼에 대해서만 위험과 성과를 분담하는 것을 원칙으로 한다. 제휴에 있어서는 무엇보다도 제휴사업 관리에 대한 책임의 공유가 이루어져야만 성공을 기대할 수 있다.

둘째, 개별 구성원이 각자 고유의 특성 유지

제휴의 또 다른 속성은 합병되는 기업의 고유 특성이 소멸되는 기업합병 형태인 M&A와는 달리, 제휴기업들이 업무영역의 일부분에 대해서만 공유한다. 즉 제휴기업들은 각자의 기업 고유 특성을 그대로 유지하면서 제휴에 참여하게 된다. 그러나 실제적으로 제휴에 관련되는 업무영역과 그렇지 않은 부분을 구분하기란 매우 어렵다.

셋째, 자원의 지속적 이전

제휴기업들이 제휴 사업에 자금·기술·인력 등의 자원을 지속적으로 투입해야 하는 데 제휴의 또 다른 속성이 있다. 제휴 사업을 지속시키는 데 있어 어떠한 자원이 추가적으로 필요하며, 이들 자원을 어떻게 사용할 것이며, 자원이전의 비용을 어떻게 결정하고 분담할 것인가 등에 대한 제휴기업 간의 합의가 이루어져야 한다.

넷째, 시너지 효과 창출

제휴란 단기적 편익의 수단이 아니고 제휴 기업 간 자원을 공유함으로써 보다 큰 가치를 창출하는 데 그 목표를 둔다고 볼 때, 제휴는 규모의 경제, 범위의 경제, 학습의 경제 효과를 누리고자 하는 데도 그 목적이 있는 것이다.

다섯째, 제휴사업의 개별성

제휴의 독특성은 잘 정립된 실현가능한 구체적인 목표에 있다. 즉 어떤 단일 제휴 사업이 또 다른 하위 사업과 분리되어서는 안 된다. 동일 제휴 기업 간 다양한 제품과 지역에 걸쳐 무수한 제휴관계를 맺을 수 있는데, 이 경우 제휴사업 간의 긴

표 6.4	기업간 글로벌 전략적 제휴의 목적에 따른 이점
전략적 제휴의 목적	전략적 제휴의 이점
리스크 분산	• 제품 포트폴리오의 다각화를 통한 이익의 안정 • 공정비용의 분산 · 경감 • 신속한 시장진입 및 투자자금의 회수
규모의 경제 · 비용 점감	• 생산량 증대를 통한 평균 생산비 절감 • 제휴기업의 저비용 능력 활용에 따른 비용 감소
기술확보	• 디자인, 신제품, 신공정 등의 공동연구·개발을 통한 기술의 효율적 확보 • 기술적 시너지효과의 증대 • 특허 및 관할지역의 교환
시장경쟁 지위 강화	• 제휴를 통한 마케팅 경쟁 감소 • 시장점유율 증대
정부규제 및 무역장벽 극복	• 해당국 기업과의 합작을 통한 해당국기업으로서의 영업활 동 수행 • 현지 원자재 · 부품 및 제품 조달 책무 충족
준수직적 통합을 통한 제휴기업의 경쟁우위활용	• 원자재에 대한 접근 용이성 • 기술습득 용이성 • 노동력 획득 • 자본획득 • 정부규제 회피 • 유통경로에 대한 접근 용이성 • 상품인지도 제고 • 구매자들과의 연계관계 구축

자료: 반병길, 국제경영학, 박영사, 1999, p. 312.

밀한 의사소통이 전체적 제휴 성과에 주요한 영향을 미친다.

여섯째, 연락 기능의 강조

전략적 제휴에 있어서는 지분공유와 의사결정 과정에서 일어날 수 있는 제휴기업 간의 충돌을 사전에 방지하고 이를 원만히 다룰 수 있는 연락 및 조정기능이 무엇보다도 중요하다.

글로벌사업 방식 중 전략적 제휴의 위치를 보면 [그림 6.4]와 같다.[22]

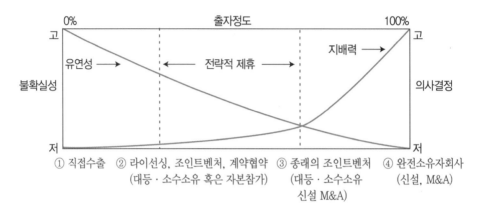

그림 6.4 전략적 제휴 사업 방식이 위치

자료: F. SimYar & K. Argheyed 모델을 기초로 竹田志郎교수가 작성한 것임.

3.3 글로벌 전략적 제휴의 장·단점

글로벌 전략적 제휴의 장점은 다음과 같다.

첫째, 전략적 제휴는 특정 해외시장으로 신속한 진입·침투를 촉진시킨다.

둘째, 전략적 제휴는 신제품이나 새로운 생산공정 등을 개발하는 데 소요되는 고정비 및 그에 따르는 리스크를 분담 및 공유할 수 있다.

셋째, 전략적 제휴는 협약당사자들 모두가 각기 자체적으로는 쉽게 개발할 수 없는 기술적 시너지 효과의 증대, 상호보완적 제품과 서비스 및 자산을 결합시키는 좋은 방법을 제공한다.

반면, 글로벌 전략적 제휴는 기술 등을 제공하는 기업들에게 단기적으로는 이익

표 6.5 글로벌 전략적 제휴의 장·단점

장 점	단 점
새로운 시장진입의 용이	파트너 간의 부조화
신속성 및 비용절감	정보에 대한 접근의 어려움
리스크의 분담	이익 배분
지식과 전문가 의견의 공유	자율성의 상실
시너지효과와 경쟁적 우위	환경변화

자료: Rickey W. Griffin, Michael W. Pustay, International Business, Addison−Wesley Publishing Company, 1996, pp. 415~419.

을 가져다줄 수 있을지라도, 장기적으로는 낮은 비용으로 새로운 기술을 획득하고 새로운 시장으로 진입하는 수단을 경쟁기업들에게 제공할 수도 있다. 그 결과 기술 등을 제공하는 기업들은 글로벌시장에서 경쟁적 우위를 상실할 수도 있다는 단점이 있다.

3.4 글로벌 전략적 제휴의 성공요소

(1) 글로벌 전략적 제휴의 성공조건

한 기업이 글로벌 전략적 제휴를 통해 성공적인 글로벌 기업이 될 수 있는지의 여부는 다음과 같은 요소들이 잘 결합되어야 할 것이다.

첫째, 제휴기업 간에 강점과 약점을 이해하여 목표를 달성할 것(mission)

둘째, 이익의 대립을 피하는 내용의 전략일 것(strategy)

셋째, 공통된 가치관을 가질 것(culture)

넷째, 다국간 경영관리의 복잡함을 상쇄시킬 수 있는 혁신적인 조직일 것(organization)

또한, De la Sierra는 성공적인 파트너를 선정하는 데 가장 중요한 기준으로 다음의 세 가지 즉, 양립성, 능력, 몰입성의 3C를 강조하였다.[23]

1) 양립성(Incompatibility)

국제간 합작투자나 제휴를 실제로 경험해 온 중역들은 기업 간의 양립성을 가장 중요한 성공요인으로 여기고 있다. 글로벌 합작투자나 글로벌 제휴에 참가하는 기업들의 능력이 아무리 뛰어나다고 하더라도 파트너들이 서로 협력할 수 없다면 이러한 전략적 제휴는 아무 쓸모가 없기 때문이다. 이러한 양립가능성은 양 기업의 전략, 기업문화, 경영관리시스템의 측면에서 고려하여야 한다.

① 전략적 관점: 제휴기업간의 전략이 서로 같아야 한다.

② 기업문화적 관점: 제휴기업간 문화의 차이는 극복이 가능해야 한다.

③ 경영관리시스템 측면: 조직, 인사 및 의사결정체계 등의 경영관리시스템이 서로 비슷해야 한다.

2) 파트너의 능력(capability)

국제적인 조인트 벤처(합작투자)나 글로벌 전략적 제휴를 고려할 때 상대방이 갖고 있는 경영자원과 핵심역량을 정확하게 파악해야 한다. 이를 위해서 먼저 그 기업의 강점과 약점을 분석하여야 한다. 즉 그들이 갖고 있는 핵심역량은 무엇이고, 어느 측면에서 강점을 갖고 있으며, 그 기업이 시장에서 선도자역할을 하는지 아니면 경쟁에서 밀리는 추세인지 등을 고려하여야 한다.

글로벌 합작투자나 제휴에서 상대기업의 능력과 핵심역량을 평가하는 것은 제휴를 통해서 제휴기업들이 갖고 있는 약점을 보완하고 자신의 강점을 강화하는 것이 필요하기 때문이다. 핵심역량의 관점에서 조인트 벤처(합작투자)나 제휴를 본다면 두 회사가 서로 취약한 분야에서 파트너가 강한 핵심역량을 가지고 있는 것이 바람직하다. 기술면에서도 두 기업이 비슷하고 마케팅이나 유통 면에서도 비슷하여 서로의 부족한 점을 보완하여 줄 수 없을 때, 이런 조인트 벤처(합작투자)나 제휴는 무의미하다.

3) 제휴의 몰입성(commitment)

아무리 조인트 벤처(합작투자) 파트너나 국제적인 제휴파트너가 핵심역량과 경영자원을 갖고 있고, 양사의 경영관리시스템과 기업문화가 양립성이 높을지라도, 제휴당사자들이 합작투자나 전략적 제휴를 성공적으로 만들어 가기 위하여 다양하고 포괄적으로 경영자원을 투입하지 않으면, 합작투자나 제휴가 성공할 수 있는 가능성은 매우 희박하다. 따라서 자신의 파트너들이 글로벌 합작투자나 제휴를 성공적으로 수행하기 위하여 얼마만큼 열심히 임할 것인가를 파악하는 것이 중요하다.

이를 위하여 해당 조인트 벤처(합작투자)나 전략적 제휴가 파트너의 핵심 사업분야에서 제휴인지 주변사업부에서의 제휴인지를 고려해야 한다. 만일 전략적 제휴가 파트너에게 중요하지 않은 주변 사업 분야에서 이루어진다면 그 파트너는 전략적 제휴를 성공적으로 이끌기 위하여 시간과 경영자원을 많이 투입하지 않을 것이며, 작은 갈등이 있어도 쉽게 합작투자나 제휴를 포기할 가능성이 크다. 따라서 한 회사만 제휴에 많은 투자를 하고 다른 기업은 수수방관하거나 무임승차하려는 기회주의적인 행동을 하려고 한다면, 이런 합작투자나 제휴는 실패할 가능성이 높아진다. 이렇게 국제적인 합작투자나 제휴를 상대편 회사의 비주력사업 분야에서 선택하기보다는, 주력사업을 가진 파트너를 선택하는 것이 훨씬 바람직한 전략이다.

논의주제 💬 ||||||||||||||||||||||||||||||||||||||||||||||||||||||||||||||||||||||||||||||||||||||||||||||||

1. 조인트 벤처를 통한 해외직접투자의 동기와 형태 및 장단점
2. 인수·합병 전략의 동기와 유형 및 성공 조건
3. 전략적 제휴전략의 형태와 장·단점
4. 전략적 제휴전략과 조인트 벤처 전략과의 차이점
5. 한국기업의 해외 합작 사례를 제시

핵심용어 💬 ||||||||||||||||||||||||||||||||||||||||||||||||||||||||||||||||||||||||||||||||||||||||||||||||

- 조인트 벤처(joint venture)
- 인수(acquisition)
- 합병(merger)
- 인수·합병(M&A)
- 전략적 제휴(strategic alliance)
- collaboration

주(註) 💬 ||||||||||||||||||||||||||||||||||||||||||||||||||||||||||||||||||||||||||||||||||||||||||||||||

1) D. F. Channon and M. *Jalland, Multinational Strategic Planning*, NY: AMACOM, 1978, pp. 210~213.

2) Haspeslagh and Jemison, *Managing Acquisitions*, The Free Press, 1991, p. 15.

3) Haspeslagh and Jemison, *Ibid*, p. 15.

4) Michael R. Czinkota, llka A. Ronkainen, *International Business*, Dryden Press, 1993, p. 529.

5) 김영래, 글로벌전략경영, 두남, 2002, p. 148.

6) Donald A. Ball, Wendell H. Mcculloch, *International Business*, 6th ed., Richard D. Irwin, 1996. p. 667.

7) 정구현 외, 합작투자협상 및 분석, 전국경제인연합회, 국제경영원, 1980, pp. 12~13.

8) 김시종, 국제경영전략론, 1998, p. 404.

9) E. J. Kolde, *International Business Enterprise*, 4nd ed., Englewood Cliffs, Prentice—Hall Inc., 1991, pp. 204~208.

10) 정구현, 국제경영학, 법문사, 1997, p. 348.

11) S. Gollander, Joint Venture and *Corporate Strategy, Columbia Journal of World Business*, Fall 1976, pp. 104~106.

12) 원종근, 국제경영학, 박영사, 1997, p. 343.

13) Michael Y. Yoshino, U. Srinivasa Rangan, *Strategic Alliances*, Harvard Business School Press, 1995, p. 3.

14) Chekitan S. Dev, Saul Klein and Reed A. Fisher, "Market—Based Approach for Partner Selection in Marketing Alliances", *Journal of Travel Research*, 1996, p. 11.

15) 林昇一・德永善昭, 「グローバル企業論」, 中央經濟社, 平成 7年.

16) Ohn, D. Oaniels, Lee H. Raderbaugh, *International Business*, 7th ed., Addison Wesley Publishing Company, 1995, p. 10.

17) M. E. Porter/土岐坤 譯, 「グローバル企業の競爭戰略」, ダイヤモンド社, 1989.

18) 竹田志郎 編, 「國際經營論」, 中央經濟社, 平成 6年, p. 53.

19) 박효식, 국제경영론, 박영사, 1995, pp. 60~61.

20) 반병길, 국제경영, 박영사, 1999, p. 313.

21) 竹田志郎, 「國際戰略提携」, 同文館, 1993, pp. 37~41.

22) 竹田志郎, 위의 책 참조.

23) M. Cauley de la Sierra, *Managing Global Alliance*, Addison Wesley, 1995.

Chapter 07

글로벌법무전략과 지식재산권 전략

장 머리에

기업경영의 글로벌화가 본격화되고 있다. 종래는 국내 고비용 산업구조에 대한 대책과 상대국 수입규제강화 등으로 수출에 장애가 생겨 무리해서 해외에 공장을 진출시키거나 사업거점을 설치하는 경우도 적지 않았다. 앞으로의 기업경영 글로벌화는 이러한 방어적인 글로벌화보다는 공격적인 글로벌화를 노리는 전략이 뒷받침되어야 한다.

또한 WTO의 출범과 글로벌화에 따라 지적재산권, 환경보호, 고용문제, 이전가격 등에 걸쳐 국가간 분쟁이 날로 심화되고 있다. 이 경우 기업은 경영의 원활한 수행을 위해서 글로벌법무태세를 구축해야 한다. 글로벌법무전략을 도입하여 글로벌기업활동 노력의 성과를 수익으로 연결시키는 글로벌화 노선을 전개해야 한다. 글로벌법무전략은 글로벌기업의 경쟁력 확보에 필요한 강력한 무기이다.

1 글로벌법무전략

1.1 글로벌경영과 글로벌법무

법무란 기업활동에 수반해서 발생하는 법률문제를 전문적으로 취급하는 직무 및 부서를 말한다. 글로벌법무는 외국기업이나 관계회사, 관계자를 상대로 외국과의 사이에서 발생하는 법률문제 또는 외국에서 생기는 법률문제를 취급한다.

(1) 글로벌법무전략의 개념

기업활동이 세계적으로 확대됨에 따라 기업은 국제적인 법률환경에 노출되며, 이러한 법률환경은 기업활동을 직접적으로 통제할 수 있는 근거가 된다. 따라서 피투자국의 법률체계를 이해하지 못하고 글로벌기업활동을 운영하는 것은 무척이나 위험부담이 큰 행위이다.

글로벌법무전략이란 기업의 글로벌사업 전개에 따라, 법적 리스크를 최소화하면서 법적 권리를 최대한 활용하여 가장 유리한 사업기회나 사업수익의 추구를 가능하게 하는 법적 수단을 찾아내어 구사하는 것을 말한다.

기업경영의 글로벌화나 글로벌사업활동이 아무리 유리하더라도 법적 사정이 허락하지 않으면 실현될 수 없으며, 계약위반을 범하거나 관계국의 법령이나 관계국제법을 무시하거나 무지에 의해 위반한다든지 또는 법적 위험을 무시하여 강행한다면 나중에 막대한 손실을 입게 된다.

법무는 사내 법무부문과 외부 전문가와 협력관계에 있을 때 비로소 정확한 태세를 확보할 수 있으며, 외부전문가의 기용에 관해서는 그 전문분야, 능력, 경험, 대응태세 등을 고려해야 한다.

전세계적으로 글로벌기업활동을 총괄적으로 규제하는 공통되고 일원화된 국제법은 아직 존재하지 않는다. 따라서 글로벌경영활동을 수행하는 기업은 서로 상이한 각국의 법률환경을 이해하고 분석하여 합리적 경영의사결정을 내리고 상이한 법률환경에 대한 대응전략을 수립해야 한다.

(2) 기업의 글로벌화 단계와 법무의 전개

기업의 글로벌경영 발전단계를 보면 제1단계로서, 국내생산, 국내판매 내지는 국내사업활동이 중심이면서, 수출과 수출시장 개척을 도모하는 단계라고 말할 수 있다. 서비스업에서는 국내사업활동 지원을 위한 외국거점(현지제휴처, 대리점, 주재원사무소, 지점 등)이 설치되며, 이 단계에서 기업법무는 계약법무가 중심이 되어 무역법무, 판매계약법무, 기술계약법무 및 그에 관한 사후처리적인 분쟁처리법무(클레임 처리, 손해배상, 소송관리 등)가 중심이 된다.

제2단계에서는 현지생산을 하기 위해, 생산거점을 외국에 설치하는 것이다. 서비스업의 경우에는 현지에 합병이나 현지법인 등의 현지사업거점을 설립하게 된다. 이 단계에서는 현지사정을 고려하여 적절하고 유리한 진출처를 선택하는 문제부터 각종 법적인 문제를 검토할 필요가 생긴다. 또한 합병을 할 것인가 또는 100% 현지법인으로 할 것인가 등 진출형태의 법적 검토도 중요하다.

즉 사업활동이 다국적화하는 이 시점에서부터 전략적인 글로벌법무활동이 중요하게 된다. 이 단계에서는 합병과 현지법인의 경영이나 관리, 자금조달, 주식 등의 금융·재무, 외국환, 세무, 회계, 기술, 현지조달, 제3수출국 등 다양한 국제적 문제가 발생하고, 그와 관련된 각종 글로벌법무문제가 발생한다.

제3단계에서는 기업의 다국적화가 본격화되고 무국적화의 단계가 된다. 각국 그룹기업의 경영이 다수국에 걸쳐 동일경영그룹에 속하면서, 다국적화 내지는 무국적화되기 때문에 '한국기업의 경영'이란 개념이 없어지게 된다.

이 단계에서는 기업의 자본과 경영을 어떠한 형태로 다국적화 또는 그룹화시킬 것인가의 선택문제와 각국 규제의 차이점을 잘 활용하여 각국 규제의 영향을 실질적으로 받지 않도록 고도의 글로벌법무전략이 필요하게 된다.

1.2 글로벌거래와 글로벌법무

(1) WTO협정과 기업법무

WTO협정은 국가 간의 조약으로서 정부 간에 교섭으로 이루어진다. 그러나 그 협정의 대상은 민간 차원에서 이루어지는 통상활동에 관한 것이며, 협정에 의한 이익은 민간이 얻는다. 협정은 WTO협정에 근거한 각국의 조치에 의해 기업이 직접 그 영향을 받는다. WTO협정에 근거한 각국 간의 분쟁처리에 기업이 여러 형태로 관련되고, 또는 기업 자신이 관계정부가 처리하는 분쟁처리에 적극적으로 영향력을 행사하는 등 정부간 분쟁처리면에서도 기업이 깊이 관련되는 경우가 있다. 정부간 교섭이라고 하여 기업이 전혀 무관심으로 일관한다면 기업의 입장에서 매우 불리한 결과를 낳게 된다.

기업법무라고 하는 것은 종래에는 계약법무에 중점이 두어지고 있었다. 그러나 WTO협정을 중심으로 하는 통상자유화가 기업경영의 근간에 점차 큰 영향을 미치게 된다. 여기에서 기업법무면에서 통상자유화에 대한 대응력의 차이에 따라, 해외사업활동은 물론이고 국내사업활동에서 기업경영력의 격차가 발생한다.

구체적으로 진출상대국에서 각자의 사업분야에 관계하는 WTO협정이 어떻게 규정되어 있고(직접적용이 가능한 경우도 있다), 관계국이 어떻게 통상자유화를 약속하고, 그에 근거하여 상대국이 어떠한 조치나 규제를 취하고 있는지를 법적으로 파악하면서, 그것에 맞추어 기업의 사업계획과 사업추진을 행하는 것이 중요하게 된다. 상대국의 조치나 규제가 WTO협정에 합치하지 않는 문제가 발생하는 경우에는 자국정부에 선처나 분쟁처리 요청을 할 수도 있다.

(2) 글로벌거래와 국제거래법

글로벌거래는 법적인 실현수단인 계약에 의해 이루어진다. 무역거래, 기술거래, 토지거래, 환거래 등 글로벌거래에는 다양한 종류가 있다. 글로벌거래는 사업활동의 글로벌화에 의해 국내 및 해외거점 양방향에서 다각적으로 발생한다.

각국 간의 상거래를 규제하는 법률이나 법적 규제를 일반적으로 국제거래법이라고 한다. 국제거래법이라고 해서 '국제거래법'이란 고유의 법률이 존재하는 것이 아니고 글로벌거래에 관계되는 각종 법률과 법적인 규율 전체를 총칭하는 것에 지나지 않는다. 또한 국제거래법의 많은 부분은 각국의 국내법이다. 이것은 글로벌거래를 규율하는 국제통일사법(私法)이 확립되지 않았기 때문이다. 따라서 각국관계법의 적용순위를 정하는 규칙이 되는 것이 국제사법(저촉법)인 것이다. 국제통일사법적인 시도로서 통일규칙이 마련되어 있으며, 무역거래에서 자주 이용되고 있다.

국제거래법에도 여러 가지의 개념이 있다. 가장 좁은 개념으로는 대외거래자 간의 권리의무를 정하는 실체법규만을 지칭하며, 광의의 개념으로서는 일반민사분쟁 처리 절차 등을 정하는 절차법(민사소송법), 파산법, 중재절차법률과 규칙, 국제사법, 개인의 권리의무에 공적으로 개입·제한하고 또 의무를 부과하는 공법규칙(통상법, 독점금지법, 소비자보호법, 환경보호법, 지적소유권보호법, 각종의 사업규제법 등) 중에서 글로벌거래에 관계 또는 영향을 미치는 범위에서 국제거래법에 포함시키거나 관련시키는 경우도 있다.

(3) 국제계약과 글로벌법무

기업은 주로 자신의 사업활동분야에 속하는 글로벌계약을 함으로써 글로벌사업활동을 전개한다. 기업이 전개하는 글로벌계약은 매매관련계약, 서비스관련계약, 투융자관련계약 및 기타 계약 등이 있다.

글로벌사업활동의 중심이 되는 이러한 글로벌계약에 관해서는 계약문서의 작성, 관리, 분쟁처리 등의 법률문제에 대한 대처나, 법적조치, 절차, 분쟁의 법적인 예방과 해결 등을 하는 글로벌계약법무라 불러야 할 만큼 글로벌법무의 역할이 중요하며 국제매매계약, 국제판매점계약, 국제합병계약, 국제기술원조계약, 제조물책임 등 계약법무에 따르는 글로벌 법무영역은 광범위하고도 복잡하다.

글로벌거래에서 정실에 의한 신뢰관계는 경우에 따라서 무너지기 쉽다. 따라서 법률관계에 비추어 일을 진척시키는 것이 중요하며 법적인 무지는 선량한 것이 아니라 무책임과 악으로 간주된다.

분쟁에 관해서도 상대방의 '선의', '성실'에 의존하는 '대화'라는 애매한 해결보다는 일정한 적정 절차와 해결내용의 공평성, 객관성을 확보하면서 법적 원칙 하에서 소송과 소송 외의 법적인 해결방법(상사중재, 화해 등)에 의한 법적 해결을 도모하는 것이 국내거래 관행과는 여러 가지로 다른 글로벌거래에서 한층 요구되는 경영활동이다.

1.3   분쟁 발생시 법적 대응과 관할권 문제

(1) 거래분쟁에서 법적 대응의 필요

일반적으로 분쟁해결은 당사자 간의 대화로 상호간에 조금씩 거리를 좁혀가면서 해결하는 타협적인 방법을 사용한다. 그리고 전문적인 상거래의 실무와 관습에 정통한 제3자의 중재로 분쟁을 해결하는 방법이 있고, 재판과 같은 사법적 절차에 근거하여 당사자의 어느 쪽이 정당한가에 관해서 법적 판단을 받는 대결적인 재정에 의한 방법이 있다. 상사거래에는 분쟁이 일어나기 쉽다. 국내상사거래분쟁은 통상 당사자 간의 대화로 해결되지만 글로벌상사거래에서는 어느 형태이든 법적 수단에

호소하여 분쟁처리가 이루어지는 경우가 적지 않다.

따라서 글로벌거래에서 기업은 분쟁예방법무와 함께 분쟁처리의 법무태세를 준비할 필요가 있다. 한국기업은 국내거래 감각으로 거래관계의 유지를 너무 중시하는 나머지 법적인 분쟁해결을 기피하고, '선의', '성실'이라는 정실에 의한 애매한 해결에 의존하려는 경향이 있다. 그러나 글로벌거래에는 반드시 분쟁이 뒤따르며, 국제분쟁에는 일정 원칙에 의해 명확한 대응을 할 필요가 있다.

글로벌거래가 '선의', '성실'만으로 이루어진다는 보장은 없다. 상대방이 유리한 거래조건으로 계약해제를 유도하기 위해 의도적으로 분쟁을 일으키는 경우도 있다. 상대방이 계약을 하고 나서 독점금지법으로 금지되어 있다는 공법적 규제를 이유를 들어 의도적으로 계약의 이행을 거부하는 경우도 있으며, 계약의 이행을 회피하기 위한 방법으로 상대방이 의도적으로 도산해버리는 경우도 있다.

이러한 사태에 정확하게 대처하기 위한 글로벌법무전략은 글로벌거래에 필요한 식견이며 강력한 무기이다. 또한 발생한 분쟁을 유리하게 매듭짓기 위한 분쟁처리의 글로벌법무는 글로벌거래의 사후처리적인 법무이기는 하지만 기업의 역량이 필요한 중요한 분야이다.

글로벌거래에서 분쟁처리에는 재판 외의 절차(소송외 분쟁처리제도)와 재판절차(국제민사소송)가 있다. 전자는 분쟁당사자 간의 합의를 기초로 하는 개인 또는 사적 기관에 의한 사적인 분쟁해결방법이다. 후자는 국가의 재판소와 재판절차를 이용하는 국가기관에 의한 사법적이며 강제적인 해결방법이다.

재판에 의한 개인 간의 국제분쟁처리에서 관계법률과 계약에 의해 정하는 국가의 국내법을 적용하고, 마찬가지 방법으로 재판관할권이 정하는 나라의 국내재판소를 이용하게 된다.

(2) 법적 관할권의 결정

글로벌기업의 분쟁 발생시 법적 관할권은 기본적으로 피투자국 현지의 법률체계에 의한다. 만일 국적이 다른 두 기업 간의 분쟁이 발생할 경우 상업상의 법적 문제를 다루는 국제적인 사법기구는 존재하지 않는다. 그렇기 때문에 분쟁이 발생하여 재판이 진행될 경우 재판을 진행하는 국가의 법원은 특별한 이유가 없는 한 대체로 자국의 법률체계를 적용하여 재판을 진행하고 판결을 내린다. 분쟁 발생시에 적용할 법률체계와 관할법원을 사전에 명문으로 계약서 등에 표시하였을 때는 당해 명문규정에 따라 관할법원과 적용할 법률체계가 결정된다. 따라서 글로벌기업 경영관리자들은 본사국의 법률 또는 글로벌기업활동을 수행하는 피투자국 현지의 법률체계의 이해에 깊은 주의를 기울여야 한다.

1.4 분쟁 처리 방법

분쟁처리제도로는 분쟁당사자의 합의를 기초로 하여 해결을 도모하는 개인 또는 사적 기관에 의한 화해(교섭), 알선, 조정 및 중재가 있다. 이러한 사적 분쟁처리와는 달리 반드시 법률에 의한 해결인 소송과 같은 방법도 있다.

(1) 타협과 화해에 의한 처리

글로벌거래시 분쟁이 발생할 경우에는 제인 먼저 타협과 화해에 의해서 분쟁을 해결하는 것이 가장 바람직하다. 알선이나 조정은 제3자가 분쟁당사자 사이에 들어가는 해결방법인데, 당사자의 합의를 기초로 한다. 알선이나 조정에서는 당사자 쌍방이 그것을 받아들이지 않으면 성립되지 않는다. 알선자는 공정함을 유지할 수 있는 제3자로서 타기업체·무역협회·대한상공회의소·국제상업회의소 또는 당사자들이 인정하는 개인 등을 선정할 수 있다. 화해와 타협이 실패할 경우 그 다음 단계로서 상사중재 또는 소송을 제기하게 된다.

(2) 중재에 의한 처리

중재는 중재인 또는 중재기관이 재정을 하는 재판에 가까운 해결방법이다. 중재에 의한 해결을 하기 위해서는 중재의 합의(중재합의)를 필요로 한다. 이 경우 당사자는 중재에 의한 재정(중재판단)에 따르게 된다.

중재는 신속성, 경제성, 전문성, 비공개성, 간편성, 비적대성 등의 장점을 가지고 있으며, 중재합의 필요성, 예측가능의 곤란성, 중재인의 권한약체성, 일심제도 등의 단점도 가지고 있다. 따라서 신속성이나 전문성을 필요로 하는 식료품거래나 중립성, 비공개성, 비적대성 등의 중재의 이점을 활용하기 쉬운 매매계약, 판매점계약, 합병계약 등에 관해서는 중재를 선택하는 등 국제거래의 성격에 따라 중재의 이점을 활용하는 것이 바람직하다. 중재에는 개별에 의한 것(개별중재)과 상설중재기관에 의한 것(기관중재)이 있다. 세계 주요 상설중재기관으로서는 American Arbitration Association, Court of Arbitration, International Chamber of Commerce 및 London

Court of International Arbitration 등이 있고, 공식적인 중재기관으로는 파리에 본부를 둔 국제상업회의소 및 당사국의 중재위원회 등이 있다. 한국에는 '국제상사중재원'이 있다.

중재의 요건은 다음과 같다. ① 분쟁의 주체인 중재당사자가 있어야 한다. ② 분쟁의 객체인 계쟁물(係爭物)이 있어야 하는데, 이것은 원칙적으로 양 당사자 간에 처분할 수 있는 사법(私法)상의 법률관계이다. ③ 양 당사자 간에 법률행위로서 중재에 대한 합의, 즉 중재계약이 있어야 한다. ④ 양 당사자들이 분쟁을 판정하도록 위임하고 이를 수임(受任)한 중재기관과 중재인들이 있어야 한다. ⑤ 양 당사자는 재판받을 권리를 포기하여야 한다. ⑥ 중재인의 판정이 내려진 경우에 양 당사자는 재판과 마찬가지로 그 판정에 무조건 승복하여야 한다. 이 판정은 종국적이며 구속력이 있다.

국제계약의 양 당사자는 자유롭게 중재절차를 정하고 그에 따라 중재를 행할 수 있다. 그 중재의 절차는 다음과 같다.[1]

1) 중재계약

중재계약에는 ① 중재부탁(付託): 이미 발생한 분쟁을 중재에 의해 최종 해결하기로 당사자간에 사후 합의한 경우와, ② 중재조항: 미래에 발생할지도 모를 분쟁을, 중재에 의해 해결하기로 문서로 사전에 합의한 경우 두 가지가 있다. 중재계약은 양 당사자가 분쟁물에 관여 통상 법원에서 재판받을 권리를 포기한다는 데에 그 의의가 있다.

2) 준거법의 선택

준거법의 선택은 중재계약·중재절차·중재판정의 내용에 따라 각기 달라질 수 있다. 일반적으로 국제상사중재 준거법의 선택은 다음의 기준에 따라 이루어진다. ① 준거법은 계약 체결장소, 계약 집행장소 및 법률상 강제규정에 위반되지 않는 범위 내에서 당사자 자치원리에 따라 선택한다. ② 당사자 간에 합의한 바가 없을 때, 우호적인 중재가 가능한 경우에는 중재인의 인격적 자유재량에 의거하고, 법에 의한 중재의 경우에는 법의 지배원리에 따라 국제무역법(UNCITRL)이 그 준거법이 된다.

3) 중재지의 결정

중재지(仲裁地) 결정의 일반원리는 ① 우선 당사자들의 합의에 따른다. ② 당사자 간 합의를 하지 못하면 중재계약의 준거법에 의하거나, 당사자의 소속 국가들이 공히 가입한 국제적 조약과 쌍무협정에 따른다. 최근에는 피신청인의 소속국가가

표 7.1	중재와 소송의 비교	
	상 사 중 재	소 송
대 상	사법상의 분쟁	모든 법률분쟁
요 건	당사자간 서면 중재합의	당해 법원 관할권
효 력	법원의 확정판결과 동일한 효력	구속력(불가철회성), 집행력
신속성	단심제, 신속	3심제도, 장기간 소요
경 비	중재비용지출(저렴한 비용)	(변호사 보수·인지대) 비용이 많이 듦
심판관	전문가(중재인) 판정, 합리적 해결 기대	전문적인 상거래의 실무와 관습 지식 부족
공개성	비공개주의, 비밀보장	공개주의 원칙(영업상의 비밀 공개)

중재지로 결정되는 경우가 많다.

4) 중재인의 선택

우리나라의 중재법은 중재인으로 선임되기 위한 전제조건으로서 ① 중재인의 결격사유에(제5조) 저촉되지 않아야 하며, ② 중재인 기피(忌避)의 소(訴)를 당할 이유가 없어야 한다고(제6조) 규정하고 있다. UNCITRL 중재규칙은 중재인 자격의 판단기준으로서 공정성과 독립성을 제시하고 있다. 중재인을 선택하는 방법에는 당사자에 의한 직접선택 및 제3자에게 선정을 위탁하는 두 가지 방법이 있다.

5) 중재심문 절차

중재절차는 기본적으로 임의절차이다. 따라서 절차 적용상 지연이 발생하지 않도록 각별히 주의를 기울일 필요가 있다. 중재 판정부는 중재인과 중재서기로 구성되며, 지명된 서기가 중재기록 작성에 착수함으로써 그 심문이 시작된다. 심문절차는 공개되지 않는다. 다만 직접적인 이해관계가 있는 자는 심문에 출석할 권리를 가진다.

6) 중재판정

판정은 가능한 한 신속히 하여야 하며, 심문종결일로부터 30일 이내, 중재가 개시된 날로부터 3개월 이내에 하여야 한다(중재법 제48조 및 제11조). 우리나라의 중재법과 상사중재규칙에 의하면 판정은 중재인 과반수의 찬성으로써 확정되나, 그렇지 못할 경우 중재계약은 그 자체가 무효로 된다. ICC 중재규칙에 의하면 3인의 중재인이 선정된 경우, 판정은 다수결에 의하며 그렇지 못하게 되면 중재판정부의 의장이 단독으로 판정할 수 있다.

7) 중재판정의 효력과 집행

중재판정은 재판소의 확정판결과 동일한 효력을 갖는다. 다만 중재판정을 집행하기 위하여는 재판소의 집행판결을 얻어야 한다. 외국의 중재판정이 유효한 구속력을 가지기 위하여는 첫째, 중재판정이 유효한 중재계약에 기초할 것, 둘째 판정이 적법하고 유효한 중재절차에 따라서 성립될 것, 셋째 판정이 당사자 간에 있어서 구속력을 가질 것, 넷째 판정의 승인 및 집행이 국내의 공공질서에 반(反)하지 않아야 한다.

(3) 소송에 의한 처리

글로벌거래에서 당사자 합의에 근거한 자주적인 소송 이외의 분쟁처리제도에 의하지 않는 분쟁처리는 국제민사소송에 의한 해결방법을 선택할 수밖에 없다. 국제민사소송이라고는 하나 이것은 특정국의 법률에 의해 특정국 재판소에서 이루어지는 국내재판인 것이다.

각국의 재판소는 자국법률을 근거로 법률에서 정하는 절차에 의해 국가의 법질서를 유지하는 관점에서 엄정하게 심사하여 판단하기 때문에 편리·신속·저렴하나, 현실적인 분쟁해결을 필요로 하는 상사분쟁에서 소송은 반드시 좋은 방법이라고는 할 수 없다. 그러나 재판에는 중재의 단점을 보완하는 부분도 있어 거래성격과 분쟁조건에 따라서는 국제민사소송의 길이 있다. 또 중재규칙이나 중재 등의 분쟁해결방법에 관한 합의를 할 수 없는 등의 이유에서 자주적 해결방법으로 당사자 간의 합의가 성립하지 않는 경우에는 국제민사소송에 의해서 분쟁해결을 선택하게 된다.

소송은 분쟁해결을 위한 가장 확실한 공식적인 방법이다. 그러나 외국에서의 소송은 일반적으로 시간이 오래 걸리고 많은 비용이 들며, 대(對) 고객 이미지를 악화시키거나 피투자국 내에서 좋지 못한 이미지를 형성할 가능성이 있어 굳이 권장할 만한 분쟁해결방법은 아니다. 또한 국제법 및 국제사건 처리에 익숙지 못한 법원이 소송사건을 담당하기 때문에 위험부담이 크고, 또 법원이 민족주의적인 입장에서 형평을 잃고 자국민에게 유리하게 판결할 위험성도 배제할 수 없다.

또한 소송이 진행되는 동안 글로벌기업이 피투자국 내에서 지나치게 노출된다는 단점을 지니고 있다. 따라서 소송에 의한 구제방법은 모든 방법이 실패할 경우에 마지막으로 사용할 수 있는 방법으로 소송으로까지 진전되기 전에 화해·타협 또는 상사중재의 방법으로 해결하는 것이 현명하다.

2 글로벌사업형태에 따른 법무전략

2.1 기업조직의 글로벌화에 수반되는 법적 문제

기업이 간접수출입만 한다면 글로벌거래계약이라 하더라도 사업활동 자체는 국내사업 상태에 머무르게 된다. 그러나 기업이 상사를 이용하지 않고 자사가 수출입을 하는 경우에는 외국에 대행기관을 둘 필요성이 생긴다. 초기에는 주재원사무소를 현지에 두고, 이어서 영업소의 설치, 제휴, 지점, 합병, 현지법인의 설치 등의 순서로 발전해 간다. 또한 현지기업을 매수해 버리는 경우도 있다. 이렇게 대기업에서는 각국에 생산거점이나 영업망을 구축하고 글로벌사업의 네트워크를 형성하며 경영의 글로벌화를 꾀하게 된다.

글로벌사업활동이 확대·발전해 감에 따라 외국환, 외자 등에 대한 규제로부터 관계 각국의 국내법과 국제법에 의한 각종 규제와 제약이 복잡하게 얽혀 있다. 기업은 그 복잡·방대한 법무문제에 대처하지 않을 수 없다.

특히 중요한 것은 해외사업형태의 선택문제이다. 경영적 관점에서는 주재원사무소, 영업소, 제휴, 지점, 합병, 현지법인의 형태로 글로벌사업활동의 발전에 따라 해외사업형태가 나타나게 된다.

표 7.2 사업의 글로벌화에 따르는 주요 법률문제

문제 행위	가해의 내용	관계법률	제 소 처	처 치
계약위반	상대의 손해	민법, 상법 등	중재기관 재판소	계약해제 손해배상
저가수출	수입국산업의 피해	반덤핑법	행정기관	덤핑방지세
본사자회사간 저가거래	이익 과소신고	세 법	행정기관	이전가격과세
경쟁제한 독점	소비자이익의 침해	독점금지법	행정기관 재판소	위법행위배제 등
제품결함	소비자 사傷	제조물책임법	재판소	손해배상
환경오염	주민건강 저해	환경규제법	행정기관 재판소	원상회복 조업중단

그러나 글로벌법무적 관점에서는 현지화의 연계방법이나 진출형태에 따라 법적 제약과 법적 문제가 크게 다르기 때문에 어떠한 진출형태를 선택하는 것이 가장 유리하고 안전할 것인가를 신중히 검토하지 않으면 안 된다.

2.2 해외진출 형태와 글로벌법무전략

(1) 해외주재원 사무소 및 영업소 설치

해외진출의 첫 단계는 해외주재원 사무소의 설치이다. 이것에 의해서 수출기업의 해외시장조사를 하고 자체적으로 해외판매를 할 수 있는 계기가 되는 것이다. 여기에서 새로운 법률문제가 발생한다.

해외주재원 사무소는 영업활동을 할 수 없다. 해외주재원 사무소가 영업활동을 하게 되면 본국본사가 그 나라에서 영업활동에 종사한 것으로 되어 그 나라의 과세, 법령의 적용, 재판소 관할, 행정규제 등이 본사에 직접 영향을 미치게 된다. 해외주재원 사무소는 독립된 법인격이 아니라 어디까지나 본국기업의 한 부분이다. 따라서 그 경비는 모두 본국의 본사부담으로 할 수 있고, 주재원 사무소의 활동에 따른 모든 책임은 본국본사에 직접 영향을 미친다.

해외영업소도 해외주재원 사무소와 같이 독립적 법인격을 가지지 못하고 본국기업의 일부에 지나지 않는다. 그러므로 해외영업소의 영업활동은 본국기업이 영업활동에 종사하는 것으로 되어 과세, 법령의 적용, 재판소의 관할, 행정규제 등이 직접 본국기업에 영향을 미친다. 또한 해외영업소에서 발생하는 이익, 손실, 채권, 채무, 의무, 손해, 법령위반이나 계약위반의 효과 등은 모두 본국본사에 미친다.

(2) 해외지점 설치

해외지점은 본사의 지휘 하에서 일정한 독립사업을 행하는 사업형태이다. 본격적으로 현지에서 영업을 전개할 경우 지점형태도 유력한 진출방법이 된다. 해외지점은 본사와 법인격이 동일하다. 따라서 본사의 신용력을 해외지점에도 그대로 활용할 수 있으나 현지에서는 외국법인의 지점으로 취급되어 이익의 유보를 할 수 있다. 해외지점의 채무는 본사가 부담해야 한다. 해외지점은 현지국가의 영업체로서 현지국 재판소 관할에 있으므로 판결의 효력은 본사에까지 미친다. 과세면에서는 해외지점과 본사의 이익을 합쳐서 과세되는 이중과세의 문제와 본·지점간 거래가 적정가격으로 이루어지는가 등의 문제가 발생하기 쉽다.

(3) 현지법인의 설립

현지법인은 모회사와는 독립된 사업법인이다. 주식회사, 유한회사 등 그 법인형태에 대해서는 현지국의 회사법에 따른다. 현지법인은 독립된 사업법인이므로 그 법률문제나 결손, 과세 문제는 원칙적으로 모회사인 본국본사와 관계없다. 따라서 현지의 법적 리스크를 차단하는 방법으로 현지법인을 선택할 수가 있다. 합병회사도 현지법인이므로 이 점은 마찬가지다.

그러나 현지법인화에 의해 이러한 리스크가 현실적으로 어느 정도 차단될 수 있는가에 대해서는 현지법인의 독립성이나 현지국에 따라 다르므로 일률적으로 말할 수 없다. 특히 모회사의 지휘가 자회사에 미치며 자회사의 독립성이 약한 경우에는 자회사의 책임이 모회사까지 미치는 경우가 많다. 또한 미국을 중심으로 최근에는 법률의 적용이나 재판소의 관할과 회계, 과세 등이 본국의 모회사까지 영향을 주는 경향이 높아가고 있다. 따라서 사업형태의 선택과 법률문제 등의 차단에 관해서는 세무나 회계를 포함하여 글로벌법무적 시점에서 개별적으로 신중한 검토가 필요하다.

3 공법적 규제와 글로벌법무전략

3.1 공법적 규제에 있어서 통상규제의 중요성

민간의 거래관계나 권리의무관계를 직접 규율하는 민법이나 상법 등의 사법(私法)은 기본적으로 당사자의 사적자치원칙에 입각하여 계약자율을 기본으로 하고 있다. 그러나 각종 국가적인 정책목적이나 시책으로 인해 간섭이나 제약 영향을 받는 공법적 규제가 각국에서 흔히 나타나고 있다.

경제정책적 관점에서 민간기업이나 개인의 경제활동에 국내적으로 혹은 국제적으로 제약을 가하는 경제법(경제규제)이 대표적인 공법적 규제라 할 수 있다. 이것에는 독점금지법, 각종 사업규제법, 지적재산권보호법 등이 있으며, 경제법을 넓게 해석하는 입장에서 외환법, 관세법, 무역보험법 등의 통상법도 이에 포함된다.

상품무역, 서비스무역, 직접투자, 자본거래 등의 각국간 국제거래를 넓은 의미에서 통상이라 한다. 국제거래의 당사자 대부분은 기업 등의 민간인이지만 통상에는 국가의 정책이 깊이 관여되어 있다.

통상규제로는 수입품에 부과되는 과세로서 관세가 있으며(관세법). 외환규제를 통해서 수입제한이 이루어지는 경우도 있다(외환법). 수출가격이 너무 낮을 경우에는 덤핑규제가 문제시되기도 하며(반덤핑법). 수입량이 급증하는 경우에는 긴급수입제한이 문제가 된다(긴급수입제한조치, 세이프가드). 또한 국가보조금이 지급되는 수출은 상계관세의 과세가 문제가 되며(상계관세법). 특허 등의 지적재산권 침해상품이나 금지품 수입은 관세법이나 국가안전 등을 이유로 통상규제의 대상이 된다. 수입제한적인 조치에 의한 폐쇄적 시장에 관한 구제법(미국의 1974년 통상법 301조 체계 등)도 있다.

이와 같이 각국에는 각종 통상규제가 있어 외국기업의 수출이나 사업활동을 제한하거나 자유화하여 글로벌거래에 커다란 영향을 끼치고 있다.

3.2 공법적 규제의 파급과 글로벌법무전략

선진국을 중심으로 각 방면에서 규제완화나 각국간 규제의 조정이 진행되어 경쟁규제, 세제, 안전규제, 환경규제, 소비자보호규제 등이 강화되고 있다. 구미 선진국을 중심으로 규제의 집행은 엄격하며 위반에 대한 배제조치나 처벌은 과징금, 과태료, 손해배상, 벌금, 금고, 영업정지, 조업금지, 원상회복명령, 사업분할명령, 철퇴명령 등 엄격하고도 엄정하다.

이와 같이 글로벌거래나 글로벌사업활동에 제약과 영향을 미치는 각국의 공법규제는 광범위하게 다양한 형태로 존재하며 국가에 따라 종류도 다르다. 또한 국제적인 파급도 계속 커지고 있으므로 기업은 관계국의 변호사, 컨설턴트, 공인회계사 등의 전문가를 활용하면서 전문적인 국제법무 대응을 꾀하는 것이 중요하다. 기업의 글로벌화가 진전됨에 따라 글로벌법무의 중심이 글로벌계약법무에서 국내외에 걸친 공법적 규제를 포함한 글로벌법무 전략으로 옮겨가고 있다. 자사의 글로벌법무전략의 중심을 어디에 둘 것인가는 자사의 글로벌화 정도나 범위, 단계의 현상과 장래의 글로벌화 전개를 염두에 두어 숙고해야 할 글로벌 사업상의 중대한 과제이다.

4 지적재산권전략

지적재산권 문제가 우리에게 커다란 관심을 일으키게 된 것은 1992년 일본의 카메라 제조업체인 미놀타(Minolta)가 하이테크 기업인 미국의 하네웰(Hanewell)에 의해 특허권 침해로 제소당해 9,635만 달러에 달하는 배상금을 지불한 뉴스를 접하고부터이다. 이 일로 인해 기업인들은 특허권을 근간으로 하는 지적재산권이 갖는 의미의 엄청난 힘, 나아가 두려움을 느끼게 되었다.

미국은 지적재산권의 무역이라고 일컬어지는 기술무역 분야에 압도적으로 세계 1위를 차지하고 있는 것을 배경으로 막대한 무역적자를 해소하려는 강한 의지를 갖고, 절대적 우위를 가진 자국의 지적재산권을 통상정책의 일환으로 사용하려는 의도를 WTO에 반영시켰다. 그 결과, 상품무역, 서비스무역과 나란히 기술무역인 지적재산권문제가 세계적 통상문제로 대두되었다.

4.1 지적재산권의 개관

국제공법적 규제인 '지적재산권협정(Agreement on trade-Related Aspects of Intellectual Property Right; TRIPs)'은 WTO의 출범으로 본격적으로 알려지기 시작하였다. 지적재산권(intellectual property right)의 문제는 특히 국가와 국가 간에 그 보호장치가 되어 있느냐의 여부와 국가 간의 제도상의 차이 때문에 분쟁의 대상이 되고 있다. 오늘날과 같이 정보의 유통이 자유로운 시대에는 어떤 국가가 상당한 시간과 인력 및 비용을 투입하여 얻은 각종 정보와 기술문화가 쉽게 타국으로 흘러들어가기 마련이어서 선진국들은 이를 보호하기 위한 조치를 강화하고 있다. 최근에는 새로운 기술의 산물인 컴퓨터 소프트웨어와 유전공학 기술 등의 보호방법과 보호범위가 지적재산권보호제도의 한 과제가 되고 있는데, 컴퓨터 소프트웨어는 대부분의 선진국들이 저작권으로 보호하는 추세에 있어서 한국도 1986년 12월 '컴퓨터프로그램보호법'을 제정하여 1987년 7월부터 시행하고 있으며, 유전공학 기술은 그 제조방법을 한국 등 대다수의 국가가 특허로 인정하고 있다. 한국은 1979년에 정회원국이 되었고, 물질특허권제도도 도입하여 운영하고 있다. 또 국제저작권조약에는 법규해석에 있어, 비교적 융통성이 많고 소급효과를 인정하지 않는 국제저작권협약(UCC)에 1987년 10월 정식으로 가입하였다. 지적재산권과 관련된 한국의 법률로는 특허법 · 저작권법 · 실용신안법 · 의장법(意匠法) · 상표법 · 발명보호법 · 컴퓨터프로그램보호법 등이 있으며, 이들에 관한 권리를 보호하기 위하여 국제적으로 협약한 조약으로는 '산업재산권의 보호를 위한 파리협약', '한 · 일 상표권 상호보호에 관한 협정' 등이 있다. 최근에는 첨단기술과 문화의 발달로 지적재산권도 점차 다양해져서 영업비밀보호권이나 반도체칩 배치 · 설계, 정보재산권과 같은 새로운 지적재산권이 늘어났다.

(1) 지적재산권의 개념과 분류

지적재산권 업무를 관장하는 국제기구인 세계지적재산권기구에 따르면 지적재산권이란 "문화, 예술 및 과학작품, 연출, 예술가의 공연, 음반 및 방송, 발명, 과학적 발견, 공업의장, 등록상표, 상호 등에 대한 보호권리와 공업, 과학, 문학 또는 예술 분야의 지적활동에서 발생하는 기타 모든 권리"로 정의된다.

〈표 7.3〉에서 보듯이 지적재산권은 크게 ① 투자 및 기술개발에 대한 산업재산권, ② 학문적 또는 예술적 창작품에 대한 재산권, ③ 기타 소프트웨어 기술에 대한 신지적재산권의 세 분야로 대별된다.

지적재산권협상의 기본방향은 기존의 관련 국제협약을 최저보호 수준으로 하여 이를 강화시키는 '국제협약 플러스 접근방식'을 채택하고 있다. 이러한 방식은 선진

표 7.3 **지적재산권의 분류**

지적재산권	산업재산권	특허권: 제법특허, 물질특허, 용도특허
		실용신안권: 단순기술개발품
		의장권: 물품의 외관상 특수고안품
		상표권: 상품식별표시
		지리적 표시권
	자 작 권	저작권: 저작재산권, 저작인격권
		저작인접권
	신지적재산권	산업저작권: 컴퓨터 프로그램 및 소프트웨어, 데이터베이스
		첨단산업재산권: 생명공학기술, 반도체 집적회로 설계
		정보재산권: 영업비빌

자료: 김영래, 글로벌비즈니스 개론, 2004, p. 361, 보완 재구성.

국의 입장을 상당히 반영한 것으로서 협상 초기에는 기존의 국제협약과 마찬가지로 개별 국가들의 자발적인 참여를 기초로 합의된 협정에 조인한 국가에 대해서만 협정의 효력이 발생하도록 하는 별도의 코드를 채택하자는 논의도 있었다. 그러나 TRIPs 협정이 일반협정의 일부로 포함됨에 따라 WTO의 일반협정에 조인하는 회원국은 자동적으로 TRIPs 협정의 결과를 수용하게 되었다.

(2) 지적재산권 연합 세계기구

TRIPs 협정은 선·후진국 간의 이해가 극심히 대립된 분야였으나, 지적재산권 보호를 위한 세계적 규범의 필요성에 대한 어느 정도의 의견수렴이 가능하게 되었다. 즉, 지적재산권의 적절한 보호가 외국인직접투자를 유치하고 기술이전을 촉진하며 아울러 외국인의 기술개발 및 창의적 활동을 진작시키는 제도적 장치임이 상당수의 개도국들에게 설득력 있게 받아들여졌다. 또한 선진국들이 자국의 지적재산권 침해를 무역외적인 현상이 아니라 불공정한 무역관행의 일부로 간주하게 됨에 따라 쌍무적인 통상마찰을 완화하기 위한 차원에서 지적재산권 보호의 필요성이 널리 인식되기에 이르렀다.

우리나라의 입장에서 지적재산권 보호규범의 강화는 긍정·부정적 효과를 동시에 지니고 있다. 부정적 효과로는 행정 및 법집행 강화에 따른 비용, 기술보호범위의 확대에 따른 로열티 지급액의 상승, 불법복제로부터의 상업적 이익의 상실, 국내 기술개발의 투자비용발생, 반경쟁적 시장구조의 형성에 따른 소비자 후생의 감소 등을 들 수 있다. 긍정적 효과로는 창의적 국내기술개발의 장려, 새로운 정보와 지식의 체계적 공개, 기술이전 및 직접투자의 활성화, 대선진국 통상마찰의 해소 등을 들 수 있다.

4.2 교역관련 지적재산권협정(TRIPs)

전통적으로 지적재산권 보호는 각국 정부와 세계지적재산권기구(WIPO)나 국제연합교육과학문화기구(UNESCO)가 관장하는 사항으로 인식되어져 왔었다. WIPO나 UNESCO는 지적재산권보호기준에 관한 여러 가지 국제조약을 감독하여 왔다. 지적재산권보호가 국제교역에 미치는 영향이 크기 때문에 지적재산권보호에 관한 통일적인 협정마련이 절실히 요구되어 온 점을 감안하여 WTO에서는 이 분야에 대한 강

력한 협정을 추진하게 된 것이다.[2]

최근의 기술혁신의 급속한 발전과 산업경제사회의 소프트화, 서비스화의 변혁에 의한 저작권, 특허권, 상표권이 가장 대표적인 예라고 할 것이다. 지적재산권은 또한 컴퓨터 소프트웨어, 집적 회로 및 기술진보로 등장하는 모든 창조적인 노력에 의한 결과를 포함하게 되었다. 지적재산권이 저작권만을 지칭하고 특허권리나 상표권은 산업재산권(industrial property right)으로 분류하였던 과거의 관행과는 달리 '교역관련 지적재산권 협정(TRIPs)'의 지적재산권 개념은 모든 창조적인 노력의 결과를 지칭하고 있다. TRIPs는 이렇게 좁은 의미의 지적재산권과 산업재산권을 하나의 다자간협정으로 규율함과 동시에 국제적인 지적재산권의 보호수준을 획기적으로 향상시키고 있다.

(1) 기본원칙

TRIPs는 세 가지의 이념에 입각하고 있다. 첫째, 기술혁신의 촉진이다. 지적재산권 제도를 통해 권리자에게 독점권을 부여하는 주된 이유는 기술개발을 촉진하기 위한 것이라고 할 수 있다. 많은 시간과 비용이 소요되는 지적재산의 경우 투자비용을 회수하는 제도적인 장치가 마련되지 않고서는 누구도 시간이나 비용을 투자하지 않을 것이다.

TRIPs의 두번째 이념은 기술이전과 전파의 촉진이다. 기술개발을 통해 사회발전에 나아가 인류의 발전에 기여하기 위해서는 이를 공개하고 적절히 전파하지 않으면 안 된다.

TRIPs의 세번째 이념은 기술·지식의 생산자와 이용자 간의 상호이익의 증진이다. 권리자의 보호를 증진하는 것이 TRIPs의 주요 내용이기는 하지만 이것이 TRIPs 이념의 전부는 아니다.

지적재산권은 개인적 권리임을 인정하고 위조상품의 국제간 교역을 억제하고 있다. 또한 기술개발을 포함하며 국가의 지적재산권 보호제도의 주요 정책목표를 존중하고, 건전하고 실행 가능한 기술적 기반의 창출이 가능하도록 하기 위해 법령과 규칙의 국내시행에 있어서 최대한의 융통성을 확보해야 하는 최빈국의 특수한 요구를 최대한 반영하고 있다. 이러한 주요 목적을 달성하기 위하여 WTO 등 관련 국제협정과 세계지적재산권기구(WIPO)와의 상호협력을 추진하도록 정하고 있다.[3]

(2) 지적재산권의 범위

TRIPs는 지적재산권을 정의하지 않고 제2부 제1장에서 규정하고 있는 저작권 및 저작인접권, 상표권(trade mark), 지리적표시권, 공업의장권, 특허권, 반도체 집적회로의 배치설계권, 영업비밀권을 지적재산권의 예로 들고 있다. 참고로 NAFTA는 여기에 육종자의 권리(plant breeders' rights)를 별도로 규정하고 있으며, 암호화된 프로그램전송 위성신호의 보호(protection of en−crypted program−carrying satellite signals)라는 새로운 유형의 지적재산권을 규정하고 있다.

저작인접권(neighboring rights)은 실연가, 레코드 제작자, 방송사업자를 위하여 인정되는 권리로서 국제조약으로는 '저작인접권에 관한 로마협정(International Convention for the Protection of Performers. Producers of Phonograms and Broadcasting Organizations of 1961)'이 있다. 이 저작인접권은 전통적인 저작물을 이용하여 이루어지기 때문에 일종의 2차적 저작물이나 원저작물과는 전혀 다른 요소, 즉 실연가의 기예나 레코드 제작자 및 방송사업자의 기술적인 요소가 합치되어 있기 때문에 별도의 독자적인 보호가 필요하다.

(3) 일반원칙

1) 최소보호수준의 원칙

TRIPs는 협상시에 이른바 국제협정 플러스 방식을 채택하였다. 즉, 국제협상을 최저 보호수준으로 하여 보호수준을 향상시키자는 취지이다. 이른바 최소보호수준 원칙(principle of minimum protection)을 적용하고 있다. 따라서 체약국은 국내법으로 본 협정을 위배하지 않는 범위 내에서 더욱 강화된 보호를 실시할 수 있다. 강화된 보호를 하는 것은 각국의 재량사항이다. 체약국은 자신들의 고유한 법제도나 관행을 토대로 본 협정의 모든 규정을 이행하는 적절한 방법을 자유롭게 결정할 수 있다.

2) 내국민대우의 원칙

각 체약국은 지적재산권보호[4]에 관하여 자국민에 대하여 부여하는 것과 똑같은 대우(no less favorable treatment)를 체약국의 국민에게 보장하여야 한다. 다만 체약국의 국민에게 파리협정, 베른협정, 로마협정 및 IPIC에서 규정하고 있는 예외조항들을 적용할 수 있으며 사법 또는 행정절차에 관하여도 예외가 인정된다. 예를 들면 송달을 위한 주소의 지정 또는 대리인의 선임 등에 관하여 외국인에 대한 특칙을 둘 수 있다. 이러한 예외조항은 이 협정과 상치하지 않는 법령, 규칙을 따르기 위해서 필요한 경우에만 허용되며, 그러한 예외가 위장된 무역을 제한하기 위한 수단으로 사용되지 말아야 한다.

3) 최혜국대우의 원칙

지적재산권의 보호와 관련하여 한 체약국이 다른 체약국의 국민에 대해 허용하는 모든 이익, 혜택, 특전 또는 면책 혜택은 즉시 조건 없이 다른 모든 체약국의 국민에게 부여되어야 한다. 이 원칙은 WTO체제의 기본원칙으로 GATS에서도 채택되었다.

다만, 다음과 같은 경우에 최혜국대우원칙은 면제된다.

즉, ⓐ 특별히 지적재산권의 보호에 한정되지 않고 일반적인 사법공조 또는 집행공조에 관한 국제협정으로부터 파생되는 대우, ⓑ 내국민대우에 따르는 것이 아니고 다른 나라에서 부여되는 대우에 따라서 대우를 부여하는 것을 허용하는 (authorizing that the treatment accorded be a function not of national treatment but of the treatment accorded in another country) 로마협정 또는 베른협정에 따라 부여되는 대우, ⓒ 실연자, 음반제작자, 방송사업자에 대한 권리로 TRIPs에서 규정한 이외의 권리에 관한 대우, ⓓ WTO 설립협정 시행 전에 발효된 지적재산권보호관련 국제협정으로부터 발생한 대우 등이다. 다만, 이와 같은 이유로 최혜국대우의 원칙이 면제되는 경우 그러한 협정은 TRIPs 위원회에 통보되어야 하며, 다른 체약국의 국민에 대한 자의적이거나 정당하지 않은 차별대우이어서는 안 된다.

4) 투명성의 원칙

투명성(transparency)은 GATT 1947 및 WTO(GATT 1994 제10조, GATS 제3조)체제의 기본원칙이다. 이 원칙은 각 체약국의 모든 법집행절차가 기본적으로 투명하여야 한다는 것이다. 투명한 상태에서만 협정의 집행을 감시할 수 있고 협정의 실효성을 거둘 수 있기 때문이다. 이러한 투명성의 기본적인 목표는 모든 법집행절차의 예측 가능성을 높이는 것이다. 투명성을 확보하기 위해서는 공개성, 명료성, 공정성이 보장되어야 하며, 이와 함께 검증가능성(verifia-bilities)이 확보되어야 한다.

5) 다른 협정의 준용

UR 최종협정의 각종 협정은 이른바 '완전협정'이다. 즉, 협정 자체로 완결되어 있기 때문에 그 협정만을 가지고 해석이 가능한 협정인 것이다. 물론 완전협정이라 하더라도 원칙만을 규정하고 있기 때문에 각종 부속협정들을 두고 있다. 이에 반하여 TRIPs는 대표적인 '불완전협정'이다. 이 협정은 '기존협정 플러스 방식'을 채용함으로써 기존협정을 원용하고 있다.

TRIPs는 4개의 기존협정을 준용하고 있다. 즉, 첫째, 산업재산권의 보호를 위한 파리협정(1967), 둘째, 어문 및 예술저작물의 보호에 관한 베른협정(1971), 셋째, 실연가, 음반저작자, 방송사업자의 보호에 관한 국제협정, 넷째, 집적회로에 관한 지적재산권협정 등이 TRIPs에 의해서 준용되고 있다.

6) 권리소진의 원칙

권리소진의 원칙(exhaustion doctrine)은 'first-sale doctrine'이라고도 하는데 적법하게 만들어진 복제본(특허물품 포함)을 일단 판매하면 그 복제본의 권리자는 원권리자의 독점적인 배척권에도 불구하고 이를 재판매하거나 다른 방법으로 처분할 수 없다는 원칙이다. 즉 제1의 판매로써 (특허권, 저작권 등의) 권리자의 권리는 소진(exhausted)된다는 것이다.[5]

4.3 지적재산권의 대응전략

(1) 기업전략으로서 독창적 기술 창조

정부의 대응과는 별도로 기업으로서도 자기만의 독창적 기술을 창조해내는 풍토를 만들지 않으면 지적재산권시대에 살아남을 수가 없다. 낡은 기술에 집착하고 외국라이선스 기술에 너무 의존하는 기업에는 더 이상 밝은 내일을 기대하기 힘들다.

앞으로 특허등록을 한 첨단기술을 가진 미국 등의 선진국 기업이 지금까지와 같이 한국에 기술수출을 한다는 보장은 어디에도 없기 때문이다. 첨단기술은 국외로 내보내지 않는다는 기술보호주의가 미국을 비롯한 선진국에서 대두될 가능성이 높다. 앞으로는 한국 기업에 강력히 요구되는 것은 기업 내에서 독창적인 기술을 생산하여 특허를 출원하는 것이다.

(2) 독창성을 존중하는 기업풍토의 양성

효과적인 방책으로 생각할 수 있는 것은 다음의 세 가지이다.

첫째, 경영중추에 특허를 근간으로 하는 지적소유권 전문가를 두는 일이다. 먼저 부사장급에 전문가를 배치한다. 해방 후 50여 년 간의 한국 기업이 걸어온 길을 보면, 특허전문가는 기업 안에서 특수한 인간으로밖에 취급되지 않았고, 승진의 대상이 되기는 어려운 직책이었다. 그러나 기업의 최고경영자가 되는 제일 조건에 지적재산권의 지식이 요구될 시대가 도래 하였다. 지적재산권에 대한 이해도가 낮은 경영자는 실격이다. 지적재산권은 21세기에 살아남기 위한 기업의 절체절명의 조건이다.

둘째, 기업의 연구소는 지금까지 너무나도 눈앞의 기술, 즉 바로 이익을 창출해 낼 기술만을 중시해 왔다. 기술자는 '몇 개의 특허를 취득했는가?'가 평가의 대상이 되었으므로 특허받기 쉬운 것만을 추구해왔다. 그 결과 규모가 작은 응용기술, 주변기술에 힘을 쏟고 기본기술에는 눈을 돌리지 않았던 것이다. 그리하여 지금 기업에 원하는 것은 10년에 한 건, 20년에 한 건밖에 나올 수 없는 기본기술을 추구하는 유형의 연구자를 어떻게 관리하느냐 문제가 발생한다. 지혜를 짜내어 이러한 연구자를 공정하게 평가할 기준을 하루 속히 만들어야 할 것이다.

셋째, 기업에 요구되는 것은 기업 중에 소수 의견이나 지금까지는 이단으로 무시되어 왔던 의견을 어떤 방법으로 존중하느냐는 것이다. 특히 대기업은 균형감각을 가진 우등생을 환영하는 경향이 있다. 누구나가 상식적으로 인정하는 가치가 기업경영에는 플러스(+)가 된다는 생각에서 기업의 상식에 어긋나는 의견을 내는 사람을 이단시하고 배제해 왔다.

이 배제논리를 용기를 가지고 시정해서 특이한 의견 중에 감추어진 신비스러운 힘, 폭발력 같은 것을 찾아내는 역량이 필요하다. '이단은 소중한 것이며 이단자는 새로운 시대의 개척자다'라는 인식이 요구된다.

논의주제 💬 |||||||||||||||||||||||||||||||||||||||||||||||||||||||||||||||||||||||||||||

1. 글로벌화 단계별 법무전략
2. 기업의 해외 진출 형태에 따른 법무전략
3. 분쟁 처리 방법으로서 화해와 타협, 상사중재, 소송의 비교
4. 한국기업의 지적재산권에 대한 대응 전략
5. 한국기업의 해외에서 지적재산권 피해 사례를 제시

핵심용어 💬 |||||||||||||||||||||||||||||||||||||||||||||||||||||||||||||||||||||||||||||

- 글로벌법무전략
- 신지적재산권
- 지적재산권
- WIPO
- 중재
- 산업재산권

주(註)

1) 원종근, 국제경영학, 박영사, 1999, pp. 209~210.

2) 송상현, 지적소유권법전, 1989, p. 1.

3) 법무부, UR 협정의 법적 고찰(下), 1994, p. 329.

4) 본 협정의 내국민대우, 최혜국대우규정은 본 협정에서 구체적으로 언급된 지적재산권의 사용에 영향을 주는 사항뿐 아니라 지적재산권의 획득, 취득, 범위, 유지, 시행에 영향을 주는 모든 사항에 대하여 적용된다.

5) William F. Patry, *Latman's The Copyright Law*, 1986, p. 216.

Chapter 08

글로벌협상전략

🔲 장 머리에

오늘날 기업에 있어서 모든 활동들은 글로벌 차원에서 이루어지게 되며, 또한 글로벌경영에서의 각종 거래는 서로 다른 국가 간에서 행하여지게 된다. 따라서 이러한 글로벌기업의 해외직접투자 및 M&A, 전략적 제휴 등 대부분의 거래는 협상의 결과로 이루어지며, 협상행위는 글로벌기업에 있어서 글로벌전략의 가장 기본적인 전략일 것이다. 그러한 협상행위는 문화적 차이의 정확한 이해를 기반으로 진행 되어야 한다.

흔히 한국인은 협상을 잘 못한다거나 협상력이 없다는 말뿐만 아니라 협상후 목표에 다소 못 미치는 결과를 가져오면 소속 집단으로부터 배신자라는 말까지 듣는 경우가 있다. 또한 협상을 흥정이라 하여 천시하는 경우도 있다. 이것은 우리에게 협상 문화가 없음을 보여주는 사례다. 오늘날 인간이 사회적 활동을 하는 경우 자기주장만으로 살아갈 수 없고 상대와 협상을 하지 않을 수 없다. 하물며 글로벌경영은 그 자체가 세계 속에서 사고파는 쌍방간의 상거래 행위이기 때문에 당연히 협상으로 모든 일이 성사된다. 따라서 글로벌협상은 하나의 게임으로서 룰(rule)을 지키면서 승점을 많이 얻으려는 경쟁행위라 할 수 있다. 이 장에서는 유리한 승점을 얻을 수 있는 협상론을 살펴보기로 한다.

1 글로벌협상

1.1 글로벌협상의 개념

(1) 협상의 어원

협상이란 상호 간에 공통된 문제에 관해서 의논하여 합의점을 찾아낸다는 뜻이다. 즉, '커뮤니케이션'과 같은 의미가 된다. 실제로 커뮤니케이션 없이는 협상이 성립될 수 없다.

일반적으로 협상은 개인 또는 조직의 대표로서 행동하는 개인 간에 행하여지는 것이 보통이다. 따라서 협상은 인간행동의 하나의 기본적 요인으로 볼 수 있다.

협상은 또한 새로운 연구분야의 하나이다. 오늘날 종래의 행동과학(법률, 경제, 사회, 역사, 심리 등)뿐만 아니라, 게임이론이나 의사결정이론과 같은 새로운 사회과학에서 협상을 주제로 연구를 진행하고 있다. 그러나 협상의 영역은 너무나 넓고 또한 깊다. 이른바 학제간 연구분야(interdisciplinary science)에 속하는 영역이다.

협상은 분배적 협상과 통합적 협상으로 나누어진다. 분배적 협상은 제로섬 게임(zero-sum game)에 기인한 것으로, 주어진 파이(pie)가 있을 때 자신의 몫을 크게 하려고(claiming) 하기 때문에 한쪽이 이익을 보면 다른 한쪽은 손해를 보는 윈-루즈 협상(win-lose negotiation)이다. 윈-루즈 협상에서는 경기자들의 협조를 구하기 힘들다. 한편 통합적 협상은 협상을 하는 경우 상호협조에 의해 양쪽이 모두 이익을 창출(creating)할 수 있는 포지티브섬 게임(positive-sum game)에 기인하는 것으로 윈-윈 협상(win-win negotiation)이다.

우리의 연구대상은 글로벌거래에 있어서의 협상이다. 그것은 이기고 지느냐의 협상이 아니라, 장기적으로 보아서 협상당사자가 상호 간에 만족할 만한 결과를 추구하는 윈-윈 협상이다. 성공한 협상에는 패자가 없다. 협상을 성공시킨다는 것은 목전의 이익추구가 아니라 장기적인 목표(이익)를 획득하는 일이다. 그 협상결과에 따라서 당사자의 관계는 더욱 발전한다. 협상 → 만족스런 성과 → 새로운 발전, 이것이 우리가 추구하는 성공적인 협상이다.

(2) 협상의 개념

협상을 구체적으로 규정하기란 쉽지 않다. 이 분야를 연구하는 학자들도 협상에 대한 개념적 합의를 보지 못하고 다양한 용어와 개념들을 혼용하고 있다. 협상개념은 여러 측면에서 파악할 수 있겠으나 공통적인 요소가 있다면 의사결정과정이라는 점이다. 협상은 다수의 이해당사자들이 가능한 복수의 대안들 중에서 그들 전체가 수용할 수 있는 특정 대안을 찾아가는 동태적 의사결정과정이다.[1]

협상의 대상이 되는 이익은 협상에 가담하는 당사자 간에 공통적인 성격이 있는 반면, 갈등을 초래하는 상극적인 성격도 가지고 있다. 즉 협상의 대상이 되는 이익에는 당사자 모두에게 보완적인 측면이 있는 동시에, 당사자 간에 심한 마찰을 불러일으키거나 경쟁적인 측면이 동시에 혼합적으로 내포되어 있다. 따라서 협상이란 이러한 이질적 성격을 가진 이해관계를 보다 조화롭게 유지하려는 동기에서 시작되는 것이다.

이러한 각도에서 협상을 정의하면, 협상이란 공통적이면서 상반되는 이익의 조합을 새롭게 변화시키려고 개인이나 조직, 그리고 국가가 명시적으로 상호작용하는 과정이나 형태를 지칭한다. 이렇게 협상을 정의하는 것은 협상을 가장 협의로 보는 것이며, 명시적 협상(explicit negotiation)만을 의미한다.[2]

1.2 협상의 요소와 단계

(1) 협상의 요소

협상은 몇 가지 핵심적 구성요소들을 가지고 있다.

첫째, 협상은 둘 이상의 의사결정주체나 당사자(parties or sides)를 요소로 갖는다. 반드시 상대방이 있다는 것이 협상의 주요한 특징이다.

둘째, 협상에서는 상호간에 가치의 창출과 배분에 관련된 사안들이 집단적으로 선택된다. 전체적으로는 협상을 통하여 공동관심사를 해결하는 것이 당사자 모두에게 혹은 대다수 당사자에게 보다 나은 경우가 대부분이다. 협상이 일어나는 장은 당사자 간의 이해가 상반되거나 경쟁적이며 심지어는 적대적인 측면이 있는 동시에 또 그 이해관계가 상호보완되거나 협조적이며 나아가서는 동반자적인 측면을 내포하고 있는 것이 특색이다. 이를 그림으로 나타내면 [그림 8.1]과 같다.

협상은 바로 이러한 다면적 이해관계를 다루는 데 효과적인 갈등관리전략일 수

그림 8.1 **협상의 장**

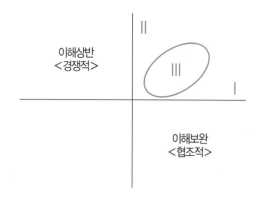

있다. 그림의 타원 안과 같이 상호보완적인 성격과 상호경쟁적인 성격이 공존하는 곳에서 협상활동은 진행된다. 이해관계가 상호보완적인 요소만 있는 경우 그러한 관계를 관리하는 것은 용이한 일이다. 반면에 이해관계가 상호경쟁적인 요소만 있는 경우 이러한 갈등을 관리할 수 있는 방법을 모색하는 것은 어려운 일이며, 아마 영원한 투쟁만이 전개될 것이다. 협상은 이 양자가 혼성된 관계를 조절하는 데 기여한다.

셋째, 협상에서 각자가 갖게 되는 협상결과는 상대방에 의존하는 결과의존(outcome dependence)이다. 협상관계는 자원의 배분과 교환을 위하여 형성된다. 그 자원은 경제적인 유형의 가치뿐만 아니라 자존심, 명예, 원칙, 신뢰, 대표성 등과 같은 무형의 가치도 포함된다.

넷째, 협상과정은 불완전한 정보 속에서 상호모색(mutual movement)을 근간으로 하는 정보의존(information dependence)적으로 이루어진다. 상대방의 협상목표, 의도, 전략, 최대양보선 등에 대한 정보를 탐색하면서 자신에 관련된 정보의 누출을 적절히 통제하는 것을 기본활동으로 한다.

마지막으로, 협상력(negotiation power)이 매우 중요한 요소이다. 상호작용과정에서 협상대상자는 자신의 이해에 관련된 정보를 통제하면서, 자신이 의도한 방향으로 상대방의 판단을 유도하는 힘이 필요하다. 협상이론에서는 이 힘을 어떠한 자질이나 관계로만 보지 않고 인과관계에 영향을 미치는 능력으로 파악하여 협상력을 규정한다.[3]

한편 Roger Fisher 교수는 협상의 요소로서

① 가장 좋은 대안(BATNA: best alternative to negotiated agreement),

② 관심사항(interests),

③ 선택대안(options),

④ 의사소통(communication),

⑤ 관계(relationship),

⑥ 정당성(legitimacy),

⑦ 약속이행(commitment)

등의 7가지 요소를 들고 있다.

(2) 협상의 단계

협상은 촉매단계, 협상 전 단계, 협상단계, 협상 후 단계, 재협상단계로 나누어진다. ① 촉매단계는 협상의제에 대해 각자의 의견을 교환하는 단계이고, ② 협상 전 단계에서는 협상을 하기 전에 협상참가자, 의제, 방법, 계획, 선택대안 등을 구체적으로 정하며, ③ 협상단계는 협상을 하는 단계로 구체적인 제안과 양보 등이 이루어지며, ④ 협상 후 단계는 타결된 협상을 실행하며, ⑤ 마지막인 재협상 단계는 좀 더 좋은 결과를 창출하기 위해 다시 협상을 벌여가는 과정을 말한다.

1.3 글로벌협상의 분석과 효용[4]

(1) 합의가능영역

협상을 진행하기 이전에 준비단계에서 보통 상대방이 완강하게 나오는 경우, 협상을 파기하기 직전에 최대로 양보할 수 있는 수준을 결정하는 것이 필요하다. 보통 이 수준을 최대양보선이라고 부르는데, 실제 협상에서는 최저선(bottom line), 유보가격(RP: reservation price), 마지노선(maginot line) 등으로 불린다. 이 선은 최대한의 양보한도를 나타내는 것으로서 협상과정에서 매우 중요한 역할을 한다.

예를 들어 상품을 매매하는 경우 사려는 사람의 입장에서 지불하려는 최고가격이 있을 것이고, 팔려는 사람의 입장에서는 양보할 수 있는 최저가격이 있을 것이다. 이들의 협상과정을 보면 처음에는 최대양보선을 노출시키지 않으면서 흥정을 하다가 양 극단의 값 사이의 가격이 일정 영역에 들어가면 만족할 수 있는 선에서 타결이 이루어질 것이다.

(2) 최대양보치의 공개 여부와 합의점

1) 완전정보

완전정보란 당사 모두 상대방의 최대양보선을 알고 있을 때를 가리킨다. 협상당사자 모두 서로의 최대양보치를 정확하게 알고 있는 상황에서는 대개 타결점은 각자가 가지고 있는 최대양보치의 중간치(focal point) 주위가 될 가능성이 높다. 최대양보치 간의 여유분을 대칭적으로 나누는 방법으로 중간치를 기준으로 한 대칭적인 분배가 공정한 것으로 인식될 수 있다. 상품을 팔 사람의 최대양보치가 3,000만원이고 살 사람의 최대양보치가 4,000만원이라면 보통 3,500만원에 합의가 이루어질 가능성이 높다.

물론 두 사람 모두 상대방의 최대양보치를 명확하게 알 수 있는 경우는 드물다. 일반적으로 협상과정을 관찰해 보면 최대양보치가 사전에 확정되는 경우는 드물며, 처음에는 불투명하다가도 상대방과 제의를 주고받는 동안에 어느 한 값으로 수렴되는 것이 보통이다.

2) 비대칭적 불완전정보

비대칭적 불완전정보란 일방은 상대방의 최대양보치를 정확히 알고 있으나 타방은 최대양보치의 확률분포만을 알고 있을 때를 가리킨다. 협상당사자 중 한 사람은 자신(A)과 상대방(B)의 최대양보치에 대해 완전한 정보를 가지고 있지만, B는 A의 최대양보치에 대해 어렴풋한 짐작밖에 할 수 없는 상황이다. 좀더 정확하게 표현하면 B는 A의 최대양보치의 확률분포의 위치와 확률밀도함수(probability density function)의 모양을 알고 있는 경우에 해당된다. 이러한 경우에도 사후에 당사자의 정확한 최대양보치가 상대방에게 알려지는가 아니면 계속 비공개상태에 있는가에 따라 각자의 반응과 결과가 달라지게 된다.

협상 이후에 그 최대양보치가 공개되지 않는 경우에는 상대방의 최대양보치를 완전하게 알고 있는 측이 협상에서 우월한 위치를 점하게 된다. 그리고 상대방의 최대양보치 추정폭에서 하한 쪽으로 밀고 가느냐 아니면 상한 쪽으로 밀고 가느냐 하는 것도 정보를 많이 가지고 있는 측의 덤에 속한다. 협상결과는 협상력이나 협상기술(negotiation skill)에 많이 좌우될 것이다.

3) 대칭적 불완전정보

대칭적 불완전정보란 당사자 모두 자신의 최대양보치는 분명히 알지만 상대방의 최대양보치에 관해서는 확률분포만을 알고 있을 때를 가리킨다. 상대방의 최대양보치에 대한 확률분포를 안다는 것은 확률밀도함수의 형태나 위치에 대한 정보를 가

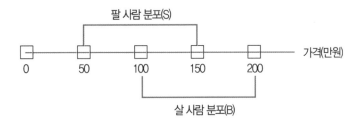

지고 있다는 뜻이다.

상대방의 최대양보치를 사전에 추정한 것과 협상을 진행하면서 추가적으로 획득하는 정보를 이용하면서 추정하는 것 사이에 상당한 차이가 있을 수 있다. 협상과정에서 어느 일방이 최대양보치를 변화시킬 수 있다.

다음 사례는 여러 가지 흥미 있는 점을 고찰하는 데 도움이 될 것이다, 물건을 매매하는 협상을 생각할 때 팔 사람의 최대양보선의 분포(S)가 [그림 8.2]와 같이 50~150만원의 사이에 균일하게 분포되고 있고, 살 사람의 최대양보선의 분포(B)가 100~200만원 사이에 균일하게 분포되어 있다고 하자. 얼핏 보기에도 이러한 현상은 성공적으로 타결될 가능성이 높다. 팔 사람이 물건 값을 싸게 보고 있고 살 사람은 어느 정도 높게 보고 있기 때문이다.

최대양보선이 이렇게 분포되어 있는 경우 이론적으로 여러 가지 가능성을 상정해 볼 수 있다. 만약 두 당사자 모두 상대방이 자신의 최대양보치에 대하여 가지고 있는 확률분포에 관한 정보를 파악하고 있고, 두사람이 무작위적으로(random) 또는 독립적으로(independent) 자신의 최대양보치 범위 내에서 한 수치를 선택하여 협상을 벌인다고 하면 과연 협상의 타결 정도가 어떻게 될 것인가?[5] [그림 8.3]은 협상 타결의 가능성을 설명해 주고 있다.

[그림 8.3]에서 왼쪽 상단은 B>S인 영역이므로 합의가능성이 존재하는 것이다. 그리고 우측하단은 B<S인 영역으로 합의가능성이 상당히 높다. 이러한 결과는 초기의 상식적인 판단을 뒷받침하고 있다.

4) 동시공개방식

협상당사자가 동시에 자신들의 최대양보치를 공개하여 타결을 보는 방식이 있을 수 있다. 이러한 방법은 현실적으로 많이 사용되지 않으나, 인간이 불확실성 하에서 어떻게 합리적인 결정을 내리는지를 연구하는 데 많은 시사점을 제공해 준다. 최대

그림 8.3 협상타결의 가능성

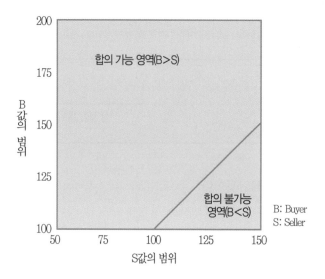

양보치를 공개하고 최대양보치의 초과분은 똑같이 나누는 선에서 타결하는 경우를 상정하고 있다.

예를 들어 [그림 8.4]에서 살 사람의 진실한 최대양보치가 B라고 하고 팔 사람의 최대양보치가 S라고 하였을 때 B>S인 경우 매매는 성립된다. 이때 최종매매가는 (B+S)/2가 될 것이다. 그런데 만일 당사자들이 자신의 진실한 최대양보치보다 높게 전략적인 수치를 제시하는 것이 이득이 된다고 믿는다면 어떻게 될까? 팔 사람이 S′를 제시하고 살 사람이 B′를 제시하는 경우 최종매매가는 (B′+S′)/2가 될 것이다.

그런데 많은 실험결과에 의하면 대부분의 사람들은 그들의 진실한 최대양보치를

그림 8.4 최대양보치를 과장할 경우의 타결점 변화

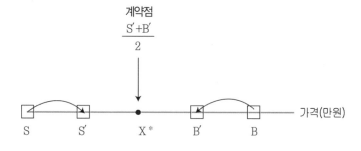

그대로 이야기한다는 것이다. 소수의 팔 사람만이 S보다 높은 S'를, 살 사람이 B보다 낮은 B'를 이야기한다고 한다. 그런데 실제로는 S<B로서 타결가능영역이 있음에도 불구하고 공개된 가격들이 S'>B'가 되어 타결이 이루어지지 않는 경우도 있다. 그리고 팔 사람이 자신의 진실한 최대양보치는 아주 낮은데도 불구하고 상당히 높여 불렀다고 하더라도 살 사람 역시 그러한 전략적인 행동을 보일 수 있으며, 타협가능성이 있다면 최종매매가는 부른 값들의 중간에서 정해질 수 있다는 점에서 전략적 행동의 반경은 상당히 줄어든다고 볼 수 있다.

(2) 협상의 효용

협상의제가 단수인 경우는 각 협상당사자에게 돌아가는 이득을 비교하기가 용이하다. 이슈의 특성(attribute)이 단일한 것은 단일특성(혹은 차원) 의사결정이론에서 다루어지고 있다. 간단하게 예를 들면 매매협상에서 가격만이 협상이슈가 되는 경우 가격은 화폐단위로 표시되고, 가격의 높고 낮음에 대한 평가는 수리적으로 이루어져 협상결과의 평가가 단순하다. 이 때 효용은 화폐량에 따라서 결정된다, 물론 위험(risk)이나 불확실성(uncertainty)이 개입되면, 효용 평가는 주관적인 위험에 대한 태도에 따라 달라질 것이다.

그러나 현실적으로 협상의제가 하나뿐인 경우는 드물다. 예를 들어 건물을 지으려는 경우에도 관련되는 이슈는 적지 않을 것이다. 건축비용(가격), 건축기간, 건축양식 등이 주요 이슈가 될 수 있다. 이렇게 질적으로 상이한 세 종류의 이슈를 한 가지 공통척도로 환원하는 것은 쉽지 않을 것이다.

협상은 어떤 목적 하에 추진되는 것인데 대부분의 경우 이 목표가 단순하지 않고 계층적 구조를 가지고 있다. 제일 위에 추상화된 최고의 가치가 있고, 밑으로 가면서 하위목적이 있는데 차하위에 있는 목적은 차상위에 있는 목적의 수단에 해당된다고 볼 수 있다. 달성하고자 하는 목적을 표현하는 데는 2가지 테스트를 거치는 것이 중요하다.[6]

첫째는 하나의 목표를 몇 개의 하위목표로 나눌 것인가의 문제이다. 중요성의 검증(importance test)을 거치는 것이 필요한데, 결정자가 특정한 하나의 하위목적이 배제되는 경우 자신의 행동조건이 바뀔 수 있다고 생각하면 그 하위목표를 포함해야 한다.

두 번째는 몇 계층까지 하위목표를 세분해 내려갈 것인가 하는 문제이다. 상세히 분류하게 되면 구체적인 지표가 나타날 수 있고 목표의 성격도 분명해진다. 하지만 하위목표의 수가 너무 많아지면 특성 간의 상역성(相逆性, trade offs)을 따지기가 점점 어려워진다.

협상의 목표가 의사결정과정에 유의미하게 활용되기 위해서는 다음과 같은 네 가지 조건을 충족시켜야 한다.

첫째는 완전성(completeness)으로서 의사결정목표를 전부 포함하고 있어야 한다.

두 번째는 조작 용이해야(operational) 하여 의사결정자가 최적 결정에 도달할 수 있게 해야 한다.

세 번째는 분해 가능해야(decomposable) 한다. 수 개의 하위특성으로 나누어질 수 있어야 하고 또 중간단계에 통합될 수도 있어야 한다.

네 번째는 중복(redundancy)이 있어서는 안 된다. 어떤 요소가 여러 가지 하위목표에 포함되면 의사결정자는 두 번 이상 계산하게 되어 판단에 오류가 생긴다.

2 협상의 추진요건 및 역학과 협상자의 동기

2.1 협상의 추진요건(5P · 3S)

다음은 협상을 실제로 추진하는 데 필요한 요건에 관해서 고찰해 보고자 한다. 협상에 필요한 최저한도의 요건은 〈표 8.1〉에서 제시한 8개로 정리할 수 있다.

표 8.1 협상에 관한 5P · 3S

협상전의 요건	Strategy(전략) Planning(기본계획) Preparation(사전준비)	당해 사업의 장기종합계획 협상추진상의 구체적 작전계획 정보자료의 입수와 그 조직화
협상중의 요건	Presentation(설득력) Speed(빠른 의사결정) Strength(위협력) Patience(인내력) Personality(협상자의 자질)	모순 없는 논리적 설득력 빠른 결단 문제해결의 협상을 추진하는 의사력 적극적으로 목표를 달성하려는 힘 유머를 이해하고, 시련에 도전하는 적극적 인간성

(1) Strategy(협상전략)

당해 사업에 관한 장기적 종합계획이다. 즉, 시장분포(수요·기술·경쟁)를 실시한 다음에 사업을 평가하고, 경영자원 배분을 결정한다. 주요 내용은 다음과 같다.

① 전략목표: 어떤 전략목표가 가장 중요한가, 어떻게 하면 가장 효과적(리스크를 최소한)으로 달성할 수 있는가를 결정한다.
② 결정사항: 당해제품, 시장의 평가, 경쟁관계, 마케팅, 기술 등에 관한 자사의 힘(경쟁력)을 평가한다. 이러한 시장전략이 명확할수록 협상의 기본목표를 보다 정확하게 결정할 수가 있다.

(2) Planning(협상설계)

협상력을 최대한으로 발휘하기 위하여 사람·힘·정보를 조직적으로 운용하는 계획이다. 구체적 내용으로서는 다음 세 가지 점을 들 수 있다.

① 협상팀/기술팀의 조직화와 체제의 결정이다.
② 협상의 장을 상정하고 몇 가지 가설을 세운다. 각 가설에 대응한 협상전략의 준비를 행하고 융통성 있는 계획을 마련한다.
③ 가설/협상전략의 수정치가 필요하게 될 경우 유연성 있게 대응한다. 협상 상대도 인간인 이상 예상 외의 행동형태를 취하는 경우가 있다. 결국 충분한 대책을 준비해 둠으로써 상대방의 공격을 차단하고, 협상을 유리하게 전개할 수 있다.

(3) Preparation(사전준비)

협상에 필요한 정보/자료의 사전준비이다. 서류나 파일(file)을 시스템화하여 필요한 정보를 정확하고 신속하게 사용할 수 있도록 해야 한다.

이상의 2P·1S가 협상 전에 필요한 요건이다. 이어서 협상추진에 있어서는 다음의 3P·2S의 요건이 있다.

(4) Presentation(설득력)

협상은 상대방에게 이쪽의 주장을 이해시키는 것이 전제로 된다. 그러기 위해서는 상대방의 생각에 부합되는 의견제시가 불가결하다. 협상외 장에서는 유창하게 말할 필요가 없고, 모순 없는 논리적인 설득력이 결정적인 수단으로 된다.

(5) Speed(빠른 의사결정)

협상에 있어서 우유부단한 태도만큼 상대방으로부터 신뢰감을 잃게 되는 일은 없다. 꾸물거리는 태도는 의사력이 약한 것을 의미한다. 반대로 재빠른 반응과 행동은 신뢰감을 높여 협상의 이니시어티브를 취할 수 있도록 한다. 이것이 협상을 성공시킨다.

(6) Strength(위협력)

협상에서 힘의 관계(力關係) 요인으로서 '위협'이 있다. 위협은 협상에서 하나의 무기이다. 그러나 비즈니스 협상에서는 위협은 양날의 칼이 되어 위험한 기술이다. 그것은 사용법을 그르치면 상대방에게 결정적인 불신감을 주기 때문이다. 위협은 감정적이 아니라 이성적으로 작용할 때 유효하게 된다. 위협의 기술을 어떻게 응용할 것인가를 결정하는 것은 장기적인 전략이다.

(7) Patience(인내력)

인내력은 협상자에게 필요한 요건이다. 상대방의 공격이나 도발을 견디어내는 것이다.

(8) Personality(협상자의 자질)

협상자의 인간성은 협상을 성공시키는 요체가 된다. 협상이 인간 대 인간이 상호관련된 '장(場)'에서 수행되는 이상, 협상자의 인간성이 협상에 주는 영향은 결정적이다.

글로벌협상에 있어서는 이상과 같은 8요건(5P · 3S)의 조화로운 관계가 바람직하다. 이 중 어느 하나가 빠져도 전체의 기능이 약화되고, 협상의 추진에 영향을 준다. 협상이 대형이어서 참여하는 사람이 많으면 많을수록 5P · 3S의 조화로운 기능이 필요하게 된다. 우리는 글로벌협상을 어려운 문제로 생각할 것이 아니라, 하나의 기회(시련)로서 파악한다. 그리고 넓은 지식과 장기전략에 의해서 적극적으로 리스크에 도전한다. 이와 같이 난국을 적극적으로 타개해 나가려는 자세가 결국 협상상대를 움직이게 한다.

글로벌 시대의 발전에 따라, 협상으로 국제 간의 모든 문제를 해결해 가는 것이 우리의 앞으로의 과제다.

2.2 협상의 역학–협상력

다음으로 협상에서 볼 수 있는 힘의 관계(力關係)에 관해서 고찰해 보자.

(1) 힘(力)의 원리

힘이란 무엇인가? 협상에 대해서는 우선 쌍방의 힘의 밸런스를 평가하지 않으면 안 된다. 그러기 위해서는 힘의 원리를 충분히 이해할 필요가 있다.

일반적으로 협상에 있어서는 다음의 8개 원리가 적용된다.

① 힘은 언제나 상대적이며 절대적이 아니다.
② 힘은 실질을 수반하건 그렇지 않건 상관없다.
③ 힘을 행사하기 위해 실제로 행동할 필요는 없다.
④ 힘의 범위는 그 때의 상황, 특히 경쟁상황에 의해서 제약받는다.
⑤ 힘은 그것이 받아들여지는 한 힘을 발휘한다.
⑥ 힘에는 사용방법에 따라서 목적이 달성될 수 없는 위험이 수반된다.
⑦ 힘의 행사에는 코스트가 수반된다.
⑧ 힘의 관계는 시간과 더불어 변화한다.

(2) 힘의 원천

협상당사자 간의 힘의 균형을 창출하는 것에는 다음 9개 원천이 있다.

① 보수(대가)의 균형

보수(報酬)에는 구체적인 형체를 가지고 있는 것과 그렇지 않는 것이 있다. 금, 부동산, 권리는 구체적인 형체를 가지고 있다. 구체적인 형체로 나타낼 수 없는 보수도 힘의 기반으로서 똑같이 중요하다. 그 중에는 안전, 사랑, 가치, 자기실현 등에 대한 욕구의 충족에서 얻어질 수 있는 이익이 있다.

② 벌과 무보수의 균형

협상당사자는 직접 벌을 받기보다는 바람직한 것을 잃게 될 가능성에 직면하는 일이 많다. 주문을 맡을 수 없는 가능성에 직면한 판매자 또는 생산적 서비스의 제공을 거부당할 가능성에 직면한 구매자에게는 상대방의 조건을 받아들일 수밖에 없는 압력이 가해지기 마련이다.

③ **정당성의 균형**

정당성은 힘의 원천임과 동시에 그 상징이기도 하다. 정당성은 구매자에 있어서 는 법률, 수속 또는 공정거래위원회와 같은 조직에 의해서 고양된다. 판매자는 기업 광고, 동업조합 등에 의해서 정당성을 촉진한다.

④ **구속의 균형**

약속, 충성, 우정 등은 하나의 힘의 목표이다. 비즈니스에 있어서 장기적인 판매 자/구매자의 관계를 발전시키기 위해서는 양자가 장기적인 '이해(利害)＝약속'에서 일치되어야만 한다.

⑤ **지식의 균형**

지식이나 정보는 그 자체가 힘이다. 협상자가 상대방의 목적이나 협상상의 입장 을 알면 알수록 그의 입장은 강화된다. 제품, 시장, 규칙 등에 관한 지식은 힘의 원 천이다. 마찬가지로 협상이론이나 실제를 충분히 이해하는 것도 힘의 기본적인 구 성요소이다.

⑥ **경쟁의 균형**

경쟁은 협상력에 대하여 본질적인 영향을 갖는다. 어디서든지 물건을 구입할 수 있는 구매자는 강력한 경쟁상의 입장을 가지나, 판매자는 신제품의 기술을 개발함 으로써 경쟁상의 입장을 강화시킬 수가 있다.

⑦ **리스크와 용기의 균형**

인간은 가능한 한 리스크를 피하려고 생각한다. 따라서 협상 상대의 지식이나 정 보가 불충분한 사항을 도입해서 상대방의 리스크를 높인다. 즉, 자신의 협상력을 강 화시킬 수가 있다.

⑧ **시간과 노력의 균형**

시간과 노력은 힘이다. 시간에 제약받고 있는 측은 상대방에 대하여 약한 입장에 놓인다. 협상을 유리하게 유도하기 위해서는 충분한 시간과 노력이 필요하다.

⑨ **협상능력의 균형**

협상능력은 힘이다. 이 힘의 원천(지식)을 지니지 않고 협상할 수 있는 사람은 아 무도 없다.

(3) 힘의 지각

힘이 힘으로써 존재하기 위해서는 그것이 지각(知覺)되는 것이 필요하다. 즉, 협 상자 자신이 힘을 가지고 있다는 것을 알고, 또한 상대방이 그 힘의 존재를 믿고 받아들이는 일이다. 힘을 객관적으로 지각하기 위해서는 다음과 같은 질문이 마련된다.

　1) 협상자의 힘에 관한 질문

　① 협상자는 자기의 힘을 어떻게 지각하고 있는가?

　② 협상자는 자기의 힘이 상대방에게 어떻게 지각되고 있다고 믿는가?

　③ 협상자는 자기의 힘을 상대방이 어떻게 지각해 줄 것을 바라는가?

　2) 상대방의 힘에 관한 질문

　① 협상자는 상대방의 힘을 어떻게 지각하는가?

　② 상대방은 자기 자신의 힘을 어떻게 지각하고 있는가?

　③ 상대방은 자기의 힘을 협상자가 어떻게 지각해 줄 것을 바라는가?

　[그림 8.5]는 힘에 관하여 원천, 지각, 협상의 내부구조라는 3요소에 대해서 설명하고 있다.

그림 8.5　**힘과 지각모델**

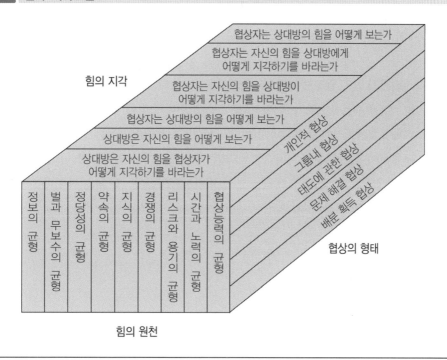

자료: C. L. Karrass, *The Negotiating Game*, Thomas Y, Crowell, 1970을 참고하여 작성.

3 협상의 형태[7]

일반적으로 비즈니스 협상에서는 다섯 가지 형태의 협상이 수행된다. 배분획득 협상, 문제해결협상, 태도에 관한 협상, 개인적 협상 그리고 그룹내 협상 등이다.

3.1 배분획득협상

어떤 사람으로부터 중고차를 구입하는 것은 배분획득협상의 좋은 예이다. 만약에 판매자의 최저가격이 100만원이고 구매자의 최고가격이 130만원이라면, 최종가격이 그 중간의 어디에서 결정된다 하더라도 양자는 만족한다. 이 경우 만약에 120만원으로 협상이 성립되었다고 한다면, 판매자는 구매자보다도 배분을 더 획득한 것이 된다. 배분획득협상에 있어서는 어느 쪽 한편이 이득을 보면 다른 한편은 손해를 본다. 이때에 협상은 배분의 과정이 된다.

일반적으로 글로벌거래의 협상이란 그 형태가 여러 가지로 상이하나 대부분은 이 배분획득협상으로 이루어지고, 가격협상이 중심이 된다.

배분획득협상은 자기중심적이다. 글로벌협상에 있어서는, 이를테면 1국의 이해에 크나큰 영향을 끼치는 경우 그 나라의 에고(ego)가 노골적으로 나타난다. 그에 따라 협상과정은 그만큼 복잡해지는데, 한미자동차협상이 그 좋은 예이다. 배분획득협상을 성공으로 이끌기 위해서는 사전에 충분한 대책이 필요하다.

3.2 문제해결협상

협상의 당사자가 서로 상대방의 문제점을 인식한 연후에 쌍방에 이익이 되는 점을 적극적으로 발견하는 협상이 문제해결협상이다.

일반적으로 모든 계약에 있어서 판매자와 구매자는 문제를 해결할 기회를 가지고 있다. 가령 어느 화학 플랜트계약의 협상에 있어서 가격조건에 관한 합의가 이루어지지 않을 경우를 생각해 보자. 판매자가 아무리해도 구매자가 요구하는 선까지 가격을 내릴 수 없을 경우 협상은 결렬되기도 한다.

　그러나 그럴 경우 판매자가 구매자의 요구조건에 접근하는 노력의 하나로서 플랜트 기기의 일부를 구매자의 국내에서 조달하겠다는 의향을 적극적으로 표명하고, 이를 위하여 판매자/구매자의 전문가에 의해서 현지조달 시방서를 공동으로 작성하겠다는 취지를 제안하면 어떨까? 구매자가 화학 플랜트 기술을 도입하고자 할 경우 구매자는 판매자의 제안에 동의하는 것도 생각할 수 있을 것이다. 이와 같이 판매자/구매자가 협력해서 문제점을 해결하기 위한 협상을 행할 수가 있다.

　문제해결을 성공적으로 이끌기 위해 필요한 것은 충분한 시간과 선의, 관대 그리고 동기부여이다. 상호협력하여 독단적으로 되지 않고 의사소통을 꾀하려고 하는 관계는 새로운 해결책을 발견하는 데 이바지하며, 그만큼 상호이익의 가능성도 커지게 된다.

3.3 태도에 관한 협상

　매우 공격적인 상대방을 봉쇄하는 최선의 방법은 무엇인가? 이 편에서도 공격적으로 대처해야 할 것인가, 평화주의에 투철할 것인가, 그렇지 않으면 이 둘을 혼합하는 것이 좋은가?

　그 대책으로서는 때로는 협조적으로, 때로는 공격적으로 나가는 것이 좋다. 일반적으로 협상에 임할 때에 협상당사자는 어떠한 태도로 임하는 것이 가장 좋을 것이라는 선입관을 가지고 있다. 그러나 만족할 만한 협상을 수행하는 데는 쌍방이 어느 정도 자기의 태도를 수정하고, 서로 양보하며 문제해결의 과정에 참여하려는 의사를 가져야만 된다.

3.4 자기와의 협상

　협상당사자가 테이블을 사이에 두고 마주 보고 있을 때 각자는 협상대상자 외에 또 다른 상대와 대하게 된다. 즉, 그것은 자기 자신이다.

　협상당사자는 협상에 의하여 어떤 합의점을 얻고, 서로 용납치 않는 욕구나 목표 간에 무엇인가 조화점을 발견하려고 노력하며, 최종적으로 가장 큰 만족을 얻을 수 있는 행동형을 선택한다. 협상자는 자기 자신과도 협상해야 한다. 그 협상의 결과는 협상자가 자신의 역할을 어떻게 조정하느냐에 달려 있다.

3.5 그룹내 협상

협상당사자는 그가 대표하는 그룹과 어떻게 협상할 것인가의 문제를 이해할 필요가 있다(예, 노사협상에 노조를 대표하는 노조위원장(협상자)이 노조와의 협상). 의사결정의 각 멤버는 각각의 요구수준과 무엇이 중요한가에 대해서 자기 나름대로의 생각을 가지고 있다. 협상자는 그룹의 목표를 설정하는 한 구성원이다. 협상의 목적이 되는 것은 그룹 내 협상과정의 결과이다. 의사결정그룹에서 협상자가 수동적 입장에 서 있다면, 그는 실제 협상의 장에서 곤란을 겪게 될 것이다.

협상자는 그가 속하는 그룹과 협상 상대와의 중간에 서있는 입장이므로 항상 양자와의 협상에 적절한 판단을 내려야 할 책임을 지고 있다.

그룹 내에서 협상과정을 충분히 이해해준다면 협상 상대의 의사결정과정도 순조로울 수 있다. 더 나아가 자기의 협상계획을 다시 세워 협상 상대의 그룹 내의 가치관이나 기대치도 변화시킬 수도 있다.

논의주제 💬

1. Negotiation과 Bargaining의 차이와 협상 단계
2. 최대 양보치 공개 여부에 따른 협상 분석과 그 효용
3. 협상의 이론과 요건
4. 협상의 형태와 동기
5. 한국인이 협상에 취약한 이유와 개선방안은?

핵심용어 💬

- BATNA
- win-win 협상
- 5Ps · 3Ss
- bargaining
- 협상력(negotiation power)
- 힘의 원천

주(註) 💬

1) Alan Coddington, "A Theory of the Bargaining Process: Comment Reply", *American*

Economic Review, Vol. 56, No. 3, June 1966, pp. 522~533.

2) 좁은 의미의 협상은, 이해관계가 보완 또는 상충되는 상황에서 당사자 간에 공유되는 이익을 모색하기 위해 명시적으로 구체적인 제안을 교환하는 과정에 초점을 맞춘 것이다. (이달곤, 협상론, 법문사, 2000.)

3) I. William Zartman(ed.), *The 50% Solution*, Yale University Press, 1983. pp. 15~18.

4) 이달곤, 협상론, 법문사, 2000.

5) 여기서 독립적이라고 하는 것은, 사는 사람이 자신의 최대양보치 분포 중에서 한 수치를 선택한 것이 상대방의 최대양보치의 분포를 평가하는 데 아무런 영향을 미치지 않는다는 것을 의미한다. 이것은 파는 사람의 경우에도 마찬가지로 적용되는 가정이다.

6) 노화준, 이차원적 결과를 가진 계획문제에 있어서 프로그램 대안의 결정, 행정논집, 제14권 제1호, 서울대학교 행정대학원, 1976.6, pp. 191~207.

7) 김영래, 국제경영론, 박영사, 1988, pp. 215~218.

글로벌기업의 운영

글로벌비즈니스맨은…

올림픽 육상선수와 같은 강한 체력, 아인슈타인과 같은 유연한 두뇌, 외국어 교수와 같은 유창한 외국어 실력, 재판관과 같은 공정성, 외교관과 같은 임기응변, 그리고 이집트 피라미드를 건설한 사람과 같은 인내력을 가져야 한다. 그러나 글로벌 경영인으로 요구되는 조건은 여기에그치지않는다.

… 우선, 현지문화를 존중하는 마음을 가져야 하고 도덕적으로 지나치게 엄한 판단을 내려서도 안 된다. 때로는 카멜레온과 같이 현지 환경에 잘 융화되어야 하고 조금이라도 편견이라고 느끼는 일을 하여서도 안된다.

— N. J. Adler

제 3 부 글로벌기업의 운영에서는…

글로벌기업의 전략을 실천하기 위하여 어떠한 경영 조직이 효율적인지를 논의하여
보자.

글로벌기업의 조직과 인적자원 관리

장 머리에

글로벌기업들에 과연 어떠한 조직구조가 가능하며, 본사와 현지 자회사들 간에 어떠한 상호 관계를 유지해야 하는가는 글로벌경영조직에서 다루어져야 할 핵심사안이다. 조직이란 수립된 경영계획을 효과적으로 수행해 나가기 위한 하나의 관리체제인데, 경영조직은 기업활동을 전개하는 사람들 또는 집단에 부여된 업무내용, 즉 그 역할과 상호관계, 구조를 명확히 정의하여 기업활동을 보다 효율적으로 전개하기 위한 수단이다. 글로벌기업들은 자신의 국제화 수준과 급변하는 글로벌 경쟁 환경에 맞추어 조직구조를 지속적으로 개선·발전시켜 나가야 한다. 일반적으로 글로벌화 수준이 높아갈수록 요구되는 글로벌경영조직 또한 복잡해진다.

모든 비즈니스는 공통된 업무상의 구성요소를 가지고 있으며, 제각기 일련의 업무를 수행하기 위해 구성되어 있다. 기업으로서는 구성요소가 다르게 보이지만 모든 조직구성은 같은 기본적인 목표가 있으며 각각 독자의 기능을 수행하는 동시에 타 기능과 공동으로 업무를 한다. 그러나 기업은 자사에게 가장 적합한 조직을 개발해야만 한다. A사의 최적구성이 반드시 B사에도 가장 적합한 것은 아니다. 똑같이 1국에서 잘 운영되었던 조직 구성이 다국적에 걸친 사업전개에 맞는다고는 단정할 순 없다. 따라서 조직 구성을 결정하는 데 많은 요인을 고려해야한다.

그러나 모든 글로벌기업에게 최적의 조직은 존재하지 않는다. 그 이유는 기업의 업무내용에 따라 조직도 다른 형태가 필요하고 조직이 목표로 하는 기업목적도 달라지기 때문이다.

1 기업조직의 발전단계

　기업조직형태는 글로벌사업이 깊어짐에 따라서 변화해 나간다. 조직 형태를 바꾸는 것은 간단히 생각되지만 어떻게 효과적으로 유연하게 조직을 변화시켜 나갈 것인가는 복잡한 문제다.

　기업의 조직형태 추이를 단계적으로 살펴보면 어떤 단계는 전 단계의 형태를 수정하거나 새로운 사업환경의 적응에 기초를 두는 경우가 많다. 예를 들면 해외 시장에 진출하는 초기 단계는 무역상사에 수출업무를 의뢰한다. 해외에서 매출증가에 따라 수출업무를 담당하는 수출부를 설치한다. 나아가 수출을 신장하려고 하면 자사의 판매, 서비스망, 창고 등 설비를 해외에 설치하게 된다.

　글로벌화 초기단계에서는 기본적으로 조직형태를 수정할 필요가 생긴다. 그러나 기업활동의 중심이 수출로부터 라이선싱, 해외 생산의 혼합으로 변하여 해외 판매 규모가 크게 증대됨에 따라 조직 내의 수출부와 같은 특정 부문에서 간단히 처리할 수 없게 된다.

　또한, 해외에 생산설비를 설치하고 해외시장에서의 위치를 강화할 경우 그때까지의 수출부만으로는 그 대응이 불충분하게 된다. 그렇지만 수출부는 해외공장의 필요성을 인식하지 못하거나 계속 수출하는 것이 바람직하다고 생각할 수 있다. 그 이유는 해외 생산설비를 설치하는 것은 수출부에게는 수출판매의 감소로 이어지기 때문이다. 그러나 기업 전체 차원에서는 오히려 해외에 생산설비를 설치함으로써 더 높은 매출을 올린다든가 더 많은 고객서비스가 가능하게 되어 더 많은 기회를 얻을 수 있다.

1.1 현지국 자회사(子會社) 설치

　해외 사업은 당초 계획에 의해서라기보다 특정한 기회가 있을 때 대응하는 수단인 경우가 많다. 사업 초기는 소규모로 취급제품도 한정되어 있으며, 모회사도 새로운 사업전개에 대응할 만큼 국제업무의 경험이나 지식이 부족하기 때문에 현지국 자회사(子會社)를 설치하더라도 의사결정권이나 사업전개의 모든 권한을 본사가 갖는다. 이 단계에서는 국제업무에 관한 이해가 더욱 필요하다. 자회사와 본사 간 재무관계도 그다지 밀접하지 않고 자회사 재무관리에 특별히 문제가 없는 한 업무도 자유롭게 맡겨지는 경우가 많다.

1.2 본사(本社)의 국제사업본부 설치

해외사업이 급속히 확대되고 충분한 세력을 확보하면 독립된 자회사 업무전개는 어렵게 된다. 모회사 내에서 관리를 주장하는 압력이 강해지기 때문이다. 모회사는 해외 자회사의 운영을 통해서 얻은 국제업무경험을 바탕으로 확신을 갖고 해외 자회사의 관리에 대해 제안을 하거나 실행하게 된다. 따라서 해외 자회사의 조직개혁이 필요하게 되며 이때 국제사업본부가 설치된다.

다른 部·局과 같은 정도의 권한을 가진 국제사업본부를 설치하는 시점은 일반적으로 다음과 같은 요인에 의해서다.

① **규모의 문제**: 기업의 국제분야 진출이 조직상의 1개 部·局으로서 기업 내에서 인정될만한 가치의 절대적인 크기와 상대적인 중요성이 있다.
② **국제업무의 복잡성**: 국제시장에서 여러 기회를 대(다)국적으로 다루고 해외시장 진입 최적수단을 취득할 수 있는 독립부서가 필요하다.
③ **전문가의 필요성**: 국제업무 특수성을 이해하고 처리할 수 있는 전문가가 필요하다.
④ **기업의 능력향상**: 당면한 글로벌 전략 문제에 대처할 뿐만 아니라 사업기회를 글로벌하게 취급하여 판단을 내리는 능력을 몸에 익힌다.

1.3 글로벌 조직의 설치

글로벌 조직의 설치가 필요한 단계가 되면 기업으로서 글로벌 전략을 실행하는데 최적인 조직형태를 만들 시기가 온다. 글로벌 조직형태란 국내 및 해외를 구별하지 않는 조직이다. 글로벌 전략에 영향을 주는 경영과 조직요인은 [그림 9.1]과 같다.

그림 9.1 글로벌전략에 영향을 주는 조직 요인

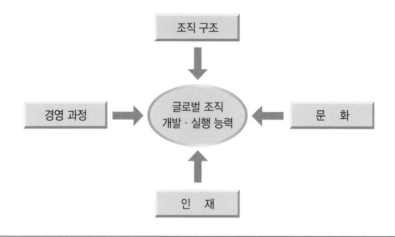

1.4 최적 조직의 결정

부적절한 조직은 적시에 필요한 정보가 효율적으로 조직에 제공되지 않아 의사결정에 악영향을 준다. 따라서 적절한 조직이 경쟁우위를 얻기 위한 조건이다. 전통적인 기능별, 제품별, 지역별, 매트릭스 조직과 정보통신의 발달로 새롭게 전개되는 네트워크조직, 가상 조직의 어느 것을 채택하더라도 각각 장점·단점이 있기 때문에 기업의 사업 환경에 맞추어 최적 조직을 선택해야 한다.

2 글로벌사업 조직의 방식

2.1 현지국 자회사 방식

해외 사업을 관리하는 방법으로 현지 자회사의 독립성을 인정하는 방법이 있다. 이 현지 자회사 방식에서 각기 해외 자회사는 직접 본사의 사장에게 보고한다. 따라서 지역본부나 국제사업본부 등 중간조직이 존재하지 않는다. 기업에 따라 본사 사장이 해외 자회사 사장을 겸임하거나 해외 자회사 임원이 되는 경우가 있으며,

이러한 경우는 현지 자회사의 임원회에 보고하게 된다.

이 조직형태의 특징은 해외 자회사의 독립성이 높으며, 본사는 해외 자회사의 기능 및 제품 등에 관해 직접적인 책임을 지지 않는다.

(1) 현지국 자회사 방식의 장점

현지국 자회사는 각기 다른 사업 환경 하에서 독립된 기업으로서 책임을 진다. 이 때문에 현지국 시장환경 또는 현지 정부의 정책변경 등에 기민하게 세부적인 대책을 세워 결정할 수 있다. 또한 현지 자본이 사업에 참가를 희망하는 경우 유연하게 대응할 수 있으며 결정권이 현지 자회사에 있기 때문에 현지의 유능한 사원에게 인센티브가 된다.

해외 자회사 문제를 본사의 사장이 직접 관여하는 것도 가능케 된다. 국별 단위의 사업에 직접 관여하는 장점은 본사에 있어서도 크다. 예를 들어, 본사의 임원이 특정 해외 자회사의 책임을 맡게 되면 각각 임원이 축적하고 있는 다각적인 글로벌 시점의 경험을 본사의 최고 의사 결정기관인 임원회에서 살려 나갈 수 있다.

(2) 현지국 자회사 방식의 단점

본사 사장과 직결되어 있는 조직형태의 단점은 본사 사장의 시간을 비효율적으

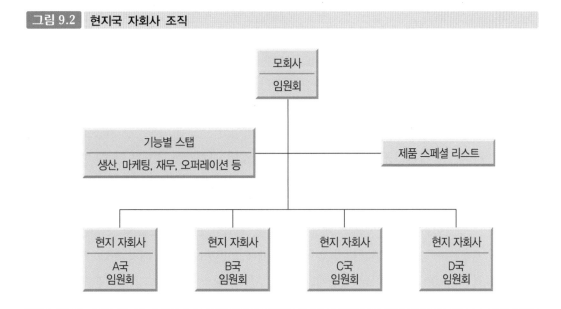

그림 9.2 현지국 자회사 조직

로 사용할 가능성이 높다는 점이다. 또한 현지 자회사의 사업규모가 작을 경우에는 본사 사장의 관심 부족으로 문제를 지나쳐 버리고 마는 경우도 있다.

현지 자회사의 최고 책임자가 본사의 기능별, 제품별 전문가와 여러 가지 문제에 관해서 의견을 교환하는 경우, 국제적인 문제가 모국 시장 내의 문제와 혼동될 위험도 크다. 글로벌조직 속에서 지역 단위로 문제 처리를 가능케 하는 기능을 가짐으로써 이러한 문제 발생을 방지할 수가 있다.

현지국 자회사 조직의 잠재적인 약점 중 하나는 자회사가 내린 의사결정이 해외 자회사만으로, 그것도 개개의 이해를 중심으로 이루어지기 쉽다는 점이다. 전사적 시스템을 통한 글로벌 경영성과의 최대화를 꾀하기보다 각 사업체 단위의 경영성과 만을 추구하기 쉽다.

2.2 본사의 국제사업본부 조직

본사에 설치하는 국제사업본부는 통상 임원이 본부장을 겸하고 직접 사장에게 보고하는 명령체계를 취하는 경우가 많다. 국제사업본부와 똑같은 역할을 담당하는 별도의 회사 조직이 국제업무를 담당하는 경우도 있다. 이런 회사의 사장은 본사 사장이 겸임하는 경우가 많다.

일반적으로 국제사업본부는 국제업무에 관한 정책, 글로벌 전략계획, 모회사의 모든 수출·라이선싱 업무에 관여한다. 또한 직·간접적으로 해외 생산이나 판매 거점의 업무에도 관여한다.

국제사업본부의 목적은 해외 자회사가 독립된 기업체로서 수출·라이선싱 등 국제업무를 보다 효율적으로 관리하도록 하며 국제활동을 통합하고 조정하는 것이다. 경영관리 관점에서는, 예를 들어 타 지역 차입이나 국제 자본시장 자금조달로 해외 자회사의 자본비용을 줄일 수 있다. 즉 글로벌 사업활동 경험을 통해 경험을 해외 자회사에 이전하며, 또한 이전가격으로 세제 경감도 꾀한다. 국제사업본부는 여러 국가에 걸쳐 있는 사업활동의 통합과 잠재적인 상승효과를 책임진다.

글로벌화 초기단계에는 재무와 관리를 제외한 스태프 그룹은 국내업무를 주로 진행하며 국제사업본부는 본부 내의 인재에 의존한다. 정책 내지 전략 계획이 일정 회사 수준이 됨에 따라 연구개발, 제조, 인적자원의 관리 등 기능별 전략에 국제색이 강하게 나타난다. 이러한 패턴은 국제사업본부의 경우도 해외 자회사 조직의 경

| 그림 9.3 | 국제사업본부 조직 |

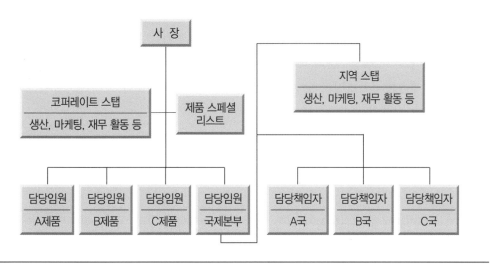

우와 똑같은 흐름이다.

(1) 국제사업본부 방식의 장점

미국·일본과 같이 모국 시장의 규모가 크기 때문에 관심이 모국 시장을 중심으로 하기 쉬운 기업은 해외활동이나 국제업무에 익숙해지기 위해서 국제사업본부가 필요하다. 특히 글로벌화를 확대한 단계에서는 해외업무를 집중적으로 관리하는 기능이 필요하다. 국내 책임분담과 분리하여 국제업무의 노하우나 전문지식을 축적하고 시장의 확대나 해외투자에 집중할 수 있는 조직이 불가피하게 된다. 또한 국제사업본부 내에서 육성된 국제경험을 가진 간부는 사내에서 국제업무의 임팩트를 전해 주는 중요한 역할을 하게 된다.

국제사업본부 팀은 국제적인 문제에 특화하고 스페셜리스트 팀으로서 글로벌 사업의 존재방식 등을 검토한다. 이러한 경험으로 축적된 국제업무에 관한 전문성은 국제사업본부의 스태프가 국내업무에 배치되는 경우에도 다른 발상이나 업무취급방법을 제안하는 근원이 된다.

(2) 국제사업본부 방식의 단점

해외에서 제조되거나 판매되는 제품이 본사에서 개발된 제품인 경우 국제사업본부는 국내 제품부에 크게 의존한다. 국제사업본부는 일반적으로 제품의 개발, 엔지니어링, 연구개발부원을 갖지 않는다. 이를 관리하는 국내 담당부서는 국내성과를 중시하기 쉽고 해외시장 니즈(needs)에 적극적으로 응하지 않는다.

이 때문에 국제사업본부는 국내 담당부문과 커뮤니케이션을 통해 조정을 해야만 한다. 국내 담당부문의 해외시장의 제품 니즈 등에 관한 지식이 깊어짐에 따라 커뮤니케이션이나 조정의 방법은 개선되지만 국제사업본부와 국내 담당부문 간의 목표 내지 이해의 차이를 완전히 좁히기는 어렵다.

2.3 글로벌 지역별 조직

매출에서 해외시장이 점하는 비율이 높아짐에 따라 국제사업본부조직에서 지역별 조직으로 나아갈 필요가 있다. 지역별 조직은 글로벌 시장을 지역별로 나누어 각

그림 9.4 지역별 조직과 현지국 자회사

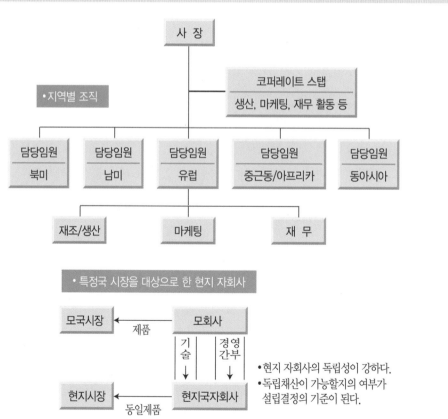

지역의 책임자(매니저)에게 그 지역의 모든 책임을 맡긴다. 기업의 본부는 글로벌 전략 계획·관리를 책임진다. 각 지역의 사업체는 그 지역 내의 모든 기능(마케팅·생산·재무 등)에 대해서 책임을 지고 그 지역 내에서 조정할 수 있다. 그렇기 때문에 글로벌화를 추구하면서 지역 내의 고객 니즈(needs)에 배려도 가능케 된다.

현지 니즈(needs) 대응이 쉽기 때문에 특정국·지역을 대상으로 한 전략(multi-domestic strategy)을 추구하는 데 적합하다. 예를 들면, 중국시장에 진출할 경우, 잠재적인 시장규모가 크기 때문에 투자규모나 시기, 중·장기적인 전략 등을 현지 책임자가 결정권을 갖고 대처하지 않으면 성공하기 어렵다.

(1) 지역별 조직의 장점

지역별 조직은 특정국 또는 지역에 밀착해서 활동하기 때문에 그 지역의 시장, 고객, 경쟁 기업에 관한 이해를 높일 수 있고 지역 내의 모든 활동을 총괄하기 때문에 지역 내 활동에 대해 협조를 꾀하기 쉽다. 따라서 현지 시장의 고객 니즈(needs)에 맞추는 정도가 낮은 제품을 취급할 경우에 적합하다. 예를 들면, 식품이나 의약품과 같이 제품의 기본 부분이 글로벌하게 표준화되어 있고 지역용 패키징이나 선전·광고 등을 조정하면 기업에게 유리하다.

(2) 지역별 조직의 단점

특정 지역 활동의 독자성을 지나치게 중시하기 때문에 지역간 조정이 어렵다. 또한 각 지역이 개별적으로 생산거점을 설치하면 현지 시장 니즈(needs)에 맞추려고 하는 관심이 커서 세계 규모의 글로벌 표준화가 뒤떨어지기 쉽다. 또한 이 조직에서는 국제업무에 정통한 경영간부가 각 지역 본부에 배치되기 때문에 지역내 경영성과를 중시하기 쉽다. 이로 인해 기업의 글로벌 조직 사이에 갭(gap)이 발생할 위험이 있다. 더욱이 지역 본부별로 기능별 또는 제품별 전문가를 보유하기 때문에 인재가 중복되고 인건비가 상승하여 경비가 증대할 가능성이 있다.

2.4 글로벌 기능별 조직

글로벌 업무에 중점을 둔 기능별 조직은 유럽기업에서 많이 볼 수 있다. 본사 내의 책임 분담은 마케팅, 제조, 재무 등 기능별로 구성된다. 각 기능별 경영책임자는

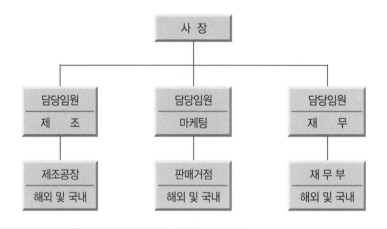

그림 9.5 글로벌 기능별 조직

라인부문의 장으로서 글로벌한 업무책임을 갖는다.

예컨대 마케팅이나 판매부문은 세계적인 마케팅 책임을 갖고 모든 판매회사나 유통 채널을 관리한다. 해외 제조 자회사는 통상 제조된 제품의 판매책임을 지지만, 본사의 마케팅 본부는 해외 제조 자회사의 마케팅을 조정하는 책임이 있다. 단지 수출은 본사 마케팅 본부가 직접 관여한다. 본사 제조부는 국내 시장을 라인으로서 관리하고 세계적인 제품의 표준화, 제품개발, 품질관리, 연구개발에 관해 책임을 진다. 해외 자회사에 대해서는 라인과 스태프로서 책임을 쌍방이 지게 된다.

따라서 제품의 종류가 한정되고 시장 환경의 차이에 영향을 주지 않는 기업에 적합하다.

(1) 기능별 조직의 장점

기능별 조직은 글로벌 시장 업무가 각 기능분야별로 통합됐기 때문에 각 기능 담당부문은 글로벌하게 책임을 짐으로써 본사와 해외 자회사 사이의 이해대립을 줄일 수 있다. 이 때문에 각 기능 분야의 경영간부는 글로벌한 시점에서 경영관리에 임하게 된다. 또한 각 기능 분야의 경영간부는 각기 글로벌하게 책임을 지기 때문에 글로벌하게 조정하거나 관리하는 기능을 본사에 집중시킬 수 있다.

(2) 기능별 조직의 단점

한편 다수의 제품 라인을 가진 기업으로서는 기능별 조직의 단점이 장점보다 많다. 제품에 따라 정부의 규제에 대응해야 하거나 고객의 기호가 다른 경우가 있다. 국가나 지역별로 이러한 세부적인 대응이 필요하고, 더불어 제품이 광범위하게 걸쳐있는 경우에는 기능별 조직으로는 잘 운영되지 않는다. 일반적으로 기능별 조직은 다음과 같은 단점이 있다.

첫째, 판매와 생산부문의 목표가 분리되기 쉽다. 어떤 나라에서 생산한 제품을 다른 몇 개 나라의 시장에 판매하려고 하는 경우 나라별로 다른 환경에 맞추거나 이해 조정이 필요하게 된다. 그러나 기능별 조직에서는 여러 국가 간에 걸친 기능간 조정이 어렵다.

둘째, 기업이 여러 제품을 갖고 있고 그러한 제품을 다른 수요(예컨대 정부의 규제나 고객의 기호 등)에 대응시키면 똑같은 문제가 발생한다.

셋째, 각 기능은 지역별 전문가를 갖고 있기 때문에 외부 환경정보가 중복해서 수집·분석되어 미래의 경향이나 전망에 대해서 서로 다른 가정을 이용하기 쉽다.

2.5 글로벌 제품별 조직

글로벌 제품별 조직은 제품별 책임을 제품본부의 라인 매니저에게 주고, 제품본부에 그 지역의 전문가를 두어 모든 업무활동을 집중시킨다. 전사적인 기업목표나 전략은 기업의 본사가 결정하고, 가이드라인 하에서 각 제품본부의 계획이 검토되어 사장이 승낙을 한다. 각 제품본부는 담당 제품에 관한 전 세계적인 영업활동을 계획하고 경영관리하는 책임이 있으며 또한 연구개발(R&D), 제조, 마케팅 등 모든 기능을 갖게 된다.

(1) 제품별 조직의 장점

제품별 조직은 해외시장에서 제품라인이 증가하고 다각화되고 있는 경우나 제품이 여러 최종고객에게 제공되는 경우에 효과가 있다.

모든 기능(마케팅이나 제조 등)은 제품본부에 있다. 각 부문은 공통된 제품을 대상으로 활동하기 때문에 각 부문에서 조정하기 쉽다. 또한 개별 시장의 니즈에 맞추어 제품을 조정할 경우라도 유연하게 대응할 수 있다. 이 때문에 글로벌 제품에 표준화하는 요소와 현지에서 조정하는 요소를 명확히 구별할 수 있다. 표준화할 수 있는 요소를 명확히 할 수 있으면 규모의 경제를 추구할 수 있고 노동 및 원료의 조정

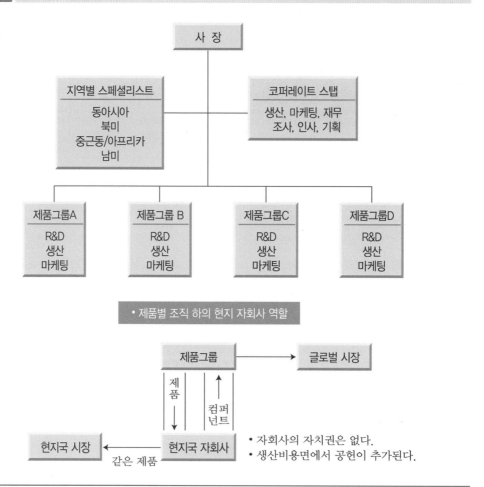

그림 9.6 글로벌 제품별 조직

에 따른 비용 등의 차이를 고려하는 활동거점의 선정에도 도움이 된다.

(2) 제품별 조직의 단점

제품별 조직의 최대 문제는 국내경험만을 가진 경영간부에게 세계적인 권한을 주기 쉽다는 점이다. 국제업무의 경험과 능력을 갖지 않은 경영간부가 제품 지식이 있다는 이유만으로 선발될 수 있다. 또한, 제품본부가 모든 기능을 갖기 때문에 제품본부 간에 경영자원이 중복되어 경영효율이 저하되는 문제가 있다.

더욱이 동일 기업 내 타제품과 조정이 필요한 것도 과제이다. 예컨대, 제품본부 A는 제품 A를 제조하기 위해서 유럽회사에 라이선스를 주고 싶다고 한다. 한편, 제

표 9.1	글로벌 제품별 조직과 지역별 조직의 비교	
구 분	글로벌 제품별 조직	글로벌 지역별/국별 조직
시장의 취급방법	글로벌	지역/국단위
자회사의 평가	비용 중심	이익 중심
자회사의 역할	전략의 구체화	전략의 입안과 구체화
자회사의 독자성	낮음	높음

품본부 B의 유럽공장은 능력 이하의 조업을 하고 있어 적자를 메우기 위한 추가 제조를 원한다.

기업 전체를 통괄하는 간부가 현지에 없는 한, 제품본부 A와 B는 서로 필요로 하는 사태를 파악하지 못하고 제품본부 A는 유럽공장에 라이선스를 주고 불필요한 비용을 계상할지도 모르며, 또한 제품본부 B는 적자계상을 계속할 수 있다. 기업 전체로 보면 A, B 두 본부 모두가 마이너스 활동을 하는 결과가 된다.

(3) 해외 자회사의 역할

글로벌 제품조직의 해외 자회사는 국제사업본부 조직과 같은 결재권을 갖지 않는다. 즉 해외 자회사는 제품별 조직의 일부일 뿐 전략적 역할은 수행하지 않는다. 해외 자회사가 생산을 담당할 경우 단일 부품의 생산에 특화하여 전사적으로 공급한다. 따라서 무엇을 생산할 것인가를 계획하거나 제품사양을 정하는 것은 생산을 담당하는 자회사가 아니다. 그것은 자회사가 설치되어 있는 현지국 시장의 공급거점이 아니기 때문이다.

해외 자회사는 본사의 관리 하에서 어떻게 비용절감을 추구할 것인가가 성과의 평가대상이 된다. 따라서 본사의 제품본부와 밀접한 협조가 불가피하다. 그러므로 본사의 기술담당간부를 2~3년 단위로 해외 자회사에 파견하는 등의 대책이 필요하다.

2.6 글로벌 매트릭스 조직

지역별 조직구성은 기업 전체에서 차지하는 글로벌 시장의 매출비율이 높은 경우나 현지 자치권의 요구가 높은 경우에 적합하다. 한편, 제품별 조직은 기업이 생산하는 제품의 수가 증가하고 글로벌화의 요구가 높은 경우에 적합하다.

지역별과 제품별 조직에는 각기 장점과 단점이 있다는 것은 이미 살펴보았다. 양자의 장점을 살리고 단점을 보완하는 조직 구성이 매트릭스(matrix) 조직이다.

매트릭스 조직은 기능, 상품, 지역, 시장, 고객, 채널 등을 복수로 조합한 조직이다. 조합되는 요소별 균형을 고려했기 때문에 수학적으로 다차원 공간에서 최적화를 추구하는 것이다.[1] 예를 들면 제품별과 조직별로 조직을 나누어 매트릭스형으로 만든 조합이다. 각 부문은 두 조직에 속하고 각기 책임자에 보고한다.

매트릭스 조직은 환경변화에 대응하기 쉬운 유연성을 갖고 있다. 특히, 글로벌하게 사업을 전개하고 있는 기업은 기능별, 제품별, 지역별조직을 매트릭스로 나눈 고도의 조직 형태가 적합하다. 그 이유는 다음과 같다.

① 경제, 문화, 정치, 경제 조건 등을 지리적·국별로 취급할 수 있다.
② 제품별로 세계 속의 시장에 책임을 진 제품의 담당매니저가 있어 제품 지식이 충분하다.
③ 마케팅, 재무, 제조 등 기능분야의 활동이 살아난다.
④ 고객·산업의 니즈, 산업·시장의 라이프 사이클 차이를 파악하기 쉽다.

국가단위나 제품단위 수입 최대화가 아니라 기업 전체로서 글로벌화 이점을 추구하는 것이 이 조직의 목적이다. 따라서 매트릭스 조직을 성공으로 이끄는 열쇠는 경영간부가 조직의 이해관계가 아닌 기업 전체의 수익을 추구하는 데 있다. 또한 문제 해결은 수준이 낮은 경영층에서 처리해야만 한다. 그렇지 않으면 같은 문제가 많은 부문에 보고되어 처리해야 하기 때문이다. 따라서 상사의 권한에 의존하지 않는 자유로운 기업문화(corporate culture)가 필요하다.

매트릭스 조직의 단점은 복수 경영간부가 동일 문제를 검토하기 때문에 이해가 대립하기 쉽다는 것이다. 이해가 대립한 경우 해결책을 정하지 않는다면 조직의 장점을 잃어버린다. 또한 많은 구성원들은 복수의 상사에게 보고 의무가 있어 복잡하다.

매트릭스조직의 복잡성과 명령체계의 혼란으로 인하여 다우케미컬이나 ABB와 같은 많은 글로벌기업들이 제품별조직이나 지역별조직으로 되돌아가는 경향이 있다. 한편, 최근에는 ICT인프라의 급속한 발달, 해외사업에 대한 몰입의 증가, 지역경제통합 현상의 강화 등과 같은 환경변화로 제품별조직보다는 지역별조직으로 전환이 바람직하다는 의견이 많이 제시되고 있다.

매트릭스 조직은 제품별 조직에 의해서 효율성을 추구하고, 지역별 조직에 의해

| 그림 9.7 | 글로벌 매트릭스조직 |

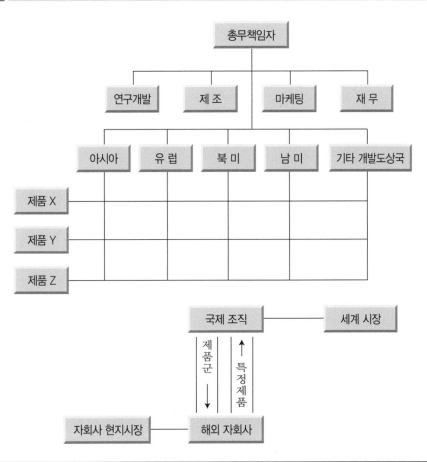

서 현지 시장환경에 맞추고, 조직 전체가 기업의 목적을 최대한으로 추구할 수 있도록 설계되어 있다.

　매트릭스 조직 하의 해외 자회사는 제품을 제조하는 경우 단순한 생산공장으로서가 아니라 글로벌 시장을 대상으로 한 제품본부의 기능을 갖는다. 따라서 해외 자회사의 총 책임자는 모회사의 경영간부와 동등한 입장에서 의견을 교환할 수 있는 강력한 권한을 갖는다.

2.7 네트워크 조직[2]

최근 새로운 경영조직으로서 네트워크(network)조직이 출현하고 있으며, 그 배경으로는 최근의 정보통신기술의 비약적인 발전에 의해 중심 기업을 주축으로 고객, 구매처, 비즈니스 파트너 간의 시간과 거리가 대폭적으로 단축되었다는 점을 지적할 수 있다.[3]

네트워크조직의 주요 특징은 다음과 같다.

첫째, 고객, 구매업자, 판매업자, 비즈니스파트너 사이가 전자통신망에 의해 연결되어 조직과 조직 외부 사이의 경계영역이 불투명하게 된다.

둘째, 조직, 인재, 기술, 업무처리, 학습과 업무 등의 문제를 통합할 중요성이 높다.

셋째, 여러 가지 능력을 가진 사람, 여러 장소에 살고 있는 사람, 다국적 프로젝트팀, 태스크 포스(task force) 등을 공동으로 추진할 수 있다.

넷째, 중심기업에 의해 네트워크 목표가 명확하게 되어 네트워크의 유연성, 대응성이 유지된다.

네트워크조직은 중심기업이 글로벌 시점에서 외부조직, 개인과 계약을 맺고 공통의 목표를 달성하기 위해 글로벌 비즈니스를 전개한다. 따라서 중심기업 기능은 중추기능(본사중추기능)에만 한정되어, 외주 가능한 기능은 외부에 발주하고 외부

그림 9.8 네트워크조직

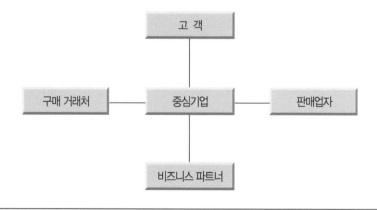

인재, 설비, 기술을 최대한으로 활용한다. 소위 아웃소싱인 것이다. 중심이 되는 중추기업, 즉 기업내부조직에서 말하면 본사에 해당하는 중심기업은 기본 전략의 책정이나 계약을 체결한 외부조직에 대한 지원·조정·연락업무에 전념한다. 다시 말하면 중심기업에 유능한 인재가 있다면 그 다음은 외부의 손발을 활용하는 것이다. 군살이 없고 또한 유연성을 가진 탄력적 조직이라고 할 수 있다. 뒤에 다루게 될 가상조직과의 가장 큰 차이점은 각각의 솔루션(solution)이 온라인에 연결된다는 점이다. 그러나 가상조직은 각각의 솔루션은 존재하지 않고 중심기업의 솔루션에 연결되어 있다.

2.8 가상 조직=중심기업 솔루션

네트워크조직이 진화한 조직으로 가상(virtual) 조직이 있다.[4] 가상조직은 국내외를 불문하고 외주계약을 체결한 외부조직을 컴퓨터 네트워크에 의해 중심기업의 글로벌시스템 내에 포함시킨다. 독립된 외부조직이지만 시스템 전체에서 살펴보면 시스템의 한 부분을 형성한다. 조직은 별도이지만 일단 글로벌 컴퓨터 네트워크시스템에 들어가게 되면, 기능적으로 시스템의 일원이 되어 문자 그대로 가상조직의 가상부문이 된다. 물리적으로 같은 장소에서 일할 필요도 없고 얼굴을 맞댈 일도 없다.

정보네트워크를 사용하여 컴퓨터정보공간(cyber space) 안에서 시스템·소프트웨어의 지시에 따라 활동하기만 하면 통합시스템이 가동하여 기업활동이 전개된다. 따라서 이 조직도 네트워크조직과 마찬가지로 중심이 되는 중추기능만이 내부조직이 되며 손과 발은 외부조직이 된다. 단 기본적인 차이는 단순히 외주하는 것이 아니라, 외부조직을 내부조직으로 끌어들여 자사(중심기업)의 시스템 안에서 가동되는 점이다(예: CISCO, Dell). 즉 타사의 제조설비를 자사의 소프트웨어로 움직이는 것이다. 자사에 필요한 것은 소프트웨어이며 그것은 자사 고유의 것이다.

따라서 중심기업은 수족을 가지지 않고 머리만으로 활동함으로써 외부환경의 변화탐지, 적응 등 중추조직 본래의 생존전략에 전념할 수 있다. 조직에 필요한 것은 브레인워크(brain work)이며, 이것은 최고경영자의 경영능력이다. 경영정보를 필요한 때에 퍼스널 컴퓨터를 통해 직접 입수 가능하므로, 정보수집력도 최고경영자의 개인적인 자질에 의존한다. 경영자가 평범해도 우수한 스텝에 의해서 지탱되어 왔던 종래의 패턴이 통용되지 않는 시대이다. 개인의 지식에 의존하는 인텔리전트시

| 그림 9.9 | 가상조직 |

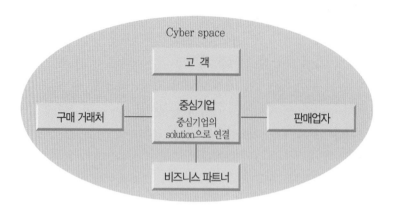

대의 도래이다. 지금 폭발적인 발전을 거듭하고 있는 인터넷을 이용한 글로벌시스템의 전개는 다가오는 21세기를 맞이하는 기업조직의 태동으로 간주할 수 있다.

2.9 기업조직 구조의 변혁과 새로운 패러다임

다음 3가지의 전통적인 '조직구조 모델'은 적절한 시기에 각 모델을 채택한 기업이 경쟁우위를 확보하는 데 효과적으로 작용하였다. 즉 각 구조모델의 장점을 적절한 환경요인에 매치시킴으로써 그 우위성이 확보가 가능하게 되었다.

(1) 멀티내셔널(Multinational) 조직구조 모델 – 권한 분산의 유럽형

제1차 세계대전 후 제품 및 서비스에 대한 수요는 계속 변화하는 환경요인의 영향을 받아 격심하게 변화했다. 세계적인 비즈니스 기업은 수입관세 상승, 커뮤니케이션 장벽, 각국 간의 수속상 문제를 경험했다. 각국 고객 기호의 차, 각국별 법적 규제의 차가 너무나 컸기 때문에 기업도 각국별로 생산과 권한 분산이라는 선택을 하게 되었다. 이 시기에 국경을 넘어서 시장을 확대한 기업은 독립적이고 자기 충족적인 해외지사를 만드는 데 노력했다.

(2) 인터내셔널(International) 조직구조 모델 – 양극분화의 미국형

제2차 세계대전 후 30년 동안 환경요인이 또다시 크게 변화했다. 2차대전으로 유럽과 일본의 제조시설은 커다란 타격을 입었다. 이에 비해 미국은 기술과 노하우뿐 아니라 경제적인 가격의 제품을 대량 생산할 수 있는 공장을 보유하고 있었다.

관세장벽의 인하, 커뮤니케이션과 수송비용의 절감이 서서히 실현되었다. 또한 미국 이외의 시장에서 수요도 증가하고 그 결과 불안전하면서도 일단 독립을 구비한 지사(支社) 또는 각 지사 간, 더 나아가 본사의 사업 부문 사이에서 지식과 학습을 부분으로 주고받는 해외지사가 설립되었다. 이 같은 기업은 강력한 본국 사업부문과 국제 사업부문 모두를 보유하고 있다.

(3) 글로벌(Global) 조직구조 모델 – 중앙집권의 일본형

지난 25년간 중앙집권형의 장점을 지원하는 방향에서 몇 가지 환경요인에 변화가 생겼다. 예컨대 관세인하, 수송비용저감, 효율적 제품생산 공정 개발 등의 변화이다. 기업은 글로벌 규모의 경제를 위해 중앙집권적인 전략형성과 제조방향으로 향하기 시작했다. 그 결과 각국별로 제품을 판매, 수송하고 세계 전체를 총괄하는 본사로부터 지시 및 명령 실행을 주된 임무로 하는 해외 자회사가 다수 설립되었다.

(4) 실천단계에서 생기는 모순

조직구조모델(멀티내셔널, 인터내셔널, 글로벌 여하를 불문하고)은 모두 주요한 비즈니스 과정이 실제로 운영될 때 기초로서 생겨났다. 이런 공식(formal) 기업조직구조는 성공을 위한 프레임워크 기능을 담당해야 하며, 정보 및 의사결정 흐름을 제약하고 저해해서는 안 된다.

반대로, 기업의 중요한 능력, 경쟁상의 우위성, 글로벌전략의 비전을 실현해 나감에 추진수단이 되어야 한다.

(5) 오늘날의 시장환경

오늘날 시장환경은 3가지의 전통적인 조직구조모델이 결정되었던 때에 존재했었다. 모든 시장환경은 서로 다르기 때문에, 전통적인 모델 모두를 가지고 글로벌 통합 각국별 구별화, 세계규모의 이노베이션이 3가지 니즈를 동시에 만족하더라도, 오늘날 시장의 요구를 모두 만족시킨다는 것은 불가능하다.

전통적인 멀티내셔널, 인터내셔널, 글로벌 조직구조모델은 오늘의 경제 환경에 존재하는 도전에 직면해 각기 장·단점이 있다. 따라서 오늘날 이 세 가지 조직유형 중에서 하나만을 선택하여 경영을 계속하는 기업은 극히 불리한 입장에서 사업을 하게 된다.

반대로 패러다임 쉬프트를 지향하고, 자사의 공식조직구조에 존재하는 의사결정과 지식이전 흐름과정에 수반되는 단점을 극복함으로써 글로벌 전략 비전 실현에 노력하는 기업이야말로 미래에 성공하는 기업이다.

3 글로벌기업의 인적자원관리[5]

글로벌경영을 성공적으로 이끄는 중요한 요인 중 하나는 글로벌기업 경영간부의 질적 우열이다. 글로벌 비즈니스문제는 결국 사람에 의해서 발생하기 때문에 사람이 해결해야만 한다. 따라서 인적자원을 적재적소에 배치하는 것이 기업 발전에 열쇠가 된다.

3.1 이문화(異文化)를 이해할 수 있는 간부

글로벌 비즈니스활동은 인적자원 관리에 독특한 문제를 많이 제공한다. 그 중에서도 기본적인 것은 모국 고유의 문화에서 성장해 경험을 쌓은 경영간부가 다른 문화를 가진 나라에서 경영간부로서 업무를 수행해야만 하는 것이다.

해외 자회사 경영간부에게는 모국과 현지국 두 가지 문화의 경계적, 중계적 역할이 요구되는 한편, 자회사 내의 부하나 고객에 대해서는 기업의 대표자로서 또는 본사를 대표하는 역할을 수행해야 한다. 본국 본사 측면에서 현지 자회사 경영간부는 비록 본사로부터 파견된 사원이든 현지에서 채용한 직원이든지 간에 자회사에 속한 현지 기업의 경영 간부이다. 따라서 자회사 경영간부는 현지 문화나 언어를 몸에 익힐 필요가 있다. 또한 현지에서 도입된 신기술이나 고유의 상관습에 수반되는 다양한 사정을 이해해야 한다. 아울러 현지국적이든 본사에서 파견되든 관계없이 현지 경영간부는 두 문화 사이에서 업무를 수행해야 한다.

본사나 지역본부 경영간부는 복수 문화와 관련된 역할을 수행한다. 이러한 경영간부는 다른 문화적 배경을 가진 현지 경영간부와 공동으로 여러 문화환경 하에서 사업을 통합하고 조정해 나가야 한다. 현지 경영간부는 현지국 이해관계를 기반으로 영업을 전개하기 쉽지만 본사나 지역본부의 경영간부는 이러한 문제도 적절히 조정해야 한다.

이문화 지역으로 사원을 파견할 때 발생하는 문제도 처리해야 한다. 본사가 파견한 사원은 현지인과 국적이 다르다. 따라서 현지국에 적합한 인재를 선발할 필요가 있으며, 이들의 처우도 고려하여야 한다.

3.2 글로벌 매니저의 채용 · 육성계획

기업 경영간부의 질적 우열은 글로벌 비즈니스를 성공시키기 위해 가장 중요한 것이며 또한 유일한 결정요인이다. 따라서 경영간부의 질을 높이기 위해서 인재의 채용이나 인재육성에 세심한 계획이 필요하다. 즉 글로벌 업무에 필요한 경영간부를 육성 · 제공하기 위해서 인적자원 전략을 갖지 않으면 전사적인 전략을 당초 계획대로 추진할 수 없게 된다. 글로벌 기업이 필요로 하는 인재는 국내 업무에 요구되는 인재와 크게 다르다. 이문화를 받아들이는 유연성이나 가족의 해외생활에 대한 적응성 등이 중요시된다. 그 때문에 기업은 채용시에 해외경험의 유무를 중요하게 여긴다. 또한 사업환경 변화에 맞추어 필요한 자질을 스스로 학습해 나가는지 체크한다.

업무상의 문제 이외에 해외에 파견되는 경영간부나 그 가족은 환경의 차이에 좌우된다. 이것은 업무상 관습의 차이 이상으로 영향이 크다. 가족이 현지어를 말할 수 없는 경우에는 사교적인 행동 범위가 극도로 제한된다. 현지 업무 또는 사교상 알게 된 가족과 친밀한 관계를 맺기 위해서는 언어의 장애를 극복해야만 한다. 개발도상국에는 몇 명의 가사일을 돌보는 사람을 고용하고 부인이 가사로부터 해방되어 대단히 자유스러운 시간을 갖는 경우도 많다. 해외파견 · 근무에 수반되는 경영간부의 만족도는 가족의 해외 생활이 잘 이루어지는가에 크게 영향을 미치기도 한다.

3.3 다양한 문화를 관리하는 능력

글로벌 비즈니스는 문화이해와 문화차이가 경영이나 상관습에 주는 영향을 이해하는 것이 필요하다. 문화적 배경이 다른 시장을 보는 방법이나 사고방식이 상이한 경우가 많다. 이 때문에 국적이 다른 사원과 업무를 하는 경우 의견대립이 생길 가능성이 있어 전략 및 계획을 수행하는 데 저해요인이 된다.

문화차이는 타인의 문화가 그 사람의 행동에 어떠한 영향을 주고 있는가, 자신의 문화가 자신의 행동에 어떠한 영향을 주고 있는가 등을 이해할 필요가 있다. 자기가 어떻게 다른가에 대한 이해 없이 타인이 어떻게 자기와 차이가 있는가를 논하는 것은 실익이 없다.

최근 글로벌경영활동이 확대됨에 따라 다양한 문화를 관리할 수 있는 능력, 즉 다양성관리 능력을 배양하고자 하는 노력이 많이 이루어지고 있다. IBM과 Motorola의 경우에는 다양한 문화와 인적자원을 관리하기 위한 전담조직 및 관리자를 두고 있다. IBM은 1995년경부터 다양한 배경을 갖춘 고참관리자를 15~20명씩 선발해 8개의 태스크포스팀을 만들었다. 이를 통해 다양성을 존중하는 기업의 가치를 구성원들에게 전파하고, 다양한 인력이 일하기 좋은 환경을 조성하고 있다. 한편, Motorola는 미국 본사에 다양성 관리 담당 중역을 두고 있는 것으로 유명하다. Johnson & Johnson은 다양성대학(Diversity University)이라는 사이버대학을 설립하여 글로벌 및 이문화 이슈 감수성과 이해력을 높이는 교육을 하고 있다.

미국 코카콜라는 세계에서 가장 잘 알려진 브랜드이며 전 세계를 대상으로 사업을 전개하고 있다. 이 회사는 개개인을 다음과 같은 점을 이해하려고 노력하고 있다.

- 코카콜라사의 기업문화(corporate culture)
- 코카콜라 브랜드문화(culture of brand)
- 코카콜라 브랜드가 대상이 되는 고객의 문화(culture of the people to whom they market the brand)

코카콜라의 청량음료 제품은 세계 200여 개국에 판매되고 있고, 'Coke'는 세계에서 가장 강력하게 인지된 브랜드이다. 이러한 글로벌 포지션은 공통된 기업문화의 이해, 현지시장의 마케팅 활동중시, 세계 공통 브랜드로 표준화된 음료제품을 선호하는 고객의 만족도를 높이고 싶다는 사원 한 사람 한 사람의 의지(willingness)와 그 능력(ability)에 의존하고 있다.

즉, 코카콜라는 글로벌하게 생각(think globally)하고, 현지고객 니즈에 맞추는(act locally) 능력을 경쟁우위의 기본으로 하고 있다.[6]

(1) 글로벌 매니저에 필요한 능력

글로벌 사업의 경영간부인 글로벌 매니저는 기업내 문화차이와 시장 문화환경의 차이의 쌍방을 이해하는 능력이 필요하다. 해외 자회사와의 커뮤니케이션은 본사 문화가 어떻게 자회사에 영향을 주고 있는지를 이해하는 동시에 본사의 결정이나 처리방법이 현지 자회사에 반드시 적합하지 않다는 것을 이해할 필요가 있다.

(2) 글로벌 기업의 인재 채용과 배치

인재의 채용·배치는 일반적으로 다음과 같은 방법들이 있다.

① 모국을 중심으로 한다: 세계 속의 중요 포스트를 모국 경영간부가 담당한다. 급여도 현지국 간부보다 우대한다.
② 현지국을 중심으로 한다: 문화적 차이를 배려하고 현지문화는 현지에서 자란 사람이 아니면 이해하기 어렵다는 사고방식에 기초를 둔다. 이 때문에 현지 자회사의 경영은 가능한 현지인에게 맡긴다.
③ 지역 단위로 취급한다: EU나 USMAC(이전 NAFTA) 등 지역 단위로 인재를 채용·등용한다. 경제통합 메리트를 살린다.
④ 세계를 단일시장으로 한다: 글로벌하게 인적자원을 배치함으로써 조직 전체의 효율을 높인다.

(3) 다국적 인재 관리에 필요한 요소

다양한 문화를 가진 인재관리에는 다음과 같은 점을 인식하는 것이 중요하다.

① 본사의 관리방법은 모국의 문화가치나 상관습에 영향을 받고 있다.
② 해외 자회사는 본사와 다른 인재관리 수법이 있는 경우 본사관리 방법보다 효율적일 수도 있다.
③ 문화차이를 인정한다는 것은 인재관리를 보다 창조적이며 효율적으로 행할 가능성이 높다.
④ 문화차이를 인정하고 좋은 부분은 적극적으로 살린다.

3.4 글로벌 매니저의 채용·육성 정책

해외 자회사의 현지사원은 본사와의 커뮤니케이션이나 업무처리에서 상호 문화나 가치관의 차이 때문에 끊임없이 고민하고 있다. 반대로 본사의 모국사원은 수많은 다른 외국문화와 접촉하는 방법에 있어 문제를 안고 있다.

커뮤니케이션 상 문제의 주원인은 다음과 같다.

① 글로벌 업무를 담당하는 본사 간부의 다국적 업무 경험이 부족하다.
② 다국적기업의 본사임원에 국제 업무 경험을 가진 경영간부 수가 적다.

글로벌화를 진행하는 기업은 그 발전단계에 맞추어 현지 자회사의 인사정책을 바꾼다. 초기단계에는 모국 사원을 간부로 파견한다. 업무가 광대해짐에 따라 현지 국적의 간부를 채용하지만 본사에 어떻게 영입할 것인가의 문제도 생긴다. 또한 업무가 확대됨에 따라 본사의 사업방식을 현지 자회사에도 채택하려는 경향이 강해져 현지 자회사와의 마찰을 야기하기 쉽다.

(1) 해외 자회사 근무를 경험케 한다

본사 사업방식과 현지 자회사 사업방식에서 오는 마찰을 해결하는 방법으로는 주요한 경영간부의 교체요원을 양성하는 것과 인재개발계획의 일환으로서 경영간부 후보가 적어도 2년 정도 해외 자회사에서 근무하는 것이다.

본사에서 경영간부로 승진하는 길을 닦기 위해 본사 경영간부에게 현지근무의 기회를 부여하고 또한 현지 자회사에 근무하는 현지인도 본사 경영간부와 접촉할 수 있는 기회를 준다. 모국에서 교육받은 현지인을 현지 자회사에 채용하는 것도 하나의 해결책이다.

글로벌 경영간부의 바람직한 국적 구성은 다음과 같은 점을 어떻게 평가하느냐에 따라서 크게 달라진다.

① 기업의 주요 사업내용이나 그 사업이 글로벌하게 취급되는 시장의 전략
② 현지인 채용을 지지하는 인사관리 및 정책
③ 정책상 결점을 보완하는 데 드는 비용을 고려한 대체 정책 비용

국적별 인사관리 및 정책으로 해외 자회사는 현지인, 본사는 모국인, 지역본부는 외국인과 모국인 경영간부를 혼합하는 등의 정책을 채택하는 다국적기업도 있다. 이러한 정책은 기업의 사업 종류나 제품 전략에 따라 달라진다.

(2) 장기적인 인재의 채용 · 육성

글로벌화를 목표로 다국적화를 진행하는 기업은 장기계획 하에 경영간부의 채용 · 육성 프로그램을 운영해야 한다. 또한 이러한 프로그램은 기업의 글로벌 전략이나 사업계획을 고려해야 한다. 왜냐하면 모든 경영간부의 경험이나 미래에 대한 전망을 글로벌화 하는 방향으로 끊임없이 추진할 필요가 있기 때문이다.

글로벌경영간부(global manager)의 자질이나 능력을 가진 사원은 가능한 한 빨리 그것을 찾아내고, 이문화 근무경험을 쌓아서 지역본부나 본사 중견간부로서 대우를 받도록 해야 한다.

글로벌 매니저 육성은 다음과 같은 능력을 계속적으로 발달시키는 것이다.

① "글로벌하게 생각하고 로컬로 행동한다"는 전략을 이해하고 구체화하는 능력
② 변화와 과도기(transition)를 관리하는 능력
③ 이문화를 이해하고 이문화의 영향에 유연하게 대응하는 능력
④ 이문화에서 다른 나라의 사원과 일하고 공동작업이 가능한 능력
⑤ 2개 국어 이상에 정통하고 활발한 의사소통을 할 수 있는 능력

3.5 이(異)국적 경영간부에 관한 정책

글로벌 전략을 실시하는 경우 기업은 글로벌경영간부의 채용 · 육성에는 다음의 세 가지 기본적인 정책이 있다.

① 세계 어느 곳이라도 경영상의 중요 포스트는 본사에서 직접 인재를 파견한다.
② 해외 자회사의 관리직은 현지 사원으로 충당하고 본사의 관리직에는 본사 국적사원을 활용한다.
③ 글로벌 기업의 주요 포스트에는 그 포스트 소재국이나 사원 국적에 관계없이 적절한 인재를 채용 · 육성하고 경영관리를 맡긴다.

가장 효과적인 정책은 셋째의 글로벌한 인재채용 · 육성이다. 적합한 인재를 국적이나 거주장소에 관계없이 선발하는 정책은 글로벌 비즈니스를 전개하는 기업의 강점을 살리는 것이다. 글로벌 기업은 인적자원, 재무자원, 기술 등을 세계의 최적 시장으로부터 조달 · 활용할 수 있다. 그렇다 하더라도 현지인이 아닌 경영간부를

현지 경영에 참여시키면 현지국에 잘 동화되지 않아 사업이 잘 되지 않을 것이다. 그러나 현지국의 사정만을 우선적으로 처리할 가능성이 높은 현지법인을 통제하면서 글로벌 기업의 이점을 추구하기 위해서는 이 방법이 최적이다.

한국기업 대부분은 글로벌한 인재육성의 중요성을 인정하고 있다. 그러나 적극적으로 글로벌경영간부를 육성하고 있는 기업은 많지 않다. 그 이유는 다음과 같은 점 때문이다.

① 인재육성에 시간이 걸린다.
② 교육 프로그램에 거액의 투자가 필요하다.
③ 관리나 승진을 글로벌 비즈니스 경험을 가진 특정 간부에 집중시키지 않으면 안 되는 한국적인 인사정책과 정합성을 이루기 어렵다.

그러나 글로벌 경쟁이 보다 격심해지면 본사도 이러한 사정을 고려해야만 한다.

(1) 현지 국적인의 간부 채용

해외 자회사 관리에 현지인을 채용하는 것은 여러 가지 장점이 있다.

① 언어의 장애, 비용이 드는 교육훈련, 본인 및 가족의 타국문화 적응 등의 문제를 고려하지 않아도 된다. 또한 외국기업 이미지를 약하게 할 수 있다.
② 개발도상국에서는 현지기업과 같이 낮은 급여수준에서 근로자를 채용할 수 있고 또한 현지 고용에도 공헌할 수 있다.
③ 현지 사원의 고용·승진이 현지 자회사에 한정되기 때문에 경영관리가 쉽다.

한편으로 현지국적인 채용에는 다음과 같은 단점이 있다.

① 현지 환경에는 충분히 적응할 수 있지만 기업 전사적인 전략을 생각하는 모회사와 현지 자회사 간의 격차를 메우기 어렵다.
② 교육, 비즈니스상의 경험, 문화면의 환경측면에서 글로벌 기업의 일원으로서 일하는 것에 어울리는 인재를 채용하기 어렵다.
③ 글로벌 시장에서 사업전개의 기초가 되는 모회사의 경영 수법, 제조, 기술 등에 대한 지식이 부족한 경우가 있다.

(2) 본사 경영간부의 해외 거점 배치

글로벌화 초기단계에는 모국 경영간부를 해외 거점에 파견하는 이점은 크다. 이 단계에서는 모국에서 축적한 기술이나 경험을 글로벌하게 이전할 필요가 있으며, 그러한 지식·경험을 겸비한 경영간부를 배치할 필요가 있다. 그러나 현지 국적인의 승진을 방해하거나 인건비 등을 포함한 비용 문제가 발생한다. 또한 모회사 경영 스타일이나 모국 문화가 해외거점경영에 적지 않은 영향을 준다.

(3) 혼합정책

현지 자회사에 현지 국적 간부와 본사 국적 간부를 채용하는 등 혼합정책도 있다. 예를 들면 소비재와 같이 지역에 관한 지식이 요구되는 업무에는 모국 간부의 해외 거점 배치는 최소한으로 억제할 필요가 있다. 반대로 제품·기술에 관한 지식이 필요한 경우에는 모국 간부를 배치시킴으로써 본사와 신속한 커뮤니케이션을 꾀할 수 있다.

4 글로벌 리더십[7]

리더십(leadership)이란 장래에 대한 비전(vision)을 수립하고 비전을 실현할 수 있게 하는 전략을 개발하는 것이다. 글로벌 리더는 비전과 전략을 이해하고 변혁을 창출하는 사원 모두의 노력과 창조성을 통합하여 경영자원을 적합하게 활용하고 조직을 이끌어 나가는 역할이 요구된다. 또한 글로벌 비전(global-vision)과 현지국 니즈(local needs)에 대한 민감성(sensitivity)이 요구된다.

리더가 해야 할 계획입안, 조직화, 스태핑, 통제 등의 용어들은 다음과 같이 정의하고자 한다. 계획의 입안(planning)이란 기업이 무엇을 할 것이며, 어떻게 하면 가장 좋은 결과를 얻을 것인가를 결정하는 것이다. 조직화(organizing)란 경영자원의 최적배치와 조직 전체의 목표를 어떻게 달성해 나갈 것인가를 결정하는 것이다. 스태핑(staffing)이란 인적자원(인재)의 네트워크를 개발하는 것이다. 통제와 문제해결(controlling and problem solving)이란 성과와 계획을 감시하는 것으로 성과와 계획이 불일치하는 경우 다시 계획하고, 계획을 능가하는 성과를 이루는 것이다.

효과적인 리더십이란 특정 목표에 따라 사원들에게 동기부여를 어떻게 할 것인지를 결정하는 과정이다. 일을 통해서 사원의 만족도를 높이고 명확한 동기부여를 갖게 할 필요가 있다.

4.1 경영간부의 관리 유형

일반적으로 경영간부의 기본적인 관리 스타일에는 다음의 세 가지가 있다. 어느 스타일을 선택하느냐에 따라서 사원은 전혀 다른 반응을 보인다. 환경조건의 차에 대응해서 적절한 선택과 조합이 필요하다.

① 독재적 스타일(autocratic style): 지시서를 주고 질문 없이 지시서에 따르도록 하는 수단으로, 시간과 벌이는 경쟁이 강요되고 있는 사업환경 하에서 프로젝트 유효성을 테스트하는 경우에 적합하다.
② 민주적 스타일(democratic style): 결정을 내리기 전에 부하의 의견을 듣지만 최종 결정권은 유보하는 유형이다. 예를 들면 기술그룹 매니저가 타 그룹 구성원에게 취직희망자에 대한 인터뷰를 통해 의견을 구하지만 채용 여부 결정은 매니저가 한다.
③ 프리레인 스타일(free-rein style): 결정권을 가진 부하의 어드바이저 역할을 수행하는 유형이다. 의사결정에 폭넓은 사원의 의견을 반영하는 것을 강조하는 수단으로서 사원이 무엇을 어떻게 해야 할 것인가의 결정이 필요한 직장환경에서 효과적이다.

스타일이 어떻든 간에 리더가 리드하려고 하는 수단에 따라서 리더십 스타일 효과는 부하가 리더의 결정에 어디까지 동의할 것인지 또는 어디까지 창조성을 발휘할 수 있을 것인지에 크게 좌우된다.

4.2 글로벌 리더의 역할과 능력

글로벌 기업의 리더십에 필요한 것은 기업 성장으로 이어지는 사업기회를 글로벌 시장에서 구하고, 자사의 핵심역량(core competencies)을 활용하는 능력이다. 핵심 경영자원은 다음 기준에 의해 정의될 수 있다.

① 글로벌 시장을 대상으로 한 각종 시장에 진입할 수 있는 잠재성을 갖는 것
② 경쟁기업 진출을 어렵게 하는 강점

③ 경쟁기업에 비해 고객 편익을 높이는 것

글로벌 리더에게 요구되는 역할은 핵심 경영자원을 창출하는 것이며, 경영자원을 효율적으로 글로벌하게 통합하고 또한 현지국 니즈에 유연하게 대처하는 것이다.

4.3 글로벌 경영 능력

글로벌 기업은 항상 글로벌화(표준화)와 로컬화(현지화)의 균형을 취할 필요에 직면한다. 글로벌 시장에서 활약하는 경영간부는 현지시장 환경에 민감하게 적응하는 능력, 기업의 글로벌 전략을 이해하고 구체화하는 능력, 그리고 현지 자회사 경영간부들과 커뮤니케이션하는 능력이 필요하다.

글로벌 표준화를 추구해야 하는 제품이 있고, 현지 고객 니즈에 우선적으로 맞추어야 하는 제품도 있다. 글로벌화(표준화)에 의해서 효율을 추구할 것인지 현지 고객에게 맞춘 현지화를 할 것인지 문제는 항상 글로벌 기업을 따라 다닌다.

예를 들면, 미국의 맥도널드(Mcdonald)는 세계적으로 표준화한 점포나 메뉴를 채택하는 한편, 독일점에서는 맥주를 판매하고, 홍콩에서는 트로피컬 쉐이크(tropical shakes)를 판매하는 등 현지에 맞춘 로컬화도 채택하고 있다(glocalization).

현지고객기호를 맞추기 위해 현지 경영간부에게 결정권을 이양할 필요가 있다. 이때 현지 경영간부는 "Thinking Globally, Acting Locally"을 실행해야만 한다. 현지의 경영간부가 로컬화에 열심인 나머지 기업 전체의 글로벌화 전략을 무시하면 본사의 간부와 의견충돌이 발생할 수 있다.

글로벌화와 현지화균형 유지를 위해 끊임없이 경영자원, 기술, 마케팅, 유통채널을 변경할 필요가 있다. 기술혁신에 수반되는 제품 라이프 사이클 단축화 경향이나, 어떻게 제조하고 어떻게 고객에게 제품을 전달하느냐 등의 기업활동은 시시각각으로 변하며 경쟁환경 변화는 가속되고 있다. 끊임없이 변동하는 경쟁조건을 관리하는 것은 쉽지 않다. 따라서 제품의 표준화를 시작하려는 여러 기업 활동을 전사적 수준으로 통일해 나가는 노력이 필요하다.

(1) 유연한 조직 능력

글로벌한 사업환경의 복잡함이나 환경조건을 생각하면 가장 적합한 기업조직을 구성해 나가는 것이 얼마나 어려운가를 쉽게 알 수 있다. 글로벌 기업 경영간부는 조직 설계시 창조성을 발휘해야 한다. 조직범위를 한정하는 것은 반대로 급변하는 사업환경에 대응하는 데 장애가 될 가능성이 높다. 또한 개개의 경영간부에게 글로벌 경영을 성공적으로 이끄는 경영관리 능력을 몸에 익히는 것도 어렵다.

그러나 기업은 글로벌 경영에 참여하고 있는 간부의 능력을 충분히 살려나갈 수 있도록 조직적으로 지원해야 한다. 그렇게 함으로써 경영간부는 효율적으로 능력을 발휘할 수 있다.

글로벌 시장에서 경영능력을 발휘하고 있는 간부에게 요구되는 공통점은 다국적 조직의 창조, 조직을 통해 새로운 능력을 몸에 익히는 점, 환경변화에 기민하게 대응하는 점, 효율을 추구하고 있는 점 등이다. 이러한 간부를 보유한 기업은 폭넓은 인재가 능력을 발휘할 수 있도록 정보의 공개, 전략실시 책임의 분산, 경영간부 능력의 조기 개발, 다양한 각도의 경영성과 관리 및 판단기준이 있어야 한다.

(2) 팀으로서 활약할 수 있는 능력

다양한 문화배경을 가진 경영간부와 팀을 이루어 효율적으로 업무를 처리하는 능력도 중요하다. 글로벌 팀워크(global teamwork)는 기업목표 달성에 중요한 요소이다.

(3) 커뮤니케이션 능력

글로벌 사업 환경 하의 경영간부는 많은 경험을 가진 현지 경영자와 정보를 전달·교환하는 능력을 갖춰야 한다. 이 역할을 효과적으로 수행하기 위해서는 적어도 2개국 이상의 언어에 정통할 필요가 있다. 동시에 문화적 차이의 이해도 필요하다. 현지 경영간부나 고객과 신뢰관계를 쌓기 위해서는 이러한 조건을 만족시킬 필요가 있다. 글로벌 업무를 원만하게 수행하기 위해서는 현지국 경영간부의 동의가 필요하다. 동의가 충분치 않으면 글로벌화를 지향하는 기업의 전략 변경이 본사 경영간부와 현지국 경영간부 커뮤니케이션 갭으로 이어진다.

4.4 글로벌 시장에서 활약할 수 있는 인재의 확보

해외 자회사에 본사 경영간부를 파견하는 수법은 경비 등과 같은 과제가 있지만 경영간부 양성법으로서는 훌륭하다.

세계 공통어인 영어 능력은 필요조건이지만 그 이상으로는 수동적이 아니라 스스로 일을 창출해 나가는 인재가 요구되고 있다.

글로벌 시장에서 인재를 배치할 때는 본사의 경영간부를 해외거점에 배치할 것인가, 현지인의 경영간부를 글로벌하게 활약할 수 있는 인재로 키울 것인가의 선택에 직면한다. 구미 기업에서 볼 수 있는 최근 경향은 해외 거점에 배치하는 본사의 경영간부의 수를 줄이려는 움직임이다. 그 이유는 다음과 같은 경비를 절감하기 위해서이다.

① 본인 및 가족의 이동에 따른 경비
② 통상 현지사원에 비해서 고액인 급여 수준
③ 현지 근무시 매력적인 각종 이점이 필요

이러한 비용면 이외에도 본사에서 파견하는 경영간부 수를 줄이는 것은 현지사원과 사이에서 발생하기 쉬운 대립을 줄인다는 판단 때문이다. 물론 본사 경영간부의 현지배치가 부득이하다는 견해도 있지만, 현지국 사원의 경영관리능력이나 기술 수준을 향상시키는 것이 중요하다.

기업에게 중요한 것은 글로벌화 과정에서 글로벌 기업으로서 본사의 경영간부를 포함한 인적자원을 어떻게 육성·관리할 것인가를 고려하는 것이다. 다양한 문화적 차이를 이해하고 경험을 갖는다는 것은 국적에 관계없이 현지기업이 직면하고 있는 사업에서 빼놓을 수 없는 요소이다. 또한 해외근무경험은 중·장기 시점에서 볼 때 경영간부 육성에 꼭 필요하다. 다양한 문화권에서 인재를 육성하는 것은 경험 있는 경영간부에게도 과거의 경험을 이해하는 데 유익한 일이며 장래의 직무에 크게 공헌할 것이다.

1980년대 리스트럭처링(restructuring)을 통해서 인재의 교체가 대담하게 이루어진 글로벌 기업이 채용한 인재의 질은 다음과 같은 특징이 있다.

첫째, 인재 모집의 키워드로서 독일의 지맨스(Siemens)는 "Think Globally and Act Locally", 미국 프록터 앤드 갬블(Procter & Gamble)은 "The Best People"을 들고 있다. 구하는 인재의 질은 기업에 따라 다르지만 국적이나 성별에 관계없이 폭넓은 인재를 확보하려고 한다는 점에서는 공통적이다. 또한 채용한 인재는 종신 고용을 전제로 기업내 또는 기업외 교육을 통해서 육성하였다.

둘째, 능력 평가 시스템은 '출신대학', '어학검정' 등으로 한정된 조직 내 개개인의 위치 부여를 하는 것이 아니라 지금 무엇을 하고 있고 장래 무엇을 할 수 있을 것인가라는 능력을 평가기준으로 하였다.

셋째, 모국어 이외에 세계 공통어인 영어를 읽고·쓰고 말할 수 있는 것을 기본조건으로 하였다. 요구된 것은 영어 해석, 영어 문법 등이 아니라 영어로 생각하고 문제를 해결하는 수단으로서의 어휘력이다. 영어를 하나의 수단으로 일을 창출하고 유연 또는 혁신적으로 대응할 수 있는 능력이 강력히 요구되었다. 이는 일은 회사에서 준다고 여기는 피동형 인재보다 일을 스스로 창출해 나가는 자세의 인재가 기업으로서 경쟁 우위의 원천이 되기 때문이다.

논의주제 💬

1. 글로벌기업 조직의 발전단계
2. 글로벌기업의 기능·제품·지역 및 매트릭스조직 선택의 장단점
3. 네트워크조직과 가상조직의 관계와 차이점
4. 기업조직 구조의 새로운 패러다임
5. 글로벌조직구조의 대표적 한국기업을 제시하고 설명
6. 글로벌경영의 적합한 인재
7. 글로벌기업의 리더십
8. 글로벌리더의 역할과 능력
9. 대표적 글로벌 CEO의 사례
10. 글로벌인재의 요건

핵심용어 💬

- 조직과 전략
- 자회사
- 가상 조직
- 인적자원관리
- 글로벌 리더십
- global teamwork
- 국제사업본부
- 네트워크 조직
- 매트릭스 조직
- leading and managing
- 글로벌 매니저
- 글로벌 경영능력

주(註)

1) G. Albaam, et. al, *International Marketing and Export Marketing*, 2nd ed., Addison Wesley, 1994, pp. 450~473.
2) 김영래, 글로벌전략경영, 두남, 2002, pp. 379~389.
3) Coulson－Thomas, Creating the Global Company, MacGraw－Hill, 1992, pp.135~169, Barnatt, *Cyber Business*, Wiley, 1995.
4) Baenatt, *Cyber Business*, Wiley, 1995.
5) 김영래, 앞의 책.
6) 보다 상세한 것은 H. F. Clarke, *Consumer and Corporate Values*, International Journal of Advertising, 1987 참조.
7) 김영래, 앞의 책.

Chapter 10

글로벌기업의 마케팅

장 머리에

글로벌 전략은 어느 시장을 표적으로 하여 어떠한 제품이나 서비스를 투입하고 어떠한 순서로 사업을 전개할 것인가, 판매수량, 시장점유율, 매출이익 등 기업의 목표를 어떤 것으로 설정하여 구체화해 갈 것인가를 결정하는 마케팅에서 시작한다. 고객의 가치, 즉 만족도는 고객에게 제공되는 편익(benefits)이 높으면 높을수록 또 가격이 낮으면 낮을수록 높다. 편익은 제품(product), 판매촉진(promotion), 유통(distribution)으로 구성된다.

경쟁기업보다 우수한 제품, 판매촉진, 유통시스템을 제공하거나 보다 낮은 가격으로 제공하면 고객의 가치나 만족도는 높아지고 자사의 경쟁우위(competitive advantage)와 연결된다. 마케팅 기본은 다음 세 가지로 집약할 수 있다.

① 고객의 가치(value)나 만족도(satisfaction)를 어떻게 창출할 것인가?
② 경쟁우위(competitive advantage)를 어떻게 추구할 것인가?
③ 이러한 목표 달성을 위해 경영자원을 어디에 집중시킬 것인가 즉 초점(focus)을 어디에 둘 것인가?

글로벌 시장에서 기업간 경쟁이 격심해짐에 따라 제품이나 생산 중심의 경영에서 고객 중심의 경영으로 이행하는 것이 많은 기업에게 과제가 되고 있다. 고객입장에서 제품이나 서비스 가치를 찾아내고 경쟁업체보다 만족도를 높이지 않으면 팔리지 않는다. 매출(판매)에 연결되지 않으면 생산, 재무, 조직 등 기업의 기본 전략도 작동하지 않는다.

1 글로벌 시장의 환경분석

기업을 둘러싼 외부환경(external environment)분석은 시장환경이나 경쟁환경을 알기 위해 가장 먼저 다루어야 할 주제다. 이는 외부환경이 마케팅과 관련한 여러 의사결정에 어떠한 영향을 끼치는가 이해하기 위해서다.

외부환경의 주된 요인은 인구구성, 경제적 환경, 사회·문화 환경, 국제금융환경, 기술환경, 정치적·법률적 환경 등이 있다. 마케팅 활동은 국가에 따라서 다른 방법을 사용할 수 있다. 세계의 여러 나라 사람들은 생활관습이나 기호 등이 다르기 때문에 한 나라에서 성공한 마케팅 기법이 타국에서 성공한다고는 말할 수 없다. 그것은 해외시장에서의 경쟁조건이 다르거나 고객니즈나 반응이 다르기 때문이다.

외부환경 요인이 사업활동이나 경영성과에 어떠한 영향을 주는지 알기 위해서는 현재의 환경특징을 이해해야 한다.

글로벌 마케팅에서는 경제발전단계 차이에 따라 고객 니즈를 충족시킬 수 있는 제품을 제공하는 것이 중요하다.

1국 내의 비즈니스는 단일언어, 단일문화 하에서 사업을 전개하지만 사업범위를 외국으로 확대하면 수십 개의 언어, 각종 문화 차이를 이해해야 한다. 가치관이나 신념이 다르면 사람들이 욕구를 만족시키는 수단도 달라진다. 문화적 차이는 글로벌 비즈니스의 모든 면에 영향을 주기 때문에 그 차이점과 유사점을 인식한 후에 마케팅 계획이나 전략을 수립할 필요가 있다.

글로벌 마케팅 전략 입안시에 빼놓을 수 없는 요소는 다음과 같다.

① 인구구성의 검토: 고객을 하나로 묶는 매스(mass)마케팅에서 탈피하여 고객의 연령이나 흥미 등을 파악하기 위해 고객을 세분화(segmentation)할 때 인구구성은 중요한 정보가 된다. 고객정보를 가지고 있어야 가장 효과적인 마케팅 믹스 전략(브랜드·패키징, 가격설정, 판매촉진 등)이 가능하다.

② 경제환경(1인당 국민소득, 소득분포, 소비자의 지출패턴 변화 등): 나라마다 경제발전 단계는 다르다. 글로벌 시장을 경제환경에 따라 세분화함으로써 표적시장을 명확히 할 수 있다. 또 상대적인 1인당 국민소득(income per capital) 수준과 성장률 등은 시장의 잠재성 예측, 즉 제품이나 서비스가 어느 정도 팔릴 것인가를 예측하기

위한 중요한 지표가 된다.

③ 나라 고유의 사회·문화환경, 기술혁신의 속도, 다양한 규제, 정치적/법적 환경: 개발도상국은 GNP 성장과 인구증가 경향이 현저하다. 그 중에서도 중국이나 인도와 같이 높은 성장을 보이는 잠재시장을 어떻게 예측하고 자사제품에 연결시킬 것인가는 글로벌 마케팅의 중요한 과제이다. 예컨대, 손빨래가 주류인 후진국 또는 개발도상국에도 세탁기 니즈는 있다. 그러나 소득에 비해서 제품은 고가이고 조작도 복잡하기 때문에 후진국 또는 개도국에서 자동세탁기를 제조·판매하는 것은 타당치 않다. 반대로, 저가격의 수동세탁기 니즈는 높다. 브라질은 오랜 기간에 걸쳐 초인플레이션율(hyper-inflation rate)의 경향이 계속되어 한때는 정부가 가격규제를 실시하였다. 이 경우 브라질에 진출하고 있는 외국기업은 자유롭게 가격을 변동할 수 없게 된다. 이러한 규제의 움직임에도 주의를 기울일 필요가 있다.

④ 글로벌금융환경의 이해: 글로벌금융환경은 급변하고 있으며 또한 외국환문제는 기업의 시장기회나 가격전략에 큰 영향을 미친다.

⑤ 경쟁환경의 분석·평가: 경쟁기업을 분석하는 것은 경쟁우위를 차지하기 위해서 꼭 필요하다. 경쟁기업의 비즈니스 전략이나 표적시장·제품·가격·유통·판매촉진 등 끊임없는 조사가 필요하다.

2 표적시장의 선정

2.1 글로벌 마케팅 조사

(1) 마케팅 조사의 개념과 중요성

마케팅 조사(research)란 경영간부가 결정을 내리는 데 필요한 정보를 명확히 하고 수집·분석하는 것을 뜻한다. 여기서 말하는 정보란 잠재적 표적시장(target market)이나 경쟁환경을 포함한 각종 환경요인, 마케팅 믹스(제품, 가격, 유통, 판매촉진 등)에 대한 시장반응을 가리킨다.

여러 나라의 여러 시장을 대상으로 하는 글로벌 마케팅조사는 국내 시장조사와는 다른 다양한 문제에 직면한다. 많은 시장은 경제발전단계, 문화관습, 구매패턴

등이 다를 뿐만 아니라 더 나아가 정부기관이나 중앙은행에 의해 공개되고 있는 정보의 양과 질도 다르다. 특히, 개발도상국 기업이 독자적으로 정보를 수집할 수 없는 경우가 있다. 또한, 국내 시장조사에 비해 많은 비용이 필요하다. 더구나 잘못된 정보는 올바른 전략을 수립할 수 없게 되어 시행착오로 인한 많은 비용을 지불하게 된다. 그렇기 때문에 글로벌 마케팅조사는 매우 중요한 일이다.

(2) 글로벌 마케팅 조사의 절차

글로벌 마케팅 조사는 많은 비용이 필요하다. 따라서 마케팅조사를 위해 먼저 사내의 자원을 활용(insourcing)할 것인지 또는 외부에 위탁(outsourcing)할 것인지를 먼저 결정해야 한다. 이 두 가지 중 어떤 것을 결정할 때는 기업 내부 자원을 먼저 고려해야 한다. 즉, 사내에서 글로벌 마케팅 조사에 대한 풍부한 지식이나 경험을 가진 인적자원이 많다면 사내 자원을 이용하게 되고, 그렇지 않다면 기업 외부 전문 조사기관에 위탁하는 것이 바람직하다.

글로벌 마케팅조사는 다음과 같은 점에서 국내 시장조사와는 성격이 다르다.

첫째, 각국은 그 나라 고유의 특징을 갖기 때문에 국별시장분석이 필요하다. 때로는 데이터 수집에 제한이 있는 나라도 있다.

둘째, 시장규모가 작은 나라는 수익의 잠재성이 시장규모가 큰 나라에 비해 낮기 때문에 시장조사에 수반되는 경비를 잠재성에 따라 유동적으로 편성해야 할 필요성이 있다. 이 때문에 시장의 잠재적 수익성에 대한 경비를 공급받는 방법을 다양화시켜야 한다.

셋째, 개발도상국에서는 정치적, 기타의 이유로 데이터가 과대 또는 과소하게 제시되는 경우가 있다.

넷째, 통계도 나라에 따라서 기준이나 분류기법이 다른 경우가 많다. 따라서 각국별로 수집된 통계자료를 자사의 기준에 맞게 재구성하는 작업이 필요하다.

글로벌 마케팅조사의 절차는 문제의 정의 → 조사의 설계 → 자료의 수집 → 자료의 분석 및 해석 → 보고서 작성이 일반적이며, 국내 시장조사와 큰 차이는 없다.

1) 문제의 정의

문제의 정의는 지금 기업이 직면해 있는 문제가 무엇이고, 이 문제를 해결하기 위해 어떠한 의사결정을 해야 하며, 이 의사결정을 제대로 하기 위해 필요한 정보가 무엇인지를 명확하게 규정하는 것이다. 문제의 정의를 명확하게 하면 다음 단계로 이어지는 조사의 설계, 자료수집, 보고서 작성 등을 정확하고 원활하게 할 수 있다.

2) 조사의 설계

조사의 설계는 정의된 문제를 해결하기 위해 조사를 어떻게 실행할 것인지에 대한 종합적인 계획을 의미한다. 여기에서 중요한 것은 과연 어떤 자료를 수집해야 할 것인지를 결정하는 것이다. 2차자료(secondary data)만 수집해도 충분한지 아니면 1차자료(primary data)를 더 필요로 하는지에 대해 명확한 판단이 필요하다.

1차자료는 조사자가 조사를 수행하면서 직접 수행해야 할 자료(예, 설문조사 자료, 인터넷조사 자료, 전화조사 자료, 우편조사 자료 등)이고, 2차자료는 현재 조사를 수행하고 있는 조사자가 아닌 다른 주체에 의해서 이미 수집된 자료(예, 국가별 인구, GDP, 경제성장률, 물가상승률 등)이다.

일반적으로 2차자료는 각국에서 기본적으로 제공되는 통계서비스를 이용하면 저렴한 비용으로 용이하게 수집할 수 있지만, 이것만으로 부족할 경우에는 1차자료를 수집해야 한다. 이렇게 되면 매우 복잡한 설계절차가 필요하고 이 과정에서 고도의 정밀성이 요구된다.

그리고 조사설계 과정에서 중요하게 다루는 다른 문제는 예산, 조직, 일정 등과 관련된 문제이다. 마케팅 조사에는 많은 비용이 소요될 수 있다. 좋은 자료를 얻기 위해서는 그만큼 많은 예산이 필요하다. 즉, 자료의 질과 비용간에는 비례적인 관계를 지니고 있기 때문에 질과 비용 간에 적정한 합의점을 찾아야 한다. 따라서 앞에서 정의한 문제가 명확하다면 자료의 질적 수준을 개념화시킬 수 있고 이에 따라서 예산도 적정한 수준에서 결정된다. 또한 일정이 길면 길수록 좋은 자료를 얻을 수 있는 가능성이 커지지만 많은 비용이 수반된다. 따라서 한정된 조사일정 하에서 최대한 양질의 데이터를 수집하는 것이 비용을 절약할 수 있는 방법이다.

3) 자료의 수집

조사설계단계에서 결정된 조사방법과 절차에 따라 진행하는 단계이다. 2차자료만 수집해도 될 경우에는 비교적 자료의 수집방법이 용이하다.

그러나 1차자료가 필요할 경우에는 설문조사, 실험조사, 관찰조사 등의 방법 중 어떤 것으로 1차자료를 수집할 것인지 결정해야 한다. 특히 설문조사에서 결정해야 할 것은 전수조사 혹은 표본조사, 우편조사 혹은 전화 및 인터뷰조사 등이다.

또한 정확한 자료를 수집하기 위해서 누가 관리감독할 것인지도 미리 결정해야 한다.

4) 자료의 분석 및 해석

자료의 분석은 수집된 자료가 의미 있는 해석이 가능하도록 정리하는 과정이다.

일반적으로 수집된 자료를 통계적 기법을 이용해 분석할 경우 자료를 편집하고 코딩(coding)하는 과정을 거친다. 자료의 편집에서는 자료의 정확성이나 신뢰성 및 일관성을 살펴보고, 조사의 목적에 맞게 수집됐는지 검토해야 한다. 코딩은 자료분석이 용이하게 부호화(자료 입력 포함)하는 과정이다. 자료의 분석은 수집된 자료를 그림이나 표로 요약하는 것을 말한다.

이렇게 분석과정에서 얻어진 그림이나 표는 해석을 해야 한다. 즉, 숫자를 열거하는 것이 아니라 마케팅 의사결정을 위해 의미 있는 해석이 있어야 한다. 일반적으로 자료의 분석은 통계적 지식 기반만 있으면 가능하지만 해석은 마케팅에 관한 지식을 더 필요로 한다.

5) 보고서 작성

조사보고서는 조사의 결과와 해석을 일목요연하게 정리하여 의사결정자에게 제출하는 문서이다. 즉, 수집된 자료(data)를 정보(information)로 변화시키는 과정이라 할 수 있다. 의사결정자가 조사보고서를 보고 이해를 하지 못하거나 제대로 의사결정을 할 수 없다면 이제까지의 조사는 모두 물거품이 된다. 그러므로 조사보고서를 작성할 때, 의사결정자가 어떤 점에 중요한 포인트를 두고 있으며, 원하는 것이 무엇인지를 정확하게 파악해야 한다. 이를 위해서는 조사보고서를 작성하는 사람과 의사결정자와의 긴밀한 커뮤니케이션이 필요하다.

2.2 글로벌 마케팅 정보시스템

기업의 활동범위가 해외로 확대되면서 사업 자료나 정보의 양은 늘어난다. 이러한 정보를 효율적으로 관리하고 경영에 활용하기 위해서는 마케팅 정보시스템의 구축이 필요하다. 즉, 마케팅 정보시스템은 적기에 정확한 정보를 수집, 선정, 평가, 배포하기 위해 필요한 것이다.

(1) 주제 리스트의 작성

마케팅 정보시스템 구축은 우선 필요한 정보의 주제를 체계적으로 나열하는 것으로부터 시작된다. 필요한 주제 리스트는 기업마다 다르지만 일반적으로 다음과 같은 분야로 구성된다.

① 시장 정보(market information)

제품이나 서비스 시장의 잠재적 수요, 고객 구매활동이나 니즈 변화, 유통채널, 홍보(선전이나 광고 등) 미디어 등

② 경쟁기업 정보(competitor information)

경쟁기업의 비즈니스 전략·계획, 표적시장, 제품, 가격, 유통, 판매촉진 등의 마케팅에 관한 정보

③ 외국환(foreign exchange)

국제수지, 금리, 인플레이션율, 현지국 통화의 안정성, 정부의 재정·금융정책, 현물·선물환 시장의 동향 등

④ 법률 정보(business law information)

외국기업의 수익, 배당금, 금리수입에 관한 현지국 정부의 의향·결정 등

⑤ 인적자원·통화 정보(resource information)

원료의 조달 가능성과 조달비용, 인적자원의 채용 등

⑥ 기타 정보

거시경제동향, 기타국의 사회·문화적 환경, 정치적 요인, 기술의 동향 등

(2) 정보의 수집

주제 리스트가 정해지면 중요도에 따라서 실제 정보를 수집한다. 정보의 수집에는 다음과 같은 점을 만족시키는 것이 중요하다.

① 기업 본부나 사업을 하고 있는 현지에서 공개된 정보 중에서 기업이 필요로 하는 정보를 수집하기 위해 효율적·효과적 시스템을 만든다.
② 매일 수집되는 정보를 정보시스템에 입력한다.
③ 세계 여러 지역으로 정보수집범위를 확대한다.

미국 켈로그(Kellogg) 마케팅 정보시스템의 예를 소개한다. '켈로그'하면 구미 소비자 간에는 콘 프레이크(corn flakes)가 연상될 정도로 뿌리 깊은 브랜드이다. 켈로그는 곡물을 베이스로 한 인스턴트 식품의 분야에서 세계 최대의 메이커로 세계적으로 22개국에 36개의 생산거점을 가지고 있다. 근래 수년간 경쟁시장환경이 격심해짐에 따라 전세계적으로 사업활동을 통합하고 효율성을 추구하고 있다. 이 기업은 통합정보시스템(integrated information system)을 도입하고 환경요인 변화를 빨

리 감지하여 유연하게 대응하고 있다.

마케팅 정보수집은 다음과 같이 글로벌 마케팅의 이점을 추구한다.

① 제품: 공통된 고객니즈를 찾고 그에 맞춘다.
② 브랜드: 글로벌 시장에서 인지도를 높인다.
③ 포장·디자인: 고객에게 명확한 이미지를 남긴다.
④ 가격: 경쟁사에 대응할 제품과 독자 프리미엄 가격으로 판매할 제품을 나누어 가격을 설정한다.
⑤ 시장규모 잠재성에 따라 우선순위를 정한다.

③ STP 전략

3.1 글로벌시장의 세분화

기업이 새로운 해외시장으로 진출 및 확대를 꾀할 때에는 시장 환경분석을 빼놓을 수 없다. 시장세분화로 인해 잠재적 고객의 유사성(similarities)과 상이성(dif-ferences)이 명확해져 고객그룹을 세분화(Segmentation)하는 것이 가능하다.[1]

글로벌 시장을 세분화할 때에 취급되는 방법은 다음과 같은 요소가 있다.

(1) 지리적 세분화(Geographic Segmentation)

잠재성이 높은 표적시장의 장소(location)에 초점(focus)을 두고 각 장소의 특징을 구별한다. 예컨대 스마트폰을 판매할 경우 그 지역에 맞는 전압과 주파수를 적용한 제품 등으로 세분한다.

(2) 인구통계적 세분화(Demographic Segmentation)

연령, 성별, 소득, 가족구성, 가족의 라이프 사이클, 교육, 직업, 국적, 종교, 인종 등의 요인에 초점을 둔다. 예를 들면, 연령에 따라 어린이, 청소년, 성인, 장년 등으로 세분화할 수 있다. 또 직업에 따라 전문직, 기술공, 학생, 퇴직자 등으로 세분화할 수 있다. 가족의 라이프스타일(life style)에 따라 독신의 젊은이, 어린이를 갖지 않은 젊은 부부, 어린이를 가진 젊은 부부, 18세 이하의 자녀를 둔 장년부부, 자녀를 모두 출가시킨 장년부부, 독신노년자 등으로 구분할 수 있다.

또한 음료수, 담배, 식품 등 저가격의 생활필수품을 제조·판매하는 글로벌 기업의 대부분은 소득보다 인구를 중시한다. 소득수준에 비해 인구 과다가 기업수익에 주는 영향이 크기 때문이다. 이들 기업으로서는 14억의 인구를 가진 중국이나 13억의 인도는 국민 1인당 GDP는 낮지만 매력적인 표적시장이다.

반면, 시장의 세분화는 평균치를 취급하기 쉽다. 인도라면 13억의 인구 속에 약 1억명이 소득층의 중간에 속하고, 평균소득은 1,800달러 이상이다. 이러한 층은 냉장고, TV, 승용차 등 소비재를 구입하는 층이다. 그러나 평균치로서는 취급할 수 없는 세그먼트의 잠재적인 니즈를 명확히 하는 것도 중요하다.

(3) 심리분석적 세분화(Psychographics Segmentation)

고객의 가치, 흥미, 라이프 스타일을 베이스로 고객을 그룹화한다. 데이터는 통상 앙케이트 조사를 활용한다.

예를 들면, 화장품을 제조·판매하는 미국 보디숍 인터내셔널(Body Shop International)의 제품은 자연 성분만으로 만들고, 제품의 용기는 리사이클이 가능한 유리병을 사용하고 있다. 제품마케팅이나 광고도 하지 않는다. 이 회사는 고객을 자연지향의 라이프스타일, 환경에 대한 관심이 높은 소비자로 압축하고 있다. 그러한 고객은 보디숍 인터내셔널의 제품이나 기업철학이 자기 라이프스타일이나 가치관에 맞는다고 생각해서 이 회사 제품을 구입하는 것이다.

(4) 행동분석적 세분화(Behavior Segmentation)

고객이 어떻게 행동할 것인가에 초점을 두고 제품의 사용빈도, 제품에 대한 충성도(loyalty), 제품이 주는 어떠한 편익 등을 취급하는 방법이 있다. 예컨대, 사용빈도를 "빈도가 높다, 보통, 그다지 사용하지 않는다, 전혀 사용하지 않는다" 등으로 세분할 수 있다. 제품 충성도라면 "전혀 사용하지 않는다, 사용해보고 싶다, 이전에는 사용하고 있었다, 처음 사용한다, 일상적으로 사용하고 있다, 경쟁제품을 사용하고 있다" 등으로 구분이 가능하다.

예를 들면 미국의 신용카드 회사인 비자 인터내셔널(Visa International)은 아시아를 중요한 표적시장으로 삼고 있다. 신용카드 사용률이 선진국에 비해 낮지만 장래의 잠재 성장성이 높기 때문이다. 한편, 담배회사도 중국을 시작으로 아시아를 표적으로 하고 있다. 그 이유는 성인의 흡연율이 높기 때문이다.

3.2 글로벌 마켓 타겟팅

(1) 타겟팅(Targeting)의 평가기준

글로벌 시장에서 표적시장의 선정은 아래의 평가기준에 의거하여 이루어진다.

① 세분된 현재 시장 규모와 잠재성장성

세분된 시장은 현재 충분한 매출액과 이익을 확보할 수 있을 것인지, 중·장기적으로 수익을 기대할 수 있는 잠재적 성장성이 있는 시장일 것인지, 또한 만약 세그먼트 시장규모가 작더라도 같은 세그먼트가 여러 나라에 존재한다면 표준화된 제품을 투입함으로써 수익을 올리는 것이 가능케 된다.

② 잠재적 경쟁

경쟁이 치열한 시장이나 세그먼트에 진입하는 것을 피하는 쪽이 오히려 이익이 되는 경우가 있다.

③ 호환성(compatibility)

대부분의 경우, 글로벌 표적시장이 크거나 또한 유력한 경쟁기업이 존재할 경우, 유통이나 광고에 드는 비용의 액수가 커지게 된다. 따라서 기업목표 달성에 적합한 시장인지 혹은 자사의 강점을 살릴 수 있는지(호환성)를 판단해야만 한다.

(2) 표적전략의 선정

상기 기준에 입각하여 명확해진 세그먼트 평가에 이어서 효과적인 표적 전략(targeting strategy)을 결정한다.

① 무차별적 글로벌 마케팅(undifferentiated global marketing)

전 세계에 동일한 마케팅 믹스를 실시하는 것이다. 국내 마케팅과 유사한 방법이 된다. 표준화된 제품이나 서비스를 통해 생산비용을 절감할 수 있다. 또한 표준화된 커뮤니케이션(광고 등)도 똑같은 효과가 있다. 코카 콜라(Coca-Cola), 질레트(Gilette) 등이 차별화하지 않는 글로벌 마케팅을 하는 대표적인 기업이다.

② 차별적 글로벌 마케팅(differentiated global marketing)

복수의 고객 세그먼트를 대상으로 각 세그먼트에 적합한 마케팅 수법을 채택하는 것이다. 보다 광범위한 시장을 표적시장으로 할 수 있는 이점이 있다. 독일의 메르세데스 벤츠(Mercedes Benz)의 경우 상층 고객을 S클래스, 중간을 E클래스, 로우엔드를 C클래스로 구분하고 있다.

③ 집중적 글로벌 마케팅(concentrated global marketing)

특정 세그먼트만을 대상으로 마케팅계획을 입안한다. 틈새시장 고객을 노린 전략이다. 예컨대 영국의 롤스로이스(Lolls Royce)는 부유한 고객층만을 표적으로 하고 있다.

3.3 글로벌 마켓 포지셔닝

표적시장으로서 어느 시장 세그먼트에 참가할 것인가를 결정한 후 다음 단계는 그 시장에서의 자사 제품 포지셔닝(제품의 위치 부여)을 정하는 것이다. 시장에서 자사제품 포지셔닝(positioning)이란 같은 시장에 진출하고 있는 경쟁제품보다 고객의 관심을 끌도록 마케팅 믹스를 결정하는 과정을 의미한다.

예를 들면, 자동차 산업의 경우 영국의 로버(Rover)는 '경제성'을 강조하고, 독일의 포르쉐(Porche)와 BMW는 '성능', 스웨덴의 볼보(Volvo)는 '안정성' 등 시장에서의 포지셔닝이 고객에게 인지되고 있다.

소비자의 입장에서 보면 제품이나 서비스에 관한 정보는 흘러넘치고 있기 때문에 구입 여부를 검토할 때 모든 정보를 일일이 평가하는 것은 어려운 일이다. 따라서 자사 제품이나 서비스 특징을 소비자가 분명히 인식할 수 있도록 하는 포지셔닝 전략을 빼놓을 수 없고 이것이 경쟁우위를 구축하는 것이다. [그림 11.1]은 경제성과 성능을 기준으로 미국 내의 자동차 브랜드에 대한 포지셔닝 맵(positioning map)을 그린 예이다.

(1) 심리적으로 받아들이기 쉬운 것

포지셔닝 전략은 우선 제품 자체의 포지션을 명확히 하는 것이다. 최근 중시되고 있는 것은 고객에게 심리적인 이미지를 심어주는 방법이다. 그러나 이미지가 너무 일반적이면 경쟁제품과 구별되지 않을 가능성이 있다.

예컨대 담배포장에 'Super Lights'라고 하는 것과 'Cool Milds'라고 하는 것은 고객이 받아들이는 느낌이 전혀 다르다. 전자는 니코틴 함유량을 내리고 보다 건강을 배려하고 있는 인상을 주기 때문에 주로 남성 애연가용의 메시지라 할 수 있고, 후자

그림 10.1 미국 시장의 소형승용차 포지셔닝

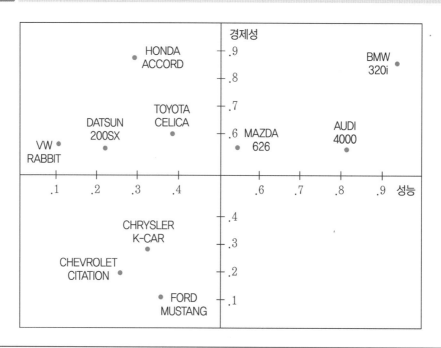

출처: J. K. Johansson and H. B. *Thorelli, International Product Positioning*, Journal of International Business Studies, Vol. 16, No. 3, p. 59.

는 담배를 피울 때 시원한 느낌을 주기 때문에 주로 여성에게 어필한다.

효과적인 포지셔닝에 빠뜨릴 수 없는 조건은 기업이 제공하려고 하는 제품이나 기업 이미지를 고객이 경쟁기업과 대비하면서 명확히 이해할 수 있도록 하는 것이다. 즉 고객이 자사 제품의 가치를 확실히 알게 되어 경쟁제품과 어떻게 다른가를 이해할 수 있도록 해야 한다.

포지셔닝 전략의 요점은 다음과 같다.

① 표적시장 고객이 어떻게 자사제품에 가치와 위치를 부여하고, 각양각색의 대체제품 속에서 어떻게 선택할 것인가를 파악하는 것이다.
② 경쟁제품과 제품 그 자체 혹은 제품 이미지를 어떻게 차별화할 것인지를 결정한다.
③ 경쟁제품과의 차이를 효과적으로 알릴 수 있는 수단을 소유한다.

제품의 포지셔닝이 일반적이면 자사 제품과 타사 경쟁제품과 차이를 고객이 명확히 파악할 수 없다. 예를 들면, '샴푸'는 소비자의 머리를 깨끗이 하는 작용이 있다는 당연한 편익을 알리려 한다면 고객은 아무런 매력을 느끼지 못할 것이며 따라서 제품의 명확한 포지셔닝이 이루어지지 않을 것이다.

(2) 환경변화에 맞춘다

최근 사용되고 있는 리포지셔닝이란 말은 경쟁조건이나 고객의 니즈변화에 맞추어 자사 제품의 포지셔닝을 바꾸는(현재와 미래의 고객 니즈에 맞추는) 것을 의미한다. 특히, 경쟁제품의 다품종화, 제품보급률의 성숙화, 경쟁격화에 따른 이익률의 저하 경향 등을 생각하면 리포지셔닝(repositioning)의 의미는 크다.

제품 외에 서비스면에서 차별화를 강화하는 경향도 있다. 예를 들면, 병원, 대학 등 비영리단체는 제공하는 서비스의 질이 타경쟁기관과의 유일한 차별화이기 때문에 경쟁이 격심하여 "누가 무엇을 고객에게 제공하고 있는가"라는 리포지셔닝이 중요하다.

기업이 살아남기 위해서는 사업환경 변화에 대응하는 것이 불가결한 것이다.

4 글로벌 마케팅 믹스

마케팅 믹스(marketing mix)의 기본적인 역할은 국내시장이나 글로벌 시장이나 같다. 표적시장에서 경쟁제품보다 자사 제품을 많이 판매하는 것이다. 마케팅 믹스의 구성요소는 다음과 같다.

① **제품**: 마케팅 믹스의 가장 중요한 요소이다. 제품의 특징, 품질, 매력을 정확히 글로벌 시장의 고객에 전하여 구입하게 해야 한다. 그것을 위해 시장에 투입하는 제품품목구성(제품믹스), 브랜드, 패키징 등을 검토해야만 한다.

② **가격**: 기업의 경쟁우위를 추구해 가기 위해서 가장 중요한 요인이다. 경쟁기업의 제품 가격보다 가격이 낮으면 고객의 가치나 만족도는 높아지므로 가격전략(pricing strategies)은 대단히 중요하다.

가격을 결정할 때에는 비용이나 경쟁제품의 가격을 고려한다. 고객이 구입했을 때 가치가 있다고 생각하는 가격이어야 하는 동시에 이익을 계상할 수 있어야만 된다. 종래 가격은 경제학의 한 분야로 취급되어 왔지만 마케팅에서도 대단히 중요한 수단

그림 10.2 마케팅 믹스의 기본 개념

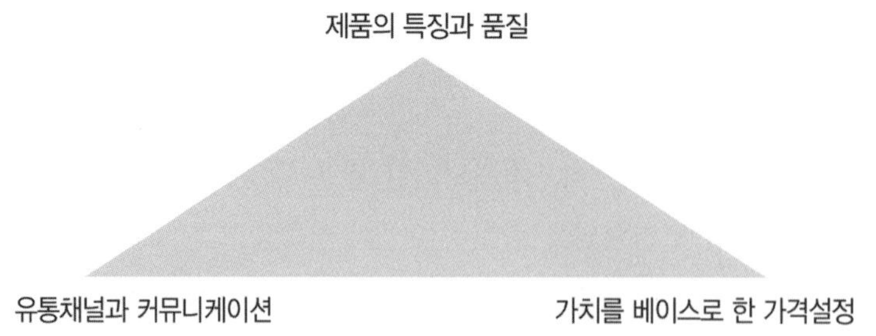

제품의 특징과 품질

유통채널과 커뮤니케이션   가치를 베이스로 한 가격설정

출처: 김영래, 글로벌전략경영, 두남, 1998, p. 317

으로 인식되고 있으며, 가격설정은 마케팅 목표달성에 큰 영향을 준다. 시장의 세그먼트화 제품포지셔닝, 고객의 제품 구입의욕 창출 등의 경우 가격 전략의 역할은 크다. 동시에 가격설정은 표적시장에서 경쟁 업체에 무엇을 어떻게 고객에게 알릴 것인가 하는 신호를 보내는 역할을 하고 있다.

③ 유통채널(유통·판매망): 매출이나 비용에 큰 영향을 준다. 특정 유통채널을 일단 선택하면 단기간에 그 유통시스템을 변경하는 것은 곤란하다.

④ 촉진전략: 판매촉진, 광고 등 활동을 통해서 고객과의 커뮤니케이션을 꾀하는 것을 가리킨다. 하나의 메시지가 모든 고객에 바르게 전해진다는 보장은 없다. 잠재적인 고객이 언제 어디서 메시지를 받더라도 일관성 있는 메시지가 중요하다.

종래 마케팅은 기업이 공장에서 제조한 제품을 보다 많이 판매하기 위해서 판매촉진을 행하고, 보다 많은 제품을 판매함으로써 제품의 단위당 비용 절감 효과를 가져와 수익확대로 연결된다는 단일 방향의 커뮤니케이션이었다. 그러나 글로벌 시장 마케팅 고객 정보를 입수하고 분석 및 평가하는 것이 필요하다. 매스 마케팅(mass marketing) 시대에 가격, 품질, 제품, 라이프 사이클 등의 요인은 글로벌 경쟁시대에서 경쟁우위 추구 및 유지를 위한 강력한 도구이다. 또한 기업 내의 조직도 이러한 움직임에 유연하게 대응할 수 있도록 설계해야만 한다.

4.1 제품 결정

기업제품이 그 비즈니스의 존재방식을 정하면 가격, 유통, 커뮤니케이션 정책 등은 모두 그 제품(product)에 맞추어진다. 고객이나 경쟁기업은 제품에 의해서 정해지고 연구개발의 필요성도 제품에 의해 크게 좌우된다. 기업활동의 모든 것이 어떠한 제품을 시장에 제공할 것인가가 출발점이 된다. 제품에는 ① 특정 단일시장을 노린 제품(local products), ② 복수시장을 표적으로 한 제품(international products), ③ 글로벌 시장을 표적으로 한 글로벌 제품(global products)이 있다.

(1) 표준화할 것인가? 현지화할 것인가?

글로벌 제품은 제품의 표준화가 특히 중요하다. 표준화는 연구개발, 생산, 운송 과정의 비용을 절감하고, 제품을 글로벌하게 급속히 보급할 수 있는 가능성을 높인다. 또한 글로벌 기업으로서의 이미지 향상을 가져다준다는 이점도 있다.

한편, 제품을 현지 고객의 니즈에 맞춘 '현지화(로컬화) 전략'도 당연히 생각할 수 있다. 현지 시장환경이나 고객에 맞춘 제품을 제공하는 것이 비용의 증가로 연결될 가능성이 있으며, 글로벌하게 제품을 통합할 때 어려운 점이 있다는 결점이 있다.

(2) 제품의 포지셔닝

제품 시장에 대한 심리적 이미지부여, 위치부여(product positioning)관점에서는 글로벌 시장을 향한 제품의 종목을 어떻게 압축할 것인가, 제품품목·총품목 수를 얼마로 할 것인가 등의 검토가 필요하다.

대부분의 기업은 단일제품이 아니라 복수제품을 취급한다. 제품믹스(제품의 품목 구성)에는 제품 믹스의 폭, 깊이, 밀도, 일관성 등을 어떻게 설정하여 경쟁 업체의 제품과 차별화 할 것인가를 검토한다. 이것이 제품 포지셔닝이다. 제품 포지셔닝이란 경쟁기업의 제품보다 자사 제품이 편익이나 품질 및 가격면에서 우위성을 갖는다는 것을 고객에게 인지시키는 것이다. 이때 브랜드가 중요한 역할을 한다.

(3) 제품 디자인

제품 디자인(product design)도 글로벌 마케팅을 성공시키는 열쇠 중 하나이다. 고객의 선호(색이나 맛 등), 비용, 법 규제, 호환성(전압, 교류의 사이클 수, 기온 등)을 고려하고, 고객에게 경쟁 제품보다 자사제품에 더 높은 관심을 갖도록 하기 위해서 어떻게 할 것인가를 검토한다. 또한 여러 외국 시장에 맞춘 제품 디자인을 선택할 것인지, 글로벌 시장을 대상으로 한 단일 디자인으로 할 것인지 등을 결정한다.

(4) 변화에 맞춘다

글로벌 제품의 결정에는 이러한 여러 가지 요인을 조합해서 해외시장의 움직임에 맞추어 조정해야 한다. 더욱이 매출의 감소, 타사 경쟁 제품 대응, 자사 내 제품 개발의 상황이나 기술혁신의 진전, 고객의 니즈·구매 패턴의 변화, 마케팅 전략의 변경 등에도 대응해야 한다.

고객 니즈 변화에 맞춘 제품 종목을 유지하기 위해서는 기존 제품의 종목 분석이 필요하다. 매출, 수익성, 시장점유율, 시장내 자사 제품 포지셔닝 및 제품 품목이 고객 니즈에 맞추어져 있는지 등을 분석할 필요가 있다. 동시에 경쟁기업의 제품 종목이나 제품 정책, 자사 제품 종목에 주는 환경요인 변화 등도 분석 대상이 된다. 해외시장의 수가 늘어남에 따라서 시장 간 차이를 조정하는 것이 어렵게 되고 글로벌 시장의 다양성이 클수록 제품믹스의 품목이 증가해 가는 경향이 강하여 제품믹스를 효율적·효과적으로 관리하는 것이 중요하다.

4.2 가격 결정

가격(price) 결정은 마케팅 믹스 중에서 가장 중요한 검토 항목이다. 중·장기적으로 가격은 비용보다 높아야 된다. 동시에 경쟁제품의 가격보다 낮아야 한다. 즉, 고객의 가치에 맞추어 총 비용을 충당하고 이익을 계상할 수 있는 가격을 결정해야 한다.

가격결정에는 다각적인 측면에서 각기 다른 현지국의 사업환경과 경쟁 조건을 고려한 마케팅 전략과 일관성을 가져야 한다.

가격 설정의 일반적인 법칙에는 다음과 같은 두 가지가 있다.

① 중·장기적으로 가격은 비용을 상회해야만 한다.
② 동시에 글로벌하게 취급되는 경쟁기업의 제품가격보다 높게 설정하면 경쟁에서 이길 수 없다.

가격결정 목표는 고객이 제품을 구입할 때 그 가격으로 구입할 만한 가치가 있다고 판단되어 지불할 수 있는 가격이어야 하며, 총비용을 커버하고 제조에서 고객에게 제품을 전달하는 일련의 기업목표를 달성한 후 이익을 계상할 수 있어야 한다.

그림 10.3 가격결정의 요인

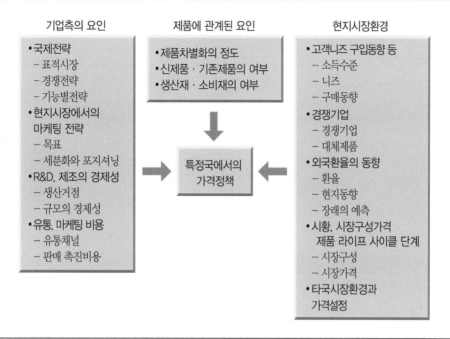

최종 가격결정시 다음과 같은 점을 고려해야 한다.

① 시장변화에 대응해서 가격을 어떻게 조정해 나갈 것인가?

② 가격결정의 변경기간 동안에 구입된 제품의 수요 변동을 고려해야 한다.

③ 자사의 가격과 경쟁기업의 가격을 분석한다.

④ 판매 수량, 설비 가동률, 마케팅 전략의 차이 등이 제품 비용에 어떠한 영향을 주는 가를 예측한다.

⑤ 수익의 최대화, 매출액 최대화 또는 매출액 신장률 최대화 등의 마케팅 목표를 세운다.

4.3 글로벌 마케팅 채널

제품을 외국시장에 유통시키기 위해서는 제품의 조달, 수송, 재고 등을 적시에 효과적으로 실행·관리하는 유통채널정책이 필요하다. 글로벌 유통채널에는 제품이나 서비스를 효율적으로 생산자에서 고객으로 전달하는 기능과, 필요한 마켓 정보를 기업이 입수할 수 있는 효율적인 정보수집 기능 등이 필요하다.

그림 10.4 **글로벌한 마케팅 채널**

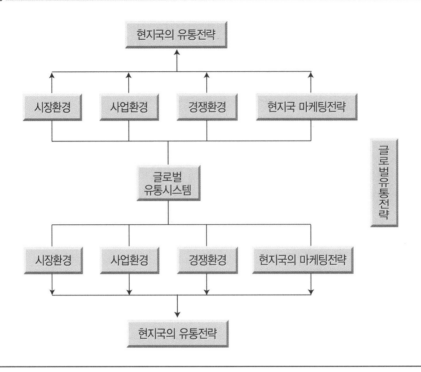

글로벌 마케팅 채널(channel)을 입안하고 구체화 할 때는 다음과 같은 문제와 과제에 직면한다.

첫째, 채널시스템 구축에는 많은 시간과 비용이 필요하고 일단 구축한 시스템을 변경하는 것은 어렵다.

둘째, 유통채널 선택은 기업의 중·장기적 목표와 단기적 목표 모두를 만족해야 한다. 예컨대, 어느 시장에 라이선서(licensor)로 진입하는 경우 유통채널에 관한 문제는 현지국 라이선시(licensee) 기업에게 맡긴다. 수출에 따른 시장진출의 경우는 수출을 담당하는 중간업자에게 맡길 것인지, 현지 수입업자에게 맡길 것인지, 현지에 판매거점을 세울 것인지에 의해 달라진다. 더욱이 현지기업과의 합작이나 100% 출자로 생산 자회사를 설립할 경우에도 유통 채널 정책은 달라진다.

셋째, 문화적 배경이 다른 현지 유통채널과 사업상 신뢰관계를 어떻게 구축할 것인가 하는 문제가 있다. 예컨대, 라이선싱이나 수출에 따른 시장진출에 있어서도 현지에 대표사무소를 설치하여 현지 유통채널과 연락을 취하고 공동의 문제해결을 꾀하는 것이 도움이 된다.

4.4 글로벌 마케팅 커뮤니케이션

광고, 판매촉진, 다이렉트 마케팅(direct marketing) 등의 마케팅 커뮤니케이션 (communication) 목적은 표적시장 고객에게 제품의 존재나 가치를 효과적으로 전달하는 데 있다.

모든 고객의 니즈를 만족시키는 제품은 존재하지 않는다. 마케팅 커뮤니케이션도 마찬가지다. '시장의 세그먼트화', '표적시장' 등을 결정하는 것이 중요시되는 것도 이 때문이다. 하나의 메시지로는 모든 고객의 니즈를 충족시킬 수는 없다.

(1) 광고의 표준화와 로컬화

광고는 국제적으로 통일해야 할 것인가 혹은 각국 시장에 맞춘 내용으로 할 것인가라는 문제는 "기본적으로 모든 나라에서 같은 것을 사용한다"는 것이 최근의 경향이다. 같은 수법을 모든 나라에서 사용하는 것이 가능하다면 효율적이며 효과도 크다.

그러나 효과적인 홍보용 메시지나 미디어(매체)는 나라나 문화에 따라서 다른 경우가 많기 때문에 광고의 구성요소인 '카피(copy)', '심볼(symbol)', '삽화' 등을 나라나 시장에 따라 변경하는 경우가 있다. 또한 홍보용 메시지는 문화적인 차이를 고려해서 바꾸는 경우도 있다.

현지 시장 특유의 문화를 고려해서 만든 카피는 해외 다른 시장과 동일한 문구보다도 훨씬 우수하다. 따라서 시장진출 초기에는 각국 단위에서 개별내용을 검토하는 쪽이 효과적이다. 반면 개별시장 입장에서 보면 작성 비용이 증대된다. 한 나라 문화권에서 효과가 증명될 경우, 또 다른 문화권에서 개별적으로 개발·검토하기 전에 그곳에서도 테스트해 볼 수 있다.

각종 마켓 세그먼트에 대해 통일된 광고를 할 때 경제적 효과는 크다. 가장 적합한 전략은 광고 전략을 준비하는 단계에서 국제적인 차이를 고려하고 가능한 많은 시장에서 똑같은 광고수단을 채택하는 것이다.

그러나 최종적으로는 외국시장을 잘 이해하고 있는 경영 간부의 의견을 중시해 결정한다.

그림 10.5 **글로벌 커뮤니케이션 프로세스**

(2) 데이터베이스 마케팅

다이렉트 마케팅은 각종 미디어(DM, 카탈로그, 텔레마케팅 등)를 사용하여 고객의 반응을 탐색하거나 제품을 홍보·판매하는 쌍방간 커뮤니케이션 수단이다.

데이터베이스 마케팅(DB Marketing)도 그 일종으로 고객의 이름이나 주소 등 이외에 구매 이력이나 기호 등을 데이터베이스에 축적하고 '제품을 어떻게 변화시킬 것인가?', '고객구매 패턴에 어떻게 대응할 것인가?' 등의 과제를 해결할 때에 이용한다. 데이터베이스를 구축·정비하기 위해서는 투자가 필요하지만 데이터베이스를 잘 이용하면 매출액 증가를 통하여 이익을 얻을 수 있다.

4.5 글로벌 마케팅 플래닝

성문화한 전략계획을 갖지 않은 채 매일매일 영업활동을 하고 있는 기업은 많다. 중소기업의 경영자 중에는 "전략의 입안은 대기업에만 필요하다"라고 생각하는 사람도 많다. 실제 그러한 계획을 갖지 않고서 오랜 기간 동안 순조롭게 성장해온 기

그림 10.6 마케팅 플랜의 사고방식

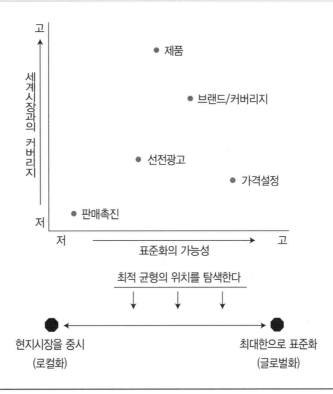

업도 있다. "시장의 변화는 너무도 빨라 전략을 성문화하는 사이에도 바뀌므로 결국 도움이 되지 않는다"라는 의견도 자주 들린다. 그러나 경쟁이 보다 격심한 글로벌 시장에서는 경쟁기업이 전략을 세우고 그것에 따라서 사업을 전개해 나가기 때문에 성문화된 전략이 필요하다. 전략은 실현 가능한 내용을 명기하는 것이 필요하고, 경영간부가 무엇을 수행해야 할 것인가를 명확히 이해할 수 있으며, 계약 기간 중에 성실히 수행할 것이 무엇인지를 측정할 수 있는 내용이어야만 한다.[2]

글로벌 마케팅 플랜의 입안은 제품 디자인, 가격, 브랜드, 유통, 판매 촉진 등 마케팅 요소를 나라별로 취급할 것인가 혹은 글로벌하게 통일할 것인가의 검토가 필요하다. 글로벌하게 표준화할 수 있는 것, 현지 니즈에 맞추어야 할 것, 그리고 양자 균형을 잘 맞추어야 하는 것이 있기 때문이다. 그리고 끊임없이 변하는 환경에 맞추기 위해서 유연성이 필요하다.

예를 들면 미국의 코카콜라 사는 광고 내용을 글로벌하게 통일하고 있다. 스위스의 네슬레(Nestle)는 모든 나라에서 모든 제품에 동일 브랜드를 사용하고 있다.

글로벌 마케팅 플랜을 분류하면 다음과 같이 된다.

① 표준화된 마케팅 플랜

장점으로는 표준화(standardization)에 따라 많은 비용절감효과를 기대할 수 있으며, 세계적으로 사람들의 이동이 빈번하기 때문에 통일된 제품이나 마케팅이 고객의 욕구를 만족시키기 쉽다. 반면에 단점으로는 나라의 고유한 특성이 크게 다른 경우 표준화된 제품이나 마케팅으로는 고객을 만족시키기 어렵다.

② 분권화된 마케팅플랜

나라에 따라 다른 시장환경에 맞추기 위해서 현지 마케팅 플랜의 계획을 세우고, 현지 사업환경에 대해서 가장 자세히 알고 있는 현지 경영간부가 마케팅 책임을 맡는다.

③ 쌍방향(interactive) 또는 통합화된 마케팅 플랜

표준화와 분권화의 쌍방 이점을 혼합한 계획으로서 현지 시장환경 특성은 현지 자회사가 명확하게 파악하고 있으므로 본사에서는 중요한 목표설정이나 자원을 배치한다.

그림 10.7 글로벌 마케팅믹스 전략

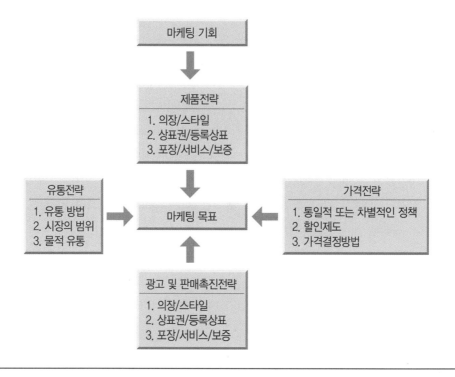

출처: 원종근, 국제경영학, 박영사, 1996, p. 477.

글로벌마케팅믹스는 목표시장의 제반특성을 고려하여 마케팅믹스를 조정하고 기업의 이익과 마케팅목표가 달성될 수 있도록 최적으로 믹스하는 것이 무엇보다도 중요하다. 또 마케팅믹스는 갖가지 해외시장 여건변화와 경쟁기업 반응 등에 탄력적으로 적응할 수 있는 융통성을 갖도록 설계해야 한다.

글로벌마케팅믹스전략 개발상의 유의점을 살펴보면 다음과 같다.

첫째, 기업은 최적믹스 또는 적어도 기업의 이익 및 마케팅목표를 달성할 수 있는 마케팅믹스를 얻기 위해 노력해야 한다. 그러나 이에는 믹스구성요소 간의 상호의존성, 자사 믹스전략에 대한 경쟁기업의 반응, 해외시장 환경변수의 계속적인 변화라는 문제가 따르므로 믹스전략 수립에 있어서 이러한 모든 요인을 고려해야 한다.

둘째, 어떤 국가에서 성공한 마케팅믹스라 할지라도 사회·문화·관습과 마케팅제도 등의 차이를 고려하지 않고 다른 나라에 적용하는 것은 중대한 과오를 초래할 수 있다. 또한 내구소비재를 판매함에 있어서 서비스 및 부품 등과 같은 마케팅믹스의 기본적인 요소를 제공하지 못하는 과오를 범할 수도 있다.

셋째, 전략수립에 관련된 변수가 많고 기업 간 또는 제품계열 간에 차이가 있다는 것을 염두에 두어야 한다. 공업국가와 비공업국가에 대한 마케팅믹스는 제품의 다양성에 있어서 차이가 있어야 하며, 부품이나 전체시스템을 표준화할 때에도 각국 시장의 특색이나 소득, 기호 등에 알맞게 조절할 수 있도록 하여야 한다.

논의주제 💬

1. 글로벌시장의 환경분석틀
2. 글로벌 마케팅의 STP전략
3. 글로벌 마케팅 믹스(marketing mix)
4. 글로벌 마케팅 믹스의 사례를 제시
5. 글로벌 브랜드 전략 사례를 제시

핵심용어 💬

- 글로벌시장의 환경분석
- 표적시장 선정
- 글로벌 포지셔닝
- 글로벌 마케팅 믹스
- 글로벌마케팅 커뮤니케이션
- 시장 세분화

주(註) 💬 ||||||||||||||||||||||||||||||||||||||||||||||||||||||||||||||||||||||||||||||||||||||||||||||||||||||||||||||

1) A. M. Rugman, D. J. Lecraw and L. D. Booth, *International Business*, McGraw-Hill, 1985, p. 342.

2) P. Kotler, *Marketing Management: Analysis, Planning, and Control*, 4th ed., Prentice-Hall, 1980.

Chapter 11

글로벌기업의 재무

장 머리에

글로벌기업경영에서는 국경을 넘는 자금의 흐름을 효율적으로 관리하여 글로벌기업 전체적으로 자금의 활용도를 증대시키는 것이 중요한 과제이다. 기업 경영이 글로벌화, 다양화되어 감에 따라 재무전략도 크게 변화하고 있다. 재무활동의 글로벌화는 물론 거래내용의 다양화, 수법의 고도화 등 글로벌재무가 갖추어야 할 노하우는 한층 고차원적이다. 거래의 다양화, 수법의 고도화에 따라 기업의 위험부담 가능성도 높아졌고, 그 내용 또한 복잡해지고 있다.

전통적으로 재무관리에서 다루어지는 기능은 투자(investment), 자금조달(financing), 그리고 운전자금운영(working capital management)의 세 가지 기능이 근간을 이루었다. 글로벌기업이 처해 있는 환율변동의 위험을 정확히 측정하고 이에 대비하여야 하며, 전통적으로 재무관리에서 다루어졌던 투자, 자금조달, 그리고 자금관리가 글로벌한 규모로 어떻게 이루어지는가? 환율변동으로 글로벌기업이 직면하는 위험이 무엇인지, 이를 정확히 측정하고 대처하는 방안을 모색해야 한다.

따라서 본 장에서는 이러한 문제에 대응하기 위해 기업경영에 필요한 재무에 관계되는 여러 가지를 살펴보고자 한다. 구체적으로 재무의 기본이 되는 자금 운용과 조달에 대해서, 새로운 재무적 기법을 언급하고 글로벌재무의 새로운 수법으로 빼놓을 수 없는 파생금융상품은 간략히 다루고자 하며, 글로벌재무만이 가지고 있는 컨트리리스크와 환리스크, 나아가 세무문제에 대해서 살펴보고자 한다.

1 글로벌재무의 중요성과 특징

1.1 글로벌재무의 중요성

한국기업의 업무활동에서 수출입거래는 물론, 해외 자본거래에 있어서도 질적·양적 모두 급격히 확대되고 있어 글로벌재무전략의 중요성은 갈수록 확대되고 있다. 우선 기업의 재무활동이 글로벌화되는 배경이 무엇인가를 정리해 본다.

(1) 금융세계화

기업 재무활동의 국제화를 촉진한 배경의 하나로, 한국금융의 글로벌화를 들 수 있다. 즉 1998년 한국경제가 IMF관리체제 하에 들어가자 외국환 및 외국무역관리법(외환법)의 개정에 의해 금융거래, 특히 자본거래의 자유화가 확립되었다. 기업의 외환선물거래가 자유화된 한편, 외국환은행에 대한 규제도 급속히 철폐되어 자금이동에서 국경이 거의 사라졌고 한국금융체제의 국제화가 정비됐다.

(2) 금융신기법의 보급

한편 기업의 재무활동의 고도화, 글로벌화를 촉진한 것이 금융신기법, 소위 파생금융상품거래의 보급이다. 1970년대 후반에 구미에서 시작된 파생금융상품거래는 1980년대 이후 한국의 통화·금리스왑·통화옵션과 금융선물거래 등의 형태로 차례로 도입되어 금융의 최첨단 도구가 정비되었다. 특히 1997년 말 우리 경제가 IMF관리체제 하에 들어간 이후 파생금융상품거래는 재무활동에 새로운 기회를 제공하고 기업의 재무전략에 커다란 변혁을 가져오게 되었다.

(3) 경제환경의 변화

한국을 둘러싼 경제환경의 격변은 기업의 재무전략의 중요성을 한층 높이는 결과를 낳았다. 즉 1980년대 후반부터 고비용 저효율 산업구조는 한국기업으로 하여금 생산의 해외이전, 경영의 글로벌화 등을 촉진하게 하였다.

이러한 배경으로 기업의 재무활동에도 글로벌화의 요구가 높아져, 글로벌재무전략은 경영전략 중에서도 중요한 지위를 차지하게 되었다. 그러나 한편으로 글로벌재무에는 종래의 국내재무와는 여러 가지 다른 점을 포함하고 있어, 글로벌재무 운영에 있어서 몇 가지 문제점이 제기된다.

즉, 글로벌재무는 서로 다른 나라나 시장과 거래하기 때문에 법률, 거래관습의 차이에 따른 여러 가지 문제가 발생하기 쉽다. 또한 거래에 따른 리스크도 국내에서는 여신리스크나 금리리스크가 중심인데 비해 국제거래는 추가로 환리스크나 컨트리리스크 등이 중요시된다. 더욱이 해외투자나 해외자금조달에는 고도의 노하우가 필요한 경우가 많다.

1.2 글로벌재무의 특징

글로벌재무의 전략적 의사결정 행동을 지탱하는 기반은 각국 간에 존재하는 각종 제도, 관행, 재무환경 등의 서로 다름에 있다. 글로벌기업은 각국의 물가수준, 인플레이션, 자본비용, 환리스크, 탈세 및 회계제도 등의 차이, 즉 기업을 둘러싼 글로벌재무 환경에 엄연히 존재하는 이질성을 주시하고 제도적으로 다양하고 복잡한 환경조건으로 야기되는 정보의 갭(gap)을 극복하려 한다. 더욱이 이들 '정보'를 시스템 내부에서 독점적으로 보유하려고 한다. 이 '내부화' 행동이야말로 글로벌기업 재무전략의 특징이라고 할 수 있다.

관리적 의사결정 차원에서 글로벌재무의 특징을 보면 재무의 기본적 기능인 ① 자금조달, ② 운전자금의 관리, ③ 재무계획과 통제 등의 행동원칙이나 수법은 국내 기업 활동과 커다란 차이가 없다. 단지 글로벌사업활동의 경우, 그것을 둘러싼 재무환경이 훨씬 복잡·다양하다는 점이 국내활동과 다르다. 글로벌재무 담당자는 자사가 내적으로 보유한 재무자원을 올바르게 인식하고, 자사를 둘러싼 외부환경요인을 적정하게 평가하여 각기 독자의 관리시스템을 개발하여야 한다. 이러한 관리시스템에 입각해서 전개된 업무적 의사결정행동은 그 기업의 최고 가치 있는 테크닉이다.

글로벌재무에 있어 중요한 또 하나의 특징은 모회사와 해외 자회사 간을 연결하는 네트워크를 통해 이루어지는 자금조달, 이윤송금, 이전가격책정, 환리스크 헤지 등의 업무적 의사결정에 이르기까지 대부분이 본사의 최종결정을 필요로 하는 일원(一元)관리·집권관리 체제에 있다는 것이다. 그만큼 재무가 글로벌경영의 주요 요건이라는 증거다.

(1) 다원적 자금조달의 원천과 선택기준

글로벌기업은 가장 쉽고 그것도 낮은 비용으로 차입할 수 있는 자금원으로부터 자금을 조달해서 그것을 필요로 하는 관련회사에 이전하고, 운용하는 것을 재무정책의 원칙으로 하고 있다.

자금조달 원천은 자회사 입지를 기본으로 현지와 외국으로 나누고 기업 시스템을 중심으로 내부와 외부로 나눈다(〈표 11.1〉).

1) 현지외부자금(좌하)

자회사가 필요로 하는 자금을 현지의 외부자금원에 부탁 여부는 결국, 각종 리스크의 회피, 이익의 확보 내지 최대화에 관한 본사의 재무정책에 의하여 정해진다. 또한 같은 외부자금이더라도 자회사가 입지하는 현지에서 차입할까, 혹은 제3국에서 도입·운영할 것인가는 그 기업시스템 전체 입장에서 합리적으로 검토되어야 한다.

2) 현지내부자금(좌상)

자회사의 자금조달력은 그 자회사의 ① 성장률, ② 이익률, ③ 본사의 송금정책에 의해서 결정된다.

성장률과 자기금융력의 관계는 급성장하고 있는 자회사만큼 당연히 현지에서 자기금융이든 외부금융이든 그 활용기회가 주어진다. 그 결과 본사 또는 외국의 내부자금원에 대한 의존도는 약화되고, 때로는 반대로 자회사가 기업내 채권자가 되는 경우도 생기지만 이같은 전략적 의사결정은 모두 본사의 채권관리 하에 있다.

3) 외국외부자금(우하)

현지 또는 외국(제3국)의 외부자금을 운용하는 직접적인 동기는 자회사 자금수요지만, 그 경우 ① 내부자금의 대량투입에 수반하는 위험의 방지(부정적 등기)와 ②

표 11.1 자금조달의 제 원천

구 분	현지자금원	외국금융
내부금융	• 자회사의 활동으로부터 생긴 현금의 흐름(유보소득 및 감가상각 적립금)	• 모회사 또는 그룹의 다른 자사를 통해서 직접적으로 흐른 것 (발행제 주식자본, 모·자회사간 대부금 및 모·자회사간 상업신용)
외부금융	• 증권의 매각 • 금융기관으로부터의 차입 • 정부, 지방자치체로부터의 장려금 • 상업신용	• 국제증권의 매각 • 국제금융기관으로부터의 차입 • 국제 상업 신용

자회사의 자율성과 인센티브 강화(긍정적 동기)라는 두 가지 측면으로부터 검토가 필요하다.

4) 외국내부자금(우상)

글로벌재무정책 관점에서 보면 이 외국내부자금 운용이 가장 주목해야 할 원천이다. 그것도 ① 현지외부금융시장 상황, ② 실질차입 비용, ③ 자회사 신용확립도, ④ 환율변동, ⑤ 인플레이션 등의 환경조건 제약에 대응하려는 차선책이지만 보다 적극적으로 이전가격설정이나 헤지(hedge), 국제투기의 자금원으로서 활용된다.

(2) 다면적인 기업내 재무 링크

글로벌기업이 기업에서 서로 이전하는 현금항목과 그 재무 링크는 극히 다면적이다. 또한 [그림 11.1]에서 나타내는 바와 같이 자회사 수의 증가에 따라 기업 내에서 필요한 현금의 흐름을 자사 내에서 흐르게 하기 위한 명목은 기하급수적으로 늘어나고 있다.

재무측면에서 기업의 글로벌화 동기는 세계적 규모에서의 기업 내 자금최적배분과 이윤의 극대화에 있다고 할 수 있다.

그림 11.1 기업내 재무링크수가 재무시스템에 주는 효과

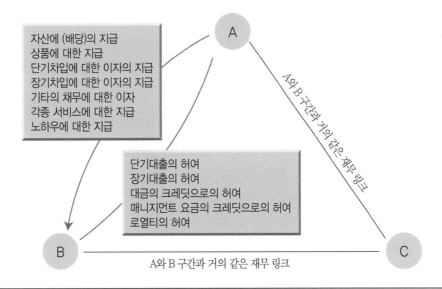

(3) 이전가격설정 가격설정

이전가격(transfer price)은 글로벌기업이 기업내 거래에 대해서 설정하는 가격이다. 글로벌기업은 세계적 규모의 관리시스템을 구사해서 기업 내에서 상호간에 원료·부품·제품의 판매·각종 서비스의 제공이라는 상호 지원활동은 전개하지만 그때 설정된 가격은 독립된 기업 간의 거래에서 설정된 시장가격과는 차이가 있을 가능성이 있다.

기업 내에서 이전가격전략을 사용하는 주된 목적은 아래의 두 가지로 집약된다. 첫째, 시스템 전체에서 경영자원을 최적배분하고, 장기이윤의 극대화를 도모한다. 둘째, 자회사 이익 성과를 측정하는 기준을 제공한다.

그 외에도 시장규모 확장, 경쟁력 증가, 규모의 경제와 범위의 경제 달성, 내외정부에 의한 규제완화 등의 목적이 있다. 또한 보다 구체적으로는 ① 절세, ② 환차손의 극소화, ③ 신규 자회사나 적자 자회사에 대한 자금 원조, ④ 이윤 폭 조정, ⑤ 합작기업에게서 이윤 도피, ⑥ 관세·비관세 장벽의 회피 등의 목적이 있다.

2 주요 글로벌재무기법의 특징과 활용법

2.1 외화자금 운용

(1) 외화예금

외화예금은 미국 달러를 비롯하여 일본 엔, 호주 달러 등 문자 그대로 외화기준으로 외국환은행에 입금되는 예금이다. 일반의 원화예금과 마찬가지로 정기예금, 보통예금, 당좌예금 등의 종류가 있다.

외화예금의 이용법에는 ① 외화결제구좌로서의 이용법, ② 적극적인 자금운용으로서의 이용법 등이 있다. ①은 수출에서 회수한 달러를 원화로 전환하지 않고 달러 그대로 수입결제에 충당하는 방법으로, 환율 변동리스크를 회피할 목적 등에 이용된다. ②는 고금리 통화로 예금을 함으로써 원화예금보다 높은 수익률 이자를 기대하는 거래이다. 단, 고금리라 할지라도, 기일에 원화로 전환하는 경우는, 그 때의 환율이 예입시보다 외화예금의 통화가치가 하락하면 환차손이 발생하는 데 유의해야 한다.

이러한 이용법 등에 대하여 예금기일의 환리스크를 회피하기 위해 환예약을 체결하는 방법도 쓰인다. 이 경우는 기일의 환시세를 감안한다면 실질적인 수익은 일반적으로 거의 원시장금리를 반영한 것이 된다. 이와 같이 외화예금은 선물예약부 외화예금이라고 하지만, 상기의 ①, ② 이용법은 오픈외화예금이라고 부른다.

(2) 외화기준채권

외화자금의 운용방법으로 보급되어 있고 또한 중요성이 높은 것이 외화기준채권에 대한 투자다. 외화기준채권 중에는 안전성이나 유동성 면에서 미국 국채가 이용되는 경우가 많다.

그러나 미국국채는 달러기준이기 때문에 환시세가 변동하여 달러가치가 하락할 경우에는 모처럼 고수익으로 운용했던 자금도 한국국채에 투자할 경우의 이율을 밑도는 경우나, 심지어 원금이 줄어드는 경우도 생각할 수 있다.

즉 외화기준채권 수익률은 외채이율과 환변동 수익률 증감을 감안하여 생각할 필요가 있는 것이다.

$$원화기준수익 \ = \ 외채수익률 \ \pm \ 환율변동수익률$$

환변동에 따른 수익률 변화는 구입시에 적용하는 환시세와 매각 또는 상환시에 적용하는 환시세 변동률을 연수익률로 환산하여 다음과 같이 산출할 수 있다.

$$\frac{매각(상환)시 \ 환율 - 구입시 \ 환율}{구입시 \ 환율} \times \frac{1}{투자기간(연수)} \times 100$$

환변동의 영향은 운용기간이 길수록 줄어든다. 즉 1미국달러가 1,000원일 때 투자하여 매각시환율이 900원이 된 경우에도 1년과 10년 등 투자기간에 의해 그 영향을 미치는 정도가 크게 달라진다.

$$\frac{900 - 1,000}{1,000} \times \frac{1}{1} \times 100\% = \triangle 10.0\% \quad 1년의 \ 경우$$

$$\frac{900 - 1,000}{1,000} \times \frac{1}{10} \times 100\% = \triangle 1.0\% \quad 10년의 \ 경우$$

미국국채와 한국국채의 금리차가 2.0%로 US\$1가 1,000원시에 미국국채에 투자한 경우,

$$\frac{x-1,000}{1,000} \times \frac{1}{5} \times 100\% = \triangle 2.0\% \qquad 5년의\ 경우$$

$$x = 90\%$$

이 된다. 즉, 5년 동안 1달러가 900원으로 원화절상이 된 경우에는 2%의 금리차 이익이 환차손으로 없어져 버리게 된다.

또한 엄밀하게는 외화기준 이자지불도 환변동 영향을 받아 원화기준으로는 변동한다. 따라서 외화이자 환변동분도 감안한 순수원화기준수익률은 다음과 같이 생각할 수 있다.

$$외채이율 \times (1 \pm 환변동수익률) \pm 환변동수익률$$

2.2 외화자금조달 수단

(1) 임팩트 론(impact loan)

외화자금조달의 가장 일반적인 수단은 임팩트론이다. 임팩트론은 일반적인 운전자금을 비롯하여 무역금융의 보완 등 여러 가지 목적에 이용될 수 있는 은행차입으로, 다음 항목의 프로젝트금융 등과 같이 사용목적이 한정되어 있지 않은 점에서 '사용처에 제한이 없는 외화대출'이라고 불린다. 미국달러를 비롯하여 EU의 유로, 영국 파운드 등이 이용된다.

임팩트론 이용법에는 ① 저금리 장점을 활용하는 방법, ② 환위험을 회피하기 위한 이용법, ③ 원화기준 론(loan)의 대체로서의 이용법 등이 있다.

①은 원화보다 금리가 낮은 통화를 이용하여 차입비용 저하를 꾀하는 방법이다. 그러나 이 방법은 오픈외화예금과 같이 환율변동리스크를 수반할 위험성이 있다. 즉 기일의 환율이 차입시와 비교하여 원화절하(론통화의 인상)가 되면 환차액이 발생함에 유의하지 않으면 안 된다.

②는 수출대금 등 외화의 회수가 예정되어 있는 경우는 변제기일을 외화 회수시기에 맞추어 대출을 일으키는 방법이다. 이렇게 함으로써 본래 외화를 회수하고 나서 일어나는 원화로의 전환을, 대출발생시점으로 소급할 수 있어 장래의 환위험을

그림 11.2 프로젝트금융의 당사자

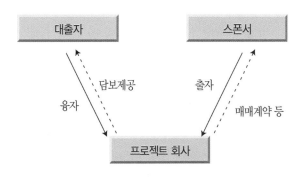

회피할 수 있다.

③은 대출기일에 맞추어 환예약을 체결하는 방법이다. 외화금리와 환시세를 더한 총 비용은 거의 원화의 시장금리를 반영한 것이 되므로, 일반적인 국내대출 기준인 단기프라임·레이트보다 유리한 국면에서 이용가치를 높일 수 있는 거래이다. 또 ①과 ②의 이용법을 오픈임팩트론, ③은 스왑부 임팩트론이라고 부른다.

(2) 프로젝트금융(project finance)

자원개발 등 대형 융자형태의 하나로 프로젝트금융이 있다. 프로젝트금융의 융자대상은 석유, 가스, 석탄 등 광물자원의 개발과, 석유화학 프로젝트 등 독립적으로 기능하는 경제단위의 사업추진에 필요한 자금이다. 또한 프로젝트금융 당사자는 ① 개발 등의 기획, 사업추진 등에 해당하는 모회사나 제품소비자 등 프로젝트 스폰서, ② 개발 등을 실제로 행하는 사업본체에 해당하는 프로젝트회사로 스폰서의 출자를 받아 설립된 사업체, ③ 프로젝트에 융자하는 은행 등의 금융기관으로 구성된다.

융자는 민간은행에 의해서도 이루어지나, 정부계 금융기관이나 세계은행 등이 참가하는 경우도 많다. 융자는 이들 대출자가 프로젝트회사에 직접 대출하는 형태를 취하는 경우가 많고, 담보는 프로젝트회사가 제공하고 상환자금도 사업이 가동해서 생기는 캐시플로우(cash flow)가 된다.

(3) 신디케이트론(syndicated loan)

신디케이트론은 복수은행이 협조융자단(신디케이트단)을 구성해서, 중장기대출 등의 신용공여를 행하는 형태이다. 신디케이트론을 이용하는 거래는 규모가 크고, 차입인도 높은 국제적인 신용도가 요구된다. 일반적으로 대출은행은 여신 인수를 하고 신디케이트단을 구성해서 그 대출의 일부를 다른 은행에게 판매하는 형태를 띠고 있다. 신디케이트론의 대출금리는 일반적으로 단기 국제금융시장금리를 기준으로 하고 있다. 즉 대출기간은 5년 등 중장기이나 금리는 3개월이나 6개월의 LIBOR(런던금융시장의 대출자금금리) 등에 해당은행의 이익을 더한 변동금리가 적용된다.

신디케이트론이 확대하는 과정에서 정부, 정부기관, 중앙은행, 국영기업, 지방정부, 기타관계기관 등이 차입인으로써 커다란 역할을 수행해 왔다. 소위 말하는 소버린론(최종적으로 국가가 차입인이 되는 론) 및 이에 준하는 것이다. 그 외에도 국제기관이나 민간대기업 등이 있으나, 이들 모두 국제적인 신용도가 높아야 함을 조건으로 하고 있다.

신디케이트론은 다수 은행이 융자에 참가하는 특징을 가지고 있으며, 이로 인해 차입인은 규모가 큰 금액의 융자를 받을 수 있는 장점이 있다. 즉 대출총액은 주간사(lead manager)가 인수를 하고 신디케이트단을 구성한다. 이하 참가금액에 따라 간사(manager), 부간사(co-manager), 일반참가(participant) 등의 등급으로 나뉜다. 이와 같이 대출은행은 조건에 대한 관심도나 차입인에 대한 여신판단에 의해 대출금액을 정하여 참가할 수 있다.

또 대출은 장기이지만 금리 결정이 단기간마다 변하므로, 대출은행은 단기자금을 조달해서 장기대출을 할 수 있게 되어, 장기대출에 참가하기 쉬운 시스템이라고 말할 수 있다. 또한 론의 통화는 달러기준이 많으나 엔이나 유로 등도 증가하고 있다. 더욱이 차입인의 필요에 따라 많이 통용되는 통화 중에서 사용통화를 선택할 수 있는 멀티커런시방식(multi-currency loan) 등도 이용되고 있다.

(4) 전환(轉換)사채(CB: convertible bond)

자금조달의 일환으로 한국기업이 해외자본시장에서 사채를 발행하는 경우가 많아졌는데, 이것이 바로 외채발행이다. 외채발행은 자금조달 다양화를 도모하기 위한 유력한 수단이지만, 가장 유리한 시장을 택하여 사채를 발행하기 때문에 저금리로 조달할 수 있고, 증권거래소에 상장함으로써 지명도 향상 등의 효과도 기대할 수 있다. 여기에서는 외화채발행 중에서도 특히 이용이 증가하고 있는 전환사채에 대해서 설명하기로 한다.

전환사채는 일정한 조건으로 발행자의 주식으로 전환할 수 있는 권리가 붙은 사채를 말한다. 전환가격, 전환의 환시세는 발행시 결정되기 때문에 전환이 진행되는 가는 그 이후의 주가와 환시세에 의해 결정된다. 예를 들면 전환조건이 주가 10,000원, 환율 1,000원의 달러기준 전환사채의 경우, 발행후 시장에서 주가가 12,000원이 되면 전환이익이 발생한다. 환율에 대해서도 예를 들면 1달러가 900원이라고 하면 원기준으로 주가는 달러기준 사채와 비교하여 원이 비싸진 만큼 실질적 가치가 상승하여 전환이 진행된다고 할 수 있다.

이러한 조건에서 전환사채의 가격을 판단하는 지표로서 다음과 같은 패러티(parity)가 이용된다. 패러티가 100을 넘으면 전환이익이 발생한다.

$$\text{패러티} \quad \frac{\text{주가(시가)}}{\text{전환가격}} \times \frac{\text{전환환시세}}{\text{전환가격 환시세(시가)}} \times 100$$

전환사채발행의 장점은 ① 전환권이 투자가에게 있는 만큼 사채금리를 보통의 사채와 비교해서 낮게 책정할 수 있는 점, ② 전환이 진행된 분만큼 부채에서 자기자본으로 바뀌어 자기자본의 충실을 기할 수 있는 점 등이다.[1]

(5) 워런트채(WB: bond with warrant)

워런트채는 신주발행을 청구할 수 있는 권리가 붙은 사채로서, 신주인수권부 사채(워런트부 사채)라고도 불리운다. 워런트 채에는 워런트(신주인수권) 부분과 사채가 일체로 된 비분리형과, 두 가지가 분리 가능한 분리형이 있다. 분리형의 유통형태는 워런트부 사채, 워런트, 사채(ex-warrant)의 세 종류가 된다. 워런트의 행사조건은 전환사채와 같이 주식구입가격과 환시세가 사채발행시 결정된다. 워런트 행사여부는 주가와 환시세에 따라 결정되나 워런트만이 거래된 경우에는 권리행사의 가치가 없어지면 워런트는 휴지가 되어버린다.

권리행사에 의해 신주를 인수한 경우는 신주구입자금을 현금으로 납부하고 사채는 그대로 존속하는 현금불입형과, 사채로 지불하는 대용불입형이 있다. 대용불입형에서는 불입분 상당의 사채는 소멸된다.

워런트채발행의 장점은 신주인수권이 투자가에게 부여되어 있는 만큼, 사채금리를 낮게 책정할 수 있다는 점은 전환사채와 마찬가지이나, 현금불입형의 경우는 추가자금의 조달이 되는 장점도 있다고 할 수 있다.[2]

3 파생금융상품거래의 특징과 활용법

3.1 파생금융상품거래의 특징과 유의점

파생금융상품(derivatives)이란 종래의 금융상품에서 파생된 새로운 거래로서 옵션, 스왑, 금융선물 등의 거래를 지칭한다. 이들 거래는 앞에서도 언급한 바와 같이 1980년대부터 서서히 보급되어 현재는 글로벌재무활동을 행하는 기업의 중요한 수단이 되었다. 대표적인 이용법에 대해서는 뒤에 설명하기로 하고, 여기에서는 파생금융상품거래 전체의 특징과 이용상 유의점을 정리하기로 한다.

파생금융상품은 새로운 아이디어를 제공하는 우수한 거래이나, 반대로 구조가 복잡하고 가격변동의 예측이 어려운 점 등의 단점도 있다.

또 일반적으로는 원금에 상당하는 금액의 수수가 동반되지 않기 때문에 이용자는 옵션료나 금리 등 거래와 비교해서 적은 원금으로 거래를 할 수 있다. 이는 적은 자금으로 큰 거래를 할 수 있다는 의미에서 레버리지효과라고 불린다.

레버리지효과는 이익이 생겼을 때는 이익효율이 높으나 손실이 생겼을 때는 위험률도 크게 된다.

이와 같이 여러 가지 점에서 파생금융상품거래는 양날의 칼과 같은 성격을 가지고 있다. 글로벌재무수법의 유효한 수단이지만 그 메커니즘이나 특질을 충분히 파악한 후에 이용하는 것이 중요하다.

현재 문제가 되고 있는 2008년 미국발 국제금융 위기도 파생금융상품을 무분별하게 이용함으로써 레버리지효과를 극대화하고자 하였던 세계적인 투자금융기업들의 탐욕에서 비롯되었다는 비판이다.

3.2 통화옵션

(1) 옵션활용 환예약

우선 파생금융상품 중에서도 수출입거래를 중심으로 널리 보급되고 있는 통화옵션을 설명한다. 옵션(option)은 일반론보다도 구체적인 사례가 이해하기 쉬우므로

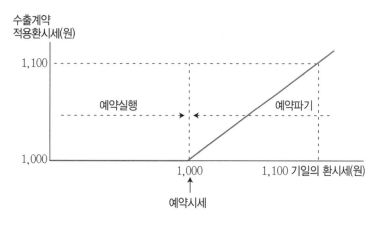

우선 수출거래를 위한 환예약의 예부터 설명하기로 한다.

원화절하가 진행될 가능성이 높으나 원화절상으로 될 가능성도 상당히 남아있다고 예상될 경우, 수출기업은 어떻게 대응하면 좋을까? 수출계약을 하고 채산성이 확실히 보장되면 안심이야 되지만, 만일 원화절상(환율하락)이 된다면 모처럼의 환차익의 혜택을 받지 못하게 된다. 이러한 경우에 유효한 것이 옵션부 환예약인 것이다. 즉 예상대로 원화절상(환율하락)이 된 경우에는 예약레이트가 보장되어 있지만, 반대로 원화절하(환율상승)일 경우에는 예약을 파기하고 원화절하의 시장시세를 적용받을 수 있는 거래이다.

예를 들면 1달러 1,000원의 수출예약을 한 경우, 기일의 환율이 900원으로 원화절상되어도 당연히 1,000원의 예약이 실행된다.

반대로 환율이 1,100원으로 원화가 절하된 경우는 수출기업은 옵션권리를 포기, 환율의 실제시세인 1,100원으로 수출결제를 받을 수 있다. 단 옵션부 예약은 이용자에게 매우 유리한 조건이므로 예약 체결시에 수수료를 지불하여야 한다. 수수료액은 예약시세나 예약기간, 시세의 변동예상 등의 조건에 의해 다르게 된다.

(2) 통화옵션의 구조

상기한 환예약의 설명은 통화옵션의 기본적인 응용 예시다. 통화옵션이란 달러 등의 통화를 장래에 사거나 팔 수 있는 '권리'이다. 달러를 살 권리를 '달러콜(dollar call)', 달러를 팔 권리를 '달러풋(dollar put)'이라고 한다.

그림 11.4 달러콜 구입의 손익

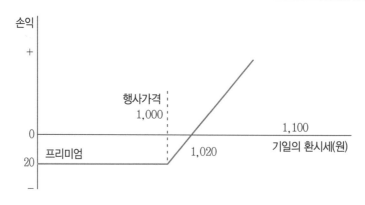

또한 콜이나 풋을 실행할 때 사용되는 가격(달러시세)이 행사가격이다. 옵션을 사는 경우는 권리를 획득하는 것이므로, 그 대가를 옵션 판매자에게 지불해야 한다. 이것이 옵션료(프리미엄)이다.

예를 들면 달러콜(달러를 살 수 있는 권리)을 1,000원에 산 경우를 생각해 보자. 프리미엄은 20원이라고 한다. 달러가 1,000원 이상으로 값이 오르면 권리를 행사하여 달러를 1,000원에 사고 시장에서 비싸게 팔아 이익을 얻을 수 있다. 단 프리미엄으로 20원을 지불했으므로 1,020원이 손익분기점이 되어, 그 이상 값이 오르면 오를수록 순수익은 증가하게 된다.

한편 달러시세가 1,000원 이하로 떨어진 경우는 1,000원에 달러를 살 권리는 포

그림 11.5 달러콜 매각의 손익

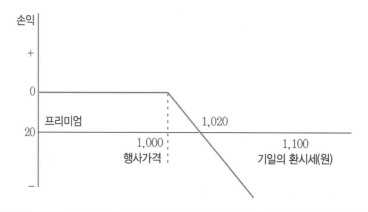

기하나, 당초 지불한 프리미엄인 20원은 손실이 된다. 단 달러가 아무리 떨어져도 손실한도는 프리미엄분까지가 된다.

반대로 달러콜을 1,000원에 매각한 사람의 손익은 어떻게 될까? 달러가 1,000원 이상으로 인상되면, 옵션 매수인이 권리를 행사하므로 1,000원의 달러판매에 응하기 위해서 시장에서 비싸게 사들이므로 손해가 발생하게 된다. 단 프리미엄 20원을 받 았으므로 1,020원이 손익분기점이 되어 그 이상 달러 값이 오르면 오를수록 손실은 증가한다.

달러가 1,000원 이하로 떨어진 경우에는 옵션 매수인이 권리를 포기하기 때문에 받은 20원이 수익이 된다. 단 수익은 프리미엄이 한도가 된다. 이와 같이 옵션거래 는 매도인과 매수인 사이의 거래이므로, 쌍방의 손익을 합하면 0이 된다. 따라서 각 각의 손익그림은 상하 대칭형이 되는 것이다.

3.3 통화 · 금리스왑

스왑(swap)에 대해서도 우선 알기 쉬운 사례를 가지고 생각해 보자. 기업어음 (CP: commercial paper)을 발행해 단기자금조달을 하고 있는 X사가 앞으로의 금리 상승에 대응하는 경우를 들어 본다. CP는 기업이 단기 약속어음을 발행하여 금융시 장에서 자금을 직접 조달하는 방법이다. CP발행에 의한 자금조달은 시장환경에 따 라 달라지나 동일기업이 집중해서 발행하지 않는 한, 유리한 조건으로 자금을 조달 할 수 있는 기회도 크다. 단 기간이 3개월 등 단기이기 때문에 발행을 반복하는 사 이에 금리상승 위험을 부담하게 될 가능성이 있는 것이 문제점이다. 이 경우 금리상 승에 따르는 위험을 회피하는 데 스왑이 유효한 수단이 된다.[3]

즉 X사는 CP발행과 동시에 장기고정금리 지불과 단기변동금리 수취라고 하는 금리의 교환을 행한다. 이로 인해 X사는 CP를 위해 지불하는 단기변동금리를 스왑 시장에서 받을 수 있게 되어 장기고정금리 지불만이 남게 된다. 이 스왑이 5년으로

그림 11.6 **금리스왑의 거래사례**

장기고정금리의 지불이 3.5%라고 하면, X사는 향후 5년간은 아무리 금리가 상승해도 조달비용은 3.5%로 확정되었다고 할 수 있다.

X사가 교환한 것은 원화를 기준으로 하는 같은 통화로 장기고정금리와 단기변동금리 등과 같이 서로 다른 금리이다. 이와 같이 동일통화로 다른 금리를 교환하는 거래를 금리스왑이라고 부른다.

스왑에는 이외에도 서로 다른 통화, 예를 들면 달러와 원화의 원리금을 교환하는 통화스왑 등이 있다. 금리스왑도 통화스왑도 금리위험이나 환위험을 회피하는 등 글로벌재무수법의 중요한 기법의 하나로 널리 보급되어 있다.

3.4 금융선물거래

환리스크를 회피하기 위한 방법으로 환예약이 있다는 것은 앞에서도 언급했지만, 예금이나 대출, 채권 등의 금리변동에 대처할 유력한 수법이 금융선물거래이다. 즉 금융상품의 장래금리나 가격을 확정할 수 있는 거래라고 할 수 있다.

금융선물거래는 금융상품을 정해진 장래의 어느 시점에서 약정된 가격으로 매매를 약속하는 거래이다. 그러나 실제로는 결제익일까지 매매의 반대거래를 하여 매매가격의 차액만을 결제하는 것이 일반적인 방법이다. 따라서 현물의 수수를 행하는 경우는 드물다. 이러한 거래를 청산거래라고 한다.

금융선물거래의 대상이 되는 금융상품 종류는 매우 다양하나 크게 구별하면 다음과 같다. ① 유로엔이나 유로달러예금을 대상으로 하는 금리선물, ② 한국국채나 미국국채 등을 대상으로 하는 채권선물, ③ 달러나 유로 등의 통화를 대상으로 하는 통화선물, 주가선물 등이 있다.

금융선물거래에는 선물거래소의 규칙에 따라 다음과 같은 특징을 가지고 있다. ① 매매되기 쉽게 거래단위나 수수기일 등 거래조건의 정형화를 도모하고 있다. ② 차액결제에 의한 청산거래가 일반적이다. ③ 증거금의 적립이 필요하다. ④ 매일 가격의 재평가(make-to-market)제도가 있다. ⑤ 거래상대는 항상 선물거래소이다.

그러면 금융선물거래의 대표적인 상품인 유로달러예금과 유로¥예금의 금리선물을 중심으로 거래내용과 활용법을 알아보기로 한다.

금리선물거래 가격은 '100-금리'로 표시하도록 정해져 있다. 예를 들면 유로¥금리 선물가격이 96.80인 경우는 이에 대응하는 유로¥금리는 100-96.80=3.20,

즉 3.20%라는 의미이다.

대상이 되는 예금기간은 달러, 엔 모두 3개월이다. 또 결제기일의 도래월은 한월(限月)로 불리우나, 한월은 3월, 6월, 9월, 12월로 한정되어 있다.

거래단위는 달러가 100만US\$, 엔은 1억엔이며, 가격의 최소변동 단위(부르는 값의 단위)는 0.01(1티크)이다. 가격은 모두 100 − 금리(%)이므로, 가격이 1티크 변동하면 다음과 같이 달러는 25달러, 엔은 2,500엔의 손익이 발생한다.

$$100만달러 \times \frac{0.01}{100} \times \frac{3}{12} = 25달러$$

$$1억엔 \times \frac{0.01}{100} \times \frac{3}{12} = 2,500엔$$

금리선물의 가격체계가 '100 − 금리'로 표시되기 때문에 금리가 상승하면 선물가격은 하락하고, 반대로 금리가 떨어질 때는 선물가격은 상승한다. 따라서 금리상승이 예상되는 경우에는 금리상승위험을 피하기 위해서, 금리가 상승(선물가격이 하락)했을 때 이익이 생기도록 선물거래를 하면 되는 것이다. 즉 금리선물을 팔아 놓는 방법을 취한다.

예상대로 실제로 금리가 상승한 경우에는 선물가격은 통상 이에 대응해서 하락하므로 선물을 싸게 사서 매매차익을 얻을 수 있다. 금리상승에 의해 생기는 현물의 금리거래 손실은 이 선물이익으로 상쇄되어 위험이 헷지(hedge)된다.

반대로 금리 저하가 예상되는 때는 위험을 피하기 위해 금리가 떨어졌을 때(선물가격이 상승) 이익이 생기도록 선물거래를 한다. 즉 이 경우는 금리선물을 사 두는 것이다.

4 위험관리와 글로벌재무

4.1 글로벌재무상 위험의 특징

기업 활동 글로벌화와 더불어 재무활동도 글로벌화 · 다양화되고, 그 수법도 고

그림 11.7 글로벌재무와 수반되는 주요 위험

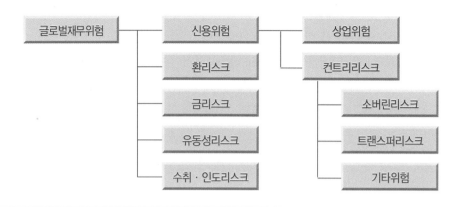

도화·복잡화 되고 있다. 이러한 배경 중에서 기업이 재무활동상 부담하게 되는 위험의 종류나 내용도 다양화·복잡화 되고 있다. 글로벌재무활동이 국내 재무활동과 다른 점은 기본적으로 거래상대가 외국에 있다는 것과 외국통화를 사용할 경우가 많다는 것 등이다. 이것이 글로벌재무에서 발생하는 위험을 특징짓고 있다.

즉 [그림 11.7]에서 보듯이 글로벌재무 위험에는 국내재무 위험과 마찬가지로 상업위험, 신용위험, 금리리스크, 수취·인도위험 등이 있으나 그 외에도 글로벌재무특유의 컨트리리스크나 환리스크 등이 있다. 더욱이 금리리스크 등은 국내재무에도 존재하는 위험이라 해도 복수의 통화에 관련되는 등 글로벌재무에서는 위험의 내용이 복잡한 것이 많다.

이렇게 복잡하고 중요도가 높은 위험을 부담하고 있는 글로벌재무거래에는 각각의 위험의 내용과 특징을 충분히 이해한 후 그에 대처할 수 있는 위험관리체제를 정비할 필요가 있다. 여기에서는 글로벌재무 특유의 컨트리리스크와 환위험을 중심으로 설명한다.

4.2 컨트리리스크와 해외수입자의 신용조사

(1) 상업위험과 컨트리 리스크

재무거래에 수반되는 기본적인 위험은 글로벌재무, 국내재무에 상관없이 신용위험이라고 할 수 있다. 신용위험은 재무거래에 의한 채권이 회수되지 않거나 상대방이 계약을 이행하지 않는 경우의 위험이다. 국내재무거래에 있어서 생기는 신용위험은 거래상대가 자금조달에 문제가 발생하여 채무나 계약을 이행하지 않는 경우가 일반적이다. 글로벌재무거래에서도 이러한 이유로 신용위험이 발생할 경우가 많다. 이렇게 상거래 그 자체에 따라 발생하는 위험을 상업위험이라고 하며 국내, 글로벌, 양 재무거래의 공통된 위험이기도 하다.

이에 대하여 글로벌재무거래 특유의 채권회수 위험에 컨트리리스크가 있다. 컨트리리스크란 거래상대국의 정치적, 경제적, 사회적 요인에 의해 생기는 채권회수나 계약불이행의 위험이다. 즉 전쟁, 혁명, 사업의 국유화, 국제수지의 악화, 외화준비의 압박, 환관리의 강화 등에 의해 채권의 회수가 불가능하게 되거나 계약을 이행해 받지 못하는 사태를 말한다.

또한 컨트리리스크에는 ① 계약상대가 최종적으로 국가인 거래의 위험, 즉 소버린리스크, ② 계약상대방에게는 변제능력이나 계약이행 능력이 있으나 해당국이 외화준비부족 등의 이유로 대외지불을 막아, 사실상 채권회수불능이 되는 트렌스퍼리스크, 또한 ③ 기타 정치, 경제, 사회적 원인에 의한 위험 등이 있다.

1997년 말부터 한국을 외환위기로 몰고 간 근본원인은 확대 일변도의 경상수지 적자였지만 직접적인 원인은 미국의 국제적 신용등급 기관인 '무디스 인베스터즈 서비스(Moody's Investors Service)'와 '스탠다드 앤드 푸어스(Standard & Poor's)'에 의한 신용등급의 하향조정이었다. 무디스의 등급은 예금과 채권 신용도를 A에서 C까지 19단계의 등급으로 표시한다. 이러한 신용등급 중 한국을 투자적격의 수준에서 벗어난 '투자등급'에 속하는 정크채권(junk bond)으로 평가한 것이다. 이로 인해서 한국의 신용이 폭락했고 금리를 높여도 돈을 빌려주는 금융기관이 없게 되었다. 그 결과 필요한 외화의 차입이 불가능하게 되고 국가부도 사태가 염려되자 한국정부는 당황해서 1997년 12월에 국제통화기금(IMF)에 구제금융을 신청하기에 이른 것이다. 이와 같이 컨트리리스크는 글로벌재무에 매우 중요한 요소이다.

(2) 해외수입자의 신용조사

수출은 외국에 있는 수입자와 행하는 거래이다. 따라서 수입자의 파산, 지급불능, 일방적인 계약파기, 채무이행지체 등의 신용위험을 가장 우선적으로 고려해야 한다. 더욱이 최근에는 수출경쟁이 심화되어 무신용장방식이 증가함에 따라 수입자의 신용상태 조사는 더욱 중요해지고 있다. 따라서 수출보험자로서 이러한 수입자의 신용상태를 고려한 후 인수 여부를 결정하며, 인수하는 경우에도 보험료와 인수한도를 결정하게 된다. 즉, 보험자가 보험을 인수할 때 위험 정도를 파악하는 것은 필수적인 것이다.

한편, 수출자도 수출계약 체결에 앞서 수입자의 신용상태를 파악할 필요가 있다. 그러나 수출자가 이러한 정보를 신속하고 정확하게 입수하기는 현실적으로 어려움이 많고, 특히 규모가 작은 중소기업은 더욱 그러하다.

따라서 한국수출보험공사는 수출신용정보센터를 설치, 운용하고 있어 이 센터 회원에게 수입자 신용정보를 제공하고 있다. 센터의 회원가입비 및 이용료는 수출지원 차원에서 무료이며, 세계각국에 있는 신용조사기관과 제휴하고 있다. 수출보험의 가입 전에는 이 센터에 가입하고 수입자의 신용조회를 의뢰해야 하며, 조회 결과에 따라 인수여부 그리고 보험료와 한도를 결정한다. 이 신용센터는 단순히 수출거래를 위한 신용조회에도 응하고 있다.

(3) 환 리스크와 그 대응책

컨트리리스크와 함께 글로벌재무거래에 수반되어 발생하기 쉬운 위험의 대표적인 것으로 환리스크가 있다. 환리스크란 간단히 말해서 환시세의 변동의 영향을 입어 생기는 손실이다.

기업이나 은행이 외화기준으로 자산을 보유하고 있는 경우, 원화에 대한 외화 평가가 상승하면, 그 자산에서 원화기준으로 이익이 생기게 된다. 거꾸로 원화에 대한 외화의 평가가 하락하면 그 자산을 보유함으로써 원화기준으로 손실이 발생하게 될 것이다.

한편 기업이나 은행이 외화기준으로 부채를 가지고 있는 경우를 생각해 본다. 원화에 대한 그 외화가치가 상승한다면 원화기준으로 부채가 증가해서 손실이 발생한다. 반대로 원화에 대해 외화가치가 하락하면, 원화기준으로 부채가 감소하고 이익이 생기는 결과가 된다.

이와 같이 외화기준으로 자산이나 부채를 보유하고 있는 경우는 그 외화의 가치 변화에 따라 이익이 발생하게 된다. 환리스크를 좀더 자세히 설명하면 보유하는 외화기준의 채권과 채무의 차액이 환시세변동의 영향으로 생기는 손실이라고 말할 수 있다.

그렇다면 환리스크 발생의 메커니즘을 알기 쉽게 수출거래의 사례에서 보기로 한다. 어느 텔레비전 제조업체가 1대 100만원하는 텔레비전 100대를 해외에서 수주받았다고 가정해 보자. 이때의 환시세가 1달러＝1,000원이라고 하면, 1대를 1,000달러(100만원)에 팔아야 채산이 맞게 된다.

즉, 100만원×100대＝1억원을 회수하기 위해서는

$$1,000달러 \ \times \ 100대 \ = \ 10만달러$$
$$10만달러 \ \times \ 1,000원 \ = \ 1억원$$

이라고 예상해서 계약하게 된다.

그런데 실제로 텔레비전이 완성되어 수출절차를 밟아 달러를 회수할 때, 환시세가 1달러당＝900원이 되었다면 어떻게 될까? 해외수입기업이 계약한대로 10만달러를 지불해 오더라도 원화로 환산하면 수취금액은,

$$10만달러 \ \times \ 900원 \ = \ 9,000만원$$

이 되고 만다.

즉 원화로 계산한 회수대금은 예정보다 1,000만원 줄어든 결과가 된다.

간단한 거래의 사례로 환리스크의 구체적인 예를 살펴보았는데, 글로벌재무의 환리스크는 여러 종류의 거래에서 발생하기 쉽다. 이 사례에서 본 것처럼 수출거래에서는 일반적으로 원화절상이 진행되면 환리스크가 발생하기 쉬우나, 그 이외에도 외화기준의 융자, 해외직접투자, 해외증권투자 등도 원화절상이 진행될 경우에는 환리스크가 발생하기 쉬운 거래라 할 수 있다. 즉 해외 자회사에 대한 대출금, 관련회사의 주식취득, 투자목적의 주식, 채권의 구입 등은 이자 수입이나 원금회수 시점에서 투융자시점과 비교하여 원화절상이 진행된다면, 원화환산 수취금액이 감소하여 환리스크를 동반할 가능성이 높아진다.

반대로 수입거래에서는 일반적으로 원화절하가 되었을 때 환리스크가 발생하기 쉬우나, 외화차입이나 외채발행 등의 거래도 원화절하의 경우에 환리스크가 발생하기 쉬운 거래이다. 즉 외화 기준 차입인 임팩트론의 차입이나 외화기준 채권의 발행에 의한 자금조달에서는 거래시점과 비교하여 원화절하가 진행되면 지급이자나 원금상환액의 원화기준금액이 증가하여 환리스크를 부담하기 쉽게 된다.

이러한 환리스크를 회피하기 위한 방법으로는 외화기준 채권과 채무를 별도로 원화결제를 하지 않고 쌍방을 상쇄하는 환마리(exchange marry)가 행해지기 쉽도록 외화기준채권이나 채무를 취득하는 방법, 외화기준결제를 빨리 한다거나 늦추어 환

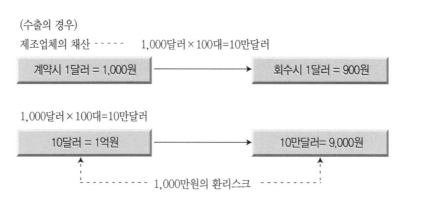

그림 11.8 **환리스크의 메커니즘**

시세변동에 대처하는 리즈 앤 래그즈(leads and lags), 또 거래의 원화기준 등을 생각할 수 있다. 그러나 이 방법들도 일장일단이 있어 완전하다고는 할 수 없다.

4.3 글로벌세무

(1) 글로벌세무의 문제점

기업의 경제활동이 글로벌화됨에 따라 과세문제가 글로벌재무의 중요한 이슈로 부상하고 있다. 원래 과세방식은 각국의 국내사정을 감안하여 수립한 것으로 상대국방식을 고려한 것은 아니다.

따라서 과세권이 중복되어 이중과세가 되는 경우도 생길 수 있다. 만일 이런 이중과세가 배제된다고 해도 기타의 문제도 많다. 예를 들면 개발도상국이 개발촉진을 위해 해외로부터의 투자를 우대하여, 세제면에서 경감조치를 취하고 있다고 하자. 그러나 투자기업의 소속국 정부에서 세금을 이중으로 부과하는 일은 없다 해도, 모처럼 경감된 세금을 본국에서 과세한다면 이 기업이 일부러 투자를 하려고 하는 인센티브는 없어진다.

이와 같이 글로벌세제는 기업의 재무활동을 포함한 경제활동에 넓게 영향을 미치는 문제이다. 따라서 본 장에서는 기업의 글로벌경영상 빼놓을 수 없는 세무전략 문제를 몇 가지 언급하여 개관해 보려고 한다.

(2) 외국세액공제제도

외국세액공제제도란 국제적인 이중과세(international double taxation)를 배제하는 방법의 하나이다. 이중과세란 소득세나 법인세가 서로 다른 나라에서 중복 과세되는 것을 말한다. 예를 들면 한국기업의 뉴욕지점 수익에 대해 한국과 미국 양측에서 과세하는 경우이다.

경제의 국제화가 진전되고 있는 가운데 이러한 세제의 모순은 점차 해결되고 있다. 즉 이중과세의 배제이다. 이중과세 배제는 외국소득에 대해 거주지국이 과세권을 포기하는 외국소득세 면제 방식과, 외국에 납부한 세액을 거주지에서 공제하는 외국세액 공제 방식의 두 가지 방식이 있다. 또 이 방식들을 두 나라 사이의 조세조약에 근거하여 적용하는 나라도 있으나, 스위스나 프랑스와 같이 국내법에 의해서 전자의 방식을, 또 일본이나 미국과 같이 국내법에 의해서 후자의 방식을 채용하고 있는 나라도 많다.[4]

(3) 텍스 스페어링 크레디트

텍스 스페어링 크레디트(tax sparing credit)란 경감세율이 적용되었는데도 불구하고 일반세율이 적용된 것으로 취급하는 소위 말하는 간주 외국세액공제제도이다. 앞에서도 언급한 바와 같이 한국기업이 싱가포르나 말레이지아 등 본제도를 적용하고 있는 나라에 투자한 경우, 여기에 부과된 배당이나 이자에 대한 원천징수세에는 조세조약에 의해 일반세율보다 낮은 우대세율이 적용된다. 그러나 이 기업은 마치 일반세율로 납세를 한 것처럼, 한국의 외국세액공제를 받는 제도이다. 즉, 감면되고 있는 세금을 피투자국(원천지국)에서 납부한 것으로 간주하여 투자국(거주지국)에서 외국세액공제를 받을 수 있는 제도이다.[5]

이와 같이 피투자국이 외국에서 투자를 촉진할 목적으로 마련한 우대세제는 텍스 스페어링 크레디트 시스템을 통해 투자국기업에 환원되어 투자를 유인하는 효과를 발휘하고 있다.

(4) 텍스 해븐 세제

해외에는 법인소득에 대한 과세가 전혀 없는(비과세) 나라나 한국과 비교하여 현저히 낮은(경과세) 나라가 있다. 예를 들면 바하마, 케이만제도, 홍콩 등으로 텍스 해븐(tax haven, 세금도피지)이라고 불린다.

텍스 해븐에 있는 자회사 등에 소득을 유보하여 과세를 피하는 것을 막기 위해,

이러한 소득을 한국의 모회사이익에 합산하여 과세하는 제도가 텍스 해븐 세제이다. 또 이 제도는 세금을 도피하기 위한 소위 말하는 페이퍼컴퍼니의 유보소득을 대상으로 하는 것으로, 당해국에 사무소를 두고 실제로 사업운영을 하고 있는 경우는 적용되지 않는다.[6]

논의주제

1. 글로벌기업의 재무특성과 중요성
2. 글로벌기업의 외화자금 운영과 조달
3. 파생상품의 특징과 활용법
4. 리먼브러더스社파산의 배경과 파생상품과의 관계
5. 글로벌세무의 문제점과 그 해결 방법

핵심용어

- 글로벌재무의 특징
- 글로벌 자금운영
- 글로벌 자금조달수단
- 선물환 · 옵션
- 위험관리와 국제재무
- tax haven

주(註)

1) 大塚順次郎編, 「國際財務戰略」, 有斐閣, 1991, pp. 151~152.
2) 安田信託銀行ほか編, 「券業務入門」, 經濟法令研究, 1991, pp. 930~931.
3) 三宅輝辛, 「わかりやすいテリバディプ取引」, 經濟法令研究, 1995, pp. 42~43.
4) 渡淑夫, 「外國稅額控除(新訂版)」, 同文館, 1993, pp. 3~7.
5) 土方普, 「國際稅務ハンドブック」, 總合法令, 1995, pp. 182~185.
6) 土方普, 「國際稅務ハンドブック」, 總合法令, 1995, pp. 194~198.

Chapter 12

글로벌기업의 생산과 로지스틱스

장 머리에

생산활동의 세계적 배치 및 조정과 관련하여 국가적 요인, 기술적 요인, 그리고 환율 및 무역장벽 등 글로벌기업이 해외생산입지 선택시 고려해야 할 점을 살펴보아야 한다. 각국에 위치한 다양한 생산 및 연구활동을 효과적으로 조정하는 것은 글로벌기업의 경영성과를 높이는 데 중요하다. 오늘날 글로벌소싱은 전세계 수준, 특정지역·국가별 수준의 전략을 통해서 세계경쟁의 불가결한 요소가 되고 있다. 이것은 전략적 제휴의 조달제휴, 생산제휴와 함께 글로벌기업의 세계적 규모의 로지스틱스 구성이다. 로지스틱스에 관련한 사항을 학습하고 그 유효성을 논의하여 보자.

1 생산비용의 글로벌화

한정된 국내시장을 대상으로 하기보다는 글로벌 시장을 대상으로 하는 편이 수요가 크다. 이 때문에 글로벌 시장을 대상으로 제조한 제품비용은 국내시장을 대상으로 한 제품보다 그 비용이 낮다. 이를 글로벌화에 의한 '규모의 경제성'이라 한다.

세계 속에서 원재료 및 부품을 조달하는 글로벌 소싱의 진전, 비용이 적게 드는 국가에서의 제조, 개발비용의 절감 압력, 수송비의 저하 등이 기업의 글로벌화를 촉진한다.

1.1 글로벌 규모의 경제성

글로벌에 의한 규모의 경제(economics of scale: 생산량을 증가시킴에 따른 1단위당 비용의 절감효과)가 단일시장만을 대상으로 한 경쟁기업보다 높다면 이것은 자사의 경쟁우위와 직결된다.

특정거점에 있어서 사업의 기본은 제품표준화의 진전과 비용경쟁력의 추구이다. 따라서 규모의 경제성 효과가 높은 산업에서 세계 규모로 사업을 전개한다면 경쟁우위를 추구할 수 있다.

글로벌로 규모의 경제성을 추구하면 국가 단위로 활동하는 경쟁기업에 대한 진입장벽으로서도 효과적이다. 왜냐하면 단일국 시장에서 달성할 수 없었던 규모의 경제에 따른 비용면의 우위성을 갖기 때문이다.

1.2 글로벌 소싱의 유효성

싸고 품질이 좋은 재료나 부품 등을 세계 속에서 조달하는 '글로벌 소싱(global sourcing)'은 비용 경쟁력을 높이는 유효한 수단이다.

따라서 소싱전략은 기업이 전세계 시장을 대상으로 자원의 최적배분 시스템의 확립을 통하여 경영의 합리화를 추구하고 독자적인 경쟁우위를 확보하는 활동과 관계되는 개념이다. 글로벌 소싱의 이점은 첫째, 기업에서 다룰 수 있는 잠재적인 공급자의 수를 늘릴 수 있다. 둘째, 잠재적인 공급자 간에 높은 경쟁상태를 제공한다. 셋째, 실제로 사용되는 부품과 제품에 대한 더 나은 기술을 보유하도록 각 국가의 공급자들을 이끌 수 있다.

예를 들면 일본의 시계 메이커는 무브먼트(시계의 구동부)를 국적에 관계없이 전 세계의 시계기업에 공급하고 있다. 무브먼트를 글로벌로 제조·공급함에 따라서 일본 메이커는 규모의 경제성을 추구하고 있다. 동시에 무브먼트를 구입하는 시계제조기업은 자사에서 제조하는 것보다 더 싼 비용으로 조달할 수 있다. 더욱이 노동이 풍부한 중국에서 만든다면 한층 더 비용을 인하할 수 있다.

1.3 나라에 따른 비용의 차이

나라에 따른 비용 차이도 글로벌을 추진하는 힘으로서 작용한다. 비용은 나라에 따라 다르고 산업에 따라서도 현저하게 다르다. 따라서 비용이 적게 드는 국가에 산업활동을 집중시킴으로써 비용절감이 가능하다. 또한 비용이 적게 드는 국가에서 제조된 해외제품이 국내시장에 들어올 가능성도 높다. 소비재의 대부분이 중국을 시작으로 동아시아에서 생산되고 한국시장에 수입되어 판매되고 있는 것은 이 비용구조의 차이에 의한 것이다. 물론 환율의 변동도 나라별로 비용 차이를 발생시키는 큰 요인이 된다.

1.4 제품개발 비용의 절감

한 나라에 한정한 제품개발 비용은 글로벌 시장을 대상으로 한 제품보다 높으므로 글로벌화의 추진압력으로 작동된다. 국가 단위로 많은 제품을 개발하기보다는 복수국을 대상으로 한 글로벌 제품을 개발하는 편이 단위당 제품 개발비용을 낮출 수 있다. 자사제품의 개발비용이 경쟁기업보다 낮은 것은 글로벌로 취해진 규모의 경제성 추구와 똑같은 효과를 노린 것이다.

1.5 물류비용의 저하

전체 매출액에서 물류비용이 차지하는 비율은 매년 감소하고 있다. 이 경향은 생산집중을 촉진하는 요인으로서 작동한다. 낮은 물류비용은 수송에 따른 타국시장 진입을 용이하게 하지만 당연히 타기업에도 똑같은 혜택이 있으며 글로벌 시장에서 기업 간 경쟁은 보다 격심하게 된다. 한 나라에서 다른 나라로 이동이 용이하게 되면 기업 간 경쟁은 글로벌 생산능력 차이에 좌우되기 쉽다.

2 글로벌생산관리

2.1 의 의

생산관리란 생산활동을 계획하고 조직하며 통제하는 행위를 말한다. 즉, 생산관리는 일정한 가격, 품질, 수량, 기일 등에 맞추어 특정 상품이 완료될 수 있도록 생산활동을 합리적으로 계획·조직·통제하는 경영활동의 일환이다. 기업 경영활동은 인사, 생산, 판매, 재무, 구매활동 등으로 분화되어 이루어지고 이들 활동이 기업 전체의 경영활동을 구성한다.

따라서 생산관리는 다른 경영활동, 즉 인사, 판매, 재무, 구매관리 등과 불가분의 관계를 유지하면서 유기적으로 계획·조직·통제돼야 한다. 글로벌기업의 생산관리 역시 이들 부문, 즉 글로벌마케팅, 글로벌재무, 글로벌소싱, 글로벌로지스틱스 등과 유기적 관계를 맺으면서 이루어져야 한다.

그러나 관리측면에서 보면 해외생산관리는 국내보다 더욱 복잡하고 어려워진다. 이것은 정치, 경제, 사회, 문화적 환경 및 제도 등의 해외환경이 국내환경과 크게 다르기 때문이다. 따라서 해외생산시 생산입지의 선정, 생산규모 및 기술, 분업생산을 위한 공장의 배치와 네트워크, 조달(sourcing), 로지스틱스(logistics) 등이 복잡한 과제로 대두되기 마련이다. 그러므로 해외생산을 하려는 글로벌기업은 현지환경이 반영된 생산전략을 수립하고 구체적인 프로그램을 개발해야 한다.

2.2 해외공장의 입지선정

(1) 해외공장 입지선정의 의의

생산시스템의 효율성은 공장입지에 의해 크게 좌우된다. 공장입지의 중요성은 입지 자체가 제품의 생산원가에 미치는 영향이 크다는 점에 있다. 제품원가를 구성하는 수송비, 노무비, 동력비 및 용수비 등은 그 공장이 입지해 있는 지역에 따라 차이가 크다. 특히 생산비용이 저렴한 지역을 찾는 생산효율추구형 투자인 경우에는 입지가 제조원가에 미치는 영향이 더욱 커진다.[1]

공장의 입지가 일단 정해지면 자연적·지리적·경제적·사회적 조건의 변경이 거의 불가능하므로, 입지선정의 적부는 그 공장의 성패를 좌우하는 중요한 문제가 된다. 특히 글로벌분업생산, 즉 글로벌경영은 가장 적합한 조건을 가진 지역에 생산시스템을 입지시키고 이를 통합하여 경영하는 것이다. 또한 이러한 생산시스템의 배치는 특정시장만을 대상으로 하는 것이 아니라, 전세계를 대상으로 하는 것이므로 생산입지의 선정도 이러한 시각에서 추진되어야 한다.

해외공장 입지선정에 있어 가장 손쉬운 방법은 각국의 비교우위를 고려하는 것이다. 즉 저임의 노동력, 원자재 등의 부존자원이 풍부하고, 정치적 위험이 낮은 지역에 생산공장을 입지시키는 것이다. 따라서 기업들은 요소비용이 저렴한 국가, 주요시장과 인접한 국가, 원산지효과가 높은 국가, 경쟁자가 이미 생산시설을 가지고 있는 국가 등을 주로 해외생산 입지로 선정하고 있다. 그리고 투자효과가 장기적으로 지속되면서 안정되게 공장을 운영할 수 있는 지역을 선정하는 것 또한 중요하다. 공장의 입지조건은 업종, 규모, 작업성질 등에 따라 다르지만 일반적으로 다음의 요인을 고려하여 선정한다.

첫째, 기후조건(강수·강설량, 온습도의 변화, 바람 등), 부지의 상태(지형, 지질, 면적 등), 용수(공업용수, 음료수 등) 등의 자연적 요인

둘째, 지가, 원재료, 수송시설, 제품의 판매시장, 노동력, 외주공장, 경쟁회사, 전력·원료 등의 동력원, 부산물의 처리, 고정자산세, 화재보험료 등의 경제적 요인

셋째, 공해요인(소음, 진동, 매연, 폐기물, 악취, 유독가스 등), 이용 가능한 공공시설, 국토계획·도시계획 등의 지역개발계획, 풍속·습관 등의 사회적 요인이 포함된다.

(2) 해외공장입지의 선정과정

해외공장의 입지를 결정하는 데는 통상 세 단계를 거친다. 먼저 대상지역을 검토한 후, 특정지역을 선정하고 선정된 지역의 부지를 평가하여 최종적으로 입지를 결정하는 것이다.

1) 대상지역의 검토

이 단계는 기업이 생산할 제품의 특성 및 투입요소 등을 고려하여, 공장을 설립하려는 지역 및 국가를 조사하는 것이다. 특히 생산공정에 있어 어떤 요소가 중요한지를 살펴보고 대상지역을 물색한다.

2) 최적입지의 결정

입지대상지역의 평가 및 검토가 끝나면, 특정지역을 최적입지로 결정하는 순서이다. 이러한 결정은 ① 대안이 되는 지역을 평가하기 위한 평가기준을 선정하고, ② 관련된 주요 입지요인을 확인하며, ③ 제시된 입지요인과 제약조건을 만족시키는 지역을 1차적으로 선정한 후, ④ 1차 선정된 대안을 집중적으로 평가하고 입지를 결정한다. 최적입지의 평가에는 주로 계량적 입지결정 모델이 이용된다.

3) 부지의 선정

지역이 선정되면, 다음은 공장을 세울 구체적인 장소, 즉 부지가 결정돼야 한다. 부지를 선정하는 데 검토되는 요소로는 토지가격, 지형이나 넓이 등의 부지의 특성, 시설의 가용성, 배기 및 배수 등과 같은 폐기물 처리의 용이성, 도로 건설비용, 관계법규의 저촉 여부 등이 있다.

2.3 글로벌기업의 분업생산

(1) 글로벌분업생산의 의의

글로벌기업은 가능하면 글로벌분업생산 시스템을 채용하는 것이 좋다. 즉 양질의 원자재를 저렴한 지역에서 조달하고, 생산원가가 낮은 지역에서 생산하여, 판매가격이 높은 시장에 판매하는 것이 이상적이다. 글로벌분업생산이란 복수의 해외공장을 상호 연계시켜 보완적인 생산활동을 전개하는 것으로서, 크게는 한 제품의 공정을 분담하는 공정간 분업과 제품의 종류에 따라 분업하는 제품간 분업이 있을 수 있다.

공정간 분업은 노동집약적 공정과 자본집약적 공정을 각각 다른 지역의 자회사에서 수행하는 것으로, 구미의 반도체 메이커가 조립공정은 말레이시아, 태국 등 노동비가 저렴한 곳에서 수행하고, 반도체의 디자인 및 웨이퍼 가공공정은 자국에서 행하는 것이 그 좋은 예가 된다.

한편 제품간 분업은 고급기술이 요구되는 고가품은 선진국에서, 그리고 표준기술로 생산 가능한 저가품은 개도국의 자회사에서 생산하는 방식이다. 이와 같은 기업내 분업은 본사와 자회사간은 물론 자회사 상호간에도 일어나게 되며, 그들 상호간에 상당량의 부품, 자재 등의 교역이 일어나게 된다.

이와 함께 여러 공장의 효율을 높이기 위해, 기업은 가급적 원자재, 부품, 완제품 등을 표준화하고 부품의 호환성을 증대시켜야 한다. 특히 자본재 또는 내구성 소비재를 생산·판매하는 기업은 부품과 완제품을 표준화시킴으로써 규모의 경제에 의한 원가절감을 실현할 수 있고, 동시에 균일한 품질의 제품을 공급할 수 있다. 더불어 글로벌분업생산에 걸맞은 로지스틱스 시스템도 함께 추진돼야 한다.

글로벌분업생산을 통해 기업이 얻을 수 있는 이익으로는 ① 비용의 중복을 피할 수 있고 규모의 경제를 통해 원가를 절감할 수 있다. ② 시장별로 생산공장을 입지시키는 것보다, 제품 및 생산프로그램의 수를 줄여 특화함으로써 품질의 향상을 꾀할 수 있다. ③ 고객관리면에서 서비스 향상을 통해 간접적으로 소비자 선호도를 향상시킬 수 있고, 네트워크를 잘 활용함으로써 자원을 보다 효율적으로 활용할 수 있다.

그러나 현지정부, 시장수요 및 공급조건, 사회 문화적 요소, 기술수준 등의 차이로 인해, 글로벌기업이 최적시스템을 운영하는 데에는 제약요인이 적지 않다. 글로벌기업은 비교적 자유로운 경제블록에서는 그런대로 합리적인 분업생산이 가능하다. 그러나 글로벌기업이 최적의 글로벌분업생산 시스템을 운영하는 것은 현실적으로는 어려움이 많다. 그 이유는 다양한 통제 불능의 현지환경요소들이 글로벌분업생산 시스템에 영향을 미치기 때문이다.

(2) 글로벌분업생산의 방법 및 효과

글로벌기업의 분업생산 시스템은 ① 본국시장은 본사공장에서 공급하고, 시장규모가 큰 주요 해외시장에 한하여 현지생산하여 공급하며, 나머지 시장에 대해서는 본사공장이나 해외공장으로부터 공급하는 방안, ② 다수의 현지공장을 설립하여 공급하는 방안, ③ 본국, 현지국 또는 제3국에 위치한 타기업을 통한 하청생산에 공급하는 방안 등이 선택대안으로 활용되고 있다.

기업은 이들 대안 중에서 ① 원부자재 조달비용, ② 제품생산비용, ③ 국제간 물류비용, ④ 조달-생산-유통(수출 및 다국적 마케팅)에 따르는 규모의 이익, ⑤ 복수시장 진입에 소요되는 비용 등을 감안하여 가장 합리적인 방안을 선택하여 활용한다. 글로벌기업은 이러한 결정을 할 때, 글로벌분업생산전략을 소싱 및 로지스틱스 전략과 연계시킬 뿐만 아니라 재무전략 등 타분야도 상호연계시켜 결정한다.

해외생산시 공장을 분산배치하면 다음과 같은 효과를 기대할 수 있다.

1) 장기적 기업활동의 유지

이는 해외생산을 통해 그 나라에서 장기적 기업활동을 전개할 수 있고, 현지소비자의 욕구파악 등을 통해 보다 가까이 접근할 수 있다.

2) 현지의 생산요소 활용

풍부한 부존자원의 효율적 활용을 위해 진출하는 경우이다. 노동력이 풍부한 동남아시아에 우리나라의 노동집약산업이 진출하는 경우가 이에 해당한다.

3) 수송비의 감소

원자재 및 완제품의 부피나 중량이 커서 수송상의 어려움이 많고 물류비가 과대한 경우이다. 시멘트 및 합판공장 등이 대표적인 예이다.

4) 현지국 정부의 유인책

외국기업을 유치하기 위해 조세감면, 저렴한 공장부지, 노조활동의 억제 등 현지국 정부가 제공하는 각종 유인책에 끌려 현지에 공장을 건설하는 것이다.

5) 위험분산

환율변동 또는 정치적 불안정 등의 위험을 분산하기 위해 공장을 각 지역에 분산하는 경우이다.

그러나 국제적으로 분업효과를 높이기 위해서는, 무엇보다도 효율적인 생산의 배합과 조정을 통해 공장간의 시너지(synergy)효과를 거둘 수 있어야 한다. 분산된 생산시설을 가진 기업은 각각의 공장을 독립적으로 운영하기보다 상호연계시켜 운영·조정함으로써 시너지효과를 높일 수 있다. 따라서 오늘날 글로벌기업의 경쟁력은 해외공장망의 통합 및 조정력에 있다고 할 수 있다. 복수의 현지공장을 상호 보완적인 관계 속에서 운영하고 그 관계를 유기적으로 잘 조화시켜 나갈 수 있느냐에 기업 성공 여부가 달려 있다. 해외공장 간에 통합적 네트워크가 형성되면 기업은 하나의 상품을 경쟁기업에 비해 훨씬 싼 가격으로 출시할 수 있게 된다. 예컨대 갑국에서 만든 A라는 부품과 을국에서 제조한 B라는 부품을 병국에서 조립하여 C라는 완제품으로 생산해 내는 것이 통합네트워크의 한 형태가 될 수 있다. 그리고 효율적

인 공장 간의 배합 및 조정을 위해서는 전체적인 총괄생산계획의 수립이 무엇보다
중요하다.

3 글로벌 로지스틱스

3.1 로지스틱스의 기능

일반적으로 글로벌생산관리에서 논의되는 로지스틱스(logistics)[2]는 국제간에 행
해지는 투입물과 산출물의 운송과 저장의 통합적 조정을 의미한다. 즉, 글로벌기업
의 로지스틱스는 국제간에 행해지는 물류활동으로서, 기본적으로 수송, 하역, 포장,
보관 및 정보의 다섯 가지 기능으로 이루어진다. 국제로지스틱스는 2개국 이상에
걸쳐 이루어진다는 점에서 수송이 주체가 되고, 이에 부수하여 하역, 포장, 보관 및
정보의 제활동이 수송기능을 강화하는 형태로 행해지고 있다.

글로벌기업의 목적은 로지스틱스와 관련된 비용을 최소화하는 것으로 수요와 공
급에 대한 예측이 선행되어야 하며, 로지스틱스와 관련된 활동은 주문처리, 산출물
의 운송, 예측, 구매 및 생산스케줄 등이 포함되어야 한다. 더 나아가 이러한 활동에
필요한 배송, 저장, 포장, 원료확보 및 입지선정 등도 광범위하게 포함된다. 로지스
틱스 최적화를 위해서는 수송, 보관, 포장 등 각 기능의 합리화는 물론, 이들 제기능
이 통합된 토털 로지스틱스시스템(total logistics system)을 구축하여 출발에서 도착
에 이르기까지 일관된 총체적 최적화를 도모하는 것이 중요하다.

3.2 로지스틱스 시스템의 구축

기업의 글로벌화로 해외에서의 제조, 판매, 부품 및 원자재의 구입조달이 큰 비
중을 차지하게 됨에 따라 로지스틱스의 역할도 증대되고 있다.

글로벌기업은 일반적으로 다음과 같은 사항을 고려하여 효율적인 로지스틱스전
략을 수립한다.

① 관리시스템이 지역별·시장별로 분산, 집중되어 있는가?
② 전세계에 걸친 소싱전략을 추구할 것인가, 현지소싱전략을 추구할 것인가?
③ 현지공장이 세계시장을 목표로 하고 있는가, 현지시장을 목표로 하고 있는가?
④ 해외자회사에 원자재, 기계, 부품, 완제품 등을 어떻게 공급할 것인가?

글로벌기업의 목표시장은 대부분 해외가 되어 현지에서 대고객 서비스가 이루어지게 되므로 제품이나 서비스가 해외시장에 적절히 제공될 수 있도록 해주는 최적의 로지스틱스 시스템 구축이 필요하다. 이 시스템 구성요소는 기본적으로 국내 로지스틱스 시스템과 동일하나 그 운영관리는 국내에 비해 특수한 면이 많고 복잡하다.

글로벌기업은 해외환경을 정확히 분석하여 이를 기초로 로지스틱스 관리시스템을 개발해야 한다. 최적의 로지스틱스 시스템을 구축하여 운영하기 위해서 글로벌기업은 환경분석, 전략계획 수립, 조직 구축, 운영계획 수립, 실제상황 관리 및 통제, 결과의 평가 및 개선 등과 같은 일련의 과정에 따라 로지스틱스를 관리하여야 한다.

3.3 로지스틱스 관리시스템의 종류 및 효과

글로벌기업이 고려할 수 있는 로지스틱스 시스템은 상품이 생산되어 최종소비자에 이르기까지의 경로와 그 도달 방법에 따라 크게 고전적 시스템, 통과시스템, 직송시스템 그리고 다국간 시스템 등으로 분류할 수 있다. 이들 시스템의 변형은 다양하게 있을 수 있지만 기본적으로 네 가지 범주를 벗어나지 않는다. 기업은 이것들을 조합하여 활용하는 경우가 많고, 투자형태, 생산시스템, 지역·제품·기간별로 취하는 형태가 달라질 수도 있다.

(1) 고전적 시스템

고전적 시스템(classical system)은 상품이 생산공장에서 국제기업의 국별 해외자회사 창고로 대량 선적, 운송되어 보관되었다가 그 곳에서 다시 고객에게 배송되는 경우이다. 이 시스템은 대량으로 상품이 출하됨에 따라 저렴한 수송, 혼재수송의 가능, 서류작성의 간소, 관세 절감 그리고 안전한 재고관리 등과 같은 장점이 있다. 그러나 로지스틱스 코스트가 보관비 등으로 인해 다른 어떤 시스템보다도 비용이 높아질 수 있다는 단점을 지니고 있다.

(2) 통과시스템

통과시스템(transit system)은 고전적 시스템과 유사하지만 이 시스템의 자회사 창고는 단지 통과센터로서만 기능하게 되고 자회사창고에 일차 수송된 상품은 단시간 내에 다음 단계의 유통경로로 이동하게 된다는 점에서 고전적 시스템과는 다르다. 이 시스템이 고전적 시스템에 비해 우월한 점은 자회사단계에서는 보관비가 절감된다는 것이나 같은 수준의 판매 서비스를 유지하기 힘들다는 단점도 있다. 이 밖에 상품 출하가 빈번해져 기장, 하역 및 출하, 통관비용 등이 증가하고 파업 등에 의해 자회사로의 수송문제가 발생할 경우 이에 대한 대응이 곤란하다는 문제점도 있다.

(3) 직송시스템

직송시스템(direct system)은 상품이 생산공장에서 해외 고객(최종소비자 또는 판매점)에게 직접 배송되는 시스템이다. 따라서 해외자회사는 상거래 유통에는 밀접하게 관여하게 되지만 화물유통에는 직접 관여하지 않는다. 이 시스템은 모든 재고를 출하지의 한 창고에 집중하게 되어 보관비가 다른 어떤 시스템보다 줄어든다는 점과 자회사 단계에서의 하역비, 창고비, 수송비 등도 발생하지 않게 되는 이점이 있다. 그러나 출하빈도와 수송비용 및 관세가 높아지며 수입통관수속이 복잡해지고 공급라인이 연장되는 등의 단점이 있다.

(4) 다국간 시스템

다국간 시스템(multi-country system)은 상품이 먼저 생산국 공장에서 주요 거점지역에 위치한 다국간 물류센터로 수송되고, 그곳에서 다시 각국의 자회사 창고 또는 고객에 수송되는 형태이다. 즉 생산공장에서 대량의 상품을 물류센터로 보내

그림 12.1 로지스틱스 관리과정

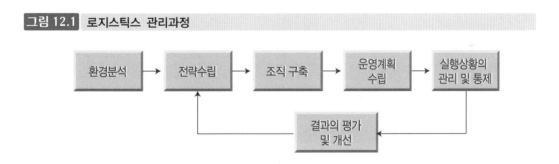

비축해 두고, 각 지역별로 배분하는 시스템이다. 이 경우 다국간 물류센터의 입지는 일반적으로 지리적 서비스범위 이외에 수송의 편리성 등에 의해 결정되고 있다.

　다국간 시스템은 보관비 면에서 고전적 시스템과 통과시스템 중간에 위치한다. 그 이유는 재고가 각 거점지역을 중심으로 각기 통합됨으로써 각 나라별로 재고를 보유하는 고전적 시스템보다 총보관비는 감소하지만 재고가 단일창고로 집중되는 통과시스템에 비하면 보관비는 여전히 높다고 할 수 있다.

　한편 수송비면에서 볼 때에 고전적 시스템이나 통과시스템과 커다란 차이가 없다고 할 수 있다. 왜냐하면 생산공장에서 다국간 물류센터에 이르기까지 출하량통합으로 절감된 수송비가 다국간 물류센터나 고객에 수송되는 데 소요되는 출하, 하역, 운송비 등으로 대체되기 때문이다. 다국간 시스템 운영상 나타나는 문제점으로는 지리적인 제약과 다국간 물류센터의 운영 및 이에 따른 관리비 부담이 있다.

　앞서 설명한 바와 같이 글로벌기업은 분산된 생산거점 및 배송거점을 통합하여 글로벌 로지스틱스를 추구하고 있다. 즉 세계적으로 분산된 생산거점을 글로벌로지스틱스로 연결하여 원재료, 부품, 제품 등의 글로벌네트워크를 구축하고, 각 생산거점들을 유기적으로 연계하여 매출액 증대와 로지스틱스 코스트의 절감을 도모하고

그림 12.2 **로지스틱스 거점의 통합화**

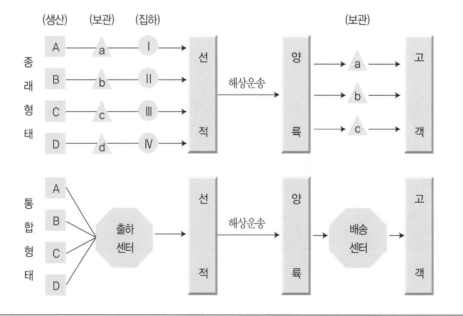

있는 것이다. 따라서 글로벌분업생산에 알맞는 시스템은 다국간 시스템이라 할 수 있다.

이러한 로지스틱스 거점의 통합화 형태를 보면 [그림 12.2]와 같다. 그림과 같이 출하센터와 배송센터를 통합하면 물류활동이 단순화되어 물류비용이 절감되고 물류가 원활해진다.

논의주제 💬 ||||||||||||||||||||||||||||||||||||||||||||||||||||||||||||||||||||||||||||||||||||||||||||||||||||

1. 글로벌경쟁력을 갖추기 위한 글로벌기업의 생산비 절감 유형
2. 글로벌기업의 해외생산 입지선정 및 분업생산의 방법과 효과
3. 글로벌생산관리로서 로지스틱스의 종류와 효과
4. 글로벌기업의 로지스틱스 사례를 제시
5. 물류(물적유통)와 로지스틱스의 차이점

핵심용어 💬 ||||||||||||||||||||||||||||||||||||||||||||||||||||||||||||||||||||||||||||||||||||||||||||||||||||

- 글로벌 규모의 경제성
- 입지선정
- 로지스틱스
- 글로벌생산관리
- 글로벌분업생산
- 다국간 시스템

주(註) 💬 ||||||||||||||||||||||||||||||||||||||||||||||||||||||||||||||||||||||||||||||||||||||||||||||||||||

1) 국제경영연구회, 글로벌경영시대의 국제경영학, 영지문화사, 1997, p. 468.
2) 로지스틱스(logistics)는 원래 병참을 의미하는 군사용어이다. 병참이란 군수물자의 발주, 생산계획, 구입, 재고관리, 배급, 운송, 통신 외에도 규격화, 품질관리 등 군작전에 필요한 물자관리의 모든 것이 포함된다. 이것이 기업에서 원재료 및 반제품의 재고관리, 주문처리, 운송, 보관, 포장, 하역, 배송, 정보, 통신, 공장 및 창고의 입지선정 등을 구성요소로 하여 총비용의 개념이 도입된 시스템적 물자관리로 원용된 것이다. 따라서 로지스틱스란 원부자재의 조달부터 완제품이 최종소비자에게 도달할 때까지 물자의 흐름을 시간적·공간적으로 효율화하여, 기업이윤에 최대로 기여하기 위해 종합적으로 계획, 집행, 통제하는 일련의 경제활동을 망라한 종합물류체계를 의미한다.

닫는장

1 글로벌기업의 성공요인들

글로벌기업의 성공요인을 키간(W. Keegan)의 연구결과를 참조로 국내시장 중심의 기업에서 글로벌기업으로 변화해 가는 과정에서 중시해야하는 요소들을 중심으로 설명하기로 한다.

1.1 비전 · 영감 · 열망

글로벌기업으로서 성공은 글로벌기업의 비전과 글로벌 시야를 확보해야 가능하다. 글로벌기업의 리더가 갖춘 비전은 단일국가, 혹은 지역에 근거한 경영관리의 관점에서 사고하는 것에 만족하는 것이 아니다. 그러한 비전은 성장 아니면 죽음이라는 격언이 내포한 진리를 수용하는 것이다. 그들의 열망은 글로벌시장, 고객, 경쟁력, 그리고 선도기업으로 부상하는 것이다.

IBM의 창업자인 시니어(W. Senior)는 창업 초기에 그러한 비전을 추구하면서 모든 시장에 진출하고 특히 선도적 진출을 감행하였다. IBM의 이러한 비전은 IBM의

그림 1	비전 사슬

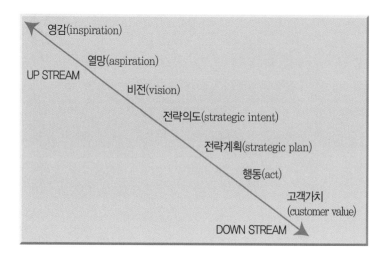

지속적인 확장과 지도력을 추구하는 데 지침이 되었으며, 결과적으로 세계에서 가장 경쟁이 치열한 사업분야에서 리더로 자리매김하는 데 촉매제가 되었다.

　CEO의 가장 중요한 임무 중의 하나는 비전을 관리하는 것이다. 어느 기업이 글로벌기업이 되려 한다면, 그 기업의 CEO는 범세계적인 리더십과 목표를 설정해야 하며, 사내의 모든 부분과 커뮤니케이션을 훌륭하게 수행해야 한다. 그것은 CEO가 해야 하는 책임이요, 임무이다. 기업의 모든 임직원이 반드시 글로벌 비전을 보유할 필요는 없다. 일반직원 심지어 고위간부도 국내시장에 집중할 수 있다. 그러나 CEO가 글로벌 비전이 부족하다면 일반직원이 그러한 비전을 갖고 있다 한들 아무 도움도 되지 않는다.

　글로벌 비전이 없다면 그 기업은 글로벌기업으로 도약할 수 있는 기회를 포착하거나 이용할 수 없다. 비전(vision)은 열망(aspiration)의 다른 표현이며, 열망은 그 자체가 영감(inspiration)으로 표시된다. 비전은 바로 계획은 할 수 없지만, 그럼에도 성취하려는 의도를 갖고 있는 어떤 것을 의미하는 전략적인 의지와 집념으로 표시된다. 그것은 고객이 제공하는 가치를 창출하는 일련의 행위를 계도해 주는 전략계획으로 표시되기도 한다. 고객가치, 경쟁력과 성공 가능성의 기반 등은 비전, 열망, 영감 등에 직접적으로 관련되어 있다.

1.2 정보수집의 범위

기업의 정보수집 범위(scanning horizons)는 기업발전 단계에서 보면 1단계에서 4단계로 진화하면서 확대된다. 4단계부터는 정보수집의 범위가 세계적으로 확대되는 한편 궁극적으로는 글로벌비즈니스 환경을 탐색한다. 이러한 진화과정은 의식적인 관례에 의해 통제된다. 정보수집의 범위를 확대하기 위해서 기업의 규모가 반드시 커야 할 필요는 없다.

1.3 전 략

글로벌기업의 전략(strategy)은 기업의 비전과 열망으로부터 출발한다. 비전을 통해 기업은 환경을 점검하고, 세계시장에서 장기적으로 자신들의 능력을 극대화할 수 있는 방향으로 실행전략을 기획한다. 실행전략은 실제행동지침에 필요한 기초적인 정보를 요구한다. 선진국에서는 입수 가능한 정보의 양이 경영진이 소화할 수 있는 수준을 초과한다. 개도국에서는 마케팅 관리자들이 정보부족에 곤란을 겪고 있다. 전략 입안과 관련한 정보를 수집하는 과정은 정보 탐색·수집, 스캐닝이라고 알려져 있다. 성공적인 스캐닝은 2가지 내용으로 구성된다. 경쟁업체의 활동을 탐색하는 것과 특정한 목적을 위해 특정한 정보를 추구하는 것이다. 국내시장 지향적 기업, 무역시장 지향적 기업, 그리고 다국적 경영을 추구하는 기업들은 환경에 대한 스캐닝을 국내에서 비교적 쉽게 알 수 있는 국내 시장환경 혹은 현지국가의 환경에 국한하는 경향을 보이고 있다. 그들이 암묵적으로 전제하고 있는 신념은 우리 국내에서 벌어지고 있지 않는 일은 다른 곳에서도 벌어지지 않는다는 것이다. 그러한 기업들은 타이타닉 신드롬(신념: 무의식적으로 자기 안방에서는 무적이라는) 때문에 벌어지는 고통을 실감하지는 못한다.

1.4 지리적인 범위

무역지향적인 기업, 다국적 경영을 추구하는 기업은 한 국가 이상의 지역에 진출한 기업을 의미한다. 글로벌기업들은 대체적으로 TRIAD(북미, EU, 일본)에서 비즈니스를 집중적으로 추구하고 이외의 지역에서는 선별적으로 한다.

TRIAD 지역은 전세계 GNP의 70%를 점유하기 때문에 이 지역에서 비즈니스를 수행하지 않는 기업은 커다란 시장을 상실하고 있으며 더욱 중요한 것은 경쟁업체들이 활약할 기회를 주고 있다는 사실이다.

물론 구매 관련 업무는 다양한 사항들을 고려한다. 정보입수 가능 정도, 시장에 대한 접근, 운송비, 관세, 수출입장벽이 그것이다. 시장을 선택하는 것은 곧잘 어디에서 구매(아웃소싱)할 것인가를 결정한다. 이 경우 대부분의 글로벌기업은 다른 지역에 진출하기 전에 일본, 북미, EU 등 지역에서 거점을 구축한다. 글로벌 비즈니스 전략상 선진국과 개도국 어디에 진출하는가 하는 계획은 기업의 자원과 규모에 좌우된다.

1.5 관리운영 형태, 커뮤니케이션

글로벌 비전(global vision)을 추구하는 기업은 기업경영관리 형태 및 커뮤니케이션 측면에서 수준과 특성이 대단히 다르다. 무역지향적인 기업은 보통 상명하달(top-down)식의 운영을 취하고 있고, 다국적 경영방식을 취하는 기업은 하의상달의 형태, 즉 지사에서 본사에 이르는 bottom-up형태이며, 글로벌기업은 커뮤니케이션 과정이 상하 그리고 복합적으로 추구된다.

기업전략과 관련한 세계적인 전문가들의 패널에서 IBM과 코카콜라를 세계에서 가장 우수한 글로벌전략을 추구하는 기업으로 선정했다. 두 기업은 오랜 기간 잘 성장해 왔으며, 기업의 비전과 통찰력 있는 시장에 대한 지식을 잘 조화하는 대단한 역량과 기술을 보여주고 있다. 두 기업에서는 재무, 연구개발, 신제품개발, 제품관리, 구매 등이 전세계적으로 통합관리되고 있다. 예를 들면 IBM에서는 모든 연구개발이 글로벌 연구개발 및 노력에 의해 추진된다. 전세계에 널려 있는 IBM의 지사망을 통합한 접근은 다국적기업의 통상적인 현지 중심을 대신하는 시스템이다.

1.6 연구개발: 집중과 분산

미국계 의약품 제조기업인 Merck는 사람과 동물의 건강에 관련된 새로운 약품 개발을 영국, 프랑스, 일본, 스페인 등지에 있는 자사의 연구소에서 수행한다. 동물의 건강과 관련한 R&D 프로그램은 미국, 호주, 브라질, 영국, 독일, 스페인 등지에 있는 시험농장에 의해서 적절히 지원되고 있다. 한 기업의 보고서에 따르면 Merck 에서 연구개발설비를 해외에 설립하게 된 몇 가지 이유가 미국 과학교육의 침체라고 밝히고 있다. 그 결과 숙련된 인적자원의 부족 때문에 Merck로 하여금 기술개발의 해외의존도의 필요성을 더욱 절감하게 만들고 있다. Merck에서 각국에 있는 실험실을 통하여 개발된 제품 그리고 IBM의 경우 각 지역에 있는 R&D설비를 통합한 제품들은 글로벌시장을 대상으로 판매된다(각 지역에 있는 지역의 시장들만을 위한 제품 출시가 아니다). 상기 두 회사의 제품은 철저하게 본부에서 관리되며, 통합조정되는 연구개발은 글로벌네트워크의 결과물이다.

▣ 1.7 조 직

조직(structure)은 글로벌기업을 묘사하는 데 가장 어려운 항목 중의 하나이다. 표면적으로 무역경영 조직은 국내지향적인 기업과 연결되어 있으며, 글로벌 매트릭스는 글로벌기업과 직접 연결되어 있다. 그런데 이런 공식적인 구조는 국내지향적인 기업과 글로벌 구조기업의 특성(통합정도)을 차별화하는 요소들을 설명하는 데 크게 도움이 되지 않는다. 조직구조의 가장 중요한 임무는 세계에 흩어져 있는 차별화된 시장에 차별적으로 적용하는 것이고, 동시에 세계에 널려있는 사업기회에 적합한 모든 기업자원과 역량을 통합·관리해야 할 필요성을 충족시키는 것이다. 다우케미컬社에서는 세 가지 측면에서 각 고용원들의 임무를 체계화한다. 기능, 사업, 지역적인 구조가 그것이다. 각 구성원들의 직무는 이 세 가지에 의해서 묘사된다. 예를 들면 스페인에서 플라스틱 제품을 판매하는 사람은 스페인에 있는 플라스틱산업에 관련되어 있는 마케팅분야에서 종사하는 사람이다. 대부분의 직원들은 적어도 두 명 이상의 상급자에게 보고해야 한다. 이러한 유형의 조직구조는 중앙 집중적인 글로벌기업이나 연방제형태를 띠고 있는 다국적 기업경영의 방식과는 대조적으로 통합네트워크적인 형태를 띠고 있다.

▣ 1.8 마케팅

글로벌전략을 추구하는 기업의 경우 마케팅믹스를 연장(extension), 적응(adaption),

그리고 창조(creation)한다. 이 점에서 많은 혼란이 있는 것은 사실이다. 많은 사람들은 글로벌기업이 제품개발을 단지 세계시장용으로만 제한하는 것으로 가정한다. 이러한 가정은 대체적으로 글로벌기업이 하나의 환상이라고 주장하는 사람들에 의해서 제기되는데, 현지시장의 특성에 적응하지 못하는 기업은 망할 수밖에 없다.

분명한 것은 대단히 세분화된 세계에서 모든 기업은 현지의 독특한 시장특성에 적응해야 한다. 그러나 흥미로운 것은 각 지역에 다양한 차별이 있음에도 불구하고, 세계시장에 세계시장용 제품을 개발할 수 있을 정도의 충분한 유사성(동질성)이 존재한다는 사실이다. 글로벌전략을 추구하는 기업은 다음과 같이 제품의 연장, 적응, 그리고 글로벌시장제품을 개발하거나 현존하는 브랜드를 적절하게 확장하는 사업전개를 진행하고 있다.

(1) 확장(extension)

어떤 제품들은 변화를 줄 필요가 없는 제품들이 있다. 예를 들어 BIC볼펜, 면도칼, 일회용 라이터는 세계적으로 다 똑같다. 이 기업들은 각 고객들의 기초적인 수요를 가지고 판단한다. BIC볼펜의 경우 유일한 차이는 포장이며, 이는 각 현지에 있는 재료 판매상과 다량구매를 선호하는 요구에 대응하기 위해서 포장에 차별을 둔다. 그럼에도 불구하고 BIC볼펜은 현지시장에서 성공이 현지의 유능한 마케팅 관리자의 영향에 달려 있다는 것을 알고 있다. 현지 마케팅 전문가는 현지 시장의 여건에 적합한 가격, 촉진, 유통전략을 추구하고 있다.

(2) 현지적응(adaptation)

벤츠회사는 북미지역 그리고 EU 이외의 다른 지역에서는 최고급차로 포지셔닝하고 있다. 그러나 독일이나 인접국가에서는 벤츠는 국민차이다. 벤츠의 수출모델은 이렇게 국민차에 옵션을 장착한 것이다. 바로 이것이 유리한 포지셔닝을 통해서 기회를 활용하는 마케팅전략의 사례이다.

(3) 창조(creation)

소비제품의 마케팅을 추구하는 글로벌기업의 경우 시장은 글로벌하며, 글로벌 브랜드를 추구한다. 가장 좋은 사례가 소니의 워크맨이다. 워크맨은 휴대용 라디오이다. 이 제품을 창안한 사람은 당시 소니 회장인 모리타의 골프친구였다. 모리타는 휴대용 라디오의 시장이 글로벌시장이라 믿고 이 제품을 각 지역별로 차별화하여 공급하는 대신 글로벌시장용 제품으로 출시하기로 결정했다. 글로벌 브랜드를 새롭게 만드는 방법은 연장을 통해서이다. 좋은 예는 카멜 담배 브랜드이다. 이 회사가 그 제품을 글로벌 브랜드로 개발하려고 했을 당시, 많은 국가에서 이 제품은 현지 브랜드였다. 가장 강력한 제품의 위치는 독일이었고, 이 회사는 독일의 카멜 브랜드를 다른 EU국과 그리고 글로벌로 연장해 나갔다.

1.9 인적자원 정책

글로벌기업전략을 추구하는 회사는 매우 단순한 인사관리 정책을 추구한다. 즉 그 사람의 국적에 상관없이 가장 우수한 사람을 선발해서 직무를 맡기는 것이다. 글로벌전략을 추구하는 기업의 경우 직원을 선발하고 임무를 부여하는 데 있어 국적의 편견이 존재하지 않는다. 국적에 상관없이 가장 우수한 인적자원을 전세계에 가장 적합한 곳에 보내는 것이다. 이것은 기존의 무역 지향적 회사나 다국적 경영의 회사의 경우와는 대단히 대조적이다. 예를 들면 다국적 경영을 추구하는 기업의 경우 현지국가의 최고책임자는 현지국 사람이며, 무역기업의 경우 모든 지역 책임자를 본사국에 있는 사람이 맡고 있다.

1.10 재무정책

글로벌기업의 경우 글로벌 자원에 의존하게 되는데, 즉 어느 특정지역에서 재원을 조달해서 많은 지역으로 자금을 공급하는 방식이다. 금융시장의 급속한 세계화가 진행되었기 때문에 대부분의 경우 많은 기업들이 우선해서 재무관리 부문을 세계화하고 있다. 예를 들면 Sony는 전세계시장에 주식을 상장해서 자금을 조달하고 있다.

1.11 제조 또는 소싱

어디에서 제조하고 구매할 것인가를 결정하기 전에 글로벌기업은 여러 가지 측면에 다양한 고려사항들을 점검한다. 즉 관세수준, 요소비용, 환율, 진입 및 퇴출장애, 민족주의, 정부정책 등이 그것이다. 글로벌기업은 대체적으로 시장진입 및 관리에 소요되는 비용을 최소화하는 데 적절한 수준을 잘 유지하고 있다. 글로벌기업의 경우 구매를 세계에서 가장 유리한 지역에서 실시한다. 이것은 반드시 임금이 싼 지역 혹은 비용이 저렴한 곳으로 간다는 것을 의미하는 것은 아니다. 여기에서 최선의 구매선은 임금수준이 높은 선진국에 소재한 공장이 될 수도 있는데, 이 경우에도 자동화 그리고 생산성 측면에서 낮은 수준의 생산원가를 구현할 수 있기 때문이다.

1.12 파트너기업 선정형태

무역기업이나 다국적기업의 경우 대체적으로 현지 기업과 파트너관계가 많으며, 이 경우 현지국가의 자원이나 시장기회를 적절하게 활용하기 위해 많이 사용되고 관련국가도 현지국에만 해당된다. 글로벌기업의 경우 이와는 대조적으로 합작동맹에 대한 치밀한 분석이 행해지며 특히 글로벌전략, 계획측면에서 시너지효과를 발휘할 수 있는가에 대해 철저하게 검증한다. 제휴를 통한 경험과 교훈은 분명하다. 제휴는 파트너에게 도움이 되는 필요한 에너지와 자원을 제공할 수 있는 가장 이상적인 파트너가 되어야 한다. 파트너는 현실적이어야 하며, 모든 결합이 성공하는 것이 아니라는 것을 인식하여야 한다. 많은 문제를 해결하기 위해서는 파트너관계의 청산에 대한 조항이 필요하다는 것을 인정해야 한다.

1.13 평가관리

글로벌전략을 추구하는 기업의 경우 시장과 경쟁성과에 대한 평가를 각국별로 실시한다. 많은 기업들이 그들 스스로 글로벌시장전략을 추구하는 기업이라고 자랑하면서도 실제로 그들의 경쟁력을 측정할 때, 그들은 국내시장에서 점유율 혹은 국내에서의 경쟁업체에 대비한 평가를 한다. 이것은 두말할 것도 없이 그 기업의 실질적인 전략은 다국적 경영관리 전략 혹은 국제시장전략이라는 것을 의미한다. 예를 들면 GM은 대표적인 다국적기업인데, 미국시장에서 오로지 Ford나 Daimlerchrysler와 비교하여 경쟁력을 측정하는 데 몰두하고 있다. 글로벌적인 관점에서 GM은 시장점유율과 경쟁력의 상태를 전세계 자동차산업의 관점에서 평가하여야 하며 이는 물론 일본과 EU의 경쟁사들을 포함하는 것이다.

표 1	기업의 글로벌화 단계별 전략			
단 계	1. 국내기업	2. 무역기업	3. 다국적기업	4. 글로벌기업 및 초국가기업
기업유형	국내경영	무역경영	국제경영	글로벌경영
경향지향	본국지향/ 자국중심	본국지향/ 자국중심	현지지향/ 현지국중심	본국지향 -지역지향 (지역지향/세계지향)
정보수집 범위	자국	경영활동국가	경영활동국가	글로벌시장 범위 (글로벌 경영환경)
전략목표	국내에서 우위	국내에서 우위	다국적 현지 우위	글로벌 시장에서 우위 (글로벌 경쟁 우위)
비 전	자국에 초점	각국을 1개의 국가로 인식	현지국에 초점을 둔 운영	글로벌사고/ 전세계시장에서 동질성과 이질성 분석
지리적 범위	자국	둘 또는 그 이상의 국가들	많은 국가들	TRIAD(북미,유럽,일본) +선택된 DC & LDC
운영형태	다양	집중된 Top-down 관리	분산된 Bottom-up 관리	상호작용적인 마케팅 관리(통합된 상호작용 관리)
연구개발의 초점	자국	자국	자국 및 현지국	세계적 제품(세계를 위한 통합제품)
신제품 개발 정책	자국 니즈 충족	외국 니즈 충족	현지국 니즈 충족	글로벌 시장 니즈 충족
세계관	자국 시장	확장 시장	각국 시장	글로벌 시장 (글로벌시장 및 글로벌 자원)
구 조	개방	국제사업부	분산/연합	집중된 허브(hub) (통합된 네트워크)
마케팅 전략	국내	확장	적응	확장, 적응, 창조
인적자원 정책	자국인 우선	자국인 우선	현지인 우선	국적에 관계없이 최상의 인적자원 우선
금융정책	자국 자원에 의함	자국 자원에 의함	현지국 자원에 의함	글로벌 역할
제조소싱	자국 소싱	자국 소싱	지역적 소싱	글로벌 소싱
투자정책	자국 기준	자국 기준	현지국 기준	글로벌 기준
자본구성	국내 자본	핵심 집중· 기타 분산	분산화·자기 조달	집중 및 글로벌 규모 (분산 및 독립적 특화)
해외 운영의 역할	없음	적응과 해외 이용	현지국 기회에 공헌	판매 및 유통 (국가단위에 의한 전세계적 공헌)
지식 확산	자국에서 개발 및 보유	중앙에서 개발하여 전파	운영단위별로 개발 및 보유	중앙에서 개발 및 보유(공동개발 및 공유)

파트너 선호	자국 기업 기업	라이선시	조인트 벤처	글로벌 전략적 파트너십 (GSP)
평가관리	자국 기준	자국 기준	현지국 기준	글로벌 시장 기준 (글로벌 기준)
전 략	국내	국제	다국·현지	글로벌(초국적)

2 글로벌경영의 남겨진 문제들

2.1 제조업이 향후 어떻게 변해야 하는가?

제2차 세계대전 이후 선진국에 있어서 제조업의 생산고는 양적으로 3배 이상 증가되었음에도 불구하고 인플레이션을 감안한다면 가격은 꾸준히 하락하고 있다.

미국 제조업에 종사하는 인구도 1950년대는 전체 노동력의 35%를 차지하고 있었으나 지금은 그 절반수준에도 미치지 못하고 있다. 제조업 근로자의 비중이 비교적 높은 일본이나 독일도 25~35%를 점하고 있으나 앞으로는 미국과 같은 수준으로 하락하게 될 것이다.

부의 창출자로서 그리고 생계수단인 농업의 쇠퇴는 제2차 세계대전 이전에는 상상도 못했듯이 지금 제조업의 쇠퇴가 다가오고 있다. 그 결과 입으로는 모든 나라들이 자유무역을 부르짖지만 각종 수단을 통하여 보호무역을 실시하려 한다. 그리고 블록 내부에서는 자유무역을 하지만 블록 외에서는 배타적인 태도를 취하는 경제블록의 등장이 더욱 심화될 것이다. 글로벌화 속에 블록화가 진행될 것이다.

지금까지 제조업을 중심으로만 글로벌경영에 대한 이론과 실제를 이야기해 왔지만 앞으로는 지식산업분야로서 특히 서비스산업분야, 예를 들면 금융·운송 등까지도 글로벌 경영에서 커버할 수 있는 이론과 실제의 전략을 제시해야만 하는 과제가 남는다.

우리나라 주력산업이 제조업에 치우쳐 있고 그나마 국제경쟁력을 가진 것도 제조업 분야이다. IT산업 분야도 아직까지는 소프트웨어 분야보다는 하드웨어로 중심으로 한 제조업의 연계선상에 있는 제품군을 중심으로 성장하고 있다. 따라서 우리 제조업이 글로벌전략으로 사업을 전개함에 있어 향후 제조업의 부가가치 창출이 어

| 그림 2 | Smile Curve |

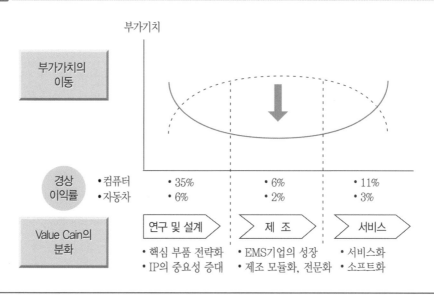

출처: 윤종언, 주력산업 IT 접목과 고도화전략, 무역협회 무역연구소, 2002.

느 방향으로 가야 할 것인가를 규명해보아야 할 것이다. 그 점에서 우리 기업이 나아가야 할 진로를 극명하게 보여주는 것이 다음의 스마일커브(smile curve)이다. 앞으로는 부가가치의 원천이 서비스, S/W로 이동하고 있다는 것이다. 미국의 경우, 자동차 산업의 영업이익률은 제조 3%, 판매 1%, 정보 5%, 리스 23%이며, PC산업의 영업이익률은 MPU 35%, 조립 4%, S/W 20%, 서비스 16% 이다. 여기서 보는 바와 같이 전통제조업만으로는 수익성이 낮다.

따라서 제조업을 통해 고객정보를 입수하고 현장의 노하우와 문제점을 숙지하여 이익을 창출하는 제조관련 서비스업으로 이동해야만 한다.

가령 반도체 Chipless사업의 칩 아키텍쳐 설계, 규정설정 IP개발이나, Fabless사업의 특정용도 IC설계 마케팅이나, 조선의 운항시스템, 여객선의 호텔운영, 항공 방산의 부품공급 원격진단, 위성통신, 디지털 영화, 자동차산업의 부대산업인 주유, 정비, 용품판매, 중고차, 금융의 보험 리스, 토탈 솔루션의 텔레메틱스 등이 이 범주에 속한다.

제조업의 서비스화와 연구설계화로 이동, 경상이익 증대가 향후 우리 기업이 나아갈 길이라 생각한다.

2.2 산업환경의 변화에 어떻게 대응해야 하는가?

글로벌경영에 있어서 제일 심각한 것은 글로벌 산업환경변화에 어떻게 대응할 것인가이다. 그런 점에서 현재 세계 산업 환경이 어떻게 변하고 있는지 파악하지 않고는 적절한 대응을 할 수가 없다. 그렇다면 과연 무엇이 어떻게 달라지고 있는가?

첫째, 산업간 무경계(borderless)에 따른 경쟁은 날로 치열해지고 있다. 과거 하드(hard)산업 관련 기업이었던 IBM, Sony, Nokia, Boeing, Western house가 소프트(soft) 산업관련 기업으로, 이와는 반대로 소프트 산업 관련 기업인 Disneyland, MS가 하드산업형 기업으로 옮겨가고 있으며, 통신과 방송, PC와 TV, 자동차와 이동통신, 은행과 보험은 상호 침투현상을 보여 산업간 업계간 경계가 무너지면서 경쟁이 심화되고 있다.

그런가 하면 경제국경의 소멸로 국내의 외자기업, 해외의 현지법인(buy back)과의 경쟁, 네트워크 효과, 규모의 경제, R&D 리스크 감소 등으로 거대한 합병이 일상화되었고 보이지 않는 엉뚱한 경쟁자가 양산되는 시대에 진입했다.

둘째, IT 기반의 새로운 업무가 주력산업화하고 있다. 통신망, 기기, 부품, 컨텐츠 등의 집중(convergence)산업과 전자화폐, 인터넷 방송, e-books, 디지털 영화 등 융합(fusion)산업이 늘어나고 있다. IT혁명에로의 동승 여부에 따라 주력산업의 기업간 격차가 더욱 확대되어 데이터베이스 80%, 프린터(잉크젯) 85%, 라우허 80%, HDD 70%, D램 63% 등 3강의 법칙이 적용되고 있다.

셋째, 과거 기술과의 단절(disruptive technology)이 발생했다. 과거의 주력 산업은 장인(匠人)이 되는 데 긴 시간이 필요로 했으나 백열등 → 형광등, 진공관 → 트랜지스터, 리벳 → 용접, 타자기 → 워드프로세서 등으로 옮겨가는 데 개발속도가 느렸다. 그러나 오늘날의 IT 디지털 기술의 확산으로 기술의 융합·확산·학습이 용이해 유형자산이 없어도 아이디어만으로도 개발이 가능하다. 따라서 역전의 기회, 후발자의 추월도 가능케 되었다.

넷째, 가치사슬이 변화했다. 가치사슬의 역류로 고객이 가치사슬의 출발점이 되었다. 예를 들어 Dell은 고객정보를 부품업체 및 생산전문업체와 공유하여 고객이 선택한 사양을 3~4일만에 배달하고 있다(build to order). 그런가하면 Cisco는 고객은 제품정보, 검색 주문 결제의 모든 절차를 온라인으로 해결 고객이 선택한 H/W,

S/W의 조합이 부적절하면 자동경보를 해주는 등 One stop 쇼핑을 가능케 하고 있다. 더 나아가 필수부품에 자원을 집중지원하고 나머지는 아웃소싱함으로써 가치사슬을 해체하고 있다. Dell의 경우 브랜드와 마케팅만 장악, 설계는 대만, MPU는 인텔, 메모리는 삼성, 마더보드는 SCI시스템즈, OS는 MS, 응용 S/W와 조립은 대만, 배송은 Fedex를 통하여 이루어지고 있다.

다섯째, 경쟁국의 우리 기업에 대한 견제와 공격(협공)은 날로 더해가고 있다. 예를 들어 미국, EU의 수입규제 및 WTO에의 제소, 기초·설계 기술의 일본＋원가경쟁력의 중국＋생산기술의 대만＋자금력의 화교는 합심하여 우리 기업을 협공하고 있다.

2.3 글로벌화에 대응하는 글로벌 리더의 양성이 필요한 때이다

오늘날 기업을 경영하는 데에는 CEO뿐만 아니라 각 부서 계층마다 리더가 필요하다. 그리고 그러한 인재들은 세 가지 특성을 갖고 있다. 우선 기업경영에 필요한 기본기가 튼튼해야 한다(예를 들면 미국의 Enron와 World com의 사태 이후 CEO가 재무제표를 인증해야 하므로 재무제표와 회계를 더욱 잘 이해해야만 한다). 둘째, 기본기를 바탕으로 조직을 이끌어갈 개인적인 재능을 보여야만 한다(기업사회는 팀에 기초한 리더십을 강조하고 있다. 누구나 혼자서 모든 것을 알거나 조직할 수 없기 때문이다). 셋째, 글로벌 선견지명을 갖추고 있어야만 한다.

다만, 반세계화론자들이 미국 시애틀에서 열려고 했던 WTO회의를 무산시킬 때의 주장과 같이 글로벌화는 선진국은 더욱 부국으로 만들고 후진국은 더욱 빈국으로 떨어지게 한다는 목소리가 커지고 있다. 그렇지만 우리나라 기업들은 부존자원이 없고 오직 사람과 기술 또는 지식으로밖에 대응할 수 없는 시점에서 글로벌화는 절체절명의 과제이다. 글로벌화는 미국화라고 해서 반대도 하고 있다. 그 까닭은 여러 면에서 미국이 글로벌리더십을 갖게 된 결과이지 미국화는 아닌 것이다(예컨대, Toyota의 경우). 또한 글로벌화는 모든 나라마다 고유상황이 존재하는 동시에 글로벌경영의 원칙은 있으나 서로 독립적인 경우가 많다. 그러므로 지역상황을 이해하면서 글로벌경영원칙을 존중하는 것이 무엇보다도 중요하다. 그리고 여기에서 각국의 특성을 접목시킬 능력을 가진 CEO의 리더십이 필요하게 된다. 따라서 특정분야의 전문가보다는 지도력을 발휘할 수 있는 글로벌 경영리더가 필요하고, 진정한 의미의 글로벌 스탠더드인 기업경영의 투명성을 제고하는 글로벌화와 글로벌 비전을 제시할 수 있는 글로벌 리더의 양성이 한국 기업이 미래에 생존할 수 있는 유일한 길이다.

핵심용어 ⓒ

|||||||||||||||||||||||||||||||||||||||||||||||||||||||||||||||||||||||||||||||||||||||||||||||||

- vision
- smile curve
- 글로벌 리더

- 집중과 융합
- e-Business화
- creation

■ 영원한 과제

귀하는 지금까지 글로벌기업 경영에 관한 이론과 실제의 기본과정을 섭렵하였다. 따라서 귀하의 나름대로 일생일대의 가장 하고 싶은 사업을 선정, 지금까지 터득한 지식과 지혜를 토대로'가치창출을 통하여 글로벌고객을 만족'시킴으로써 귀사가 글로벌기업으로써 존경받을 수 있는 기업이 될 수 있는 밑받침되는 멋진'사업계획서'를 작성해보길 바란다.

단, A4 20페이지 분량으로 작성하되'사업계획서'만으로 은행으로부터 쾌히 운영자금을 조달할 수 있을 만큼의 설득력 있는 걸작을 작성해보기 바란다.

■ 사업계획서 작성요령

1. 회사현황

1.1 일반개요	1.2 주요연혁
1.3 사업장 입지조건	1.4 자본금 변동 및 주주현황
1.5 관계회사 현황	1.6 주요외부기관 수상 및 인정 현황
1.7 주요 경영진 및 기술진	1.8 제품연구개발현황
1.9 조직구성도	

2. 계획사업 개요

2.1 제품 2.2	시장분석
2.3 경쟁업체분석	2.4 마케팅계획
2.5 매출추정	2.6 계획사업 추진일정 및 자금 조달계획

3. 생산 및 시설계획

3.1 주요공정도   3.2 원부자재 소요 및 조달

3.3 생산 및 시설투자계획   3.4 인력계획

4. 추정재무제표

4.1 추정손익계산서   4.2 추정대차대조표

4.3 현금흐름표

5. 기타

5.1 차입금 현황 및 계획

5.2 담보제공현황

5.3 주요 경영활동과 관련된 계약내용

5.4 우발채무/진행중인 소송/손해배상 우려가 있는 사항 등주

주) 위의 내용은 필수적인 사항은 아니지만, 사업계획서를 작성할 때 참조하기 바람.

* 단, 각 자료와 사례를 참조하되"표절"은 절대 사양하며 자신의 고유계획서를 제시할 것.

[저 자 소 개]

● 학력 및 경력
　－ 충북대학교 경영대학 무역학과(경영학 학사)
　－ (일본) Waseda(早稻田) University 대학원(상학 석사/국제무역 전공)
　－ (일본) Rikkyo(立敎) University 대학원(경영학박사/국제경영 전공)
　－ 충북대학교 경영대 학장
　－ 충북대학교 경영대학원 원장
　－ 충북대학교 입학본부장
　－ 전국 입학처장협의회 회장
　－ 미국 University of Akron 교환교수
　－ (현) 충북대학교 글로벌 지역특화 청년무역전문가 양성사업단(GTEP) 단장
　－ (현) 지식재산(IP)인력양성중점대학 단장 겸 센터장
　－ (현) 충북대학교 경영대학 국제경영학과 교수
　－ (사) 한일경상학회 회장
　－ (사) 한국경영학회 부회장
　－ (사) 한국무역학회 부회장
　－ (사) 국제경영학회 부회장
　－ (사) 한국경영사학회 부회장

● 저서 및 연구업적
　글로벌경영(법문사)
　글로벌 무역경영(법문사)
　글로벌비즈니스 용어사전(법영사)
　글로벌 비즈니스 이해(두남)
　그 외 연구논문 다수

글로벌경영 [제7판]

2003년 3월 14일 초판 발행
2006년 3월 15일 개정판 발행
2009년 2월 25일 개정 3판 발행
2011년 3월 15일 개정 4판 발행
2012년 8월 30일 개정 5판 발행
2015년 8월 30일 개정 6판 발행
2021년 9월 30일 제7판 1쇄 발행

저　자　　임　　　달　　　호

발행인　　배　　　효　　　선

발행처　도서 출판　　法　文　社

주 소　10881 경기도 파주시 회동길 37-29
등 록　1957년 12월 12일 제2-76호(윤)
전 화　031-955-6500~6, 팩 스 031-955-6525
e-mail(영업) : bms@bobmunsa.co.kr
　　　(편집) : edit66@bobmunsa.co.kr
홈페이지 http : //www.bobmunsa.co.kr

조 판　광　　　진　　　사

정가 28,000원　　　　ISBN 978-89-18-91243-1